大数据时代的公共文化服务

2013—2016年厦门市群众文化论文集

厦门市文化馆
厦门市群众文化学会 编

厦门大学出版社 国家一级出版社
XIAMEN UNIVERSITY PRESS 全国百佳图书出版单位

图书在版编目(CIP)数据

大数据时代的公共文化服务:2013—2016年厦门市群众文化论文集/厦门市文化馆,厦门市群众文化学会编.—厦门:厦门大学出版社,2018.8
ISBN 978-7-5615-7073-9

Ⅰ.①大…　Ⅱ.①厦…②厦…　Ⅲ.①互联网络-应用-群众文化-厦门-2013—2016—文集　Ⅳ.①G249.275.71-39

中国版本图书馆CIP数据核字(2018)第199220号

出 版 人	郑文礼
责任编辑	王鹭鹏
封面设计	李嘉彬
技术编辑	朱　楷

出版发行	厦门大学出版社
社　　址	厦门市软件园二期望海路39号
邮政编码	361008
总 编 办	0592-2182177　0592-2181406(传真)
营销中心	0592-2184458　0592-2181365
网　　址	http://www.xmupress.com
邮　　箱	xmup@xmupress.com
印　　刷	厦门集大印刷厂

开本	720 mm×1 000 mm　1/16
印张	23.75
印张	1
字数	398千字
版次	2018年8月第1版
印次	2018年8月第1次印刷
定价	85.00元

本书如有印装质量问题请直接寄承印厂调换

厦门大学出版社
微信二维码

厦门大学出版社
微博二维码

序

　　随着厦门城市建设的日新月异，群众文化事业也在蓬勃发展，群文研究取得了长足进步。广大群文工作者深入基层调研，掌握一手材料，提高思想认识，根据工作实践，及时总结经验，提出新的观点，写出了一批理论性、实践性兼备的优秀论文，对促进我市群文事业的全面发展，起着重要的导向与引领作用。论文集《大数据时代的公共文化服务》，便是 2013 年至 2016 年厦门市优秀群众文化论文汇编。

　　自 2001 年以来，厦门市文化馆、厦门市群众文化学会每年都要举办一次全市群众文化理论研讨会，迄今从未间断，至 2016 年已举办 16 次，并对其中的优秀论文结集出版，《大数据时代的公共文化服务》是第五本。

　　每年研讨会的主题，我们紧扣时代脉搏，既配合中国群众文化学会的征文内容，又根据厦门市城市建设、文化发展等具体情况，有的放矢，确定新的主题与内容。2013 年，厦门市群众文化理论研讨会的主题是"城镇化进程中的文化建设"；2014 年的主题为"数字时代的群众文化""文化养老与公共文化服务"；2015 年的主题是"新时期家庭文化建设""社区文化与美丽厦门构建"；2016 年的主题为"群众文艺创作大家谈""群众文化服务理念的创新"。

　　国家不断加大公共文化服务体系建设力度，成就斐然。文化馆、美术馆等公共文化部门也应及时跟进，转变观念，调整方式，构建新的服务模式。对此，我市群文工作者进行了有益的探讨，如陈娟的《论文化馆精准化服务的模式》，以厦门市文化馆为例，论述精准化服务的基本原则、基本手段、互动途径、支撑动力，四者构成分众化、菜单式、数字化、社会化的一套精准服务模式，观点新颖，论据充分；魏小春的《文化馆以需求为导向构建公共文化服务体系策略初探》，从目前文化馆存在的问题及需求入手，论述构建公共文化服务体系的具体措施，点面结合，针对性强；吴淑梅的《文化馆创新农民工文化服务之我见》，根据思明区的农民工现状，从服务的针对性、有效性、实用性、便利性、长效性、包容性等方面，对农民工的创新服务，提出了六条建议，如果逐一落实到位，农民工的幸福感、归宿感定会有所提升……

中国已迈入老年化社会，如何"养老"，成为人们关注的热点问题之一，与之相关的家庭文化建设，也提升到了前所未有的高度。根据不同角度，养老可分为物质养老、文化养老；传统养老、现代养老；农村养老、城镇养老；家庭养老、社会养老、自我养老等。文化养老，是社会发展到当代所面临的一个特殊命题。经过探讨，大家认为，公共文化服务体系在"文化养老"中具有无可替代的重要地位与作用，文化养老就是要老年人走出去，动起来，学起来，乐起来，在满足"老有所养""老有所医"的前提下，逐步改善"老有所教""老有所学"的环境，努力实现"老有所乐""老有所为""老有所归"，构建现代养老体系。

数字化、互联网正改变着整个世界，QQ、博客、微博、微信日渐兴起，人们不仅无法拒绝网络，反而成为一种依赖。群文工作者既受益于网络，也对今后的工作提出了新的挑战。"数字时代的群众文化"，便成为探讨的重要课题。大数据时代的特点与趋势、任务与职责、方式与方法等，都值得我们深入探讨。苏华琦的《指尖上的公共文化服务》，凝聚了他近年来对群文网络建设的实践与体会，论述较为全面，有自己的丰富经验与独特思考，可操作性强；洪松梅的《论数字化时代非物质文化遗产的可持续发展》，根据同安区非物质文化遗产保护现状及存在的问题，探讨如何利用数字化平台有效整合非物质文化遗产资源，宣传展示非物质文化遗产项目，比如建立全新的资源搜集模式，建立系统的资源储存模式，探索传统艺术动漫化，探索"网络演出"新形式等；苗娟的《区级文化馆数字化建设的现状与发展的思考》，以思明区文化馆设立网站，创建微信平台为例，指出存在的问题，提出解决方案，并对文化馆数字化建设的未来予以展望——文化馆最终会突破场馆、时空的局限，形成一种创新性公共文化服务模式……一番探讨后达成共识：数字化应成为提升群众文化的重要引擎，是实现公共文化服务标准化、均等化的重要手段。可利用网站、微博、微信等数字化平台，增强互动性、服务性，吸引广大市民特别是年轻人参与其中，将文化惠民落到实处。

现代化、全球化、城镇化正以不可阻挡之势席卷中华大地，这是一场涉及方方面面的全面变革，几乎影响到每一个人的生活。近年来，厦门城镇化建设突飞猛进。城镇化面临三大使命：消除二元结构社会，实行城乡一体化；建立新型土地制度；实施社会改造工程。在城镇化进程中，硬件大发展，文化软件也要紧跟而上。我市群文工作者"闻风而动"，对城镇化进程中的文化建设，提出了宝贵建议与对策。如蔡亚约的《以文化引领城镇化发展》，从文化的角度阐释厦门市新型城镇化建设，提出文化认同理念，城镇化不是造城运动，民众彼此之间需要认同感及融合发展的愿望；赵秀英的《"文化集美"的"国家示范"》，以集美区通过海峡两岸及闽台特色文化品牌的打造为例，提出了基层公共文化建设的集美模式，颇具典型意义；黄达绥的《城镇化进程中加强基层公共文化服务体系建设之浅见》，以海沧区为例，从三个方面对城镇化建设中的基层公共文化体系建设提出良好建议，其中"三个一"行动，即一本书、一座民俗博物馆、一座宗祠尤具特色，可留住基层百姓的根；叶亚莹的《试论文化建设对城镇化进程中犯罪问题的防控》，探讨城镇化进程中如何推进农民工市民化，营造良好的村镇社区环境，举办多种文化活动等七种有效防控城镇犯罪的方式……

每年的全市群众文化理论研讨会，分别在思明、湖里、集美、海沧、同安、翔安六个区之间轮流举办。2013年至2016年四届研讨会，共收到论文200多篇，入选、参加研讨会的论文189篇，从中精选81篇汇编成册，分为八辑。这些论文，论点鲜明，有理有据，作者结合自己的工作实践，从点到面，从实践到理论，再由理论指导实际工作。十多年来，我市群文工作者坚持不懈，逐渐形成一支老、中、青三者结合且具有较高水准的群文理论队伍。

我市群文理论研究不仅是福建"重镇"，在全国也占有一席之地。金砖会议在厦门举行，不仅提高了厦门的知名度，向全国乃至全世界展示了厦门的美丽与实力，同时也迎来了一个后金砖时代，向厦门市群众文化事业及群众文化理论研究提出了新的课题、机遇与挑战。文化品牌是文化实力的重要标志，希望广大群文工作者一如既往，深入基层，加大力度，认真研究，助推我市群众文化理论研究从常态化向品牌化迈进。

厦门市文化馆　厦门市群众文化学会

目　　录

第一辑　群众文化服务理念的创新

第二辑　数字时代的群众文化

第三辑　公共文化服务与建设

第四辑　文化养老与公共文化服务

第五辑　社区文化与美丽厦门构建

第六辑 新时期家庭文化建设

第七辑 城镇化进程中的文化建设

第八辑　群众文艺创作大家谈

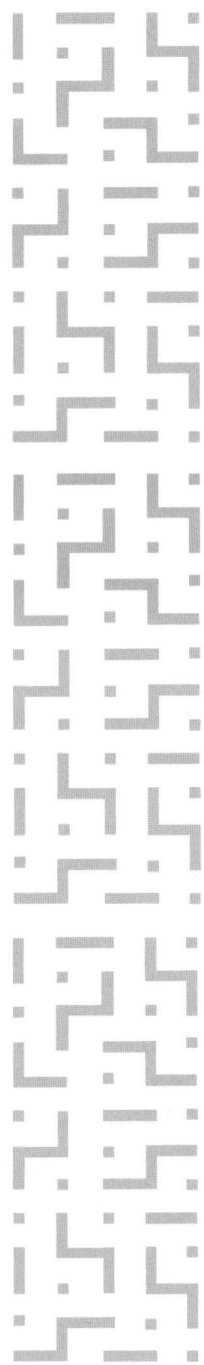

第一辑　群众文化服务理念的创新

论文化馆精准化服务的模式

——以厦门市文化馆为例

陈　娟

公共文化服务与群众生活息息相关。近年来，我国致力于创建现代公共文化服务体系，大力推动城乡公共文化服务标准化、均等化建设，已在很多方面取得了成果。可是，当前的公共文化服务与群众的需求仍有不少差距，有些按"标准化"配置的设施设备成为摆设，而群众急需的服务设施却未能跟上；有些服务项目看似城乡均匀设置，而群众却不认可。原因很显然，即提供的服务未能做到供需对路。因此，我们为群众提供的文化服务，不但要实施标准化，更要注重实用性，要按照群众对公共文化的需求精准发力。目前已有不少文化服务机构通过群众网上预约、文化服务机构审核配送的方式，为群众提供"点菜式"的文化服务。这种精准化服务是公共文化服务创新的方向，作为区域性公共文化服务的龙头，市区文化馆应当积极创新，实践精准化服务，真正让公共文化活动贴近群众。本文以厦门市文化馆为例，对文化馆精准化服务模式作一探讨。

一、分众化服务：精准化服务的基本原则

所谓分众化服务，是指顺应社会分流，以服务对象的需求差异为变量对服务进行细分，提供量身定制的服务。公共文化服务领域同样存在这种发展趋势。在公共文化服务体系不断完善的时代，文化资源不再是稀缺资源，相反，资源的有效利用成为供给侧的主要矛盾。资源配置不合理，不仅导致浪费，而且不能满足群众的文化需求。以公益讲座为例，如果不考虑讲座主题和服务对象而沿用传统的报告厅式的形式，往往会出现门庭冷落的现象，结果是事与愿违。因此，公共文化服务的供给侧改革的任务就是对供给结构的调整，而服务的大众化走向分众化则是调整的内容之一。公共文化服务的分

众化，即通过对受众进行分类，整合相关的服务资源，经由特定的服务渠道传送到目标人群中，以满足各类受众的需要，从而实现公共文化服务效益的最大化。

近年来，厦门市文化馆以精准化服务模式为创新公共文化服务的方向，坚持分众化服务的原则，为不同的服务对象量身定做各种文化服务产品。如为适应中小学生的传统艺术教育，与教育部门联合开展"民乐进校园""龙人古琴进校园"系列活动；为解决外来员工子女的艺术培训问题，专门针对外来员工子女、艺术扶贫点、示范点的需求，举办"文化伴你行，情暖工友子弟"培训班，根据不同需求开办陶笛、硬笔书法、软笔书法、少儿舞蹈班等免费短训班、集训班；为"老有所为、老有所乐"的老年群众开办美术、书法、舞蹈、曲艺等培训班……这些活动更多的是针对特定人群的精准化服务，受众范围虽小，但服务内容更专业，许多活动还摒弃了传统讲座的泛泛而谈，强调沙龙式的氛围，与观众近距离互动，受众参与性强，接受度更高，有效地实现了公共文化服务与群众需求的"对接"，让供给与需求实现有效平衡。

二、菜单式服务：精准化服务的基本手段

公共文化的精准化服务，实际上就是从满足不同受众的文化需求出发，进行"个性化"的公共文化服务精准投放。而"个性化"投放，必然要改变以往的"大锅饭"形式，创新服务的手段。目前，较为成功的创新手段就是开展"你点我送"的菜单式文化定制服务。菜单式服务，就是通过与文化服务对象"零距离"接触，面对面交流，了解群众对文化最急切的需求，然后根据服务对象的实际需求，根据不同群体的特点，把群众喜爱的文化活动定制成"文化服务菜单"，群众按口味"点菜"的新服务方式。这种方式把公共文化服务的"点播权""选择权"交给群众，从而确保了我们的服务能更精准。

近年来，厦门文化馆按照"更广覆盖、更高效能、更可持续"的工作目标，创新供给手段，落实文化精准服务，推进菜单式服务的常态化。

首先，在送文化方面，我们把馆内的非物质文化遗产展演、青年民族乐团音乐会、群星艺术团表演、美术大篷车美术展览、书画艺术家现场创作交流等文化专项活动和服务内容制成"文化服务菜单"，把"送文化"的选择权和评价权交给文化需求方，以求最大限度地满足受众的需求。如我馆在市属医疗卫生计生系统单位开展一系列的"群星风采走进卫生计生系统"活动，

就是采取"医院点单，艺术家送服务"的模式，我们提供文化服务活动"菜单"，医疗单位根据各单位不同的场地、设施和不同的文化需求"点菜"，文化馆组织艺术团队和艺术家送文化上门。文化展示、展演可以在医院门廊、中庭花圃、报告厅、会议室、多功能厅随处进行。美术、书法、摄影作品展等一大批高大上的艺术作品，声乐、舞蹈、戏剧、曲艺等各种精彩的艺术表演，缓解了医院紧张的气氛和病人、家属焦虑的心情，发挥了文化暖心的效果，创造了和谐社会的氛围。每一次活动都得到现场医护人员、病患和家属的热烈欢迎。又如，我们了解到消防官兵的艺术培训需求，提供了四十余项文化培训项目让他们选择。同时，针对消防官兵的工作节奏紧张，时刻待命，不方便到馆的特殊性，开启"点对点"精准化服务，上门到消防支队举办"闽南文化进警营·陶笛培训班"。在短短两个多月培养了一批陶笛学员，极大地丰富了消防官兵的文化生活。近年来，无论是偏远的社区、农村，还是军营、海岛、福利院、养老院，厦门市文化馆将这种菜单式的文化服务活动送到基层，将舞台、戏台、讲台搭到社区广场，让弱势群体及特殊人群都能享受到公共文化的阳光。

其次，在阵地服务方面，这种菜单式服务更是大受欢迎。无论是艺术培训还是名家讲座、"非遗"专家讲坛等活动，我们都在广泛听取意见的基础上，编制"菜单"，按照群众需要提供服务。同时，及时跟踪反馈服务效果，相应调整"菜单"，把精准服务真正落实到位，不断提升公共文化服务的针对性、吸引力和满意度。

三、数字化服务：精准化服务的互动途径

伴随着现代网络信息技术的飞速发展，尤其是大数据时代的来临，人们的社会环境、生活方式都面临被信息技术彻底改变的局面。在这种形势下，文化馆如果还保持传统的实体交流方式已经无法满足群众的这些需求变化，这就需要充分运用互联网、数字化等新的技术手段，为精准化服务提供互动途径。

首先，要构建数字化的现代公共文化供给网络与服务平台。厦门市文化馆联合各区设立厦门"数字文化馆联合网"，形成数字化群众文化协作共享平台，实现市区公共文化资源的互联互通和综合利用。联合网内设厦门群文、厦门"非遗"、品牌活动、展览展示、公众教育、理论研究、文化志愿者、各馆风采、创作园地等九大主题资源库，将阵地、演出、培训、教学等公共文

化服务内容移植到互联网，实现全市群文资讯和资源共享。市民利用统一身份认证系统，在厦门数字文化馆联合网平台上只要注册一次，即可登录市、区文化馆各相关数字平台，享受市、区各馆的培训报名、资源下载、资讯查询等所有文化服务。

其次，开发多种服务终端，提供个性化服务。数字文化馆的服务可进入千家万户，但仅靠计算机终端毕竟还是有很大局限。因此，以移动终端为龙头的多类型服务终端的开发，更是数字文化馆建设的重点。厦门市文化馆移动终端的特色应用开发，既是网站向移动用户的一种服务延伸，也是凸显文化馆特色产品的便捷途径。市民在移动终端上均可享受到各馆所有的培训报名、网上辅导、美术展览、活动直录播、馆藏品欣赏等优质文化服务。另外，厦门市文化馆和厦门广电传媒合作打造《电视文化馆》栏目，市民打开电视机就能进入文化馆文化活动栏目，可以看美术展览，听音乐会演奏，听专家论坛讲座，学跳广场舞。群众的选择性更强了，公共文化服务的个性化、精准化程度也就更高了。

最后，加强互动功能，精准推送服务。要实行精准化文化服务，不仅要让群众随时了解文化馆所提供的产品，还要能够有针对性地推送产品，使文化产品及服务达到最大化。这就是要充分利用用户个人信息资源，将登录数字平台的注册用户精细化归类存档，根据用户的兴趣、爱好在第一时间将相应活动精准推送至用户手中。这项服务需要进一步开发。

四、社会化服务：精准化服务的支撑动力

引导社会各方力量，共同开展文化建设是提升精准化服务效益的重要举措。由于文化馆现有馆舍、人力等资源的限制，所提供的文化产品不可能全面满足各类服务群体的需求，这就需要借助社会力量，走社会化道路。

首先，主动引导社会力量参与，建立多主体的公共文化服务模式。厦门市文化馆按照文化部关于联合社会力量共同开展群众文化活动的要求，改变以往"独家唱戏"的方式，积极主动引导社会力量参与文化的共建、共享、共治，发挥社会文化力量的作用，建立多主体的公共文化服务模式。如2016年厦门市"群星风采"广场舞大赛活动，就是以文化跨界发展为抓手，联合市体育部门、工会、广播电视、市老年人体育协会、工人文化宫及社会企业等多个部门共同组织举办。由于多部门合作，资源共享，在比赛场地、人员发动、节目编排辅导、网络投票、媒体宣传、企业赞助方面得到了优势互补。

比赛在各区各行业预赛时分别进行录播，网络公众投票、决赛现场直播。由广播音乐台、厦门电视台、优酷、台海宽频、看厦门 APP、小鱼网、公交车载电视等媒体全方位宣传，微信点击量达十几万人次，比赛历时四个月，参赛队伍近千支、参赛人员上万人，群众热情高涨，办出了城市节日的效果。

其次，发挥市场主体补充作用，为公共文化服务提供新动力。厦门市文化馆除了联合体制内的力量，还吸纳包括民营、个体等体制外的文化机构、艺术团队、美术馆、画廊及社会文化人士的力量，通过美术展览、文艺演出、艺术培训等活动联合或购买服务的方式，推动全社会的文化力量共同参与文化建设，形成多元文化服务格局。

综上所述，公共文化精准化服务模式，是以分众化服务为基本原则，以菜单式服务为基本手段，以数字化服务为互动途径，以社会化服务为支撑动力而构成，四项要素相辅相成，互为作用，共同推动公共文化精准化服务的发展。

（作者单位：厦门市文化馆）

文化馆以需求为导向
构建公共文化服务体系策略初探

魏小春

文化馆是人民政府设立的公益性文化事业机构，承担着繁荣群众文化，组织群众文艺创作，开展宣传教育、艺术培训、群众文化理论研究、美术展览与收藏、民族民间文化保护与传承，开展公共数字文化等惠民服务职能。

随着人们生活水平的不断提高，思想观念也不断发生变化，对文化的关注度和需求不断提升，文化馆应适应社会的变化发展，更好地以人们的需求为导向来服务人们的文化生活，从而构建现代公共文化服务体系成为这个时代亟待发展和解决的问题。要解决问题，首先要发现问题，那么我们先来探讨一下目前的文化馆公共文化服务存在的问题。

一、文化馆存在的公共文化服务问题

1. 文艺演出节目群众参与率不高

比如开展文化活动进社区，表演者大张旗鼓，自得其乐，用各种方式送文化给群众，社区的群众却兴趣不高，继续用自己的方式来进行自己的文艺活动。究其原因，主要是由于受传统计划经济思维的影响，一些活动的组织者们已经习惯了按自己的思维和偏好来设计文化产品，认为既然已经设计好了，那大家就应该安排什么看什么，并没有从老百姓的角度出发去选择和设计公共文化服务的项目内容，也就是说公共文化服务对象的选择权和主体性地位并没有得到实现。群众参与率的高低直接决定老百姓对政府工作的满意度，因此这个问题是需要迫切解决的。

2. 政府手中有限的资源和群众多样化的文化需求存在矛盾

简单地说，比如，免费培训的项目针对老年人或者少儿的器乐、舞蹈等种类不可能满足所有老年人的需求，也不可能满足所有少儿家长的需求，因此，这就迫切需要一些调控的机制和措施来化解这一矛盾，更好地满足百姓的各种文化需求，促进百姓对文化馆满意度的提升。

3. 文化馆自身的人才队伍建设不能满足多种文化发展的需要

文化馆的人才队伍建设存在着专业技术人才总量不足，专业技术人才分配不均匀，比如专业配备的动态型专业舞蹈、声乐、器乐较多，非遗类和理论研究、艺术创作型的人才较少，新型专业门类较少等现象。

4. 群众文化需求反馈机制亟须建立

世界上的任何事物都不是一成不变的，随着现代化生活的不断推进，人们对文化的追求也是与时俱进的，群众对文化的需求随着大家生活水平的提高而不断变化，其特点就是对文化生活呈现出多样化的需求，这就要求文化馆活动的组织者要时刻关注社会，关心群众的文化需求和审美变化及思想变化，以群众的需求为主要任务来优化服务。我们要思考的一个问题是，文化馆的公共文化服务是否真的是以群众需求为第一要务。在各种培训活动、艺术沙龙，在文艺表演进社区、进基层、进各种单位以后，基本没有对群众有服务的跟踪和反馈，所以并未真正了解百姓的需求。

二、以需求为导向，构建公共文化服务体系

1. 对接群众文化需求，提高人们参与率

首先要摆正思想，端正态度。一切服务行为都按照老百姓的需求来设置，对接老百姓的文化需要。艺术家要以此为契机，用自己的艺术修养和真情实感去感染大众，送文化下基层时为老百姓提供的文化产品内容，应该是以广大群众喜闻乐见的形式和内容来进行策划组织。其次，文艺演出可以将文艺团体的报酬和老百姓的评价联系起来，建立群众评价体系，如果是大家不满意的文化产品，可以考虑少付或者不付文化报酬。建立这种合理的评价体系来约束文化行为，真正做到以需求为导向，构建公共文化服务体系。

2. 对接群众文化需求，提高文化馆公共文化服务质量

厦门市文化馆以"坚持公益，文化惠民"的服务理念，充分发挥职能作用，为广大群众提供优质的公共文化服务。近年来，厦门市文化馆对接广大群众的文化需求，开展了一系列群众喜闻乐见的文化活动，深受广大群众的欢迎。例如，根据不同年龄层次群众的需求开设免费培训课程项目，对于群众需求较多的培训项目增设培训课程班次。组织节假日广场文艺演出、各种艺术沙龙。组织文化活动走进社区、学校、部队、农村、养老院，戒毒所等。

组织举办富有地方特色的海峡两岸闽南语歌曲、歌手赛、南音唱腔比赛、莲花褒歌比赛、广场舞比赛等品牌赛事。同时举办广场舞、闽南话师资培训班。

根据闽南地域特点，因地制宜，以人为本，组织开展闽南文化进校园、进基层等推广普及闽南文化活动；举办各类展览，推广美术公众教育活动；精心组织开展"美术大篷车"工程活动，进部队，进社区，进农村，进校园，进工业园……将厦门市文化馆（美术馆）馆藏农民画作品和美术馆品牌宣传与公众教育搬进社区。与市民面对面地指导创作、交流心得，提供零距离文化服务。"美术大篷车"进基层巡展成效显著，通过零距离上门服务，强化了公益性服务职能，满足了人民群众的文化艺术需求，扩大了美术受众基础，吸引了广大群众主动走进美术馆参观展览，推动了公共教育的普及推广。"美术大篷车"工程是厦门市文化馆（美术馆）对艺术传播的一次创新尝试，以"大篷车"的形式，主要由便捷、精致的美术展示、美术辅导和美术服务三部分组成，采取以点带面、逐步推进、动静结合、更新循环的形式，对接老百姓的需求，服务我市社区、农村、部队、校园等广大群众。该工程自 2011 年启动，受到广大人民群众的广泛好评，被文化部列为 2011 年美术扶持项目，被称为"家门口的美术馆""无墙的美术馆"。

厦门市文化馆还积极打造全方位的数字文化馆，创新数字化文化服务机制，借助现代化技术手段拓展公共文化服务形式。开设"厦门市文化馆"官方网站，开通"远程辅导""免费培训网上报名""网上展厅"等多个专栏，开发和建设手机、平板等多个客户端，充分利用微博、微信等新媒体，开通官方微博和微信公众平台、微网页等数字平台，提供全天候的服务。为进一步满足广大群众的文化需求，2016 年，厦门市文化馆在厦门广电网络开设高清互动电视平台，人们在家里就可以通过高清互动电视平台点播观看厦门市文化馆开设的美术展览、文艺演出活动视频、远程辅导和免费培训报名等。

盘活文化资源，对接群众文化需求，通过各种服务模式，开展群众喜闻乐见的文化活动，丰富群众的文化生活，不断满足广大群众的文化需求，这些都是要以人们的文化需求为导向来发展公共文化服务并在实践中加以体现，才能在推进公共文化服务体系建设，实现公共文化服务标准化、均等化方面，发挥出积极的作用。

3. 加强人才队伍建设，优势互补，提高公共文化服务水平

人才建设是文化建设的必要条件和重中之重，构建公共文化服务体系，实现以需求为导向的建设并不能仅仅依靠文化馆有限的专业人员来完成，还

应该采取多种形式补充基层文化活动的骨干力量，如可以建立一些非营利性质的社团，同时吸引一些文艺爱好者和有志于活跃基层文化活动的退休职工和离休干部参加，壮大业余文艺活动的力量，鼓励艺术院校的大学生投身到文化志愿者活动中来，建立一些科研机构、企事业单位参加者的民营社团；通过社团成员参与的社区和社会活动，及时了解老百姓的文化需求，多做问卷调查，选择并设计老百姓喜爱的文艺活动形式解决政府手中有限的资源和群众多样化的文化需求矛盾。

4. 以群众反馈意见为导向，实行网络化的群众服务机制

可以让一些街道、社区利用现有资源，以公告栏、地图、海报、手册、微信微博等各种形式向所辖区域的群众预告阶段性文化活动，提高群众知晓率和参与度，同时，在活动后提出接下来活动的意见；组织完文化活动后，制定一些服务评价与反馈表，征集广大群众的意见；根据群众反馈意见来衡量政府配送的文化产品和组织的文化活动效果，将其作为政府采购绩效考量的依据，真正做到文化活动动态跟踪，无缝对接群众需求。

可以设置建立满意度调查体系，可以通过满意度电子评价系统、定期满意度问卷调查、网络满意度调查统计等方式，广泛尝试征集群众对公共文化服务工作的意见，并与公共文化服务工作的质量和绩效考核实时对接。定期开展群众文化生活满意度问卷调查，每个社区收集不少于 100 份调查问卷。问卷中将全面征集群众的意见，按意见统一规划文化项目，同时，将群众评价的服务质量与文化馆工作人员工作考核挂钩，实现以需求为导向的群众服务机制。

总之，文化馆实现以需求为导向，构建公共文化服务体系尚有很长的路要走。文化馆要充分发挥职能作用，以人为本，对接广大群众的文化需求，以群众的文化需求为导向，加强队伍建设，优势互补，盘活文化资源，创新服务模式，建设群众服务机制，不断满足广大群众的文化需求，不断完善公共文化服务体系建设。

（作者单位：厦门市文化馆）

指尖上的公共文化服务

——厦门市、区文化馆服务平台联合网络建设的思考

苏华琦

为加强公共文化服务体系建设，丰富人民群众精神文化生活，传承中华优秀文化，弘扬社会主义核心价值观，提高全民族文明素质，促进社会主义文化繁荣发展，2016 年 4 月，第十二届全国人大常委会第二十次会议初次审议了《中华人民共和国公共文化服务保障法（草案）》。其中，为充分利用数字和网络技术创新公共文化服务方式，构建标准统一、互联互通的公共数字文化服务网络，建设公共文化信息资源库，实现基层网络服务共建共享，提高公共文化服务水平。草案的第十一条、第十五条、第三十二条，分别对加强公共文化服务数字化和网络建设提出了明确规定。由此可见，数字化建设在公共文化服务中的地位和作用越发凸显。

厦门市文化馆作为厦门公共文化的重要组成单位和窗口单位，近年来，秉承"坚持公益，文化惠民"的宗旨，充分发挥职能作用，开展各类文化惠民服务，在厦门公共文化服务体系建设和"美丽厦门"建设中发挥积极的作用。同时，为了提高文化服务水平，创新文化服务机制，构建均等化、标准化、现代的公共文化服务，厦门市文化馆借助现代化新媒体，积极打造数字文化馆，现已形成网站、微博、微信、APP 和互动高清电视等多平台、多渠道、全方位的公共文化服务。"只要您有网络"的服务口号，人们在电视、电脑、手机、iPad 上轻点手指，就能享受到厦门市文化馆提供的优秀数字文化资源服务，也正如此，它被形象地称为"指尖上的公共文化服务"。2014 年，我曾发表过一篇题为"指尖上的公共文化服务——从厦门市文化馆数字化建设探索公共文化服务新模式"的文章，介绍了当时厦门市文化馆在数字化建设上的思路和成效。而恰好在当年 12 月，厦门市文化馆参加了在宁波举办的 2014 年中国文化馆年会文化馆事业成就展，宣传片《指尖上的公共文化服务

——厦门市文化馆数字化建设探索之路》和以"创新"为主题的数字文化馆展厅，全方位展示了当时厦门市文化馆数字化建设的成效。

随着公共文化服务的不断发展，新媒体技术的不断涌现，厦门市文化馆在数字化建设上不曾停止脚步，2014年至今，厦门市文化馆仍不断改进、完善、强化数字平台线上服务功能，以厦门群文数字资源库为根基，以综合服务、移动服务、互动交流、虚拟体验等构架为主打造的厦门市、区文化馆服务平台联合网络，资源更加丰富、功能更加完善、服务更加到位，更加体现了"共建共享"的服务理念，吸引了更多关注的眼球，得到了广泛赞誉。

一、强化共建共享理念，推进厦门数字文化馆建设

至今，厦门市文化馆官方网站总点击量已近200万人次，各平台年推送群众文化活动信息总计近3 000条/次；开放网上展厅、非遗保护、本地艺术家、馆藏作品等数据库、专栏；完成文化馆音像编辑约1 500分钟，制作上传到远程辅导平台视频数合计142段、880分钟，提供素材资料140余条……但相对于图书馆、博物馆的数字化建设，文化馆系统起步较晚，大部分文化馆尤其是区县级文化馆，更是存在规模小、竞争力弱、安全性差、资源浪费、服务分散、信息无法共享、曝光率低等诸多问题。而在资源建设上，虽然文化馆系统有着丰富的群文、非遗等优秀文化资源，却因为未形成共建体系，责任单位也不同，资源的采集、录入、管理和展示等均各不相同，即便是同一类资源。举例来说，厦门首批国家级非遗保护项目——闽台送王船，在厦门地区普遍存在，市文化馆加上各区文化馆均在对该项目进行采集、管理，资源难免出现多次重复建设的情况，不仅浪费大量的人力物力，还因不在一个数据库，无法形成合力以达到共享，出现"信息孤岛"的困境，资源库统一建设和推广迫在眉睫。

为此，厦门市文化馆强化市、区两级文化馆共建意识，联合市、区两级文化馆创新共享理念，利用市文化馆完善的软、硬件基础，应用云计算等新型技术模式和架构，围绕文化馆的业务职能，以资源库为根基，整合厦门公共文化，尤其是优秀群众文化数字资源，集展览展出、讲座培训、演出活动、动态信息、艺术欣赏、培训报名、辅导创作等内容为一体，打造了一站式、多渠道、便民惠民、共建共享的综合服务联合网络平台——厦门群文在线。目前，厦门市、区两级文化馆联合数据库框架已基本搭建完成，内设厦门群文、厦门非遗、品牌活动、展览展示、公众教育、理论研究、文化志愿者、

各馆风采、创作园地九大主题资源库，在此基础上，厦门群文在线官方网站也已正式上线。

厦门群文数字资源库和"厦门群文在线"平台的推出，使厦门数字文化馆建设向前迈出了一大步，为厦门地区优秀群文数字资源的共建共享、再利用、信息服务提供原动力，吸引并满足了群众求知、求乐、求新的需求，进一步提升了厦门市、区文化馆整体服务能力与服务水平，对文化馆"总分馆"体系数字化模式起到了一定的试探作用。

二、强化便民创新意识，打造文化移动服务平台

厦门在 2013 年被评为全国首批公共文化服务体系示范城市后，公共文化服务体系持续完善，文化馆系统在此发挥了积极的作用。仅厦门市文化馆一家，在"十二五"期间，每周开放 84 小时，年接待入馆活动人员百万人次；开展公益培训 15 季（每季三个月）、30 个项目、750 个班、培训学员达 25 万人次；为 232 家企事业单位、团队等提供过免费服务；组织承办和参与各类重大文化活动，举办各类公益性文艺演出 225 场，受益群众达 29.4 万人次；举办"百姓健康舞"近千场，参加群众累计达 25 万人次；举办美术展览 252 场，受益群众达 170 万人次。但由于时间、空间、场地、经费等的限制，受益于文化馆以传统模式开展活动的市民仍然有限。

为适应人们需求方式的改变，厦门市、区文化馆强化便民意识，创新融合理念，充分发挥互联网等现代信息技术优势，将厦门群文数字资源库与网站、微博、微信、APP 和互动高清电视等新媒体高度融合，市民无论是在电脑、手机、iPad 上，还是在电视上，均可以享受到优秀的公共文化服务。尤其是网络培训、远程辅导、网上展厅等厦门市文化馆重点建设的文化移动服务项目，借助新媒体，利用公共数字文化项目和资源，使培训走出教室，使展览走出了展厅，文艺活动也不再局限于台下的观众，市民在移动平台上均可享受到文化馆培训报名、网上培训、活动直录播、美术展览、馆藏品欣赏等优质的文化服务。公共文化服务不仅扩大了服务半径和途径，也进一步推进了公共文化服务的标准化进程。

在移动终端的支撑下，厦门市、区文化馆服务平台联合网络线上服务功能不断完善，促进了"互联网 + 文化馆"的高度融合，降低了个人用户的体验门槛，加强用户的黏度和交互度，使之成为用户的日常工具，进入用户的日常生活。

三、强化创新惠民理念，打造文化互动交流服务平台

公共文化服务水平的进一步提升，不仅需要服务平台的建设和移动服务方式的改变，更重要的是需要通过公众文化互动交流服务平台的构建，完成与群众的文化双向互动、展示、反馈等功能，使市民从单一的、被动的文化接受者变成真正的文化志愿者和传播者，促进平台与用户的黏度和使用度。

为此，厦门市、区文化馆强化互动意识、创新惠民理念，打造统一身份认证、互动咨询系统等文化互动交流服务平台。目前，利用统一身份认证系统，市民在厦门数字文化馆联合网相关新媒体平台上，只要注册一次，即可登录市、区文化馆各相关数字平台，享受如全市文化馆系统的培训报名、资源下载等所有文化服务。最重要的是，统一身份认证系统与互动咨询系统的融合，还实现了文化双向互动交流功能。只要您是在厦门群文在线平台上成功注册登记过的市民，不仅可以对平台提供的信息、视频等内容进行评论、分享、下载、收藏，还可以将发生在自己身边的文化活动的图片、视频和文字等上传到平台上。文化馆官方也通过市民在平台上的评论、下载、上传等信息，通过数据分析，掌握市民的实际需求，及时调整和发布市民感兴趣的内容和互动话题。

文化互动交流服务平台的构建，畅通群众文化需求交流和反馈渠道，实现供需有效对接，促进了数字平台的推广，提高了平台的关注度和各类数字文化资源的利用率，真正实现全民的共建共享，每位市民都成了文化传播者。

四、强化现代意识，打造创新虚拟体验互动平台

为了使公共文化服务内容具有现代、互动、直观、生动等性能特点，为数字文化馆建设注入新鲜血液，提高市民对公共文化服务尤其是传统文化的兴趣和体验，自觉接受文化服务，厦门市文化馆强化现代意识，利用触摸设备、体感设备等现代科技，融合新媒体特性，开发福建拍胸舞、中秋博饼、馆藏美术精品拼图、布袋木偶戏、临摹书法、签名留言系统、五祖拳等多个数字互动游戏，在厦门市文化馆官方网站相关数字平台展示相关内容。虚拟体验互动平台的打造，让市民在文化娱乐中自觉接受文化服务，更多地了解和掌握文化知识，使公共文化得到更好的传承和推广。

厦门市、区文化馆服务平台联合网络的构建，打破时间、空间的限制，形成随身、泛在的公共文化服务和二十四小时免费开放的文化馆，充分发挥

优秀群文资源的优势，丰富文化信息资源的服务方式，利于公众便利地获取使用，促进整个虚拟数字文化馆的发展，为各类资源的再利用、信息服务提供原动力，提高群众对公共文化数字资源获取的兴趣和体验，是进一步构建"现代、基本、均等、标准"的公共文化服务体系，推进"美丽厦门"建设，提升城市文化内涵和探索文化馆"总分馆"体系数字化模式的重要举措。

（作者单位：厦门市文化馆）

论社区美术馆的构建

邓文冰

　　美术馆是建构近现代以来美术的主力军，形式上主要通过展览与活动引导艺术标准与审美取向，其公共教育更是蕴含难以取代的美术信息、美术知识、艺术审美经验与美术创作技能，成为美术馆各项职能的重中之重。当下，更有效地开展公共教育，充分履行美术馆的服务职能与文化责任，以服务全民，实现国家倡导的公共文化服务均等化，成为美术馆积极探索的方向，不少美术馆尝试推动展览走出美术馆，到街道、社区等基层办展，突破传统展厅时间空间上的限制，扩大公众教育、艺术普及的受惠区域，营造了良好、和谐的社会人文氛围，收获了一定成效。

一、展览"走下去"真的"走进去"了吗

　　公共教育之觞：普及不均衡、需求难兼顾、展期难满足、效果难持久。

　　上海当代艺术馆的"艺术行动力"，改造货柜车为移动艺术馆入驻日常生活领域，厦门市美术馆的"美术大篷车"工程，将馆藏漆画、国画作品送进社区、医院、部队、农村等，都是美术馆推动展览走下去的积极案例，体现了公立美术馆从展览收藏到公共教育、艺术普及的升级。但理性思考，推动展览走出美术馆尚处于初期的探索阶段，出现一些"水土不服"的现象，如基层场所不理想，限制了对温湿度、空间要求高的展品出馆；未实行错时开放，公众观展受时间限制；展览缺乏深入调研，公众所看非所愿，导致为展而展；展览形式不够鲜活，对公众吸引力不大；展览内容过于专业化，公众接受度低；展览后续规划缺失，对单个区域缺乏持续关注，效果如过眼云烟，难以持久等。

二、"水土不服"路在何方

　　构筑社区美术馆：依托地域、沟通、服务、合作优势，无隔阂、均等化

融入社区，为构建和谐社区搭建文化平台。

社区美术馆是哪些？意指在私立美术馆迅猛发展的背景下产生，由企业或私人出资，属于非公立的公益性非盈利组织，多选址于社区内部或周边，有面向所在社区、街道的公众开展服务，以展览活动、收藏研究、教育普及为主要职责，实行基本免费开放。国内社区美术馆发展较晚，全国首家社区美术馆是 2002 年创办，位于南京天福园小区的"广厦美术馆"，而后在短短的十余年间，2003 年广东"时代美术馆"成立，2007 年常州首家社区美术馆"东方翰缘美术馆"成立，2008 年三亚"碧海蓝天美术馆"成立，2009 年西南首家社区美术馆"江山美术馆"成立，广州"天峰艺术创意馆"成立，2011 年重庆"HAO 艺术馆"成立，2013 年成都"宽巷子社区美术馆"成立。近年来，社区美术馆逐渐产生聚集效应，在广州天河 CBD 社区内部或周边就出现了花城美术馆、唯美术馆、珠江美术馆、墨高美术馆、东方彩墨艺术馆、美林美术馆等十余家美术馆。

社区美术馆如何理解？名称上，我们不应理解为局限于"社区"，仅从事"接地气"的、面向社区公众的公共文化、教育普及，展览、收藏、研究也是社区美术馆运营成功的重要因素，只是说"社区"属性是其先天具备的可供强化的优势、特色职能，具备其他私立美术馆、公立美术馆不具备的"社区性"属性。性质上，判断社区美术馆是否为非盈利性公益性质，不在名称，在于是否有作品销售行为，经营所得是用于公益、维持发展所需，还是分红。

社区美术馆有何优势？与公立美术馆的展览、活动"搬入"基层相比，社区美术馆是将美术馆"搬入"社区，可充分发挥地域、信息、沟通、合作优势，更好地解决美术馆展览、活动下基层存在的"水土不服"现象，真正对社区公众产生潜移默化的引导，有效传导艺术审美、价值取向，承担起满足基层公众美术需求的责任，成为公众的文化自觉，更可让距离远的民众、身体不便的老人群体、幼小的少年儿童群体在家门口便能接受到美术熏陶，充分践行艺术普及的平等化、均衡化，完善国家提倡的公共文化服务体系，提高整个社会的文明程度。

三、谋生之道路坎坷

资金脉络应清晰：探索形成政府扶持、企业赞助、民间融资、社会参与的多渠道资金体系。

纵观国内社区美术馆，发展质量参差不齐，走在前列的如广东时代美术馆，建筑面积8 000多平方米，场馆分布在典型社区住宅建筑的数个不同楼层里，已形成一种生活和居住空间互相交融影响的格局，成功为社区构筑一家全新模式、创新管理的全国知名美术馆；重庆江山美术馆建筑总面积约为1 700平方米，是独立的上下4层的别墅；花城美术馆建筑面积达到2 000平方米，完全按照国家重点美术馆标准建设。当然也有面积仅100多平方米、完全依靠个人出资的重庆HAO美术馆，步履艰难但贵在坚守，仍收获公众拥护与良好口碑。

可以说，资金影响社区美术馆的生存，馆租、安保、水电、物业、装修、作品装裱、运输、保险都需要费用，还需坚持非盈利公益性质，产生的社会效益又非立竿见影，提供的服务更非基本民生所需，仅靠不固定的场地出租、运营社区商店、咖啡厅、书店所得的微薄收入，即便开源节流，也是难以为继的，本质还在扭转资金来源的单一不稳定，否则，会影响社区美术馆的日常运营，影响聘用人员的待遇保障与工作稳定，更是对美术馆的场馆建设、展览陈列、藏品质量、收藏研究、教育推广产生一系列多米诺效应，延缓甚至改变美术馆公益性运作的方向与正常进程。

如何实现资金来源的多样化、体系化？多渠道资金来源是保障社区美术馆能否稳定运营、能否坚持公益性运作的关键，这其中包括政府财政扶持，也涵盖企业赞助、民间融资、社会参与的资金。一方面要求社区美术馆的发展应符合政府的城市发展规划、文化发展扶持要求，在社会发展中找到自己的位置与发力点，证明能够为城市建设、社会文明贡献力量，方可成为政府认可的区域美术馆大家庭一员，获得政府政策、资金、活动各方面支持。一些社区美术馆有企业、房产商背景，更应积极合作，要从企业形象、品牌提升、社会口碑等多方面积极沟通，让企业、开发商意识到社区美术馆产生的社会效应大于经济效应，坚持纯公益性是企业持久赚口碑、赢人心的重大民心战略，从而纳入企业、开发商的岗位架构、运营管理，成为其重要组成部分，提供资金、场地、人员、活动支持。有了资金保障，社区美术馆更应做到高效透明、廉洁自律，以严谨的制度规范、高效的执行力、对外财务的透明向公众、社会证明，所有渠道的支持资金，都是用在公益事业及美术馆正常运营所需，确保赞助方的信任，实现公益运作的良性循环，不至于被随时撤资、撤员、收地、断粮，未来争取成为企业的标配，预留用地。

四、未来之期何立馆

前途光明需作为：定位关乎方向，格局影响命运，沟通融入公众，服务决定品质。

资金与学术是影响社区美术馆成败的主要因素，学术定位更是社区美术馆的命脉，决定发展的方向对否。社区美术馆应从所在区域美术馆群体的整体特点检视自身，舍其锋芒，选择自身在传统美术、民间美术、当代艺术、工艺美术方面的优势项目来打造特色品牌，保持展览的学术水准、质量，以符合业内期待，树立业界权威与地位，追求"高冷"之时，更需兼具阳春白雪：一是加强公共教育、艺术普及，以接地气、得人心；二是发掘、梳理被忽视的本地艺术家、艺术作品、艺术思潮、美术现象的展览、收藏、研究、推广，为建构地方美术史贡献自己的一份力量，以获得社会关注、政府支持。

格局影响社区美术馆能走多远。社区美术馆应兼顾业内、业外双重格局，提供优质服务。一方面积极沟通、合作区域内的其他美术馆，以共享代替垄断、以合作代替冲突，避免闭门造车、雷同发展，形成优势互补、合作共赢的良性竞争格局；另一方面，多探索周边融入，制定美术馆与社区、街道、区域、所在城市的各级融入、服务、合作、发展规划。在品牌打造、业务推广、体验提升方面，着力于自身沟通意识、服务意识、合作意识的提高。

一是品牌标签。建议社区美术馆对外彰显"公益""服务""艺术社区""文化景点"等标签口号。如 HAO 艺术馆的"文化进社区，艺术为人民"、时代美术馆的"面向公众，学术独立"、天峰艺术创意馆的"生活即是艺术"等，这样有助于打消公众的顾虑，增加好感，愿意走进美术馆。

二是实施策略。时间上人性化，实施错时开放，让公众闲暇之时可以走进社区美术馆，业务上应具"请进来""走出去"两手战略。一方面，美术馆与社区、街道积极沟通，及时掌握社区节庆特点、家庭教育需求，主动"走出去"，举办相应的户外展览、社区讲堂、书写春联、笔会等，提高知名度、好评度；另一方面，增加公众话语权，主动"请进来"共同创建。采取的形式，主要是提供艺术定制服务，满足不同需求；设置艺术空间、社区图书室等，共同创建；招募志愿者，提供实习机会；开展接地气的公益性培训、讲座，人性化的媒体开放日、社区居民开放日、清明端午中秋春节传统节庆体验日，富有新意的艺术沙龙、诗书分享会、创意作坊、音乐舞蹈话剧品鉴会等动静态主题活动。通过这些形式，让共同创建、创新体验成为社区美术馆与公众的沟通桥梁，让公众从旁观者升格为创建者，从公众感兴趣的主题元素入手，导入美术馆优秀资源，起到收获美术信息、增长美术知识、提高鉴赏能力、掌握创作技能、提高文化素养的多重美育价值。

三是宣传推广。社区美术馆不如公立美术馆的社会影响力大、关注度高，要想引起社会关注，必须主动搭建高效的沟通、互动渠道，自媒体、新媒体就是一个很好的平台，可对社区美术馆的所有展览活动进行包装、传播、推广、公关，缩小与公立美术馆强大软硬件、强大社会地位带来的宣传差距，实现后起勃发。微信、微博、APP、微网页这些新媒体，加上多媒体展厅、3D 虚拟展厅等数字技术，可以拓展社区美术馆的服务模式，创新服务体验，极大地增强美术馆的吸引力，吸引公众走进来，美术馆也可以根据公众点击、停留、复制、下载、留言行为，分析公众关注范围，从而强化受关注的，替换不受关注的，引导需要关注的，优化美术资源。未来，社区美术馆更可衍生成"百科全书"式平台，与各大美术馆、艺术门户网站及数字美术馆、数字博物馆的搜索平台链接共享，供公众查阅，满足公众搜展讯、赏藏品、看展览的需求，让公众足不出门即可知天下，后续还可引入办展览、买衍生品等申请服务。

通过社区美术馆的相关探讨，我们意识到，从目前的社会土壤和公众接受度来看，国人对美术需求的自觉性、依赖性存在很大的功利性与实用主义，远未达到文化自觉，形成日常习惯，社区美术馆的发展注定任重道远，要想扎根发展壮大，必须区别传统美术馆，寻求多渠道的资金支持，运作模式上坚持服务、沟通、合作，保持高效的执行力与对外透明化。唯有如此，社区美术馆才能长久扎根，融入基层，收获美育，为构建和谐社区、和谐社会搭建文化平台，从而完善国家提倡的公共文化服务体系，推动城市人文环境的完善，营造和谐良好的社会氛围，提高整个社会的文明程度，未来发展为配套文化设施，衍生为城市文化景点，最终提高国家的文化软实力。

（作者单位：厦门市文化馆）

从基层文化的繁荣发展，
看文化建设的显著成果

张 蕾

一个没有文化的民族，是愚昧的民族；一个遗失了文化的民族，是没有未来的民族。文化与民族的兴衰、国家的强弱有着至关重要的作用。我们现在正在进行的文化建设和现代公共服务体系完善，就是为了提升全民族的文化素养，为了丰富人民群众的文化生活。

军乐阵阵，嘹亮雄壮，民乐声声，婉转悠扬，这不是专业乐团的演出，而是社区的军乐团、民乐团在排练；一招一式的《贵妃醉酒》尽显出"梅派"的雍容华贵，字正腔圆的《玉堂春》尽现"程派"深厚的底蕴，这不是京剧大师的汇演，而是乡村"文化大院"京剧票友的活动剪影。这些社区和乡村文化大院的文化活动向人们昭示，基层的文化活动正以前所未有的热情蓬勃繁荣地发展着，这也足以说明，自十八大以来，无论是农村还是城市，现代公共文化服务体系的建设，正朝着我们所希望的方向发展。

中央高度重视文化建设，早在 2007 年中共中央就对加强公共文化体系做出了部署，党的十八大又把文化建设提到前所未有的高度，确定了创建文化强国的战略目标，十八届三中全会上再次强调加快完善现代公共文化服务体系的建设，各级政府加大了财政投入。农家书屋、文化大院、文化礼堂、社区文化活动中心、流动图书馆、百姓大舞台相继建成并投入使用，博物馆、艺术馆、图书馆等免费开放，各种文化场所设施均都面向广大民众开放，以最大的努力满足人们对文化的需求，让更多的人享受到改革开放的成果，享受到丰富多彩的文化大餐。

在政府加大文化建设投入的同时，我们也欣喜地看到广大民众对文化活动的参与有了空前的热情，基层的文化活动开展得生机勃勃、繁荣兴旺。随着文化建设的发展和现代公共文化服务体系的日臻完善，无论农村还是城市，基层的群众文化活动都有了显著的发展和提高，农村的文化大院、文化礼堂，城市的社区文化活动中心，都已成为人们进行文化活动的重要场所。

一些基础条件好的社区文化活动中心，不仅拥有图书室、电子阅览室、书画室、百姓舞台、电影厅等文化场所，还为喜欢乐器、唱戏、舞蹈的人们设置了排练室，这些极具专业性的排练室深受爱好者们的欢迎，社区依势把他们组织起来，分门别类地组成军乐队、民乐队、集体舞队、民族舞队、京剧团、评剧团等独立团体，以社区为依托，以社区为冠名，为他们提供排练演出的场地和文化交流活动，在满足居民们兴趣爱好的基础上为他们提供精神食粮和文化娱乐的平台。过去，这些爱好者们只是兴趣相投地聚在一起自娱自乐，既没有固定的排练场所，也没有舞台展示自己的才艺，现在不同了，他们有了社区的冠名，成了有组织的团队，社区不仅为他们提供良好的排练场所，还从市、区文化单位请来专业老师给他们进行辅导，使他们的技能都有了提高。由于有了社区的支持，加入这些团队的人越来越多，形成一定的规模，而每周一次的"百姓大舞台"的演出，更为他们提供了展示自己的舞台。他们的爱好得到支持，他们的才艺能够展示，这些成为他们倾力为群众演出的强大动力，而他们的精彩表演同样受到群众的欢迎。由于有了"文化大院""社区文化活动中心"这些文化活动场所，极大地惠及周边的居民群众，使群众参与文化活动的热情高涨，促进了基层文化活动的飞速发展，文化设施的增加、文化活动的增多，使广大群众感受到文化建设给他们带来的精神愉悦，文化惠民得到具体体现。

文化建设和现代公共文化服务体系的快速推进，基层文化活动的繁荣发展，使更多的人享受文化成果，基层文化活动的繁荣发展，既是文化建设的成果，也是文化惠民的体现。党中央把文化建设提到战略的高度，就是为了全面提升全民的文化素养，为创建文化强国打下牢固的基础。中华文化历史悠久、源远流长，五千年文化的深厚底蕴和内涵，让世界瞩目，是公认的文化大国。文化大国与文化强国虽只一字之差，却有着完全不同的意义。文化强国尚在创建中，而文化惠民却让广大群众深深地感受到了。

文化产业的发展，文化产品的增加，极大地丰富了群众的文化生活，最受益的就是广大人民群众，这一点在文化大院、文化礼堂、社区的文化活动中心就能得到证明，找到答案。就拿东北为例，我们都知道在东北地区因为气候的关系冬季较长，每年适合户外活动的时间只有5—10月，再赶上夏天的雨季，能够举办大型文化活动的日子屈指可数，一到冬季，天冷路滑，人们只能待在家里看书、看电视或打麻将，要想借本书都得坐车到市、区图书馆去借，文化娱乐活动更是无从谈起。现在不同了，村里的文化大院、社区的文化中心为他们提供了丰富的文化娱乐活动，在那里，百姓影院全天播放，排练室里唱戏跳舞、吹拉弹唱什么都有，就算不参与，看着也是一种乐趣，如果你喜欢安静，可以到图书室阅读，到电子阅览室去冲浪，还可以到书画室学习观赏，广大群众走出家门就能拥有丰富多彩的文化生活。

基层的文化活动蓬勃发展，不仅给百姓带来欢声笑语，也使文化团队的表演技能有了提高，演出的节目中不乏精品，在文化活动中，许多基层表演人才脱颖而出，成为"草根明星"。在文化活动中，许多基层涌现出的优秀节目被电视台录制在全国播放，这更加激发了演创人员的热情，更多异彩纷呈的节目涌现，既富有时代气息，又贴近百姓生活，备受人们的欢迎，这也使广大群众切实地感受到了文化建设所带来的变化。

基层文化活动，不仅在城市搞得热火朝天，农村基层文化活动同样搞得有声有色。农村的文化大院、文化礼堂，既丰富了广大农村的文化生活，又把传统文化传承、主流价值观弘扬等功能有机地结合起来，成为公共文化服务及村民们文化传播、娱乐、休闲的平台和推进乡风文明建设的场所。他们不仅像城里的人那样跳广场舞，唱流行歌曲，更让他们钟爱的是具有本地特色的地方戏、小曲、山歌等富有浓郁乡土气息和流传已久的乡间文化，广大村民在这里既能得到最新的文化资讯，又可以欣赏到自己喜好的节目，兴致来了就到台上吼一吼、唱一唱，使生活与文化有机地结合起来。为了更好地把群众喜欢的地方戏、小曲、山歌等乡间文化传承发扬光大，为了把文化大院、文化礼堂的作用充分发挥出来，为了把民间的乡土文化充分挖掘出来，在开展各类文化活动的同时，把民间的老艺人寻找并组织起来，请他们表演和传授，并对一些濒于失传的节目进行发掘整理、传承，这样，不仅丰富了群众的文化生活，也使那些即将失传的戏曲、山歌等得到保护和传承。农家文化大院、文化礼堂不仅吸引村民们积极参与，一些在外打工的年轻人也纷纷回来，加入文化大院里来，成为骨干和中坚力量，使一些古老的剧种、说唱后继有人。由此可见，基层文化活动只要植根于广大群众这片沃土中，就会呈现出勃勃生机。

基层文化活动能有今日的蓬勃兴旺、繁荣发展，得力于文化建设和现代公共文化服务体系的完善，得力于政府的支持和投入，得力于各级文化部门的帮助和辅导。为了使更多的人民群众享受到改革开放的文化硕果，中央一次次加大资金投入的力度，增建和扩建文化设施，仅在今年8月，中央财政就下拨中央补助地方文化体育与传媒事业发展专项资金23.6亿元，用于支持地方改善公共文化的设施，更好地提供基本公共文化服务；下拨农村文化建设专项资金45亿元，用于全国文化信息资源共享工程，村级基层服务点运行维护，农家书屋出版物补充、更新，电影公益放映，开展各类文化活动等支出。从这些资金的投入，不难看出中央对文化建设的高度重视，各级文化部门也积极行动起来，深入村屯、社区等基层，在送去精彩的文艺节目的同时，对基层开展的各类文化活动进行培训、辅导，用自己的专业和特长为基层的文化队伍提供具有针对性的指导，促进了文化团体艺术展示水平的提高。在专业人员的耐心辅导和指导下，基层的文化活动无论是数量上还是质量上都有了提高，吸引了更多的群众积极参与进来，也使文化爱好者们受益匪浅。

基层文化活动的繁荣兴盛，凸显出文化建设的显著成果，群众文化生活的丰富多彩，体现着现代公共文化服务体系的逐步完善，文化发展的步伐，正朝着我们确定的方向迈进。

（作者单位：厦门市文化馆）

试论人性化角度下的文化馆数字化建设

吴　菲

文化馆，也就是文化活动中心，能够为广大群众提供文化活动场所，是社会必不可少的公共设施。随着人们生活水平的逐步提高，对文化馆的建设也有更多要求。如今的文化馆不只需要进行数字化建设，还需要从人性化角度出发，把人民群众的利益放在首位，坚持以人为本。

一、人性化角度下文化馆数字化建设的意义

（一）文化馆数字化建设可以拓展知识获取的渠道

我国社会已经跨入信息化时代，知识与信息的来源和种类越来越多，内容也日趋丰富。而面对这些复杂的信息资源，人们通常不知道该通过何种渠道获取。对文化馆进行人性化的数字化建设，能够把数量繁多的信息知识细化，并让群众得以利用计算机网络等平台选择性地吸收自己想要的信息。这样一来，文化馆就起到了节省大众时间的作用，同时还能更好地利用现有的信息资源。

（二）文化馆数字化建设有利于实现人的自由平等

目前，信息化技术开始逐步简化，大多数群众都已经能够掌握文化馆信息系统的操作方法，从而更高效、便捷地获取知识。对文化馆进行数字化建设，能够打破传统文化馆在时间、空间等领域所受到的局限，使更多人有机会参与其中，并与他人展开交流和互动。因此，这一平台有利于实现人人平等，促进人的自由发展。

（三）文化馆数字化建设可以推动信息资源民主化

对文化馆进行数字化建设，能够将信息资源与文化活动渗透到人们的日常生活中，为人民群众打造出方便快捷的文化交流途径，并为人们输送各种最新的文化知识，从而提高人民的文化素质，推动信息资源民主化的实现。

二、人性化角度下文化馆数字化建设的措施

（一）设立人性化的数字化平台

文化馆要联络当地的文化管理部门，尽快建立起公共文化数字化服务系统，为当地人民提供信息化服务。文化馆可以带头打造出数字化的超文化服务平台，使文化服务更加现代化、简便化、多元化。文化馆应当合理利用网络文化服务相关资源，创造资源共享的条件，提高文化资源的数字化管理技术，成立服务监督管理机构，对文化馆的运作实行全面监管。要开启民众意见通道，广泛吸取群众的建议，动态化地把握群众的精神文明需求；要拉起工作交流网，使信息与信息之间能够互通互动，并连接到公众服务平台，从而扩展地区服务空间。此外，还要建设公众文化数字化服务管理网络体制，并逐层递进，在省、市、县、乡等地区全面覆盖数字化文化服务网络，积极打造人性化的文化服务体系。

（二）整合信息资源，提高数字化文化馆的人文价值

科学整合信息资源，能够提高数字化文化馆的人文价值。文化馆管理人员可以按照广大人民群众的需要，将公众文化产品等宝贵信息资源进行充分整合。从载体的角度看，数字文化馆的资源可以分为电子、纸张、网络等多种表现形式。从文种的角度看，数字文化馆的资源又可以分为中文和外语。以此为基础，文化馆在实施数字化建设的过程中，必须对上述载体进行区别和整理，并依据相对应的公众文化产品体系，针对信息资源发挥导航作用，为人民群众提供丰富而科学的公众文化产品资源。此外，数字化文化馆还要定期更新自己的文化资源体系，从而更好地为人们提供人性化信息资源服务。

（三）建设网络互动式的信息咨询平台

建立网络信息咨询平台，可以强化数字化文化馆的信息咨询服务。文化馆可以引进 DRS（数字参考咨询服务）系统，进一步实现文化馆管理人员与人民群众之间的沟通和交流。人民群众可以通过留言、发送邮件、FAQ、BBS等现代化的数字信息咨询途径，向文化馆管理方提出自己的意见和建议，并咨询相关问题。此外，文化馆管理人员也可以利用网络互动的信息平台，对群众提出的问题与建议做出反应。DRS 系统还可以根据群众的活动情况和信息咨询情况，为群众提供相应的服务，也可以通过服务窗口，及时解决人们在信息咨询过程中遇到的问题。因此，打造网络互动式的信息咨询平台，有利于实现数字化文化馆的人性化建设。

三、结束语

文化馆作为社会的重点精神文明设施，为区域文化的发展做出了巨大贡献。文化馆的数字化建设对公共文化体系而言，是不可或缺的环节。在对文化馆进行数字化建设时，要充分考虑人民群众的精神文化需求，把人性化作为基本理念，努力提高我国人民的整体素质。

（作者单位：厦门市文化馆）

打造公益文化品牌的几点建议

王君君

随着经济全球化的趋势不断发展，世界趋于走向文化多元化，而非文化的单一化。在这样的大环境下，公共文化服务应结合当地的实际情况来发展，应完善公共文化服务设施，更好地为广大市民服务是文化工作者需要思考的问题。因此，在众多的文化需求空间里及实际工作中，文化工作者应该充分尊重公共文化的独特性和扩展性，寻找有特色的文化服务项目，注重打造具有正确引导性、正能量凝聚性的文化服务品牌项目，积极引领文化价值的传播，通过公益文化品牌激发和启迪群众真善美，更好地为老百姓服务。

文化品牌又称品牌文化，它最早的概念来源于商业，指通过赋予品牌深刻而丰富的文化内涵，建立鲜明的品牌定位，充分利用各种强有效的内外部传播途径形成消费者对品牌在精神上的高度认同，创造品牌信仰，最终形成强烈的品牌忠诚。任何一个品牌的形成，都不是轻而易举得到的，都在艰苦的探索和跋涉中形成与众不同的个性和文化，比如有一定的影响力，有坚实的舆论根基，受到民众的广泛青睐。已经成为精神文明建设品牌的公益广告，也有这样的特点和属性。公益文化培训，是公共文化服务的一个重要项目。那么，在公共文化服务中，我们将如何打造公益文化培训的品牌呢？笔者从以下几点展开讨论：

一、打造品牌建设，应该树立服务意识

首先是服务意识，服务群众是公共文化服务的宗旨，也是群众文化工作的关键因素。为了加强公益培训机构建设，文化馆作为文化事业的领头军，推动文化繁荣的目标，加强服务意识，加强文化阵地建设，提高公共文化服务能力，开展形式多样的公益性培训班。其一，"文化伴你行，情暖工友子弟"，为了更好地学习贯彻"两学一做"精神，厦门市文化馆在2016年暑假期间，针对工友

子弟、艺术扶贫点、示范点等，开办硬笔书法短训班、软笔书法短训班、陶笛短训班、少儿舞蹈艺术扶贫点集训班、少儿舞蹈示范点集训班，这是市馆"套餐式"的文化培训项目。其二，为了丰富农民工随迁子女的精神文化生活，净化农民工的文化生活环境，思明区文化馆针对厦门以外的户口的外来工子弟开设何厝宋江阵基本套路免费培训班30人。其三，为了丰富和活跃人民群众的文化生活，为了满足广大群众的深入学习的精神文化需求，根据群众反馈调查，积极发挥师资作用，市馆开办合唱提高班，先期招收1个班40人，电钢琴提高班4个班约64人，古筝提高班5个班60人，少儿书法提高班1个班30人，少儿美术提高班1个班30人，摄影提高班1个班约40人，木偶戏提高班1个班约10人；利用文化馆文化活动场地的优势，组建了中老年合唱团约40人、中老年模特队约30人、京剧社、越剧社等，这些培训班届时强化对外开放的力度，开展丰富多彩的群众文化活动，满足人民群众日益增长的精神文化需求，这不但加强了公益培训机构的建设，也是创建精品文化品牌项目的重要途径。另外，在实际工作中，群众最先接触到的是文化工作者的服务，公益培训部门是窗口单位，良好的服务意识是每一个文化工作者必须拥有的素质。另外，是在群众认可方面，只有切实从群众真正的文化需求的项目考虑、出发，并且得到群众的认可，公益文化培训才算是真正落到实处。

二、打造品牌建设，应致力于创新服务

以厦门市文化馆为例，为了深入践行党的群众路线教育，不断创新和丰富广大群众的文化生活，厦门市文化馆开办公益文化免费培训活动。这是为满足群众日益高涨的文化生活和艺术审美需求，以提高全民文化艺术素养为目标，面向社会推出的菜单式惠民公益品牌活动。自2011年起，厦门市文化馆正式启动免费培训和场地开放，开设了动态、静态艺术两大门类的免费培训项目30余项，主要分为舞蹈、声乐、乐器、语言、美术、摄影、戏剧七大类别的艺术培训普及班，每年开办三季免费培训，共90期、100多个班，受益约为5万人次。这是拓展公共文化服务、让群众享受文化福利的重要举措。厦门市文化馆结合网络平台、微信报名等方式开拓并创新服务，在更多更广泛的群众参与公益培训方面取得非常卓越的成效，可见，打造品牌的建设，应致力于创新服务。

三、打造公益培训品牌，应因地制宜

文化代表一种精神力量、精神食粮，是一个人认识世界和改造世界的桥

梁，它对社会的发展起到了重大影响。文化对人的影响是潜移默化的和深远持久的，优秀文化可以增强人的精神力量，丰富人的精神世界，促进人的全面发展。公益文化品牌不仅是了解大众的文化需求而建立的品牌，更应该是让大众都能参与进来的文化品牌。只有把公益文化品牌变成群众自己的品牌，才能不断体现其活跃的生命力。打造公益培训品牌，应该根据当地的实际情况来发展和完善，以便更好地服务广大市民。对于那些在经济利益引导下的文化服务品牌化建设，我们更要充分尊重公共文化的独特性和扩展性，给予有特色的公共文化服务更多的发展空间和更好的表达机会，让市民喜闻乐见的特色公共文化更好地为老百姓服务。

近年来，厦门市文化馆公共文化服务品牌建设成绩斐然。厦门市文化馆的"青年民族乐团进校园""厦门市非遗展演团进社区，进医院""厦门市文化馆点单式免费培训"等一批公共文化服务品牌都卓见成效。此外，厦门市非物质文化遗产保护中心组织的非遗传承人走进学校课堂传习传统手工技艺，既展示了厦门这块土地上拥有的许多闽南特色文化项目，将闽南的优秀文化传播到下一代孩子中间，起到了传承和发扬的作用，同时也为厦门的校园教育提供了特色教材。可以说，厦门市文化馆在着力打造具有地方特色的公共文化服务品牌中，抓住了公共文化服务的特色和因地制宜两个关键因素，充分利用自身资源优势，发扬自身优秀的特色公共文化资源，让市民获得切实获益，还让许多优秀的传统文化获得了持续发展。

四、打造公益品牌建设，应与时俱进

当今世界是一个开放的世界，经济、文化、思想互相渗透并交融，各行各业、各种文化都在互相学习、发展中取长补短。在这种背景下，人民对品牌文化的需求内涵越来越高，为此，无论是公共文化服务公益项目打造还是文化服务项目的提供，都应该紧跟时代潮流、与时俱进。"物竞天择，适者生存"，只有顺应历史潮流，博取其他所长，努力开拓进取，公共文化服务才能更好地发展、更好地满足人民群众日益增长的文化需求。

总而言之，公益文化品牌的打造，必须从群众文化最根本的需求出发，增强文化工作者的服务意识、创新工作意识，致力于创新项目服务，因地制宜地开展公共文化服务工作，最终达到为人民服务的目的。

（作者单位：厦门市文化馆）

文化馆创新农民工文化服务之我见

吴淑梅

2016 年年初，文化部印发《关于进一步做好为农民工文化服务工作的意见》强调，到 2020 年，全面实现农民工平等享受城镇基本公共文化服务。对于提供公共文化服务的事业单位文化馆来说，这是一副沉甸甸的担子。在现阶段，创新文化服务，为进城务工人员提供优质而丰富的公共文化服务，成为文化馆当前急需解决的问题。

一、思明区农民工群体概况

据 2015 年厦门的统计局发布的相关数据，思明区的外来人口为 28.3 万人，这比重超过全区常住人口的 1/4。这 28.3 万人，绝大多数为全国各地的农民工及其子女，其中有一半来自省内地区，另一半来自以江西、四川、贵州等为首的外省其他地区。

二、创新农民工文化服务的紧迫性

一方面，近年来，为了让农民工群体零门槛、无障碍地享受到公共文化服务，文化馆组织开展了系列活动，一是常年免费开放电子阅览室、非遗展厅、多功能厅、舞蹈厅等群众活动场所；二是在节假日、传统民俗日，在各社区、学校、公园等地举办文艺演出、展览展示等公益性群众文化活动；三是针对不同年龄、不同层次、不同群体举办美术、书法、摄影、声乐、舞蹈、戏曲等免费培训班；四是针对农民工子女提供艺术扶贫服务，在学生全为外来孩子的民办学校东浦学校、莲岳学校长年开设美术、书法、声乐等培训班，还组建了农民工子女合唱团、舞蹈队、舞龙队，另外，在农民工居住较为集中的何厝社区为农民工子女开办宋江阵培训班。

另一方面，文化馆对农民工的文化需求尚未给予足够的重视和关注，还存在保障不力、覆盖不足、针对性不强、宣传力度不大、服务水平不高、内容和手段单一等问题，尚未建立可持续发展的长效机制。农民工群体对城市缺乏安身立命的归属感，对各种文化活动的参与热情不高，业余时间大多看电视、上网、打牌、聊天，精神上缺乏与外界的沟通与交流，从公众渠道获得文化活动的信息十分有限，很少参加社会组织的各类文化活动。据思明区文化馆三年来免费培训的台账数据显示，参加培训的农民工寥寥无几。这种形势下，文化馆创新农民工文化服务，保障农民工群体平等享受文化权益就显得更为迫切。

三、创新农民工文化服务的意见

文化是构成社会凝聚力的重要而不可替代的组成部分，是农民工融入城市生活的粘合剂。文化馆应积极探索新形势下农民工文化服务的新思路、新模式，让农民工积极、便利地接受主流文化的滋养，无差别地享受公共文化服务。

1. 创新策划方向，确保文化服务的针对性

文化馆要认真分析并研究农民工群体尤其是新生代农民工文化需求的新特点、新愿景；要联合辖区内的工厂、企业，通过召开座谈会、问卷调查、网络投票等形式，深入调查摸底，广泛征求农民工的意见；掌握农民工真正想要的文化服务内容与方式，有针对性地对开展的农民工文化活动进行精心策划，开展农民工便于参与、乐于参与的文化活动。

2. 创新宣传方式，确保信息传递的有效性

当前，文化馆宣传基本是通过文化系统的官网与报刊发布的，少部分大型、典型的活动通过电视台宣传，而这些公众渠道却是农民工的盲点。他们极少看报，而且往往很少懂得通过网络关注文化方面的信息。他们了解的信息大多是从工友和老乡处获得。针对农民工的这种特殊情况，文化馆应在活动举办之前，与农民工较多的单位工会取得联系，由工会部门向农民工传递文化活动的信息，宣传活动的内容、意义、目的，并利用农民工大多通过手机上网的特点，协助农民工关注文化馆微信公众号，通过微信平台让农民工第一时间接收到公众文化活动的信息。

3. 创新服务内容，确保文化服务的实用性

农民工群体背井离乡地来到城市谋生，带有极大的目的性，尤其是新生代农民工，有更主动融入城市生活的愿望和更迫切地提升自己整体素质的需

求，单靠为他们送几场演出、几次展览、几捆图书等快餐式文化服务远远不能满足他们的需求。文化馆应根据摸底调查的结果，为农民工量身定做，提供菜单式、订单式的文化服务，发展切合农民工文化技能、心理和思想素质的文化产品和服务，如举办农民工夜校、文化补习班、网络购票培训班、网络银行培训班等，为农民工送去真真切切的文化大餐，切实提高文化服务的实用性。

4. 创新服务方式，确保文化服务的便利性

农民工群体普遍存在工作时间长、休息时间不确定等问题，难以有充裕的时间参加公共文化活动。文化馆要创造以文化引领为支撑，以技能（知识）提升为推动，以心理塑造为突破的文化服务方式，开展农民工便于参加的文化活动。

（1）要根据农民工的作息时间，采取主动出击、上门服务的方式。要在大型制造业、服务业、工业园区等农民工生活、生产密集区按照社区示范点建设模式设置固定文化设施，提供定期定点文化服务，比如农民工人数超过上千人的安费诺电子装配（厦门）有限公司、厦门安踏体育用品有限公司、厦门蒙发利电子有限公司等；在思明区各大建筑工地为农民工配置临时性文化设施，提供流动文化服务。

（2）要加强数字文化服务，加大公共数字文化资源对农民工的供给和推送。要依托现有公共数字文化项目，征集制作一批符合农民工实际文化需求的数字资源，通过网络传输、硬盘固化、光盘录制、手机下载等多种方式进行推送，使农民工不受时间和空间的限制，随时随地享受公共文化服务；充分利用网络开展服务，通过官网、微信公众号等及时预告一周的文化信息。设置农民工意见专栏，征求农民工意见和建议，了解农民工的文化需求，并在讨论和研究后及时向农民工反馈，形成良好的双向沟通互动，提高公共文化服务能力和水平，进而提高农民工文化服务的覆盖率。

5. 创新运作机制，确保文化服务的长效性

长期以来，基本上存在"文化馆送什么文化，农民工就接受什么文化"的被动接收状态，这种状况难以形成文化氛围。文化馆应创新运作机制，改"送文化"为"种文化"，在农民工群体中挖掘民间艺人、文化能人、文化热心人、业余文化骨干，为这类人才提供专项培训，激发其文化创造力，组织并指导其创作作品、编排节目、表演展示等。同时要发挥全区3 000多名文化志愿者的作用，针对农民工群体的不同需求，提供专家型、专业型、特长型、

服务型的文化志愿者，协助农民工组建自己的文艺团队，如农民工合唱团、农民工鼓乐队、农民工展演团等，为这些团体免费开放场馆，配置服装、道具、音响设备等必要装备，积极搭建展示平台，通过农民工自编自导自演、自娱自乐的方式，充分调动农民工参与公共文化活动的积极性和主动性，逐步培养农民工自身文化的造血功能，推动农民工文化事业蓬勃发展、长盛不衰。

6. 创新创作导向，提高文化服务的包容性

由于城乡二元结构的存在，农民工与城市居民存在文化的差异与冲突。文化馆在创编作品时，要注重消除城乡文化隔阂，宣扬和引导城市居民与农民工之间的相互包容。农民工群体由于文化程度低，接收和理解文化产品的能力有限，他们更容易接受来自家乡的传统通俗文化形式，建立自己熟悉的文化氛围。可以适当引进农民工输送地的特色文化，通过合理的吸纳与融合，把农民工家乡优秀的民间文化与闽南传统文化有机融合起来。比如，用江西于都国家级非遗项目"公婆吹"演奏《天黑黑》《老鼠仔，钻壁空》《爱拼才会赢》等大家耳熟能详的闽南童谣、歌曲，使闽南文化与外来文化之间相互影响、相互交融，从而让农民工心里有一种亲近感和归宿感，提高农民工思想的稳定性，促进社会的和谐稳定。这可以让城市居民欣赏到来自农民工家乡优秀的传统文化，促进城乡文化之间相互欣赏与吸引。在活动开展中，要加强对农民工纯真朴实、艰苦奋斗、自强不息的精神正面宣传，收集和宣传农民工群体典型人物和典型事例，树立不同类型的先进典型，加强城市居民对农民的认同感与接纳度，逐步消除对农民工的偏见与歧视。

最后，要加强对农民工子女成长的帮扶力度，在现有艺术扶贫的基础上，扩大艺术扶贫覆盖面，把思明区所有民办学校列为艺术扶贫点，为农民工子女提供基本文化服务，解决农民工的后顾之忧，早日实现农民工平等享受城镇基本公共文化服务的目标。

（作者单位：厦门市思明区文化馆）

创新文化馆群众文化工作
丰富公共文化服务内涵

——以翔安区文化馆为例

陈　艳

文化馆是政府设立、国家公共财政拨款的公益性文化事业单位，它的覆盖面广、社会性强、影响力大，联系群众最为广泛，是公共文化服务网络的枢纽，在公共文化服务领域一直处于主导地位。本文以翔安区文化馆为例，就文化馆在新时期，面对新问题、新特点，采取有效措施创新群众服务工作，促进公共文化服务发展做些探讨。

一、完善服务设施，夯实服务阵地

完善的文化场馆和设施，是群众进行文化活动的基础，是保障公共文化服务施行的重要条件。翔安区文化馆 2012 年 10 月独立建制，部分场馆与区青少年宫共享，成立晚，起点低，但馆领导科学规划，合理布局，充分利用，压缩办公场所，改建室外平台，现室内群众文化活动用房共 3 893 平方米，设置有书画展厅、农民画基地、排练厅、合唱室、培训教室等文化活动厅室 11 间，较好地满足了群众进行日常文化活动和免费培训的需要；配套建设的影剧院面积 2 131 平方米，拥有 788 个观众席位、标准的室内舞台、先进的电脑灯光、专业的演出音响等硬件设备，可用于开展大型文艺活动和会议、培训；一楼建设有 8 244 平方米的室外广场，配套 300 平方米的室外舞台，可用于开展室外文化活动和各种集会；同时，利用平台、廊道，建设长达 74 米的宣传栏与 LED 播放栏，定期更换文化馆的工作内容，常年播放宣传视频和馆办活动影像资料，作为对外宣传文化工作和传播文化知识的窗口。每年不断添置演出、展览等各种设施设备，2013 年到 2015 年，添置乐器、道具、服装、书刊、摄像摄影等设备总值 256 万元，2015 年用于支付设备添置、专项业务活动的经费为 375 万元。完善的文化场馆和设施，充足的经费投入，充分保障了翔安区文化馆开展群众文化工作的需要。

二、扩大服务范围，拓宽服务对象

依据长期以来的传统，文化馆的服务对象主要针对辖区本地居民，服务层面较为单一。近年，随着外地人口的增长，企事业单位的增多，人民群众文化需求的增长，乘着创建、提升公共文化的东风，翔安区主动调整文化馆职能，细化服务标准，制定了《厦门市翔安区基本公共文化服务标准（2016—2020 年）》，明确规定区文化馆"针对残障人士、未成年人、老年人和农民工等特殊群体每年分别开展不少于 2 次的文体活动；每年开展不少于 1 场面向农民工的免费文化培训"。近几年，文化馆利用场馆开展音乐、舞蹈、书法、摄影等各种公益性培训，同时主动走出去，开展送文化进村（居）、进企业、进校园、进军营活动：每年开展"美丽翔安·共同缔造"百场文艺演出；每年联合图书馆、人劳局、区妇联等单位举办"92580 就业我帮您"下乡活动，为广大老百姓提供就业指导、技术技能培训、文艺演出等综合性服务；每年"八一"建军节开展送书法活动进军营；每年组织"翔安好声音"到各镇（街）、翔安高校、翔安火炬工业园海选和获奖歌手巡演；每年春节开展送书法、民俗文艺演出进镇（街）；2015 年还在全区设立 10 家农民画工作室及 5 所特色学校，开展农民画进课堂活动；今年联合"翔安区音乐舞蹈协会"，将何厝社区、翔安消防中队列为文化活动示范点。文化馆通过采取请进来、走出去的方式，将服务对象不分区域、职业、年龄、文化层次、健康程度全覆盖，逐渐担负起社会公共文化中心的角色，实现了从群众文化向公共文化的扩展。

三、增加服务项目，丰富服务载体

载体，在《现代汉语词典》中的解释为"能传递能量或运载其他物质的物体"。那么，公共文化服务的载体应是指公共文化服务赖以实现的途径和手段，主要应指各类文化服务项目，如文艺演出、培训、比赛等。公共文化服务要真正落到实处，就要丰富和充实它的载体，开拓多样化的途径和手段。翔安区文化馆积极创新文化服务载体，增加服务项目，丰富服务内容和形式，创造性地开展了一系列特色鲜明、富有成效的文化工作，提高了文化服务水平。一是举办重大节庆和专题文艺活动。"十二五"期间，文化馆每年以重大节庆日为主题开展各式各样的文化活动，目前已形成独具特色的品牌文化活动，如"喜迎新春系列活动"（包括"新春卡拉OK大家唱"，"迎新春书赠春联"，"新春民俗文艺节目展演"，"元宵猜灯谜"，"元宵灯会翔安专场"，"南音大会唱"），"翔安仲夏夜"，"国庆民俗文化节"，"国庆书画摄影展"，"翔安好声音"。二是开展送文化下乡专场文艺演出。三是积极开展书画艺术工作：建设农民画创作基地；出版《翔安书画》；举办书画摄影展和比赛。四是组织开展文学创作，出版《香山文化丛书》《翔安文化》，定期在《海峡生活报》出版活动专刊，举办各种文学活动，如翔安本土作家新作品读会等。五是开展非遗保护工作，成功申报省级非物质文化遗产2项，市级项目6项，区级项目13项，评出省、市区级传承人36人，组织传承人参评区拔尖人才，落实发放传承人的工作补贴12.6万元，积极举办文化遗产日。六是做好免费开放工作，所有场馆面向群众免费开放，举办免费培训，组建馆办舞蹈队和鼓艺队。七是举办丰富多彩的文化赛事，连续每年举办书法、摄影、歌手大赛。文化服务载体的不断创新和拓展，使文化馆的文化工作欣欣向荣，群众文化之花花团锦簇，真正让群众享受到"文化惠民"的便利。

四、创新服务手段，打造立体化服务平台

数字信息技术已经广泛深入地渗透到现代社会生活的各领域和全过程，文化服务工作自然也无法例外。在当今数字化、信息化和全球化的大背景下，翔安区文化馆积极探索如何在坚持传统公共文化服务的同时顺应时代发展，满足当今群众多层次、多元化的需求，取得良好的社会效益。一是建设"数字文化馆"，推出官方网站，并且不断调整、改版，目前，官网建有"翔安区文化馆""翔安区书画家协会""翔安好声音赛事官网"三大版块；二是创建官方短信平台，平台开创赛事通知、展览展讯、活动预告、品牌宣传、节日祝福等多项惠民功能，使公共文化服务更贴近群众，更接地气；三是开通官方微信平台（微信公众号），实时发布丰富多彩的群文活动信息、资讯等内容。网站、短信、微信"三管齐下"的服务、供给模式，在节约人力、物力资源的同时，突破时间和空间的限制。

五、文企联姻，共创群众文化与企业双赢局面

文化事业的发展，离不开经济的大力投入。公益性文化事业应以政府财政投入为主线，社会反哺为辅线。经过多年的发展，经济已经具备了一定的

反哺文化的能力；而实用性、功利性从来都是文化艺术的属性，文化的艺术功能、实用功能是复合的，两者可以实现和谐统一、相互促进、共同发展。基于以上认识，翔安区文化馆在坚持以社会效益为主、经济效益为辅的总体原则的指导下，积极探索文化馆和企业的联谊之路，积极争取社会力量、企业赞助文化活动，如利用重大节日宣传的时机，向一些企业和单位争取"助"；利用公益性强、社会效应好的文化项目，向社会各界争取"捐"；利用文化馆设施和人才技术向企业争取"换"，以此借助企业财力物力积极开展群众文化活动，各得其所，皆大欢喜。如与《海峡生活报》签定战略合作协议，借助它的平台宣传文化工作，推出"翔安文化"专版，借助活动扩大读者群；邮储银行翔安新店支行利用文化馆免费培训平台推广业务，赞助学员展演活动礼品；2013 年、2014 年"翔安好声音"由福建博美红木连锁企业全程赞助，2014 年春节系列活动奖品由厦门京东方电子有限公司赞助提供，翔安区第三届大学生艺术节群众礼品由汇景集团提供；2015 年"翔安好声音"由禹州集团提供赞助，合作媒体闽南之声广播、厦门海峡生活报、厦门小猪网进行宣传。今后将采取更加积极有效的措施，引导和鼓励社会力量参与公共文化服务，最大限度地动员全社会的力量推动公共文化事业发展。

六、培育服务品牌，实现品牌价值

"有特色、品牌才有灵魂，才有生命力和影响力"，打造品牌，才能实现从文化的自省、自励，到文化的自信、自强，才能使现代公共文化服务体系建设的步伐坚定而有力。近几年来，翔安区文化馆提炼工作特色，找出工作亮点，精心打造"翔安农民画""翔安好声音""翔安仲夏夜"；每年举办农民画创作培训会、研讨会、作品点评会、比赛和青少年农民画夏令营等，积极开展对外交流。"十二五"期间，有 19 幅农民画作品在全国农民画展及海外展出并获得奖项；"翔安农民画图说价值观"创作活动历时两年，创作出农民画作品 300 余幅，文化馆从中遴选百余幅精品，利用公交车、户外广告、报刊、电台在全市宣传；结合翔安好声音等活动，在全区举办图片巡回展 20 余场次；2015 年举办的"乡土翔韵"翔安农民画作品展，汇集农民画精品 190 余幅，由厦门大学出版社出版的"乡土翔韵——厦门·翔安农民画作品集"和中国邮政发行的"乡土翔韵"翔安农民画明信片同步上市发行；同时在全区建设 10 家农民画工作室及 5 所特色学校，编写翔安农民画校本课程，为 5 所农民画特色校赠送校本课程。翔安农民画现为福建省级非物质文化遗产代表性项目，翔安区被评为2011—2013年度、2014—2016年度"中国民间文化艺术之乡"。现在，翔安区正积极引导企业参与农民画文化创意产品的研究与开发，组织翔安农民画创意产品主题馆参加第七届海峡两岸文化产业交易博览会。

"翔安好声音歌手赛"已连续举办三年，同时配套农民画展和摄影比赛。翔安每年举办系列专场及海选赛共十场，赛区包括5个镇（街）、翔安高校、翔安火炬工业区，设翔安高校专场、文化志愿者专场、翔安火炬企业专场，推出两大平台——赛事官网（网络平台）、微信公众号（手机微信平台），三大外媒合作单位——海峡生活报、厦门小猪网、FM 101.2厦门闽南之声广播——翔安好所在。翔安好声音歌手赛是对以往传统文化下乡从内容和形式上的一种突破，将赛事办到社区、高校、企业，既丰富了群众文化生活，又以比赛的形式发现不少音乐人才。

"翔安仲夏夜"活动内容丰富，包括"历届翔安好声音优秀歌手专场""流行乐队专场""卡拉OK大家唱专场""舞蹈及美文专场"等，每年八月开始每周三专场演出，每周五卡拉OK大家唱，持续整整一个月，已连续举办三年。翔安区文化馆还精心培育民俗品牌，对翔安区著名的拍胸舞、宋江阵、闽南童谣、南音、新圩嫂等民俗项目从资金上扶持，从技术上辅导，从赛事上提升。

七、推出香山文化系列丛书和创办馆办刊物

翔安区文化馆注重翔安历史、文物的记载、收集，整理编撰《香山文化丛书》共两辑十部，成为"集翔安文化之大观，荟闽南文化之精华"的闽南文化典籍，这些典籍对闽南文化的保护传承、研究发展起重要作用。翔安区文化馆创办内刊《翔安文化》，使《翔安文化》成为宣传翔安区公共文化服务体系的有力平台，对繁荣翔安区文艺事业起到积极的作用。

八、培育文化人才，建设文化服务队伍

一是开办免费的文艺辅导班。文化馆常年举办免费培训，组建馆办舞蹈队及鼓艺队。二是建设志愿者队伍。现登记在册的志愿者700余人，制作了400套志愿者工作衫，开展志愿者专题文艺比赛。三是建立基层文化活动基地。四是加强各村（居）文化团队的培训。翔安区村（居）业余文艺团队近200个，表演人员达8 000余人，遍布四镇一街的村（居），表演形式丰富多

彩，有南音、高甲戏、歌仔戏、武术、木偶、曲艺说唱、器乐合奏及舞龙舞狮、腰鼓、舞蹈等。翔安区文化馆积极利用活动、文化赛事等多种形式，对各文化团队的水平进行提升。这些团队的发展，丰富了群众生活，满足了广大群众特别是农村群众的文化需求。

文化馆是不设围墙的学校，翔安区文化馆将继续解放思想，创新服务方式，丰富服务内容，提升公共文化服务内涵，为群众办好这所不收费的大学。

（作者单位：厦门市翔安区文化馆）

浅谈群众文化工作的人才培养及体会

徐敬谦

前段时间，通过馆里报名，我有幸参加第十四期福建省合唱指挥（重点提高）培训班的学习。这样好的培训，如果换做五年前，也许我从不考虑报名参加，原因只有一个——不是我的专方向。从有抵触心理到主动报名参加，受益匪浅，这样的心态转变过程让自己思考了很多，我也想用文字记录下来，或许这也可以称作"浅谈群众文化工作的人才培养及体会"。

参加工作到现在已经八年的时间，短短的八年，我从音乐表演长笛专业的大学生成长为群众文化工作者。在这期间，我也因为"放弃"自己的长笛专业而彷徨，几经磨砺，从当初的只精通一种乐器，到如今成为会主持、朗诵、表演、合唱等才艺的"跨界"文化工作者，认识到艺术不止局限于乐器，而是文化的传承，是特定环境熏陶培育而成的产物。我想通过分析这些年馆领导对我的培养和支持以及自己的改变来谈谈群众文化工作的人才培养。

一、利用自身的专业知识进行拓展

初到文化馆时，除了带着自己的长笛参加区里的文艺演出在台上独奏一首曲子，再没有其他才艺了。一次偶然的机会，因为单位演出的需要，在领导的支持下，我向老师学习了简单的音乐剪辑技巧，自己修改好伴奏音乐，圆满地完成演出任务。这件小事对自己后来在馆里开展群众文化工作起到了非常大的作用，文艺演出常用到的剪辑歌曲联唱伴奏、朗诵的配乐、舞蹈音乐、录音剪辑合成等工作，自然而然就成为我演奏长笛之外的日常工作。学会音乐剪辑，对于开展群文工作非常实用，在策划一场演出的过程中，歌曲联唱的节目形式常常出现，通常由三到五个歌手演唱，每位歌手只演唱歌曲的其中一段，每首歌曲首尾相连，过渡时音乐自然没有明显的断点。而这样一个完整的联唱节目，除了演员唱好自己的部分，更重要的就是歌曲与歌曲之间的过渡衔接，学会音乐剪辑之后，这样的伴奏剪辑连接工作就可以很快地处理好，为彩排演出提供了保障；遇到配乐诗朗诵，一段好的音乐常常在搭配朗诵时，过长或过短，在朗诵到最高昂的部分，音乐旋律的起伏又常常不能同步，朗诵节目的主题不能充分表达，所以排练的过程中根据朗诵者的语速和朗诵作品所表达的情感对配乐进行修改，让音乐和文字更自然贴切地融合在一起，才能使配乐诗朗诵充分地表达主题情感，恰到好处地配乐也可以帮助朗诵者更加淋漓尽致地进行舞台表演；镇街村居舞蹈队日常编排舞蹈，条件有限，常常通过观看视频舞蹈教程来学习编排舞蹈，从网络上复制下来的音乐音质差、不完整。了解到舞蹈队的困扰，我先找到与舞蹈音乐相同的素材，通过比对舞蹈音乐的样本，将音乐素材进行重新剪辑合成，为镇街舞蹈队提供了音质较好，与原版旋律节奏一样的舞蹈音乐。虽然当时从未接触过舞蹈、朗诵表演，从未接触过歌曲、舞蹈配乐，但学习音乐剪辑对于任何一个学习过音乐的学生来说都是驾轻就熟的事情。音乐当中的旋律、乐句、段落、起伏、节奏都是进行音乐剪辑的重要因素，演奏音乐更是要对这些组成因素透彻理解。所以在演奏音乐和剪辑音乐之间找到共通点，通过学习音乐剪辑可以修改音乐的速度、节奏和曲调，也为舞台上的演奏提供了很多实用的音乐配乐。我在自己的专业知识基础上进行拓展学习，同时也扩宽了自己对文化工作的认识和理解。

二、语言表演与音乐表演

文化馆成立初期，节庆日、主题活动的下乡演出日益增多，馆里文艺部无论专业，只要跟文艺沾边，几乎每个人都上台担任过主持人。我也不例外，或许是经常上台演奏，抑或是身为北方人的我能说一口标准的普通话，当拿起话筒站在台上开口主持文艺演出的时候竟然没有太多的怯场。

主持人是一个专业性很强的角色，对于从小学器乐的我来说，这是一个陌生的专业。从站在舞台上演奏到站在舞台上开口说话，虽然有胆量，但因为组织语言的能力太差，我常常是拿着主持稿也表达得磕磕绊绊。这样业余的主持，仅能胜任一些馆里小型的下乡慰问活动，小型的广场活动演出报幕工作。直到有机会参加了一个朗诵节目的排练，改变也提升了我对语言表演的认识。百度查找"朗诵"二字会看到，"朗诵，指清清楚楚地高声诵读，就是把文字作品转化为有声语言的创作活动。朗，即声音的清晰、响亮；诵，即背诵。朗诵，就是用清晰、响亮的声音，结合各种语言手段来完善地表达作品思想感情的一种语言艺术"。看到这段对于朗诵的解释，结合我参加朗诵排练的感受，我又不禁把音乐表演和语言表演联想到一起。朗诵是把文字作品转化为有声语言的创作活动，而音乐是把五线谱上的音符通过演奏转化为音乐旋律的一种创作活动。朗，即声音清晰、响亮，而器乐的演奏也要求音高准确、音色干净明亮。诵，即背诵，而器乐在熟练背谱演奏的情况下，音乐情感和色彩才能更好地表达。语言表演和音乐表演都是艺术的再创作活动。这种再创作，不是脱离本身的材料去另行一套，也不是照字读音或照谱演奏的简单活动，而是要求表演者通过原作的字句音符，用有声语言或旋律音色传达出原作的主要精神和艺术美感。通过深入的理解、真挚的感受和丰富的想象，不仅要使自己动情表演，更要让听众领会作品内容，而且要使其在感情上受到感染。就这样，源于相通的艺术表达方式，我喜欢上了朗诵，也常常通过参加市朗诵学会的演出和排练，接触了大量美文，潜移默化之中，更加懂得了"表演"二字的含义，也提升了舞台主持的水平。

三、合唱团与乐队

在参加合唱指挥培训班之前，我除了学生时代一直是学校合唱团团员，工作后就再没太多接触，主动参加合唱指挥培训班，也是希望能在其中找到共通点，多了解一个领域的知识。合唱是多声部声乐作品的艺术门类，而我所学习的管弦乐队也是多声部多乐器的艺术表达形式，合唱团和管弦乐团都要求单一声部音的高度统一，要求声部之间旋律的和谐，而人声作为合唱艺术的表现工具，有着其独特的优越性，能够最直接地表达音乐作品中的思想情感，激发听众的情感共鸣。通过合唱指挥培训班，我观摩了指挥带领合唱团排练，学习指挥对合唱曲乐句的处理、人声的处理、和声的处理，也通过听合唱团各声部的练唱，锻炼自己的视唱练耳，判断合唱团声部的音准、音色的统一。在合唱的专业领域，我是个门外汉，但通过参加培训，我快速抓住了合唱艺术与自己专业知识相重叠的知识点，明确了自己需要再补充的方向，在工作中，如果要开展合唱类的工作，我还需要对专业的声乐训练、指挥训练进行学习和探索。

四、多领域学习促进步

从小学习器乐，从最初的兴趣爱好，到最后进入音乐学院系统地学习演奏，我付出了很多汗水和泪水。曾经在职业生涯的岔路口，我犹豫不决，几经波折，最终成为一名群众文化工作者。毕业八年的时光，长笛专业仍时时陪伴着我，教学、演奏、参加长笛乐团排练、参加音乐会等活动让我没有丢弃自己曾经热爱的专业，相反，因为群众文化工作，让我学习了音乐剪辑、录音、主持、朗诵等艺术技巧。我慢慢地将音乐表演艺术与语言表演艺术相结合，相互启发，也为自己的长笛演奏、教学扩宽了思维。在今后的群众文化工作当中，我还将继续学习领会音乐与舞蹈、美术等艺术的相通之处，努力使自己成为一名更加标准合格的群众文化工作者，利用自己的专业知识服务群众文化，以人民群众为主体，以各种艺术活动为基础，满足人民精神文化建设。群众文化随着社会文化的深入，逐渐成为当前文化发展体系的核心，在社会整体发展进程中发挥着重要的作用。

屈原曾有诗云：路漫漫其修远兮，吾将上下而求索。作为一名群众文化工作者，我的职业生涯才刚刚走入正轨。面对已经取得的成绩，我要继续保持谦虚谨慎的作风，不断探索学习，扎实努力地做好群众文化工作，为群众文化事业贡献力量。

（作者单位：厦门市翔安区文化馆）

推动群文工作不断创新发展的若干实践

凌　琳

群众文化工作是社会主义精神文明建设和先进文化建设的重要组成部分，也是构建和谐社会的重要任务。随着时代的变迁、经济的发展，人民群众的文化需求不断发展变化，对群众文化工作提出更高的要求。与之相悖的是，我们的一些基层文化工作者仍然因循守旧、思维僵化，我们的群众文化活动同样也是形式老套、内容单调，无法适应形势的要求，无法满足人民群众日益增长的文化需求。因而，要想突破群众文化工作的僵局，首要任务就是创新。笔者将结合工作实际，简单地谈谈海沧区文化馆在开展基层群众文化工作中的全新尝试，供大家探讨、指正。

一、借助社会力量，打造"时尚文化"

"桥·空间"是海沧区文化馆 2016 年全新打造的艺文空间。"相遇、汇聚、传递"是其核心理念。"桥·空间"以"柔性引进"的方式，从社会汲取力量，创新运作模式，吸引各类人才的参与，让不同背景的人群在这里相遇，让不同类型的文艺在这里汇聚，让不同领域的思维在这里传递。

在服务人群上，"桥·空间"将目标锁定为辖区的青年群体。为吸引年轻人参与，"桥·空间"不断寻求时尚文化元素。以"文化沙龙"为核心，开展话剧分享会、读书交流会、电影文化座谈、音乐文化座谈、烘焙体验、咖啡品鉴、瑜伽健身等涉及各个领域的交流、研讨、实践活动，为当代青年提供文化交流场所，创设多功能、多环境学习发展的平台，也使参与者在沙龙活动中发展自己的"朋友圈"，获得多方面的思考方向和角度，在思想碰撞中提高自身素质。

截至 2016 年 10 月 15 日，"桥·空间"已举办近 20 场沙龙及多场讲座，影响力、辐射面正在逐步扩大。

二、启动"公益互换"，探索公益文化新模式

2015 年 7 月 12 – 15 日，为期四天的首届海峡两岸大学生舞蹈大赛在海沧举行，市民群众都可通过当文化志愿者或捐三本文化类旧书获得大赛套票。这种模式被称为"公益互换"，是海沧区文化馆在公益文化模式方面的创新探索。早在 2015 年 5 月 10 日，这一公益新模式就已在该馆实践。

5 月 10 日晚上，非职业话剧团体——厦门猫剧团经典原创话剧《美人计》在海沧文化艺术中心影剧院上演。演出现场座无虚席，观众几乎都是年轻人。他们的入场券都是通过捐赠三本文化类旧书，在"纸的时代"、外图厦门书城等书店和海沧文化馆、海沧图书馆换取的。初步统计，活动共收到 1 500 多本捐赠图书。观众所捐书籍也都由海沧区文化馆回收管理，以供市民免费阅读。

"文化书换话剧门票的方式是种公益互换"，海沧区文化馆馆长黄达绥表示，这是海沧首次在文化领域里采用公益互换模式，将阅读与戏剧的"血脉"打通，实现文化间的互融互通，领略戏剧魅力的同时，还能推动全民阅读。她认为，虽然门票也可以说是免费的，但毕竟又有付出，相比以前直接免费提供文化服务产品，通过"公益互换"可以让观众更懂得珍惜，更了解所获取的文化产品的价值。

在实践中，"公益互换"的活动内涵也在不断拓展，除了"旧书换剧票"外，还启动"志愿服务换取文化产品"活动，即以个人志愿服务时间换取文化馆提供的文化产品（如免费培训、演出剧票），激发群众的文化自觉，共同参与文化建设。

目前，通过公益换取来的书籍，经过整理归类，现已陈列在海沧区文化馆二楼"桥·空间"展架上，供市民免费阅读。与此同时，海沧区文化馆的志愿服务也逐渐走上正轨，组建了志愿者团队，通过微信及 QQ 群等平台，及时发布各项文化服务信息，供文化志愿者认领。志愿者已全面参与海沧区文化馆举办的各项活动，如担任"故事大王比赛"现场引导员、公益图书管理员、"亲子国学班"义工，等等。志愿者的服务时间、服务内容、服务品质等信息也由专人负责，一一登记在册，及时为他们提供各类免费培训、演出剧票等文化产品。

三、扶持戏剧文化，开垦新锐城市文化土壤

长期以来，海沧区文化馆一直致力于市民文化普及与城市文化品质的提升，通过政府购买公共文化服务的方式与各类文化团队进行合作。2015年起，海沧区文化馆将合作触角延伸至戏剧领域，支持厦门本土非职业戏剧团队——猫剧团进行戏剧原创及公演，使戏剧文化落地海沧，推动戏剧文化在海沧的发展。

在合作方式上，文化馆主要通过采取"2+4"模式，全面激活海沧话剧生态。"2+4"模式，即两部原创话剧加四种类型的话剧普及活动。2015年至今，海沧区文化馆以公益演出的形式为海沧区居民带来两部原创话剧。同时，猫剧团也结合戏剧讲座、经典剧本朗读会、表演体验工作坊、经典话剧放映解读会四种类型的话剧普及活动，让海沧居民享受话剧艺术的魅力，并通过亲身参与，让"欣赏艺术"升级为"参与艺术"。

从每月两期的"桥·空间"艺文沙龙到周周都有的音乐、舞蹈、诗歌、书画的展演，从草根舞台到两岸音乐大咖原创音乐会、"海丝扬帆"两岸大学生舞蹈大赛，从《天台》《美人计》等原创话剧公演到"公益互换"全新志愿服务模式……如今，全新的文化因子已弥漫在海沧的各个角落。

（作者单位：厦门市海沧区文化馆）

开展免费培训 打造惠民品牌

蔡 菲

文化馆是当地政府设立的、为当地文化建设提供公共文化产品和公共文化服务的公益性文化事业机构。国家出台的《文化馆管理办法》中明确规定文化馆的主要职能，其中，"举办各类展览、讲座、培训等，普及科学文化知识，开展社会教育，提高人民群众综合文化素质，促进当地精神文明建设，组织开展丰富多彩的、群众喜闻乐见的文化活动，开展流动文化服务，指导群众业余文艺团队，辅导和培训群众文艺骨干"是当地政府设立公益性文化馆的最基本职能。

当下，按照国家及省市关于文化惠民的政策要求，加快公共文化服务的多元化、社会化的步伐成为文化馆免费培训工作的重要落脚点和行动指南。那么，如何很好地开展免费培训，打造惠民品牌呢？

一、提供经费保障

要保证文化馆的免费培训工作有效开展，各级财政部门应加大投入力度，将支持免费培训工作与建立公益性文化事业单位经费保障机制紧密结合，增加专项资金投入，支持开展业务活动，改善设施设备条件，确保文化馆能够有足够的资金进行免费培训，为群众提供基本的公共文化服务，同时，探索建立公共文化多元化投入机制，引导和鼓励社会力量对文化馆进行捐赠和投入，拓宽经费来源渠道。

以海沧区文化馆为例，海沧区文化馆从 2011 年开始全面启动免费培训，至今已经是第五个年头，"免费培训"专项培训经费由初始的几万元增加到现在的十几万元，开设成人拉丁舞、成人吉他、成人摄影、少儿舞蹈、少儿古筝、少儿英语等共计 27 个班次，招收成人及儿童学员 500 多名。

二、提供人员保障

要搞好免费培训，优秀的师资队伍必不可少。首先，应充分利用文化馆业务干部的主力军作用，进行公益性培训。目前，许多文化馆都配备有音乐、舞蹈、美术、摄影等各个不同专业的业务干部。每个业务干部都要发挥自己的特长，独当一面。其次，外聘教师，充实队伍。有些项目，单靠文化馆的业务力量无法完成，可以外聘专业教师来充实培训队伍，使免费培训的种类更加丰富。海沧区文化馆举办的免费培训中，除了有由海沧区文化馆业务干部执教的古筝班、电钢琴班、小主持人班、摄影班外，还有由外聘专业教师执教的少儿舞蹈班、围棋班、拉丁舞班等。

三、创新培训形式

开展公益性艺术培训和辅导是各级文化馆的基本职能，也是构建公共文化服务体系的重要环节，是实现和保障群众文化权利的重要举措。公益性艺术培训旨在从精神层次满足和丰富群众的文化生活，最大限度地提供免费的公共文化资源和服务，让尽可能多的社会公众从中受益，从而推动群众文化发展繁荣。文化馆馆内的免费培训，所能容纳的人员十分有限，如何让更多的群众享受到文化馆的免费培训呢？海沧区文化馆采取"请进来，送出去"相结合的办法，坚持在常态化免费培训的同时，派出专业人员深入基层社区、农村、机关、企事业单位开展艺术指导和培训，做到上门指导、上门策划、上门培训，将培训服务半径延伸至镇（街）群众身边，让更多的市民可以不受地域限制，就近"走进艺术"。

四、丰富培训内容

丰富公益性培训辅导内容，全面提升服务质量和教学水平。如果不丰富教育服务内容，不提高质量，即便是免费的培训，时间长了，参加的群众也会慢慢减少，这就达不到免费培训的目的了。

为满足人民群众的文化需求，推动全面科学文化素质的提高，文化馆要本着普及性、教育性的宗旨，充分利用文化馆丰富的师资力量，举办多种艺术培训门类，加大公益性培训的吸引力，增加免费培训的受众面，让更多的群众得到实惠，努力满足人民群众的精神文化需求。

五、创新培训方法

在培训、辅导的过程中，受众是否有兴趣，效果的好与差，往往和辅导者采用的方式方法有直接的关系，辅导的方式方法是决定培训辅导的关键所在。在培训辅导的过程中，因受众对象的不同，须采取不同的教学方法。文化馆要根据受众者的求学目的、兴趣爱好等因素来确定相应的培训手段，包括项目选择、制定方案、宣传招生、实施培训。每一个阶段都有具体的目的和任务，无论选择选择什么样的方式方法，都必须从这些具体的目的和任务出发。如果是传授理论知识，那就可以选择讲授与讨论的方法；如果是排练舞蹈，那就选择口传身授、反复练习、操作实践等方法；如果是摄影、书画，可以采取理论和实践相结合、作品欣赏点评、示范和练习的方法。另外，这些要根据培训对象的文化、职业、年龄等不同层次去选择。不同的文化层次，对其认识程度也有所不同，年龄层次不同，其接受能力和操作能力也会不同。

文化馆是政府文化部门的群众文化事业单位，其工作的最终目的主要是提高全民文化素质，丰富群众文化生活。面向社会进行文艺培训工作是开展群众文化工作的基本手段之一，我们应该立足实际，大胆创新，坚持"三贴近"的要求，做好公益性免费培训，将文化馆打造成为人民群众向往与喜爱的场所，真正成为人们群众文化活动的中心和精神文明建设的前沿阵地。

（作者单位：厦门市海沧区文化馆）

创新群众文化服务理念，
推进基层综合性文化服务中心建设

——关于海沧区基层综合性文化服务中心试点建设的思考

张　洁

党的十八届三中全会明确提出"建设综合性文化服务中心"的改革任务。推进基层综合性文化服务中心建设，有利于完善基层公共文化设施网络，补齐短板，打通公共文化服务的"最后一公里"；有利于增加基层公共文化产品和服务供给，丰富群众精神文化生活，充分发挥文化凝聚人心、增进认同、化解矛盾、促进和谐的积极作用；有利于统筹利用资源，促进共建共享，提升基层公共文化服务效能。

2015年10月，国务院办公厅印发的《关于推进基层综合性文化服务中心建设的指导意见》明确提出工作目标：到2020年，全国范围的乡镇（街道）和农村（社区）普遍建成集宣传文化、党员教育、科学普及、普法教育、体育健身等功能于一体，资源充足、设备齐全、服务规范、保障有力、群众满意度较高的基层综合性公共文化设施和场所，形成一套符合实际、运行良好的管理体制和运行机制，建立一支扎根基层、专兼职结合、综合素质高的基层文化队伍，使基层综合性文化服务中心成为我国文化建设的重要阵地和提供公共服务的综合平台，成为党和政府联系群众的桥梁和纽带，成为基层党组织凝聚、服务群众的重要载体。

近年来，厦门市海沧区深入贯彻落实《中共中央办公厅、国务院办公厅关于加快构建现代公共文化服务体系的意见》（中办发〔2015〕2号）、《国务院办公厅关于推进基层综合性文化服务中心建设的指导意见》（国办发〔2015〕74号）、《中共厦门市委办公厅、厦门市人民政府办公厅关于加快构建现代公共文化服务体系的实施意见》（厦委办发〔2015〕25号）、《厦门市公共文化服务体系建设协调领导小组关于推进基层综合性文化服务中心建设实施方案》（厦文公建〔2016〕1 号）等文件精神，紧密围绕《美丽厦门战略规划》和"美丽厦门·活力海沧"定位，持续深化国家公共文化服务体系示范区建设，全面加快基层综合性文化服务中心试点建设，努力构建覆盖城乡、网络健全、结构合理、发展均衡、运行有效的现代公共文化服务体系。

一、加强组织领导，建立健全基层文化工作机制

为保障基层综合性文化服务中心建设工作的顺利推进，海沧区着力建立健全相关管理体制和工作机制。

一是将构建现代公共文化服务体系纳入区国民经济和社会发展总体规划，纳入区委区政府目标管理责任制、财政预算和城乡建设整体规划。区、街道两级均成立公共文化服务体系建设协调领导小组，区委常委会、区政府常务会听取研究基层综合性文化服务中心建设工作，区分管领导多次召开专题会议研究解决基层综合性文化服务中心建设问题，各街道及责任单位和部门将基层综合性文化服务中心建设工作列入重要议事日程。

二是区公共文化服务体系建设协调领导小组不断健全完善相关工作制度，研究制定出台《海沧区关于加快构建现代公共文化服务体系的实施方案》《海沧区基本公共文化服务标准（2015—2020 年)》《海沧区关于推进基层综合性文化服务中心建设的实施方案》等多项工作制度，有力保障基层综合性文化服务中心建设扎实、有效推进。

二、加大资金投入，全面推进基层文化设施建设

海沧区严格按照基本公共文化服务标准，全面推进功能完善、层次分明、布局合理，覆盖区、街道、村居三级的公共文化设施网络建设。

一是投资 6.8 亿元建成海沧区文化中心、海沧区体育中心；投资 2.6 亿元建设东孚街道文化中心、新阳街道文化中心；区图书馆 RFID 智能馆藏系统、二十四小时自助图书馆等一批文化惠民项目也相继投用，区文化馆、区图书馆均获评国家一级馆。

二是结合国家公共文化服务体系示范区建设，财政投入 2 300 万元，保障公共文化设施网络建设。全区 4 个街道均建有建设面积 300 平方米以上且按标准配置的综合文化站，达标率 100%，其中 50% 的街道综合文化站建筑面积超 2 000 平方米；全区 38 个村居均建有建设面积 200 平方米以上且按标准配置的文化活动室，达标率 100%，其中 52.6% 的村居文化活动室建筑面积

超 400 平方米；同时在基层建立 6 个图书分馆、21 个图书流通点、23 个农家书屋和个 41 个公共电子阅览室（含全国文化信息资源共享工程基层服务点）。

三是按照"3 + 5"工作计划，加快推进基层综合性文化服务中心试点建设，即三年内全面完成街道级综合性文化服务中心达标建设，五年内全面完成村居级综合性文化服务中心达标建设。2016 年上半年已完成东孚街道综合文化站和天竺社区、海沧社区、海兴社区、海虹社区、海发社区、兴旺社区综合性文化服务中心试点建设，高分通过市公共文化建设领导小组实地验收。下半年基层综合性文化服务中心试点建设迎检验收工作正在有序推进。

四是根据"互联网＋"及大数据时代要求，全面推进基层公共文化服务数字化建设，持续推进数字文化馆、数字图书馆、数字农家书屋建设和广播电视户户通、农村数字电影放映等服务，区文化馆、区图书馆官方网站建成投用，区文体局、区文化馆、区图书馆微信公众号相继投入运营，非遗数字化工作深入推进，非遗项目数字化主题体验馆初步建成投用，公共文化数字化服务能力显著提升。

三、坚持文化惠民，深化基层文化活动开展

海沧区始终坚持文化惠民，依托基层综合性文化服务中心，深化基层公共文化活动开展，积极推广全民艺术普及，打造"美丽厦门·活力海沧"文化活动品牌。

一是充分发挥基层综合性文化服务中心终端平台优势，整合基层公共文化资源，广泛开展社会主义核心价值观学习、中国梦主题实践等宣传教育活动。引领社会文明风尚，弘扬中华优秀传统文化，加强非物质文化遗产传承保护，开展艺术普及、全民阅读、法治文化教育、科学普及、防灾减灾知识技能和就业技能培训等，传播科学文化知识，提高群众综合素质。

二是依托基层综合性文化服务中心，组织引导群众文体活动。支持群众自办文化，兴办读书社、书画社、乡村文艺俱乐部，组建演出团体、民间文艺社团、健身团队等；持续常态化开展"美丽厦门·活力海沧"文化下乡、流动展览等系列活动，演出内容、形式、范围不断拓展，影响力持续提升；实现每个村居每年放映电影 12 场以上，组织较大规模的群众文体活动 8 次以上，全民阅读活动 4 次以上。

三是结合中华传统节日、重要节假日和重大节庆活动等，通过组织开展读书征文、文艺演出、经典诵读、书画摄影比赛、体育健身竞赛等文体活动，

吸引更多的群众参与。持续组织开展海峡两岸保生慈济文化旅游节、海峡两岸乐活节、海峡两岸汉字节、海峡论坛两岸特色庙会、海峡两岸文化产业博览交易会海沧分会场、厦门（海沧）玛瑙旅游文化节、海沧汽车文化节、海沧元宵花灯会等节庆活动。

四、创新服务方式，引导社会力量参与基层文化服务

海沧区积极创新文化发展理念，努力探索和拓宽基层文化服务的内容和形式，鼓励和引导社会力量参与基层文化服务。

一是建立健全政府面向社会购买公共服务机制，按照《国务院办公厅转发文化部等部门关于做好政府向社会力量购买公共文化服务工作意见的通知》（国办发〔2015〕37号）等文件精神，把基本公共文化产品和服务、公益性文化活动纳入基层公共财政经常性支出预算。

二是持续深化同厦门歌舞剧院、厦门小白鹭民间舞团、厦门歌仔戏传习中心、厦门闽南旅游文化产业有限公司等文化机构的战略合作，常态化开展"美丽厦门·活力海沧"文化下乡系列活动，并注重发挥"以奖代补"的机制作用，扶持文化精品生产和基层民间剧团人才队伍建设，搭建各类展示"种文化"成果平台，提高基层文化造血功能和自我发展能力。

三是着力推广全民艺术普及，深化免费文化艺术培训。基层综合性文化服务中心通过定期举办面向社会的免费文艺培训，涵盖舞蹈、古筝、电钢琴、英语、书法、摄影、京剧、拉丁舞、健身操等各类文化艺术课程。免费文化艺术培训不设门槛，不收学费，最大限度地凸显均等性、普惠性；课程门类齐，授课时间灵活，统筹兼顾不同年龄层次人群，最大限度地凸显便民、利民，让更多市民有机会走进文化艺术殿堂，提升文化修养和艺术素质，共享文化发展成果。

五、保护文化遗产，传承和弘扬地方优秀传统文化

海沧区贯彻"保护为主、抢救第一、合理利用、传承发展（加强管理）"的基本方针，致力于基层文化遗产的保护与传承。

一是全面完成第三次全国不可移动文物普查和第一次全国可移动文物普查工作，正式发文公布《第三次全国文物普查登记不可移动文物名录》共524处；积极组织开展文物保护单位和涉台文物申报工作，全区现有国家、省、市、区级文保单位11处，涉台文物古迹8处；编纂海沧旅游文化丛书之

《海沧古韵》和《海沧探幽》2册。

二是全面完成第一次全国非物质文化遗产普查工作，共调查登记非遗项目1 621项，编辑《海沧区非物质文化遗产丛书》4册；积极申报各级非遗保护名录项目和非遗项目代表性传承人，全区现有国家级非遗保护项目3项、省级1项、市级4项、区级1项。非遗项目代表性传承人16人，其中省级4人，市级3人，区级9人；拍摄制作《保生大帝信俗》《海沧蜈蚣阁》《闽台送王船》《新垵五祖拳》《海沧土笋冻制作技艺》《闽南天然香制作技艺》非遗宣传片6部，并建成保生慈济文化生态展览馆及区非遗展厅"阮厝边"。

三是扎实推进闽南文化生态保护区建设工作，成立闽南文化生态保护实验区保护试点工作领导小组、青礁保生慈济文化保护试点领导小组及保护试点专家委员会、新垵村红砖大厝传统民居与五祖拳保护试点领导小组及保护试点专家委员会，积极采取各项措施，有效推进闽南文化生态保护区保护试点和传习中心的建设。

四是启动拆迁村落民俗文化调查工作，与厦门大学合作，组建民俗文化调查专家小组，深入村居基层实地采集第一手民俗文化资料，先后完成《风土海沧》系列丛书之《水美钟山卷》《凤舞东屿卷》《金沙后井卷》《龙佑温厝卷》《丝蕴三都卷》五册的编撰任务，其他相关村居调查工作也在有序推进。

五是保护和开发沧江古镇。海沧区结合国家"一带一路"战略和"海丝文化"元素，建设沧江古镇，将其打造为"古镇人文旅游""都市休闲街区"以及"自贸文商区"，引导开发利用古民居资源，通过"文化活化"彰显海沧人文特质。

六、健全人才机制，打造基层公共文化专业人才队伍

一是深入贯彻《海沧区文化人才发展规划（2013—2016年）》（厦海委办〔2013〕64号）、《海沧区高层次文化人才引进和培育暂行办法》（厦海委办〔2013〕70号）等文件精神，加快推进公共文化人才的培养和引进，夯实街道、村居文化协管员、文艺骨干和文化志愿者队伍建设，打造一支职业化、专业化的基层公共文化服务人才队伍。全区现有少年儿童艺术培训基地5个、群众文化示范点6个、基层文体活动广场92个，组建民间文艺团体188支4 666人，招募注册文化志愿者623人，聘用村居专职文化协管员38人。

二是努力完善基层公共文化服务人员管理机制，根据《海沧区关于核定

街道所属事业单位文化专项编制的通知》（厦海委编［2016］11号），核定辖区4个街道综合文化站各3名专项事业编制，同时出台《海沧区城乡社区网格员管理办法（试行）》（厦海政办〔2015〕46号），在全省首推并实施基层专职文化协管员网格化管理制度，大幅提高村居文化协管员的工资待遇，达全省领先水平。

三是结合海沧台商投资区对台交流先行先试优势，拓展"台胞义工行·海沧微志愿"行动，邀请长期定居海沧的台胞热心人士加入文化志愿者队伍，合作创办"崇礼学堂·亲子国学读经班"，大力推广公益性亲子国学读经理念，传承中华传统文化经典，积极倡导文化志愿服务理念，带动更多社会人士积极投身公益文化事业。

综上所述，海沧区在创新群众文化服务理念，推进基层综合文化服务中心建设方面取得显著成效，但也存在一些问题：一是基层公共文化设施设备，特别是基层文体广场建设有待加快完善，力求全面达标；二是基层公共文化资源管理使用有待全面统筹整合，力求提高效益；三是引导群众参与基层公共文化设施建设管理机制有待建立健全，力求培育群众自主管理和自我服务。

下一步工作中，海沧区还将紧密围绕加快构建现代公共文化服务体系，全面推进基层综合性文化服务中心建设的相关文件要求，持续深化国家公共文化服务体系示范区建设，巩固创建成果，补强薄弱环节，完善基础设施，拓宽服务渠道，创新发展模式，提升服务水平，全面推进公共文化服务标准化、均等化建设，让广大人民群众共享文化大发展大繁荣成果。

（作者单位：厦门市海沧区文化馆）

群众文化服务工作的创新

孙慧敏

群文工作是整个文化工作的重要组成部分。创新是群文工作的生命与灵魂。在群文工作中，文化馆发挥阵地平台作用，以人民为中心确立工作导向，向人民群众提供丰富的精神文化产品，当好策划者、组织者和服务者。

一、群文工作创新的必要性

近年，随着海沧区的建设发展，人民现实生活水平的不断提高，精神文化生活方式也在不断地更新，群众文化正发生翻天覆地的变化。纵观群文工作的发展历程，每一个阶段都是在创新中发展，在发展中不断开拓着新局面。

由于长期的按部就班的程式化文化活动，在艺术审美上，人们产生审美疲劳感，促使市民们对一项文化活动、一台文艺晚会以及各种赛事活动产生创新、求变的意识，以满足自己日益增长的追求艺术美的需求。

如"桥·空间"是海沧文化馆 2016 年着重打造的艺文空间，"相遇、汇聚、传递"是其核心理念。今年以来，"桥·空间"已举办 10 多场沙龙及多场讲座，综观半年来的活动，呈现以下三大特点。

1. 柔性引进，创新活动运作模式

"桥·空间"以"柔性引进"的方式，创新运作模式，从社会汲取力量，利用社会力量的辐射作用，吸引各类民间艺术人才的参与，让不同背景的人群在这里相遇，让不同类型的文艺在这里汇聚，让不同领域的思维在这里碰撞。

2. 拓宽内涵，打造多元艺文空间

"桥·空间"以挖掘特色人才、弘扬优秀文化作为己任，以文化艺术的普及、研讨为主题，开展形式多样、群众参与度高、社会影响好的特色文化活动。截至 2016 年年底，"桥·空间"沙龙涵盖音乐、舞蹈、文学、木偶、绘画、陶艺、剪纸、咖啡文化等各种门类，满足社会不同群体对多元文化的需求。

3. 时尚开放，构建文化交流平台

"桥·空间"将培育青年文化作为工作重点，不断寻求时尚文化元素。以"文化沙龙"为核心，开展话剧分享会、读书交流会、电影文化座谈、音乐文化座谈等涉及各个领域的交流、研讨、实践活动，为当代青年提供了一个文化交流场所，创设多功能、多环境学习发展的平台，利用微信公众号作为参与的桥梁，发挥数字文化馆的职能，使参与者在沙龙活动中发展自己的"朋友圈"，获得多方面的思考方向和角度，在思想碰撞中提高自身素质。

理念上的新意给活动带来勃勃生机，所以，群文创新要有超前的创意思维，创意思维是指在人的脑海里的一种新的具有图案式的想法。在思维过程中不断地发现和提出问题后，最终确立形式、主题。好的创意并非挥笔即就，而是源于生活的阅历和艺术的积累，从而产生一刹那怠慢即失的灵感。生活是艺术创作的源泉，深入生活是艺术创作的必经之路。但是，在生活中不是所有的东西都能呈现在舞台上，需要创作者有选择地用慧眼识别。好的文化创意思维需要有文化空间和平台展示。

因此，应以公共文化资源为主、市场资源为辅，将新时代下的新文化事业和文化产业有机结合，把群文系统有限的人力、物力和财力用在群众最需要的地方，以满足人民群众的精神文化需求作为服务的出发点和落脚点。

二、群文作品取之于民，用之于民

群文工作创新，是群文工作的生命和灵魂，它直接关系群文工作的优劣兴衰。一切工作都必须与时俱进，不断创新，不断发展，才能有群文作品的创新，既不是"天外来客"，也不是"空穴来风"，更不是无源之水、无本之木，必须以生活为基础与源泉才能繁荣兴盛。作为文化工作的重要组成部分，群文工作也必须以创新为生命和灵魂、以创新谋发展、以创新促繁荣。

1. 所有的文艺作品一样，都要源于生活并高于生活

任何成功的作品创意，都离不开广大人民群众的日常生活。因此，群文作品要创新，须扎根生活，必须坚持"从群众来，到群众中去"，脚踏实地深入生活；从生活实践中汲取营养，选取题材，深入挖掘和拓宽具有地方特色的文艺形式，力求强化创新理念、创新思维、创新内容、创新形式。文艺作品的主题更贴近时代，贴近人民群众和国家发展战略，在我国现代化建设的各个方面，已经取得明显的成果。作品的体裁、样式、手法、风格、语言更

富有新意，适应了新时代人民群众新的审美需求与文化需求。

2. 文化活动的创新，群文活动是群文工作的载体与依托

文化活动是一种真正直接面向广大人民群众的文化，充分体现出人民群众是文化的建设者、实践者、受益者。文化的主人和主体是群文活动的重点，充分运用丰富多彩的载体和生动活泼的文化活动在文化建设上，自主创新将取得丰硕的成果。群文工作是以广大人民群众为主体的文化工作，能最大限度地满足人民群众对文化生活的需求，促进社会主义精神文明和物质文明的提高。

三、海沧区文化馆在群文工作中的创新

海沧区文化馆馆长黄达绥带领全馆职工摆脱旧思想的束缚，充分考虑新时代的需求，在群文工作中做出创新举措。

自 2015 年起，海沧区面向社会发起"公益互换"活动，主要涵盖以下三项内容：一是通过"旧书换剧票和免费培训"，将阅读与艺术的"血脉"打通，实现文化间的互融互通，其中，2015 年，三本旧书换取一张舞台演出入场券，共互换 1 500 册图书，2016 年上半年换取 1 000 多册（剧场改造，演出次数减少）；2016 年，新增用 5 本旧书换取一期少儿免费培训，共互换图书 1 500 多册。目前"桥·空间"图书共有图书近 5 000 册。二是通过"志愿服务换取文化产品"，即以个人志愿服务时间换取文化馆提供的文化产品（如免费培训、演出剧票），2016 年，新增该项目，共有 130 名志愿者通过注册，成为海沧区文化馆志愿者。目前，志愿者已用服务时长 18 小时换取了近 10 个名额的免费培训（服务时长 18 小时可以换取一期少儿免费培训）。三是通过图书互换，让图书流动起来，提高图书使用率和阅读率，倡导全面阅读理念。该模式体现了三个方面的特性。

1. "公益互换"体现出"生态性"

海沧区文化馆的文化服务呈现出群众参与活动后就有"欲罢不能"的感觉，比如，志愿服务换取免费培训，促使文化馆的服务队伍越来越大，志愿服务队伍又可以服务免费培训，服务图书互换，服务各类群众文化活动，形成完整的公共文化服务的生态链条。

2. "公益互换"呈现出资源的"鲜活性"

很多市民手上有很多"闲置"的资源，比如时间，比如图书，还有技术等，采取这种模式后，让市民把闲置在手上的图书流动起来，将闲置的时间

利用起来，将搁置的技术再开发出来……有个志愿者，从小对音响特别感兴趣，从电子厂退休后，他觉得能接触音响是非常幸福的事，所以，近期的一些小型演出，他都可以从岛内赶到海沧来保障音响的播放，填补了文化馆这块人员不足的空白。许多全职妈妈，孩子上学后，她们就有大把的时间，非常愿意用这段时间接触社会，换取孩子的免费培训的机会。公益互换模式，使这些闲置的资源鲜活起来。

3. "公益互换"呈现出一种"纯洁性"

大批市民的生活水平逐步提高，他们并不缺钱，他们缺的是群体氛围和价值肯定。而我们的公益互换不谈"钱"，只给予相对应的文化产品嘉许，当然，我们同时更倡导服务快乐的理念，这种模式正好迎合这批市民群体的价值追求。

自启动这种创新模式以来，激发了群众的文化自觉，让他们无形中共同参与文化建设。该项活动现正稳步推进。通过公益换取来的书籍，经过整理归类，现已陈列在海沧区文化馆二楼"桥·空间"展架上，供市民免费阅读和互换。书籍累积到一定数量后，将流通到基层社区书院和外口学校。

作为文化工作者，对群众文化活动创新能力要通过学习来提升群文人服务广大群众的工作水平，有步骤、有计划地完善服务网络，搭建公共平台，适应时代需求，增强服务能力。

（作者单位：厦门市海沧区文化馆）

浅谈数字文化与群众文艺

黄文鹿

当今社会，各式各样的电子移动设备出现在生活中，已经成为必不可少的用品。以往我们必须通过报纸、电视、广播才能得知新闻以及社会事件，信息量受时间限制及数量限制，受众群体也受限制。现在不同，通过手机、平板电脑，链接无处不有的无线网络，我们可以尽情浏览无尽的信息，而且可以通过这种途径查询帮助解决生活中的种种问题，这就是科技改变生活，科技给我们带来无限的便利。

其实，数字化已经渗透至各个行业里，文化服务这行业也不例外。文化馆是我国公共文化服务体系建设的重要载体，肩负着丰富辖区群众文化生活，实现群众基本文化权益，让群众广泛享有免费或优惠的基本公共文化服务的任务。十七届六中全会指出，"深入实施文化信息资源共享等文化惠民工程，扩大覆盖，消除盲点，提高标准，完善服务，改进管理"，对当前和今后一个时期的公益性数字文化服务体系建设做出重要部署；为了适应新形势、新发展赋予的新任务，不断创新文化馆的服务模式，提高文化馆的服务水平，满足广大群众不断增长的文化需求，数字文化馆的建设将是新型的服务方式，是当今网络时代创新公共文化服务重要而紧迫的课题。

数字化是从计算机、互联网以及数字化视频信息采集、处理、存储和传输技术的普及开始的。主要的信息资源都可以通过网络获得和传播，其中音视频信息成为重要的信息形式。由于平面介质的纸张在音视频应用中无能为力，因此，只有音视频信息才真正改变人们使用纸张的习惯，彻底改变媒介的介质形式，数字化才真正被标志为时代的分水岭。

一、传统文化馆的服务已有不足

文化馆肩负着建设公共文化服务体系的重要任务，是实现广大群众文化权益的前沿阵地。之所以提倡数字文化馆建设，主要因为基于当下网络时代文化馆的传统服务已不能满足群众日益增长的文化需求。其主要不足表现在三个方面。

1. 单一性

文化馆的服务设施、服务方式及服务手段陈旧单一，服务供给的主观倾向严重，脱离群众的文化需求，服务覆盖面小，局限性大，以致很多群众文化场馆门可罗雀，群众享受文化的权利没有保障，文化馆在公共文化服务体系中的地位和作用大大降低了，文化馆无法完全发挥作用。

2. 滞后性

随着网络和数字技术的发展和应用，群众的文化消费方式和习惯依靠网络和数字媒介，虚拟空间的影响越来越明显而深刻。群众享受文化生活的诉求，已从传统的场馆扩展到虚拟空间的各种终端，这给消费环境和消费方式呼唤群众文化的服务方式来一次深刻而彻底的革命。尽管变革的理念已经得到广泛认可，变革呼声不绝于耳，部分变革的行动也在个别地区和个别单位进行着，但其成效和影响都极为微弱。

3. 封闭性

随着互联网的广泛运用及其对人们消费心态和消费习惯的日益影响，传统单一的文化馆服务方式的局限性（即封闭性）就显现无疑。由于受传统运行模式的影响，目前的文化馆之间依然存在着封闭的特征，同城区间的群众接受着不均等的文化服务。随着互联网所带来的开放、合作、共享观念的普及，文化馆这种封闭性的不足将被最大程度放大。

按照传统文化馆培训的方式，由文化馆发布一份培训通知，提供一个培训场所，召集辖区内各镇、街道、各相应团体代表来培训，这样的方式已经跟不上时代的步伐。因为这种做法有许多限制，比如，时间、场地大小、受众人员数量，等等。我们既然已经从最早的写信通知，到后来的电话通知，再到现在群发电邮通知，节约了时间，但是却扩大了影响面。数字化文化馆的新型培训方式应该是把培训的内容，比如广场舞，录制进视频当中，然后再放至文化馆的网站及公众号中，这样想要学习这段舞蹈的广大群众就不用再等到培训老师在特定的时间去教授，而是可以随时随地按照视频的动作学习，可以自行慢动作、回放学习，具有时效性及自由性。

二、数字文化馆的优势

数字文化馆的公共文化服务依托互联网这个广阔的网络平台而构建，表现为数字化、网络化、虚拟化，突破时空和区域限制，经多种网络通道，以广大群众为服务终端的公共文化服务，达到公共文化服务内容对受众体的最大覆盖。由此我们可以总结出数字文化馆能给群众文化生活带来以下三个好处。

1. 创新性

数字文化馆是公共文化服务中一种新型而重要的元素，它既属于数字化服务形式，又不等同于简单数字化服务的层次，而是对文化馆阵地服务、流动服务的全覆盖。文化馆拥有网站、文化信息资源共享工程计算机服务网络平台、数字化服务室、电子阅览室等项目，它只是拥有数字化服务的内涵，并不遵从数字文化馆的规范。数字文化馆的简单解读就是文化馆的数字化，它涵盖了文化馆职能的所有服务内容甚至外延，突破时空、场馆、受众的局限，提供更广泛、更多彩的文化服务，达到资源的无限次使用。

2. 便利性

"便利性"是实现公共文化服务的前提，即不具有便利性的公共文化服务都是没有意义的。而数字文化馆的文化服务模式将"便利性"推到极致，它依托互联网及相关网络作为广泛的、公开的、对大多数人有效的传媒，比任何一种传播方式都更快捷、更直观、更有效、更便利地提供公共文化服务。人们可以通过各种网络渠道，在电脑、有线电视以及手机等新兴媒体终端获得服务。

3. 完整性

数字文化馆可以将各个省市文化馆的各方面信息串联起来，使得资源共享，能更大限度地发挥文化馆的主观作用，也可以作为一种相互监督的方式促使数字文化馆更好、更快、更全面地进行自我完善，更好地服务广大群众。

数字文化馆建设涉及的技术系统繁多复杂，从软件到互联网，从硬件到系统集成，从声光电到展示展览，从影视制作到多媒体，方方面面都会涉及，综合性要求极高。视觉仍然是人类主要采集信息的重要手段。不同的是，过去的音视频信息无法像今天这么容易采集、存储、处理和传输。今天有了数字化的手段，使视频信息触手可及。木棍写字画画一样简单容易，可以从世界任何地方，任意采集、存储、处理和传输信息。人们一下子变得聪明了许多。只要他会使用电脑，获得或发布信息就变得轻而易举。数字文化系统的形成将为人类提供更加绚丽多彩的文化生活。数字文化为人类提供新的文化载体，如网上博物馆、网上音像馆、网上图书馆、网上艺术长廊。我们应该好好运用科技给我们带来的便利，将其转变成更大更多的便利，服务和满足人民群众的文化需求。在数字化文化馆里不应该只有培训这类单一的便民服务，应当有形形色色的栏目，让广大群众通过数字化文化馆去了解和认识到更多关于文化生活的事情，应当按百姓喜闻乐见的七大艺术形式——音乐、舞蹈、摄影、戏曲、曲艺、书法、美术——进行分类，从零基础的入门教学开始，开发系统化的教学课程，聘请每个领域里的知名的艺术家进行直播教学，让热爱艺术的百姓可以零距离地与艺术家们进行互动，获得更快的提高。各地方文化单位在基础艺术普及资源库的基础上，针对地区性特有的文化资源和非遗技艺进行特色资源库的开发，为特色文化的保护和传承提供数字资源保障。

数字文化馆在网络时代以其全新的服务模式和丰富多彩、喜闻乐见的文化产品，将为人们提供更先进、更广泛、更便捷、更均等的公共文化服务。在这个"一馆制"的虚拟世界里，服务成本得到有效控制，资源得到更广泛的整合与利用，受益群体得到有效扩展，政府文化惠民政策得以广泛实现。"每家拥有一个文化馆"再也不是梦想，市民充分享受公共文化服务的权益将得到真正兑现。

（作者单位：厦门市集美区文化馆）

论文化档案数字化
提升公共文化服务的新视野

蔡真镯

文化馆是公共文化服务体系的重要组成部分，是群众文化活动的辅导中心、活动中心，在丰富人民群众文化生活，引导社会文化健康发展方面发挥着重要职能。随着互联网时代的深入发展，信息技术的快速发展与广泛应用，使人类获取信息的渠道、手段发生深刻的变化，带来新机遇和挑战。在文化大发展大繁荣时期，开发利用数字文化档案资源，更好地为文化建设提供全方位的服务，成为我们探讨的新课题。

一、数字文化档案资源建设的优势

数字文化档案资源是充分运用数字科技、以互联网为依托建设起来的档案资源，即在开设文化馆网站的基础上，不断强化网站建设，通过与民众展开网上互动，提供更加灵活、生动而有效的文化服务。较之传统的文化档案，在践行宗旨和发挥职能方面具有以下三方面的优势：

一是能够扩宽信息发布渠道。之前的信息发布渠道仅仅限于发布会、新闻媒体等形式，这些传统的发布形式有的受众层面较窄，有的展示时间较短，服务效果不佳；而数字文化档案资源的建设则以长期存在的网站等作为平台，存储、处理和发布信息，使民众可以随时获取自己所关心的文化资料，能够实现真正意义上的全民共享。

二是能够增进文化交流研究。以网络为平台，如APP、公众号，发布的信息，便于为更广泛的人群所获取，尤其专业文化领域的高价值信息，容易得到关注。

三是能够为其他机构电子化运营提供有力借鉴。随着网络对民众生活影响力的不断加深，"电子运营"已成为世界各国各行各业建设的未来发展趋势。群众文化工作一方面与民众生活联系紧密，另一方面还与文化艺术产业密切交集，尝试建设数字文化档案资源，在文化建设和商业管理两方面都能够为电子化运营摸索道路和积累经验。

数字文化建设要依托互联网络，搭建移动终端，整合贯通文化资源，精准推送服务到家，让用户进行实体体验，可视可触全景互动。

以馆办网站为核心，文化政策一目了然，活动预告一马当先，文化资讯一网打尽。文化馆的网站首先要真实、全面、及时地发布本地的文化新闻资讯，整合信息资源，突出专业特色，做到人无我有，人有我优。

搭建移动终端，推广品牌应用。移动终端的搭建，应成为数字文化馆的个性化配置，这既是网站向移动用户的一种服务延伸，也是凸显文化馆特色产品的便捷途径。如今，微博转发、微信分享已成为用户体验的首选传播渠道，官方微博、微信公众号的信息发布功能也得到广泛应用，除此之外，我们还需探索适合文化宣传的模式，扩宽扩大传播途径。

二、整合数字资源，搭建区域公共文化服务新平台

1. 整合公共文化资源与服务

从传统文化馆到数字文化馆，都离不开文化资源与服务。数字文化服务是实体文化馆的发展和服务延伸，社会公众利用各种网络终端，通过有线或无线、移动网络接入互联网，以此访问文化馆站的网站，获取文化资源和各种文化服务。如果用户所在地文化馆的数字资源前期建设工程和服务滞后，且拥有的数字文化资源、地方文化特色资源和从事的服务处于分散状态，那就不利于数字文化服务的开展。基层文化馆站，为了推动自身数字化服务的发展，必须进行数字文化资源内容的整合，把其主体文化资源作为数字化服务的基础内容，对互联网上各类开放的文化资源、各种适合跨媒体阅读的自建资源及第三方资源进行重组和扩展，以兼容的方式展示给群众，同时进行服务项目和功能的整合，实现网络数据库资源的本地或异地移动访问。各类资源被整合到本地公共文化信息服务平台后，本地区所有的居民通过电脑、手机等远程终端，就能快捷地享受电影、戏曲、音乐、电影节、电视节、文化节等服务。

2. 实现文化馆站数字化服务的协同发展

近几年来，优秀文化信息资源的数量和种类不断增多，新的热点资讯、科普知识等不断涌现。文化馆吸收和交流各地各类的优秀作品等，吸纳社会

有能力的组织参与，建立一个跨组织的整体治理结构，通过构建政府、市场和社会的全面合作关系，通过互联网、数字电视、移动通信等多个数字传输渠道，利用计算机、手机、电视、移动播放器等丰富的终端服务设备传送数字文化资源、开展技术创新和服务。

3. 完善数字文化馆站的服务机制

在数字时代，为促进基层文化馆站更好地以文艺的形式弘扬社会主义核心价值体系，开展公益性文化艺术服务和文化交流活动等，我们需要建立健全数字文化馆站的服务机制。要以文化惠民为宗旨，制定适合本地区数字文化馆站的建设与服务的标准规范、管理制度和相关服务规定，同时鼓励和引导民间力量参与公共数字文化服务的建设和服务监督，例如针对本单位的服务功能，创建网上文化论坛，利用社交网络、微博微信等，吸引更多的群众参与到文化馆的文化服务中，对文化馆站的各种服务进行网上评价，从而完善文化服务监督机制。

4. 大力引进数字信息服务人才

提供数字文化服务离不开数字化应用人才，综观各级文化馆站，计算机应用、信息化服务等方面的人才非常奇缺，在推广数字公共文化服务中，迫切需要引进或培训数字应用方面的服务与管理人才，服务于数字文化馆站的建设。

综上所述，数字化时代广大群众的文化需求与获取方式发生前所未有的变化，基层文化馆站的群众文化服务面临巨大挑战，其服务模式、服务内容、服务手段都需要不断创新。从实体文化馆站服务转向数字文化馆站服务，我们还有许多不适应的地方。尽快建立和完善基层文化馆网站信息平台，加大数字文化资源的建设力度，建立健全新的数字化服务机制，将极大地改进基层文化馆站的服务手段，更有效地服务基层文化，保障人民群众共享数字文化发展成果，促进公共文化服务普及化、均等化和便利化。

三、数字文化档案资源建设的原则

不以规矩，不成方圆。数字文化档案资源建设是综合性的系统工作，在建设工作中，统筹规划各项工作，应把握以下四个原则。

1. 特色性原则

结合当地特色，因地制宜，突出专业性质，因势利导，在文化信息的搜集上应有独到之处。例如，集美区是著名的侨乡和风景旅游区，是厦门市的义教区，集美新城也延续嘉庚风貌风格，也正如火如荼地建设中，集美区文化馆结合当地的特色，相继创作出歌仔说唱《逛新城》、舞蹈《阮厝查某人》、月琴弹唱《李林赞》、歌仔说唱《阮厝好人多》，等等，这些都是独具地方特色的创作，都可以很好地作为数字文化档案资源。

2. 实用性原则

数字建设应遵循用户至上的原则，始终把用户的需求放在首位，要满足用户需求，充分考虑数字建设的实用价值及是否能产生良好的社会效益和经济效益。参考其他省市的先进做法，具体有：积极利用新技术，创新文化服务模式，将文化下乡、公益培训与互联网有机结合起来，开通在线报名平台、预约配送平台；将公益培训报名网络化，在网站、微信平台上提前公告公益培训课程，在规定的时间段里在线报名，不仅方便群众，也确保公益培训的公开、公平、公正，还大大扩大了公益培训的受益面；为满足群众的个性化文化需求，不断提高自身服务能力，进行"资源创造"，丰富"菜单"。

3. 系统性原则

数据是数字建设的核心，数据库的质量从某种意义上说取决于数据的质量。因此，数据的全面收集是数字建设中十分重要的环节。另外，还要保证数据库的延续性，数字建设不是一蹴而就的，要不断进行数据修正、数据维护和数据更新，这样才能保障数据建设的生命力，提高资源的利用率。

4. 标准化原则

数字建设的最终目标之一是实现资源共享，因此，数据的标准化、规范化显得尤其重要，它是通过网络实现资源共享的技术保证。

在电子信息技术和传媒手段越来越发达的今天，数字档案的使用已渐渐从后台步入前台，尤其是在文化项目运用上前景广大。笔者认为，只有让数字档案的自身特色在文化项目上得到充分利用，才能成为众多文化项目的支撑。只有以文化项目为引领，整合数字文化档案资源，才能为文化项目锦上添花，增强魅力。只有突出特色，才能提高群众文化艺术数字档案的价值。

（作者单位：厦门市集美区文化馆）

对应年轻人需求，提供有活力的公共文化服务产品

吴盛凡

一、群众文化的现状

近年来，国民的综合素质日益提高，群众对精神文化生活的需求越来越强烈，基层群众文化建设也渐渐得到重视，日益繁荣。然而，随着互联网时代的到来、东西方文化的交融和现代教育对传统文化的忽视，年轻人越来越依赖网络来进行娱乐活动，与大众性的群众文化渐行渐远。各级政府部门在执行全面艺术普及中，受益的群体出现"两头重"的现象。各类文化场所和文化活动中，往往是老年人和儿童唱主角，年轻人寥寥无几，群众文化也渐渐变成"老年文化"和"少儿文化"。年轻人的缺失正是目前我国群众文化发展存在的重大问题。

二、群众文化年轻化的意义

群众文化是广大群众根据自己的生活实践创造出来的精神与物质财富，它丰富了民众的生活，起到放松群众、取悦群众的作用，同时还具有精神娱乐、宣传教育、启迪心智、凝聚人心等功能。而年轻人作为当今社会发展的主导群体，若群众文化的受众群体能扩及至大部分年轻人，通过文化活动把年轻人的热情和精力转化为社会建设的积极力量，对于提高民族凝聚力、营造良好社会风气、促进社会稳定发展都有着关键的促进作用。同时，传统文化需要年轻人去传承和发扬，对每一个民族来说，如果不能传承传统文化，就等于民族失去了灵魂，中国几千年的传统文化需要更多的年轻人去传承。

三、年轻人难以融入群众文化的原因

一是群众文化对年轻人没有吸引力。街道、社区等单位组织开展的活动内容单一，大多是针对老年人的，活动形式老套，如腰鼓、合唱、文艺表演等，与年轻人爱好不一致；同时缺乏青年人交流的平台；群众文化参与者逐渐老龄化，参与群体为老人家，一些传统艺术不注重在群众中的传播和推广，年轻人接触得少，自然不会喜欢。二是年轻人自身问题，现在年轻人自身工作压力较大，既要顾事业，又要顾家庭，而大部分文化活动则是利用周一到周五的工作时间来开展，年轻人很难腾出时间来参加群众文化活动。

四、海沧区群众文化对应年轻人需求的对策

随着新时期文化产业的创新，年轻人表达、交流和聚集的方式更加多元化了。敢于尝试并广泛运用新媒体，打造各类文化品牌，通过微电影、漫画等载体开展形式多样的文化活动，才可获得年轻人的青睐。因势利导，改造文化设施，提供适宜年轻人活动的场地，才能让年轻人在文化中活跃起来，并提高年轻人对传统文化的保护意识、激发兴趣。笔者在海沧区文化馆正感受到一种活力文化冲击的力量，一种应对年轻人需求的文化产品正在诞生和发展。

1. 搭建青年交流平台——"桥·空间"

"桥·空间"是一个由海沧区文化馆打造的艺文空间，"桥"意为搭建多元化艺术交流的桥梁，让不同背景的人群相遇于此，不同类型的文艺汇聚于此，不同领域的思维传递于此。采用年轻人喜爱的艺术沙龙的活动形式，为年轻人提供了一个交流的平台，让大家的思维在这个平台上互相碰撞，通过这座"桥"拉近大家的距离。策划方表示："在这个桥面上，谁也不必仰望谁，既呈现小众的高形态艺术张力，也能符合大众的文艺口味。""桥·空间"是一个文化交流与传播正能量的创新模式，同时也调动了群众参与文化艺术活动的积极性，尤其是年轻人，那里举办的各类艺术沙龙，很受我和我同事朋友的喜爱和跟随。

2. 创新喜闻乐见的新形式——公益互换

要让青年人接受并且参与文化活动中来，就要有各种年轻人喜欢的、当下流行的喜闻乐见的新形式来传播文化。海沧区文化馆推出了"公益互换"的新模式，引入年轻人喜爱的精品文化服务，通过旧书或志愿服务时间来换

取文艺活动门票、免费培训等机会，这样既能激发年轻人的文化自觉，让他们无形当中参与文化建设，又能享受到喜爱的精品文化服务，这种做法不仅营造了良好的群体氛围，也迎合了年轻人的价值追求，更体现出文化部门和群众的存在感。

3. 利用新媒体多渠道宣传——微信公众号

随着网络信息技术的迅速发展，传播方式和途径也发生巨大的变化，年轻人也习惯从互联网上获取信息，用手机微信等 app 交流。针对年轻人的学习、工作思维以及方式，创新宣传方法，积极利用网络传播的新渠道，开设"海沧区文化馆"的微信公众号，每星期至少编辑推送三篇通俗易懂且有趣的活动类和文化遗产类文章，点击率高，吸引年轻"微粉"，成为沟通和吸引年轻人走进文化馆的重要桥梁。

4. 赋予传统文化新的内涵——数字化的平台

非物质文化遗产等传统文化是祖先留给我们的宝贵财富，要想得到继承和发扬，就必须丰富其元素，延伸其内涵，取其精华去其糟粕，让传统文化发扬光大。例如，在戏曲、皮影戏等喜闻乐见的传统文化中，加入 rap、cosplay 等新颖的文化元素，将传统文化与现代精神相结合，既能迎合年轻人的兴趣，又能吸引更多群众参与其中，形成良性循环，推动群众文化健康发展。

发展群众文化，让群众文化年轻化，一方面年轻人可以作为群众文化的继承者和发扬者，另一方面年轻人知识面广、信息量大，能将新颖的娱乐活动与传统文化活动相结合，创新出具有魅力和富有时代气息的文化表现形式，从而更利于建设好群众文化，丰富广大群众生活，提高人民群众的生活质量。

（作者单位：厦门市海沧区嵩屿街道）

社区文化服务理念创新与思考

——以海沧区嵩屿街道北附小社区为例

林可堂

"美丽厦门　共同缔造"在文化行动目标中明确指出，发扬闽南特色文化等优势，大力提升市民的道德和文明素质，不断丰富群众的精神和文化生活，加快推动文化事业全面繁荣和文化产业快速发展，促进多元文化融合发展。社区文化是社区建设的灵魂，也是城市文化的基石，丰富和发展社区文化，对于提升社区居民的素质，提高社区品味，增强整个城市的创造力、竞争力和软实力都具有重要意义。海沧区嵩屿街道北附小社区自成立以来，不断加强社区文化建设，以满足辖区居民群众的精神需求，加强社区文化队伍建设，充分地合理利用社区文化资源，尤其在社区文化服务理念创新上不断探索，积极实践，努力破解瓶颈制约，社区文化建设取得显著成效。

一、社区公共文化资源情况介绍

北附小社区现设立有社区图书室、绿色网吧、未成年人活动室和居家养老文体活动室，总占地面积 360 平方米，主要为辖区居民提供文化、健身、教育、科普等多功能服务，同时，社区还有三支文化志愿者队伍，分别是老年气功球队、老年合唱团以及老年舞蹈队，可以说，三支文化队伍承担着社区文化繁荣发展的重任。

1. 社区图书馆

北附小社区图书馆是按照标准图书馆的要求建设 30 平方米的借阅一体化的图书馆，向广大居民开放。新建的社区图书馆主要分三块区域，一是图书外借区域。社区图书馆由厦门市少儿图书馆提供 1 500 册图书，分当代小说、纪实文学、幼儿教育、经典著作、生活百科、廉政书架六大类，供读者各取所需，提高图书馆资源的利用率。二是阳光阅览室。提供社区居民阅读学习的场所，通过优秀的读物，普及最新科学知识，提高居民科学文化水平，潜移默化地向广大读者进行思想教育。三是少儿图书馆。这里有着丰富的少儿读物，同时定期开展各类儿童读书活动，丰富少年儿童的闲暇生活。

2. 绿色网吧

北附小社区绿色网吧占地面积约 40 平方米，共有电脑 14 台，以互联网为载体，快捷地传播大量信息，及时满足人们对信息的需求，充分发挥信息引导功能，是厦门市少儿图书馆全国文化信息资源共享工程支中心。

3. 小精灵儿童俱乐部

北附小社区"小精灵俱乐部"总面积 60 平方米，为丰富青少年校外文化生活，社区构建青少年社区活动场所建设和管理网络，为青少年提供喜闻乐见的、寓思想道德教育于多彩文化生活之中的青少年社区活动，指导和引领青少年的健康成长。

4. 棋牌室

棋牌室占地面积约 40 平方米，主要面向社区老年朋友，供其娱乐使用。

5. 居家养老文体活动室

文体活动室占地面积约 200 平方米，主要面向社区文体爱好者开放使用。

6. 三支文艺志愿服务队

目前在册的有 62 人，主要承担社区文艺活动和文化宣传建设，为社区传播先进文化发展理念。

二、社区公共文化服务面临的现状

作为海沧区嵩屿街道比较年轻的社区，北附小社区因地处城乡结合部，与生活区配套比较成熟的社区比起来，在社区文化建设方面差距还是比较明显，主要表现在以下几个方面。

1. 社区文化基础设施薄弱

发展社区文化，文化设施设备是基础，由于社区成立时间短，底子薄，除了"三室一吧"外，其他的设施基本上没有，社区辖区有 14 个居住小区以及海关、边检、海事等机关企事业单位，总人口 1 万人左右，目前没有一个大型居民活动场所，篮球场、游泳馆等更是一个都没有，居民缺乏娱乐的场所，社区文化基础堪忧。

2. 社区文化资源未能有效整合

社区地处嵩屿街道政治中心，辖区内有北京师范大学海沧附属学校和厦门外国语学校两所名校和多家机关单位，但是出于安全因素的考量和学校教学需要，机关企事业单位的图书馆和活动场所并未对社区居民开放，特别是在文化人才共享上，因为辖区在此，社区也多次与两所学校沟通，希望借助名校的品牌示范作用，进一步整合社区现有的文化资源，更好地为居民提供文化活动上的支持和帮助。

3. 社区居民参与文化活动较低

北附小社区的特殊性在于社区内有征地拆迁安置户和来自五湖四海的人，在社区活动参与上，居民的意愿不高，究其原因，主要是语言和文化的差异性，京口小区的征地拆迁户喜欢具有闽南文化特色的活动，比如歌剧、戏剧等，而外围小区的居民因为都是来自全国各地。他们听不懂闽南话，对闽南文化不熟悉，在举办活动过程中，就显得格格不入，无法融入，所以，经常会出现社区的活动，有外面的居民就没有征地拆迁的居民，有征地拆迁的居民就没有外面的居民这种局面。

4. 社区文化志愿者队伍不足

由于社区文化志愿者队伍建设刚刚起步，社区文化队伍建设严重滞后，社区文化辅导员队伍不足，社区文化骨干队伍缺少专业培训，目前社区文化志愿者结构单一，且多为老年人，队伍缺乏活力，除了正常的参加市、区、街等组织的文化活动外，其他时间较少有机会参加各类活动，缺乏对外展示和交流的机会。

5. 社区文化重视程度不够

社区文化不仅需要全体社区居民的参与，更应该有来自上级的支持，近年来，随着社会的发展和人民生活水平的日益提高，人民对精神文化的需求与日俱增，进一步加强文化队伍建设和加大文化扶持力度的呼声越来越高，但是我们的各级各部门在文化建设重视上还有待提高。

三、创新社区文化服务理念的思考

1. 完善社区基础文化设施建设

一要加强社区文化硬件的建设，区、街道等应该在深入调研的基础上，制定社区文化建设规划，明确社区文化建设的目标、任务，完善社区文化硬件建设，加大对城乡社区文化投入力度；二要加强文化人才队伍建设，要加快对基层文化人才的培养，特别是要加大对基层文化骨干的培养力度；三是要加快推进基层文化设施建设，针对基层文化活力不足等问题，应该加强以社区文化中心、社区文化广场、社区文化活动室等为主体的社区公共文化设施建设，形成结构合理、功能健全、实用高效的社区文化设施网络，要千方百计地用活用好用足现有的社区文化设施，提高社区文化设施的使用效率和社会效益，形成基层文化的良好氛围。

2. 加大对公共文化资源的培育

公共文化资源，是基层文化繁荣发展的基础，必须下大力气对基层文化资源进行培育，就是要做到：一要加大政府购买文化服务的力度，通过政府购买服务的形式，向基层倾斜；二要倡导社区内的机关、学校、企业、事业单位，向社区居民开放文化设施，实现文化设施资源共享，特别是社区周边有学校和机关单位等大型活动场所的地方，更应该充分利用；三要充分挖掘基层的文化能人、艺人、具有特殊文化才能的人才，通过聘请其担任社区文化顾问的形式发挥文化人才的专有特长。

3. 丰富社区文化活动内涵

社区文化是社区的灵魂。一是要坚持贴近社区实际、贴近社区居民生活，开展丰富多彩、生动活泼的社区文化活动，充分考虑闽南乡土文化与外来文化的区别，从文化娱乐、休闲健身等方面充实社区文化内容，以歌舞音乐、说唱弹奏、琴棋书画等形式进行社区文化传播，想社区居民之所想，应社区居民之所需，解社区居民之所盼，引导社区居民自觉参与社区文化活动，保持社区文化活动旺盛的生命力，满足不同层次社区居民的文化需求。二要促进社区文化融合，社区是个多元文化的社区，社区居民来自五湖四海，应该通过整合促进社区多元文化的融合，形成一家人的观念。

4. 推进社区文化志愿者队伍建设

社区文化志愿者队伍是社区的生力军。一定要推进社区文化志愿者队伍建设：一要按照政治强、业务精、素质高、作风正的要求，建设一支以业余骨干为主、专业人员为辅的社区文化辅导员队伍，深入实际、深入生活、深入群众，负责组织、指导社区文化活动，增强社区文化建设的生机与活力；二要培育具有社区特色、业务精、素质高的社区文化骨干队伍，定期开展专业培训，为开展社区文化活动服务，增强社区文化骨干的业务素质和工作能力；三要充分利用社区内机关企事业、学校等人才集聚的优势，使社区内单位的文化骨干融入社区文化队伍，提高社区文化队伍的整体水平；四要动员离退休文化工作者，开展多形式的社区文化活动，增强社区文化活动的覆盖面，鼓励大家深入小区，开展社区文化志愿服务，组织和参与社区的文化活动，增强社区文化活动的吸引力。

5. 推动社区文化服务创新

一要根据社区区位、社区内单位、社区居民的文化优势，举办有特色的文化活动，开展特色文化社区创建活动，比如，可以开展闽南茶文化交流、东北二人转交流等活动；二要邀请兄弟单位的文化团体来社区交流，开展多元文化进社区活动，从总体上提高社区居民的认识水平，提高社区居民的文化品位，要以信息化为基础，搭建社区文化信息服务平台，发展和传播积极、健康、向上的网络文化，让社区文化信息化服务融入社区居民的生活。

（作者单位：厦门市海沧区嵩屿街道北附小社区）

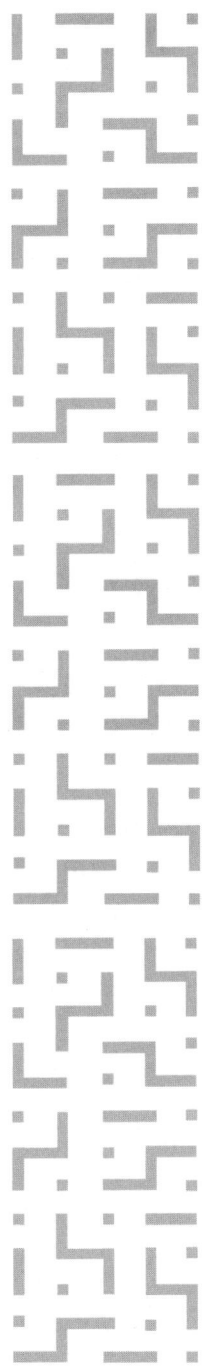

第二辑 数字时代的群众文化

大数据时代服务职工的机遇与挑战

蒋丽琴

一

随着云时代的来临，大数据（Big Data）也吸引了越来越多人的关注。大数据作为云计算、物联网之后 IT 行业又一大颠覆性的技术革命。互联网世界中的人与人交互信息、位置信息等，每天人们发出的邮件、交友的帖子、更新的微博、网上购物、搜索查询、采购的手机等产生海量的数据，特别是本文关注的新媒体的把握与运用是大数据时代工会服务职工的机遇与挑战。

从今年 7 月份发生的三件事引出课题的思考：

思考之一：2014 年 7 月 2 日下午，厦门市总工会基于微信公众平台的新媒传播举办"微文化建设"研讨交流，抓住 2014 年总工会重点工作之一的微信公众平台建设，结合新上线的微信公众服务号，邀请了当地众多的微粉代表、会员卡商家代表以及工会骨干，通过"头脑风暴"为智慧工会获得求新求变的新思路、新对策。

思考之二：Yy 语音 2080 频道的一个虚拟教室里同时有 11 万粉丝在互动，为歌手献花，为主持人献上礼物；网络剧《灵魂摆渡》一周点击过 7 亿；通过大数据透析，爱奇艺深知自身平台用户的看剧喜好与行为习惯，3 月底一举夺得《杉杉来了》新媒体版权，7 月 8 日强势登陆江苏卫视、爱奇艺网络平台，热动盛夏，首播当日点击量直逼 3 000 万，百度指数当天搜索骤升至 186 096。鱼塘夫妇在百度搜索指数一路看涨，7 月 14 日以 1 020 674 高搜索秒杀众剧。

思考之三：传统媒体的使用将呈现逐步下滑的趋势，但不会被新媒体完全取代。二者既有"分工"，又有"合作"。伴随着数字技术和网络技术的发展，受众日益分众化和碎片化，他们对不同媒介形式和不同内容的偏向，以及在不同情境下的不同信息消费需求，使得传统媒体与新媒体只有通过融合和互补才能满足不同受众需求。传统媒体与新媒体的共存在网络时代仍将继续，至少是在新闻和信息的提供方面。报告显示，截至 2014 年 1 月，我国移动互联网用户总数达 8.38 亿户，在移动电话用户中的渗透率达 67.8%；手机网民规模达 5 亿，占总网民数的八成多，手机保持第一大上网终端地位。我国移动互联网发展进入全民时代。

二

通过深入学习习近平总书记三次在工会的讲话精神、根据十八届三中全会提出的全面深化改革的要求，结合美丽厦门"两个百年"的发展战备，笔者现针对工会在数据时代服务职工的机遇与挑战的创新观点、职工建言与对策提出如下观点。

1. 智慧工会

2014 年，是传统媒体和新媒体深度拥抱的一年。传统媒体与新媒体的关系并不是简单的此消彼长式的线性发展关系，而是在竞争中共存、融合、互补，出现新老媒体、内容渠道合一的局面。但在内容及传播效果上，二者的互补性依然明显。通过借助各种技术手段，新老媒体取长补短、深度融合，创造出新的、受众体验更好的新闻产品。搭建"一报一网一刊"及工会微信平台打造服务 2.0，厦门总工会本着用户至上，主流声音进行探路，花大力气在大数据时代求新求变的精神十分可嘉，是全面深化改革中建设"美丽厦门"，服务大局的举措。进一步探讨如何把总工会的微信公众平台建设得更有吸引力，使为职工办实事的重点工作更加贴近职工、服务会员、惠及商家是"智慧工会"更高的理想与要求。

2. 掌上工会

厦门市总工会利用大数据领跑信息时代，打通"最后一公里"。在大数据时代里，求新求变已走在同业的潮头，移动互联网将是未来的主流，微信则是移动互联网的重要入口，顺应大数据时代变革趋势，尽快抢占高地，才能为工会会员提供优质、高效、个性的服务。厦门已率先进入 3G、4G 移动互联全覆盖的城市。如果把握机遇，找准切入口，念好"掌上工会"这部经是十分必要与及时的，是最易连接每个会员的一次变革的把握。传统媒体与新媒体的共存在网络时代仍将继续。在融合过程中，内容和渠道同样重要，任何一方面缺失，都不能产生好的传播效果。

3. 移动社区

内容、渠道是传播的两翼，缺一不可。工会有首渠道与地面网络的优势，厦门在地面上已建立 63 个职工服务站（将进一步借助社区网格化管理的平台进行延伸），但是对于六大新社会阶层、新的用工方式产生的新社会阶层的群体还不能满足他们的服务需求。基于厦门新开发的微信社区的 IT 技术，把不同的区、产业工会，不同的职工社团，不同的消费群体，通过各自的微信社区，进行工作、生活、学习及文化的分享与互动，让工会组织的服务无时间地点，真正贴近职工、心手（机）相连，是搭建在工会微信公众平台上的一个新的举措。让更多的工会组织熟悉并运用这个工具，让更多的会员卡商家在服务会员的同时得到健康发展，是下一步提高办卡率、开卡率及有效服务的有利平台与时机。

4. 新媒运用

新媒体中出现渠道多样、来源广泛、功能各异、实时传播的海量信息，但也存在大量碎片化的虚假信息；在鱼龙混杂的新媒体中笑傲江湖，是这一时期宣传工作者应修行的硬功夫。传统媒体可谨慎地报道核心事实，进行信息整合与深度挖掘。在各种纷争迷离的复杂事件中，我们看到，尽管新媒体异军突起，传统媒体与新媒体的合作成为趋势。未来 PC 的接口是搜索引擎，移动终端的接口是二维码。扫一扫成为又一链接的端口。宣传工作不能仅靠媒体，要办好工会现有的宣传传统文化的阵地。同时，社会团体工作的干部也要会玩 QQ、微博、微信、YY，要有自己的微粉圈、微信好友，要成为不同社区的版主，要有与时俱进的时代精神，每个工会干部应意识到搭建微信公众平台对于厦门市总工会重点工作推进及服务职工的重要性。相信建立更多的微信公众子平台，把现有的区、产业工会、事业单位各自的二维码连接到"厦门市总工会"微信公众平台的新媒体上，是今后移动互联时代的必然选择，是工会办实事项目真正落到实处的新的接入端。

5. 微站吸引

让工会的好政策、好信息，在 3G 时代更迅速、更及时地传播到工会会员手上，改善信息的不对称的最快捷的解决方案就是加大人、财、物的投入，培训一支工会微信公众建设的维护与发布信息队伍，推动微信官网、微信群、微信社区的发展，无疑将起到"事半功倍"的效果。今年 3 月份，我会搭建总工会微信公众平台方案出炉时，微信平台当时的用户数是 4.5 亿，而 1 个月后，用户数已激增到 6 亿。微信用户数的迅速攀升是"厦门市总工会"微信公众平台的最佳建设与发展时机。

6. 服务推广

微信公众号开放后，我感受到宣传时间加长和经费降低的好处。根据腾讯官方数据，截至 2013 年，微信注册用户量已经突破 6 亿；QQ 月活跃账户数超过 8 亿，其中智能终端月活跃账户占一半以上，同比增长 74%。从微信和 QQ 的移动终端用户数和增长率可以看到，移动社交快速发展，成为当前人们进行社交的重要方式。大数据时代已进入私人订制的服务模式，工会如何为现有的企业工会、工会会员进行私人订制——个性化服务，在现有的工会平台需找到共赢平衡点。经过两个月时间的酝酿，2014 年 5 月，厦门市总工会微信公众平台上线。在该微信公众号里，社会公众可随时随地查看工会动态、会务资讯、源头参与、网上大学、职工文化、工会会员服务卡、就业信息、社区交流、就业动态等 20 多个信息交流互动资讯。厦门市总工会微信公众平台简要地分成三个部分：一是政务公开，二是职工服务，三是职工文化。基于微信公众平台的各大功能，总工会下一步可重点向会员推荐"工会卡""工会培训""集体婚礼""职工春晚""工会微社区"等子模块的服务与便利。

7. 移动社交

随时随地革新的社交方式。移动社交使人们可以随时随地沟通、交流、分享。"移动终端具有高度的便携性，是'带着体温的媒体'，全天在线"。移动端人均单日使用时长 1.65 小时，从人随网走到网随人动，移动互联网突破时空限制，开启了"移动社交"时代。2013 年，我国智能手机终端出货量达 4.18 亿部（电脑仅 700 多万台），同比增长 62%。从 2012 年到 2013 年，个人电脑的人均单日使用时长略有下降，而移动端使用时长从 0.96 小时增加到 1.65 小时。以社交媒体为例，一方面，社交媒体挑战甚至打破了传统媒体对内容和传播平台的绝对垄断；另一方面，传统媒体的一些带有偏见性的报道也在社交媒体上引发了广泛质疑，对确保新闻报道的客观公正起到了很大作用。传统媒体和社交媒体呈现既各司其职又相互借力互补的总体格局。工会微社区是一个聚合在微信公共平台上的微 BBS 社区，大家可以通过跑步应用来记录运动数据，进行路线分享；可以用手机即时拍照并发布在社交网站，记录生活点滴；还可以在微信群中随时与大家分享资讯、交流感受……移动互联时代的社交让用户无远弗届，真正实现"天涯若比邻"。这是一个没有人员数量限制的交流平台，所有会员都可以在上面就自己关心的事情进行提问、交流。特别设计开发的这一模块，主要是能打破微信公众平台每月仅有 4 条推送信息的数量限制，这样才能满足工会的工作要求，也才能满足商家的信息传递以及来厦职工的联谊交友需求。厦门市总工会微信公共平台的建立，也使联盟商家及当地更多的商家产生了兴趣。这意味着，未来工会将多了一个数量庞大的信息交互平台，可以在上面进行商业运作，对实体店起到实实在在的引流作用。工会会员服务卡联盟商家希望，厦门市总工会能在未来加大对微信平台的宣传力度，实现工会、会员、商家的三方共赢。

8. 心理调试

大量"低头族"产生，这是在公交车上、在餐厅上、在会场中随处可见的风景。移动互联网在带来全新社交体验的同时，也或多或少使人们产生依赖。北京大学学生程欣说，现在无论是联系同学还是获取班级信息，都是通过微信，而一旦网络不稳定致使无法登陆，就仿佛"与世隔绝"，特别焦虑。今年春节的一次高中同学聚会上，一个高中交友微信圈平台让远隔重洋 30 余年的同学交流就在咫尺，当晚让没能赶上聚会的同学感动不已。

未来的移动网络将像空气、水、食物一样成为生活之必需。人的感官被无限延伸，知识的获取变得轻而易举，创造性得到激发；分享成本降到极低，思想、知识、智慧的分享将促进人群和谐、社会进步。但是，人也将始终处在被"定位"中，作为个体的人更没有隐私。

（作者单位：厦门市总工会）

试论数字化时代群众文化的发展趋势与建设

谢岩珂

一、数字化时代群众文化工作面临的新挑战、新机遇

"树立精品意识、实施精品战略"是现阶段社会主义精神文明建设的核心内容，该理念为群众文化给出全新的定义。群众文化属于一种文艺作品，尤其是在数字化时代，各领域文化全面发展的今天，文化工作的启停点发生了较大的改变。

1. 新时期群众文化与传统群众文化的区别

群众文化是指公民在职业之外，自我参与、娱乐、开发的社会性文化，这种文化的发起者、传播者是群众，能为公民提供源源不断的精神食粮，创造良好的生活环境。与传统群众文化不同，新时期群众文化的多元思想，赋予了群众文化特殊的历史使命，不仅影响着乡村、街道、机关、社区群众的日常生活，还促进了文化和经济的大融合。因而，新时期，群众文化再不是一个客观的活动项目，已演变成了一个衡量地区城市综合实力的关键因素，是彰显文化时代进步的重要特征。

2. 数字化时代的新挑战、新机遇

人的物质追求、精神追求是对等的，存在递进关系的，在以"产品经营"为主体结构的群众文化中，公民只能得到物质层面的文化供给，无法满足精神心理需求，这使群众文化陷入庸俗、媚俗、低俗的泥沼中。为此，数字化时代必须承担起正向传播、优化改革、创新升级群众文化的重任，利用网络、现代传媒途径，将富有求真、向善、热情等正向审美观念的群众文化传播给公众。虽然功利化社会给群众文化改革设置了重重障碍，公众在接受正义思想时会或多或少地受到经济"束缚"。但是在多元传媒文化影响的优势条件下，

主流舆论依然会占据主导地位，这也是群众文化在新时期全面翻盘的重要契机。

二、数字化时代群众文化建设的必要性

1. 数字化时代群众文化的特点

（1）种类多样性。群众文化种类多样，表现形式丰富，除文化活动、工作、事业之外，数字化时代下的各种文化平台也成为群众文化的主要活动场所。电视、网络、广播等传媒体系无一不与数字信息挂钩，数字电视、数码相机的研发说明，数字技术已与平民文化相互融合，形成了一种新的公众生活元素。

（2）鲜明社会性。群众文化工作慢慢被数字化渗透，正所谓"21世纪是信息时代"，在数字技术的帮助下，整个社会的发展态势会改变群众文化的发展方向，使其成为政府关注的核心、公共服务的主体，各种活动脱离不了社会，脱离不了群众，数字时代可以帮助群众文化成为社会公共文化服务体系的核心，也是政府十分关注的建设项目。

（3）载体丰富性。群众文化还可以延伸到各个信息化领域中，以数字信息系统为平台，将个体公众通过网络、电视、广播等数字媒体汇聚在一起，形成以团体、组织为单位的文化单元。文化馆的群文工作将通过网站、微信、微博等载体向公众传播自身的职能工作及大量信息。

2. 社会发展的趋势

（1）适应数字化时代大潮，深入基层。随着网络技术的普及应用，文化传播途径增多、信息内涵意义更直观、文化影响的波及范围拓宽，使群众文化对基层群众的影响愈加深入，公众茶余饭后谈论的娱乐、时事新闻，接收到的科普类知识，处于转变状态的生活思想，都是依靠数字信息潜移默化地延伸出来的。

（2）服务群众的根本宗旨。数字化时代，群众文化在保障公民权益方面做出了突出贡献，除公共文化服务、工艺性文化事业的快速发展之外，政府对各领域人才的服务要求越来越高。所以，服务群众是群众文化传播的宗旨，数字化时代更是不能改变，任何从事公共服务产业的公民都要深谙这一道理。

（3）以多媒体为平台的全新发展理念。网络媒体、电视传媒、广播、纸媒、微博、微信等多个媒体平台，为群众文化发展提供了极为便利的信息传播条件，不单是群众团体，个人也可自由获取信息，寻求文化创新道路。多元信息，使公众进入了一个信息资料共享化的文化领域，不同观点、言论、

视角给群众文化定义了全新的发展观念。厦门市文化馆网站及微博、微信都在数字化信息建设上取得了很大成果。

三、如何做好数字化时代群众文化的工作

1. 充分利用多媒体平台、数字技术开展群众文化艺术活动

信息技术是多媒体平台的核心文化，它可以将文化信息迅速转变成一种文化潮流，赋予文化活动全新的定义。众所周知，任何一种文化要想得到有效传播，都必须顺应时代，将创新、改革、继承三者融为一体，在网络、电视、报纸、广播中拓展群众文化的影响力，创建和开展群众文化艺术活动，将满足群众精神需求的思想、文化融入艺术，如此一来，公众更易接受、更乐于积极传播富有艺术特质的群众文化。近年来，市文化馆（美术馆、非物质文化遗产保护中心）不断探索新的宣传途径，充分利用网络资源拓展群众文化活动宣传。2011 年 8 月 29 日，市文化馆和美术馆开通新浪微博（微博名称：厦门文化馆_ 厦门美术馆），备受市民及兄弟单位的关注。丰富多彩的群众文化活动以及各类展览、培训、讲座、研讨会等活动消息实时发布在微博上，与粉丝交流，形成互动，并发布活动预告，提供活动咨询，吸引更多人关注，让这些活动与市民更贴近。

继开通新浪微博后，市文化馆又开通微信公众平台（微信号：xmwh-gxmmsg）。同时，网站更新升级。借助这些新媒体平台的宣传，有效拓宽社会公众了解、参与文化活动的途径，形成了市文化馆（美术馆、非物质文化遗产保护中心）网站、微博、微信三管齐下的宣传方式，丰富并活跃了宣传手段；充分利用网络搭建了一个即时性强、信息量大的沟通平台，加强了兄弟单位之间的沟通和交流，扩大了亲和力和社会影响力。

2. 结合当地特色群众艺术活动资源做好数字化工作

传统文化的内涵意义很好，其艺术活动形式根深蒂固，有群众基础，为解决传统文化在年轻群众中间的传播障碍问题，艺术活动组织者应重新定义、包装特色群众艺术活动。如：各项非遗传承项目、美术收藏作品、各场民乐演出等，它们代表着区域文化在特殊时期的思想精神，现在通过本馆的多媒体平台，加上数字信息处理技术，向观众传递平常看不到的信息，对广大群众来说非常具有吸引力。市文化馆、市美术馆于 2012 年 10 月启动了"数字文化馆、数字美术馆"的建设工作，该平台于 2013 年 7 月完成了设计、制作、资料收集、信息录入和网络管理等工作。本馆网站开通了文化广场、馆

办刊物、馆办团队、免费培训、专题活动等栏目，都是当地特色群义活动的体现。市民只要登录 www. xmwhg. com. cn，就可以尝鲜"数字文化馆、数字美术馆"带来的全新感受。此外，厦门市非物质文化遗产保护中心数据库已于 2012 年投入使用。"数字文化馆、数字美术馆"将阵地、环境、活动、展览、演出、培训、教学等各项服务内容移植到互联网，市民轻点鼠标，就可以了解市文化馆、市美术馆的一切动态，实时知晓各类讲座、培训、演出、活动等内容，更可以在家观看市美术馆数字艺术展，欣赏精彩纷呈的文化盛宴，享受"市文化馆免费培训网络报名""远程教育"等服务。这些，为市民提供了新的文化生活方式。

3. 突出示范单位的文化传播优势作用和意义

以本馆艺术培训为研究对象，文化馆在建设和改革中应加强利用群众文化数字化时代传播的优势，扩大影响力。文化馆免费培训报名就是通过网站、报纸等方式向市民公开，经过两年来的实际操作，显示出比传统排队报名的方式先进的优势，节省人力、物力，大大提高了安全系数。艺术培训是一个集体项目，单纯依靠群众爱好、艺术表现很难将各门类的艺术培训推广起来，创造文化精品。本馆将有特色的中老年及少儿各类培训班放在网站，让群众挑选；把广场舞的练习过程通过主流媒体传授群众，久而久之，数字媒体平台自然会成为核心助力，合力促进群众文化传播。

四、数字化时代文化馆群众文化工作面临的问题

1. 存在问题与思考方向

从这两年数字化时代文化馆的群众文化工作来看，其在文化内涵改革上应变能力不够好，过于传统、守旧、盲从，因为一种文化的传播和发展，必须依靠群众的关注度来催生，但是绝大多数文化馆依然选择依靠传统文化的精神力量来吸引公众，这种理念上的错位认识，会给文化馆的群众文化工作带来诸多传播、管理的障碍。文化馆对现代媒体平台的利用度不够，与网络相比较，文化馆的影响力是一区一隅的，群众基数严重不足，只依赖传统海报、纪念册宣传，其创办的一切文化活动只能以有限的群众数量为支点，其创造出来的文化效益价值远远不足。

2. 实施的措施与对策

文化馆是群众文化生长的主要根据地，要想发挥其群众文化建设工作的社会影响力，首先，要改变思想，注重艺术文化升级，并紧抓时代脉搏，将

文化与时代联合起来，以群众精神、思想需求为核心，在不改变文化精髓、艺术特质的基础上，发挥"时代文化"的眼球效应；其次，需优化文化馆内部管理格局，引入群众文化多样性，使文化馆的群众文化呈多元化方向发展，以强带弱，以局部带动整体，以综合提高文化馆的主体群众文化意识的时代感、饱满度和影响力；最后，充分利用数字媒体平台的文化传播能力，创建专题网站、微博、微信，联合各省市同种文化类型的艺术馆加盟，组建艺术交流群，让一隅的群众文化，通过网络、电视、广播、纸媒影响全社会的群众文化，打破不同地域、不同级别的交流障碍，实现信息化的同时互动。

总而言之，群众艺术是具有部分文化个性、特性、经营效益的，所以文化馆在新时代环境下，必须要懂得如何"生存"，将符合时代的数字化需求引入群众文化，摒弃传统群众文化的腐朽观念，只有这样，才能将群众文化导引至一个全新的发展体系。

（作者单位：厦门市文化馆）

让数字文化丰富老年人的文化养老生活

——提升老年人的幸福指数

张香梅

随着经济的持续发展，物质条件的不断改善和提高，老年人在我国总人口中所占的比例越来越高，人口老龄化成为我国的基本国情之一，我国已经步入老龄化国家行列，且系列文化养老问题日益凸显。联合国呼吁国际社会和各人口老龄化国家政府和人民，要认真关心老年人的物质和精神文化生活。笔者认为，随着科技的进步，在当前的数字信息时代，人们的生活离不开数字文化，那么，如何通过数字文化来丰富老年人的文化养老生活，从而提升老年人的幸福指数，特别值得我们探讨研究。以下分三点进行论述。

一、数字文化的重要性

数字文化是依托互联网这个广阔的网络平台而构建的，其创新的服务方式是把传统文化服务表现在网络化、数字化，它可突破时空和区域限制，达到公共文化服务内容或受众全覆盖，具有不可替代的先进性、开放性和高效率。

互联网发展至今，我们的生活处处都已离不开它。互联网是指若干个电子计算机网络相互连接而成的网络，Internet（因特网）是目前全球最大的一个电子计算机互联网。现在 Internet 已经发展为多元化并逐步进入人们日常生活的各个领域，人们以互联网为通道，借助个人电脑、数字电视、移动电视、手机、Ipad 等媒体，可使用网络中的各种计算机上的丰富资源。互联网让世界建立了一种新的运转模式，缩短了时空的距离、地区的差异，大大加快了信息的传递，使社会各种资源得以共享。它正以高速度、低成本、最便捷、全覆盖的特性和优点，改变着人们的各种行为方式。

近年来，以数字技术为载体的文化产业内容迅速崛起、丰富，而且在世界产业中的比重逐年递增，成为一个高速增长的产业，并引领着当代文化产业发展的新趋势。这种内容产业以创意为原动力，将各种“文化资源”与最新的数字技术相结合、相融汇，建立了新的生产和消费方式，产生了新的产业群体，培育出以数字文化为主流的新的消费人群，并以高端技术带动传统产业实现数字化更新换代，创造出惊人的经济价值和社会价值。数字文化产业已逐步成为当今社会发展中的主流产业，未来更是发展前景无限，充满新的希望。

文化的数字化，使人类的文化成为地球村的文化，人类的文明向前推进得更快、更好。数字化服务是当下文化服务的重要手段。十七届六中全会指出，"深入实施文化信息资源共享等文化惠民工程，扩大覆盖，消除盲点，提高标准，完善服务，改进管理"；"发挥各类信息网络设施的传播作用，实现互联互通、有序进行"。《文化部关于加强公益性数字文化服务体系的指导意见》也对当前和今后一段时期的公益性数字文化服务体系建设做出部署。为了适应十八大赋予文化新时期、新形势、新发展的新任务，不断创新文化的服务模式，提高文化的服务水平，满足广大群众不断增长的文化需求，加强发展数字文化的建设将是主要服务内容，是网络时代创新公共文化服务的重要的模式。

二、数字文化弥补了传统文化的不足

1. 传统文化的单一性

随着经济社会的快速发展，人民生活水平不断提高，群众对文化生活的需求产生了巨大变化。传统文化服务设施、服务方式和服务手段陈旧单一，广大群众喜闻乐见的文化形式、新内容的公共文化产品比较匮乏。举办几场群众性的文艺演出或几期艺术培训班、几场讲座、几场公益电影，对于比较偏僻且经济较落后条件差点的地方兴许还能应付。但是，在经济较发达的农村和城镇，这却大大降低了其在公共文化服务体系中的地位和作用，功能不齐全，已完全无法满人民群众对丰富多彩的高科技文化的精神需求。

2. 传统文化的滞后性

随着网络和数字技术的发展，群众的文化消费方式和习惯也越来越多地依靠网络和数字媒介（内容），虚拟空间的影响越来越明显而深刻。这种消费环境和消费形式呼唤群众文化的服务方式来一次深刻而彻底的革命。遗憾的是，这种革命，我们现在还尚未看见。尽管变革的观念已经得到广泛的认可，变革的呼声也绵延不断，部分变革的行动也在进行着，但其成效和影响都极为微弱。

3. 传统文化的封闭性

作为政府设立的公益性文化服务单位，文化馆服务不应是封闭、独自运行的小系统，而应该成为服务统一、彼此联合、资源共享的大运行系统。随着互联网所带来的开放、合作、共享观念的普及，文化馆的这种封闭性的缺陷将被最大程度地放大。

4. 传统文化的效率低

因为前述原因，加之文化馆内部改革的不到位或者改革的不彻底，管理制度较为落后，用人制度僵化，激励机制欠缺，很多地方的乡镇文化站编制得不到落实，工作人员从事文化工作的时间较少，经常被抽调参与乡镇的其他工作，在编不在岗，在岗不在编，在岗不尽责的现象较为突出，专业人员匮乏，人员老化、结构不合理、定位不清、活力不足、效率不高，甚至局限于事务性工作之中。以群众文化需求为导向的公共文化服务供给模式尚未完善，公共文化服务的绩效评估机制尚待建立，服务方式和服务手段还不能满足人民群众日益增长的需求，以致公益性文化馆服务效率低下。

数字文化馆、数字美术馆、数字图书馆、数字博物馆等诸多文化内容的数字化，是综合运用多方面高新技术支持的数字信息资源系统。它将分散于不同载体、不同地域的数字化信息以网络化方式相互联结实现资源共享，它使用数字技术进行信息资源的组织和管理，能够存储海量信息，用户可以通过网络高效方便地查询和检索信息以获得信息服务。数字文化让人们足不出户即可享受到满意的文化服务，这些优势，弥补了传统文化的诸多不足。

三、打造数字文化养老生活，提升老年人幸福指数

文化养老是社会文明进步的重要标志，也是现代社会老年群体幸福晚年生活和优良精神风貌的体现。它既需要老年人转变自身观念，加强意识，改变养老方式，更需要党和政府的重视关心，需要老年工作部门、文化部门的共同努力、扎实工作，充分鼓励他们创导符合老年人现代文化养老需求的模式。

首先，要重视对老年文化和文化养老方式的研究。时代在进步，国家在发展，老年人的知识结构和思想观念也在变化，如何开发适应时代进步、经济社会发展、现代老年人生理和心理需要的老年文化，创导具有时代特色、地域特点、文明健康的文化养老方式，是时代赋予老年工作部门和广大老年工作者的新课题。专职文化与老年工作部门要重视这方面的研究，进一步了解新时期的老年文化，不断充实文化养老的内涵，创新文化养老的方式方法。

其次，要加强老年文化活动设施和文化科技的建设。随着科学技术的迅

猛发展，新知识、新观念、新技术层出不穷，强调人与自然、环境的和谐相处，全面协调可持续发展已成为人类社会的共同追求。社会上，老年人越来越多，但适合他们活动的场所屈指可数。数字文化顺应了科技发展的大潮，满足了广大老年人离退休后的精神需求和因年纪老迈、体弱多病、行动不便等诸多因素综合作用激发的诉求，又满足了数字时代老年人对新知识的渴求，跟上了时代发展的步伐，缩短了老年人与年轻人心灵的距离，避免了代沟。因此，要全面开展老年人电脑培训活动。电脑上网，进入信息化、网络化时代，为老年人提供了学习、娱乐、融入社会、结交朋友的广阔空间，是文化养老的很好的选择。目前，有不少老同志已经把电脑上网作为晚年生活不可或缺的一部分。厦门市文化馆为保障老年人的文化养老需求，专门开设中老年民间舞蹈、中老年电钢琴、中老年古筝、中老年国画、中老年排舞、中老年书法等培训班，深受老年人的喜爱。厦门市的市老年大学有 18 间教室，内设电脑、数码钢琴、书画、烹调、摄影等专用教室，每天可容纳 1 000 多人上课，培训内容丰富多彩。但由于场地所限，每次报名都无法满足老年人的需求，有不少人报不上名，也就无法参加他们所喜欢的活动。

最后，充分利用各种社会资源，发挥它们在文化养老中的作用。目前，社会上有很多现成的文化活动设施，如博物馆、展览馆、美术馆、图书馆、体育馆、中小学运动场、单位内部的多功能厅、农村的祠堂、庙宇、废弃的旧校舍，等等。这些地方平时利用率并不太高或者不用，有的通过改造或加强管理可以定时对外开放。政府有关部门应统筹协调，加强宣传，老年工作部门可适时组织老年人到这些社会活动场所去进行文化活动，也可以向老人推荐、介绍，最大限度地把这些社会资源利用起来，以丰富老年人的文化生活，陶冶老年人的情操，提高老年人的素质，增进老年人的健康，引导老年人服务社会，尽自己所能为社会做贡献。

总之，发展老年文化，创导文化养老是老年社会非常现实的新课题，需要党和政府重视，全社会关注，有关部门负责，广大老年人参与。相信有优越的社会制度作保证，经过各方的共同努力，在我国社会主义文化大发展、大繁荣的同时，具有时代特色的老年文化也一定能大发展，广大老年人在文化养老中，晚年生活一定会更加幸福、快乐。

（作者单位：厦门市文化馆）

浅谈数字文化馆对群众文化发展的重要作用

翁海燕

文化是民族的血脉，是人民的精神家园。继党的十七届六中全会以后，党的十八大再次强调，建设社会主义文化强国战略，为中国文化的未来规划蓝图。十八大报告从宏观理念到具体领域，对文化强国建设做出深化和部署。

在数字化、信息化、全球化的时代背景下，全人类跨入了一个蓬勃发展的数字化信息时代。数字化作为一种前所未有的科技进步，给社会带来了巨大影响，与现代信息技术、数字技术、网络技术有机结合是公共文化科学发展的必然趋势。

一、文化馆在群众文化建设中的作用

21世纪中国最有前途，最大亮点的文化艺术现象是群众文化兴起。群众文化的建设必不可少，并将引领社会发展思潮。因而，文化馆始终能够在社会文化领域发挥主导作用，并将文化馆的特征、性质和任务与时代的需求紧密结合起来。在我国，文化馆是通过政府机关设置的社会公益性的文化传播机构，主要服务于大众，以提高国民思想觉悟与精神质量为其目标和发展依据。调查显示，在以往的各个历史时期，文化馆都能充分发挥其作用，将中国社会公共文化及意识形态在公众中传播开来。所以，文化馆在过去、现在、将来都是群众文化建设不可或缺的重要组成部分。

二、开展数字文化馆工作，提高全民公共文化素质

近几年来，随着数字化信息发展、文化科技的逐步提高和人民生活的日益富足，广大群众的精神需求发生较大变化和明显增强。新时期文化馆如何"借信息数字化"之力，不断创新文化馆的服务模式，提高文化馆的服务水平，满足广大群众不断增长的精神文化需求，数字文化馆是新型服务方式，

应当得到高度重视和认真研究。

在飞速发展的网络时代，传统文化馆的服务显得单一、滞后和封闭，已不能满足群众日益增长的精神文化需求。新型的数字文化馆有不可比拟的多元性、高效性和开放性，成为创新公共文化服务的重要突破口。数字文化馆将综合移动互联网技术、智能显示技术以及智能家居技术打造整合计算机、移动终端、户外交互式电子屏以及智能电视网络的立体数字文化服务平台。

数字文化馆的建设应该从多方面着手，应以服务群众、方便群众、丰富群众的文化生活为宗旨，具体来说应该有以下五个方面的服务功能。

1. 文化传播

数字文化馆是传播先进文化的前沿阵地，承担着向大众宣传文化知识，丰富群众精神文化生活的重任。以文化馆网站、馆内数字化服务室或电子阅览室等为主要载体，整合丰富的数字化文化资源，构建数字文化馆的基本框架。数字文化馆首先应当向群众提供丰富多彩的文化产品，包括数字化期刊、报纸、杂志、电子书、文化动漫产品、音乐作品、影视作品等。同时，为防止千篇一律、资源重复，各地的数字文化馆在收录信息资源时也应注重突出地方特色，吸收当地优秀的民间文化成果，体现当地民俗风情的民间艺术形式及非物质文化遗产等内容。例如，同安在数字文化馆建设中可以将莲花褒歌、农民画、宋江阵、车鼓弄等闽南传统民间艺术打造成文化品牌，突出精品，体现特色，通过在线视频、在线展览等多种手段展现优秀文化资源，弘扬中华优秀文化。

数字文化馆建成之后，人们可以通过各种网络渠道，在电脑、手机、户外电子屏或智能电视等新媒体终端享受高效的文化信息服务，还能共享多地数字文化馆的建设成果，这将极大地提高文化资源的传播效率及利用率，提高大众的文化素养。

2. 文化生活

互联网以其无所不包的特性以及大容量、高速度的信息传递方式迅速渗透进社会生活的方方面面，为人们的生活带来诸多便利。数字文化馆也可打破传统文化馆服务内容的局限性，根据群众的实际需求，有针对性地开展资源建设，提供形式多样的数字化文化生活服务。例如，加入"电子地图"版块，标注当地文化馆、文化站、文化广场等文体设施的路线图；加入"生活资讯"版块，汇聚优质的生活信息及热点资讯，提供养生健身、旅游饮食等本地生活导航；加入"心理关怀"版块，针对未成年人、老年人、外来务工人员等提供心理辅导，关爱弱势群体。通过数字文化馆，人们足不出户，就可享受便捷的现代化数字文化生活。

3. 社交娱乐

数字文化馆所提供的服务产品的实用性与娱乐性，直接影响受众体对产品的选择，因此，其栏目内容要根据广大群众的需要来设置，除了精彩之外，还要让他们乐于接受，便于选择，具备一定的社交娱乐功能。通过提供视频点播、网络游戏、在线聊天室等功能方式，充分激发用户参与的主动性与积极性，满足人们放松身心、休闲娱乐、互动交流的需求，倡导文明健康、低碳环保的数字文化休闲娱乐方式，更好地建设社会主义精神文明。

4. 教育培训

在资源建设、技术平台建设等方面，数字文化馆要加强与教育、科研等系统及数字图书馆建设项目的合作共建、互联互通，创建并完善公共数字文化设施网络，利用先进的数据库"云服务"技术，共享多个数字文化馆、数字图书馆的海量资源库，实现互利共赢。要结合多种先进的网络与智能化技术打造数字化、多功能的数字文化馆，依托海量的信息资源库，提供在线讲座、远程教育、数字教育资源，搭建文化馆免费培训、讲座的数字化平台，使文化教育服务惠及更广泛的人民群众。

5. 互动桥梁

数字文化馆为人民群众与传统文化馆搭起了一座互动沟通的信息桥梁。传统文化馆通过公告栏、通知的信息发布方式具有明显的滞后性和局限性，数字文化馆正可以弥补这一不足。通过互联网平台，文化馆可以及时快捷地向群众进行文化政策宣传，发布文化资讯、免费培训、免费讲座的信息，从而更好地组织群众文化活动。同时，群众也可以通过这一平台，在线查询最新的文化信息，即时了解政策动向，在线报名、参与自己感兴趣的文化活动。

三、文化馆在数字文化馆的立体服务中应发挥作用

数字文化馆通过有效覆盖提供广泛的基本性文化服务，从而促使文化馆阵地服务创新为体验式及地域特色的个性文化服务，以人为本，切实满足民众的精神文化需求，构建起一个科学、立体化的公共数字文化服务体系。在数字文化馆的立体服务中，文化馆应当充分发挥正能量的作用，在组织管理、资源整合、人才培养等方面进行有益的探索实践。

1. 加强组织领导和管理

文化馆要高度重视公共数字文化建设工作，将其作为公共文化服务体系建设和新时期文化馆建设的重要工作来抓，切实加强组织领导，做好统筹规划。要借助多方面的力量，依托社区文化中心、文化站、文化广场等公共文化基础设施，注重与教育、科研等系统的合作共建，形成合力，共同促进数字文化馆的建设；同时要加大宣传力度，做好推广普及工作，让群众充分了解、充分享受公共数字文化服务，使公共数字文化建设成果切实融入人们的日常生活，提高全民的文化素养。

2. 加强数字文化资源建设，实现共建共享

资源建设工作是数字文化馆建设的核心内容。一方面，文化馆要充分调动工作的积极性，全方位、多渠道地征集优秀的数字文化资源内容，增强公共数字文化资源的供给能力，实现信息资源共享，同时突出地方特色，吸收当地优秀的民间民俗文化艺术成果，弘扬中华优秀文化；另一方面，文化馆要建立群众对数字文化服务需求的反馈机制，通过问卷调查、意见表、座谈会等方式广泛征集群众意见，突出精品，适应群众的文化需求，有针对性地开展资源建设。另外，通过加强与掌握先进技术和丰富内容资源的数字传媒业的合作共建，依托其提供的数字出版物、垂直门户服务、信息数据库等多种公共文化产品，丰富数字文化资源。

3. 加强专门性人才队伍建设

注重专业人才培养和队伍建设，建立人才培养机制，为数字文化馆建设提供人力资源保障：一要创新人才的培养方式，加强数字化业务培训，不断提高从业人员的思想水平和业务素质，培养一支既具备较高技术素质和专业知识，又具备实际技能的人才队伍；二要不断完善开放型人才体系，坚持培养和引进并重的方针，坚持开放式的人才观，构建和完善多层次、多形式的专门人才培养、引进体系，打造一支结构合理的专业技术人才队伍；三要拓宽视野，把社会工作者、文化协管员、文化志愿者作为人才队伍建设的有机组成部分，切实做好人才配置工作，以适应公共数字文化建设工作的需要。

（作者单位：厦门市同安区文化馆）

论数字化时代非物质文化遗产的可持续发展

洪松梅

21世纪，数字技术迅猛发展，给人类生产生活带来深远的影响，有着五千年文明的中国也不例外。近年来，中国数字化建设取得重要进展，数字技术正在成为中国经济和社会发展的重要推动力量。政府实行自动化网上办公；商人借助网络平台进行交易；教师利用多媒体教学；学生利用网络进行远程教育；市民利用网络查询信息、学习、交友及休闲娱乐。越来越多的人借助数字化技术提高工作效率，领略生活的丰富多彩，数字化技术正在改变中国人的生活和工作方式。我们应该借助高效的数字化技术手段对非物质文化遗产资源进行重新整合，搭建宣传展示平台，为非物质文化遗产在现代社会的持续生存与发展提供新的保护模式。本文将以厦门市同安区为例，探索数字化时代非物质文化遗产的可持续发展。

一、同安区非物质文化遗产保护现状及存在问题

同安自西晋太康三年（282年）置县，距今已有一千七百多年的悠久历史。在长期的生产生活中，同安人民积累了丰富的非物质文化遗产。同安区自2006年成立非物质文化遗产保护办公室以来，进行了两次大规模的普查工作，挖掘了大量有价值的非物质文化遗产线索。目前，厦门市同安区共有闽台送王船国家级非遗项目（传习点）一个，莲花褒歌、车鼓弄、厦金宋江阵、汀溪珠光青瓷烧造技艺省级非遗项目四个、同安薄饼传统习俗等市级非遗项目十四个，省级传承人五名，市级传承人十九名。

在非遗传承保护过程中，同安区发现本区工作存在明显问题——数字化技术的迅猛发展，使外来文化对传统文化造成强烈的冲击。随着电视、手机、网络等新媒体的发展及运用，人们的思想观念逐渐改变，潜移默化地接受着外来文化，淡忘本地区的传统文化，很多非物质文化遗产受众面越来越窄，

濒临失传。

二、数字化整合"非遗"资源，促进可持续发展

众多的非物质文化遗产正在无意间从人们身边流失，在这种情况下，仅靠自然传承的方式已经无法实现保护与发展。应采取必要的保护措施，数字化平台使非物质文化遗产资源获得了一个崭新的强大载体，可对非物质文化遗产进行有效搜集、整理、保护和利用。

（一）利用数字化平台有效整合非物质文化遗产资源

1. 利用数字化平台建立全新的资源搜集模式

厦门市同安区于 2006 年、2009 年进行了两次大规模的"非遗"普查，共搜集"非遗"项目线索 3 531 条，调查项目 1 067 个，编纂整理出版了《厦门市非物质文化遗产普查成果汇编·同安分卷》九册，建立了以文字、图片、录音、录像等多种手段保存"非遗"资源档案，收集了一大批具有历史、文化和科学价值的珍贵实物和资料。据统计，这次共普查走访群众 6 万余人次，普查的文字记录量达 11.9 万字，拍摄图片 4 000 多张。但即便如此，仍然有部分普查线索、图片、录像、录音等资料分散在基层文化机构中，由于条件有限，无法妥善保存，散失、损毁不可避免。如果这些珍贵的档案得不到及时科学的保存，普查将失去意义，今后的保护工作也将失去重要依据和基础。

正在进行的全国宗祠文化普查使用数字化平台，其优势就充分体现出来。各区普查办每周将完成的普查资料、数据复核后上传至"闽台宗祠文化系统平台"，普查中征集的族谱、牌匾、乡规民约等资料，也逐页扫描，上传至调查平台。数字化的便利十分明显，不仅大大减少普查、管理的人力、物力成本，还通过统一标准和格式规范了工作流程，提高了工作质量。

2. 利用数字化平台建立系统的资源储存模式

非物质文化遗产需要保护和传承，离不开数字化技术的配合，我们可以用分类储存的办法对"非遗"项目进行记录，比如用 A、B、C、D、E、F、G、H、I、J、K 分别代表民间文学、传统音乐、传统舞蹈、传统戏剧、曲艺、传统体育、游艺与杂技、传统美术、传统技艺、传统医药、民俗；用 B-1 代表传统音乐类的第一项莲花褒歌等。分类的储存方法具有一定的优势，能让整个庞大繁杂的非物质文化遗产更加清晰，也有利于检索和统计。分类储存的办法能为"非遗"理论研究提供很多的素材和基础数据。比如，在研究本区民间信仰中的福德正神信仰时，可根据编号统计出本区有多少村落有此信

仰，范围、数量等一目了然。

（二）利用数字化平台宣传展示非物质文化遗产项目

1. 搭建互联网平台

应先搭建官方网络平台。例如在政府网、文化馆网站上开设非物质文化遗产专栏，将"非遗"项目的文字、图片、视频等资料归类上传，让广大群众可以随时查阅。与此同时，重视民间网络的宣传力量，如文化馆可将"非遗"文化制作成系列专题，借助微博、微信等平台进行宣传普及，网民可通过微博、微信等媒介了解和接受。例如，厦门音像出版有限公司就将本市所有"非遗"项目的简介及图片通过微信平台推出，网友纷纷转载，达到很好的普及效果。

2. 建立立体多维的数字化展示平台

生动展现流传千年的民俗、工艺，不仅影响非物质文化遗产资源的科学保存、保护，也关系保护工作的持续开展。传统博物馆式的单一陈列展示，已经很难满足时代需求。由于非物质文化遗产资源的脆弱性和局限性，在展览时必须十分注重自然环境，而部分非物质文化遗产，诸如民间信仰、民间音乐、民间舞蹈，无法通过物品陈列展示出来。采用数字化展示平台就可以突破上述限制，其所兼具的记录、保存、展览、搜索和共享等功能，有利于对非物质文化资源进行规范和安全管理，开辟"非遗"保护、开发与利用的新天地。数字化平台的应用，不单纯是对"非遗"进行记录，将其变成"活化石"，还能利用数字技术还原非物质文化遗产特有的自然和人文生态，包括生存环境、生产生活方式及人文环境等组合的立体多维空间，挖掘其现代价值。

（三）利用数字化平台探索"非遗"发展新思路

1. 探索传统艺术动漫化

布袋戏起源于闽南漳泉，以手掌套布偶演出得名。如今，传统布袋戏由于缺少演出市场已逐渐退出历史舞台，对岸台湾的布袋戏却迅速发展，从走乡串里的野台戏发展到电视布袋戏，再到自设片场每周发片租售，目前已经成为地方标志的"台湾意象"。纵观台湾布袋戏的发展过程，动漫化是重要的转折点，将布袋戏搬上电视，从而快速传播，长足发展，是布袋戏可持续发展的创新模式，值得我们借鉴。

厦门市同安区的非物质文化遗产项目如芗剧、高甲戏等可以借鉴布袋戏的发展过程，在保留其个性的前提下以动漫化的形式搬上荧屏。这既可以让更多人了解和接纳非物质文化遗产项目，也可以将"非遗"项目以另一种形式留存于世。

2. 探索"网络演出"新形式

将传统民间艺术通过网络进行现场实时展示；可建立网络演出线上平台，将歌仔戏、宋江阵、车鼓弄、莲花褒歌、闽南童谣等非物质文化遗产项目通过互联网进行实时播放；把互联网线上平台和传统演出线下平台相结合，探索"网络演出"新模式。

利用互联网络，把非物质文化遗产表演视频放在"非遗视频网站"上展示，这种展示方式的特点是不受地域限制，能够把民间艺术表演迅速分享给远在世界各地的朋友。网络和演出融合在一起，是当今互联网时代的发展趋势。网络演出既可以作为传统演出的延伸，也可以作为传统演出的推广形式。

三、结　语

数字化技术造就了数字化时代，极大地丰富了人们的精神文化生活，在给人们带来极大便利的同时，逐渐改变人们的思维方式、文化消费方式和审美倾向等。数字化时代对非物质文化遗产的保护和传承有弊有利，挑战与机遇并存。我们应该把握数字化时代提供的机遇，积极迎接挑战，构建数字生态保护模式，促进非物质文化遗产的可持续发展。

（作者单位：厦门市同安区文化馆）

区级文化馆数字化建设的现状与发展的思考

苗　娟

群众文化是我国社会主义精神文明建设的重要组成部分。它是一个具有独立的文化价值的兼容性的与时代同步发展的文化类型。群众文化的现代化，本质是人的现代化，是人自由而全面的发展。

2014 年 10 月 15 日，中共中央总书记、国家主席、中央军委主席习近平在北京主持召开文艺工作座谈会并发表重要讲话指出："文艺是时代前进的号角，最能代表一个时代的风貌，最能引领一个时代的风气。实现'两个一百年'奋斗目标、实现中华民族伟大复兴的中国梦，文艺的作用不可替代，文艺工作者大有可为。"近几年来，随着人民生活水平、文化科技的逐步提高，广大群众的精神需求发生较大变化，明显增强。我国更是进入了数字化信息时代。信息领域的数字技术向人类生活各个领域全面推进。通信领域、大众传播领域内的传播技术手段以数字制式全面替代传统模拟制式。现在的数字技术已经成为当代各类传媒的核心技术和普遍技术，群众文化当然也必须跟上时代发展，把握人民需求，为提高人民精神文化生活不断迈上新的台阶。

这些数字信息在日常生活发挥重要作用，思明区文化馆作为区级文化馆，顺应时代潮流，也开始设立网站，创建微信平台，几年下来，走过弯路，遇过难题，但一直努力前行着。

一、目前现状

据报道，全世界使用互联网用户到 2014 年年底将达到 30 亿人，我国网民已有 5.91 亿。与传统服务方式相比，数字文化服务拓宽了网上辅导、交流和传播的渠道。网上可以通过文字、图片、语音、视频、远程控制演示等各种方式进行交流。因此，数字文化服务成为群众文化的新阵地、群众文化传播的新平台、人们精神文化生活的新空间。

思明区文化馆从 2010 年开始建设属于自己的网站(http://www.xmsmwh. org.cn/),起初只有 6 个页面栏,2012 年,因漏洞太多,网站停摆,到了 2013 年全面整修才重新启用。我从 2013 年 7 月份正式负责思明区文化馆网站工作。目前,网站有 6 个版块,9 个栏目页,后来增加培训报名系统和微信平台。

现在的思明区文化馆网站每个月都会将本馆信息发布上去,并且接收思明区各街道、各社区文体类信息的投稿。经过这几年的历练,网站算是步入正轨。特别是今年增加的报名系统和微信平台,使网站不仅只是用来了解思明区文体类活动信息的地方,还能通过网站方便思明区居民的业余生活。

以前,思明区文化馆举办免费培训、讲座等活动时,主要是通过电话、发文来发布消息,由负责人打电话、发文给各街道文体干部,再由街道文体干部传达给各社区,各社区再传达给居民,居民得到消息后,有意愿参加的再报到社区,经社区人员报到街道文体干部那里,这样,文化馆办事人员才能通过街道文体干部拿到报名人员名单。一个流程下来,大概需要一个月的时间。也就是说,我们如果要举办文体类活动,至少要提前一个半月把消息公布出去。中间环节较多,不能直接和居民沟通,所产生的弊端自然不少,比如时间传达有误,临时更改时间、地点麻烦等。而有了网站以后,我们只需要将信息发到网站,街道文体干部、社区工作人员、居民都可以同步看到消息,进入我们的报名系统,填报本人信息,自行报名即可。这既节省了中间流转的时间,也减少了人工。现在又设立微信平台,就更加方便了,只要关注我们的微信,一切思明区文化馆的信息都会及时发布上去,可以说随时都能了解我们的动态,我们也可以更好地服务群众。

二、存在的问题

数字化时代的确给我们的工作带来许多便利,但是,一个区级文化馆面临的困难和问题也不容小觑。

1. 资金短缺,不能大展拳脚

目前,我们馆尚未有专项数字化建设这块资金,只是同别的项目一起归类为公共文化服务大类。数字化建设,必然要有资金支撑,网站建设、维护、数据库建设……每一步都需要资金。只有资金充实,才能有效地发挥数字化作用。区级文化馆离真正意义上的"数字化文化馆"还有很大一段的距离,现在一些人以为只要建立了网站就等于是"数字化",其实要真正做到数字化，就必须发挥各类信息网络设施的传播作用，实现互联互通，而这些都需要资金投入，因此，为区级文化馆投入数字化建设的专项资金是非常必要的。

2. 群众关注度不高，面向的群体还未能完全接收

文化馆是开展社会宣传教育，普及科学文化知识，辅导群众文化艺术（娱乐）活动的综合性文化事业单位和活动场所。面对的是最基层的老百姓，服务对象就是群众，文化馆的各项工作做得好坏，最有发言权的就是居民百姓，有没有将社会主义的优越性带给百姓实惠是最直接的试金石。过去的文化馆由于宣传渠道有限，不能广泛被认知，可现在不同了，有了网络、媒体、电脑、手机等信息媒介，文化馆也逐渐被老百姓所熟知。

文化馆面向的群体是所有群众，其中包括一些不会使用网络的人员，多半是老人，而老人可以说是对我们文化馆的活动最感兴趣的人群，可是，这样的网络平台却让他们感觉不方便，不能接受。他们多半都是通过打电话或者直接找上门来了解。有时我们会对他们说："你可以登录我们的网站或者微信平台了解信息，上面都会实时更新文化馆的近况。"但是多半的回答会是"没关系，我再联系你们"或者"我家离得近，随时过来询问就可以"。比如，我们从今年9月份开始，培训班全部开始通过网站报名系统报名，很多得到消息的居民都会打过来电话，让我们帮助他们网上注册报名，其实这反而增加了我们的工作量。

3. 以本馆信息为主，多为信息输出方式，互动交流较少

作为区级文化馆，数字化建设目前只是通过网站、微信发布本馆、社区的文艺活动信息、举办培训班和讲座的信息，好像一个封闭的、独自运行的小系统，表面上看是面向群众开放，但并未实现互联网所带来的开放、合作、共享。在我看来，它顶多和报纸的作用差不多。

作为政府设立的公益性文化服务单位，文化馆服务不应是封闭的，而应该成为服务统一、彼此联合、资源共享的大运行系统。文化馆应该借助现代数字化媒介，发挥网络虚拟空间不受时空、地域限制的优势，要改变这种服务供给的主观倾向，通过几次调研就自说自话，脱离群众的文化需求，最终只可能落得门庭罗雀、名存实亡的结果。文化馆需要多利用网络平台，增加和群众之间的互动交流，可以安排专家在线指导、交流平台等项目，这样才能大大地发挥文化馆在公共文化服务体系中的地位和作用。

三、解决方案

1. 增加专业人员，扩大资金投入

前面我已经提到，没有资金的支持，数字化建设举步维艰，但只有资金也不够，专业人员和资金投入需要双管齐下，这样才能起到好的效果。只有人员的数字化建设是纸上谈兵，只有资金投入的数字化建设是空洞无物。

有些文化馆虽然有大量的资金投入，也会请专业队伍进行设计和规划，网站、微信各种媒介都做得相当漂亮，网站首页版块也非常多，有视频窗口、学习专栏等，一眼望过去琳琅满目，点进去才发现，多半是空白的，或者只有创建时发布的过时的消息，可以说是架子拉得很大，但是没有内容。所以，要在资金投入的情况下，增派专业人手进行日常维护，及时更新网站信息，丰富内容。

2. 先普及再发展

随着网络和数字技术的发展，越来越多群众的文化消费依靠网络和数字媒体，虚拟空间的影响力越来越明显。但是对于老人来说，还未真正享受到网络文化大餐所带来的实惠。可以说这个群体，对群众文化活动是非常感兴趣的，他们最渴望交流，享受活动带来的快乐。虽然现在有些老年大学可以让他们学到网络知识，但这只占少数，多半是在家带孩子或者为子女做饭、洗衣，只有零散的空闲时间。即便这样，他们也会自发组织跳广场、唱歌等文艺活动，需求可见一斑。其实，这个群体更渴望有人教他们怎么做，他们不想被时代抛弃。数字化时代来得这么快且发展这么迅速，他们根本跟不上节奏，因此，在我们都在喊着要让每个人都享受数字化带来的实惠之前，需要考虑到他们，需要多开展一些针对他们的电脑培训、数字化应用的教学。

作为政府设立的公益性文化服务单位，更需要想到这点，也更需要多组织一些这样的培训和讲座，那些来不及或者跟不上数字化时代脚步的人需要我们拉一把，这样才能真正做到以群众文化需求为导向的公共文化服务事业。网络有了不难，还需要有人用才行啊！

3. 多开设在线服务，互动交流平台

文化馆随着社会进步和改革深入需要不断变更和创意性发展，做数字化文化馆服务就是其中之一。基于网络虚拟空间不受时空和地域限制的优势，数字化文化馆可在服务类上作更广泛的扩展，如开设各类文化艺术公益培训班、文化沙龙、健康讲座、艺术展览、在线交流等。在线服务是非常重要的一项内容，文化馆可以通过网络进行在线展览、在线活动、远程指导，让需求者足不出户便可享用。

数字化时代不是简单的单向交流，需要双向互动。苏州大学图书馆馆长罗时进教授说过，服务和被服务人员的关系是"鱼"和"水"的关系。我认为，数字化文化馆的服务也是要建立这种"鱼水关系"。要打破过去那种，文化馆是这池"水"，要有群众之"鱼"来游，才有生气。这是基于"我"是"主"，"你"是"客"的思维，很容易变成"客随主便"。现在应把这个问题"倒过来"看待，即是说，群众是"水"，只有群众洋洋溢溢，数字化文化馆才能"如鱼得水"，才会有活力。这就是说，数字化文化馆是因群众而存在的，其价值以群众而显现。重新认知和定位"水"与"鱼"的角色关系，需要为了群众需求而多搞互动，这样才不会死水一潭。

四、未来的发展

数字化文化馆是以互联网为依托平台构建的，它突破了时空和区域，从而可以更广阔地达到公共文化服务全覆盖。未来，其高效性和开放性发展不可替代。日常生活的各个领域都已经融入互联网，可以说无处不在，人们借助电脑、电视、电话等媒介，以最短的时间获得最全面的资讯。它的高速度、低成本、最便利、全覆盖的特性，改变着人们的各种行为方式。创建数字文化馆已经是不可逆的发展趋势。

而数字化文化馆未来的发展也必将是形成互通互联，打破馆际壁垒，不分你我，实现区域联动，进一步加大资源整合，某种意义上达到全城一馆制，建立统一的服务标准，确立规范的服务行为，同时建立资源共享机制和协调机制。这样既可以降低服务成本，提高资源的利用效率，又可以建立数字化文化馆的超级服务联盟，为群众文化提供便利的、丰富的、均等的公共文化服务。

总之，随着互联网的不断高速发展，文化馆最终会突破场馆、时空的局限，形成一种创新性公共文化服务模式。数字化文化馆的前景和操作空间，必将在公共文化服务体系中发挥重要的作用。

（作者单位：厦门市思明区文化馆）

论数字时代的群众文化工作

胡 蝶

随着科学技术的迅猛发展，当今世界已进入数字时代，数字时代的到来为群众文化发展提供了更加便利的条件和途径。数字时代开放、快捷、交互的特性，大大促进了文化的传播和发展，促进了文化市场的繁荣。因此，在与传统群众文化背景迥异的新形势下，群众文化工作的开展，必须充分利用信息和网络进行安排和处理工作，这样才能更好地发挥群众文化的作用和功能，更好地进行群众文化内容和活动的创新，取得良好的社会效益。

一、数字时代给群众文化带来的影响

（一）网络的便捷性和迅速性

近年来，随着社会的发展，科技的进步，网络文化已经成为群众文化的重要组成部分，网络的便捷性和迅速性极大地提高了群众文化工作的效率，扩展了群众文化工作的平台与空间，为群众文化的发展开辟出崭新的局面。大多数的群众文化活动项目，完全可以在群文网站上表现出来的，相比传统方法，网络为我们提供了一个全方位的整合平台，各种影音、文字、画面可以借助网络信息技术得到综合的、全方位的展现，感官冲击更强，效果更加明显。只要鼠标一点，就可以马上观看舞蹈，学唱歌曲，了解群文资讯等，在传统的基础上开拓了群众文化宣传的新途径。

（二）网络广泛的群众性和参与性

有了网络，群文工作者在开展工作中，可以发动更多的群众加入群文队伍中来，尤其是广大青少年，目前，中老年人上网热也在不断升温。因此，在网络上开展健康有益的群众文化活动有广泛的群众基础，但凡我们基层文化馆开展的各类群众性的文化娱乐教育活动，在网站上因为没有空间、时间、地域的限制，完全可以自发、生动地进行着。

（三）网络文化充分的自主性和共享性

由于网络技术的平民化和众多网站越来越人性化，给上网的人提供的自由发挥的空间越来越大。例如，在我们实际生活中的群众文化，人们可以在网上自由地进行群文创作和开展各种自主自发的文化娱乐活动，在个性张扬的网络内充分表现自我，进行即时共享，大大促进了群众文化的交流与传播。

二、数字时代群众文化工作面临的问题

（一）基层群众文化网络建设落后

现代文献信息资源已经大量数字化，互联网技术快速地进入家庭。利用数字网络技术，能给公众提供更为便捷的服务。但是，作为基层群众文化建设的专业指导部门，主要是区、县级层面的文化馆（文体活动中心），网络建设长期落后，一方面表现为自动化装备配置基本缺失，使得数字网络服务无法向基层推广；另一方面，大多数的区、县级文化馆官方网站尚未启用，网络宣传还是一个需要填补的空白。已经启用的大部分网站的内容还是以介绍本单位和本地群众文化活动的情况为主，网站制作质量欠佳，传播媒介和方式单一，更新度缓慢，缺乏吸引力和推广机制，文化网络传播主体定位不明，专业性、艺术性和开放性都不强。

（二）基层群众文化建设资金紧张

相对于经济建设来说，文化建设投入多、周期长、见效慢，因此，在观念上，我们并未把文化建设放到与经济建设同等的位置上来看待，普遍存在重经济建设轻文化建设的现象。近年来，随着国家对文化产业的重视，政府虽然有了很大投入，但群众文化活动经费仍然很紧张且不平衡，这制约了文化产品生产和文化服务力的增强，远远不能满足群众对文化的需求。

（三）相关专业人才匮乏

区、县级文化馆既是基层群众文化的指导者，更是基层文化的管理者，在基层群众文化建设中发挥着主力军的作用。然而，由于没有良好的引进、竞争、选拔机制和合理的人事管理制度，队伍优化工作进展缓慢，掌握网络技术的专业人才尤其紧缺，导致群众文化工作疲软无力，群众文化辅导的业务能力大为减弱。

（四）基层群众文化活动形式老套

基层群众文化远远落后于科技的发展速度，以致于大多数基层文化活动内容缺乏新意、活动形式老套，不合群众口味，重文化活动内容、轻文化活

动形式建设的现象明显存在，无法调动广大群众参与的积极性。

（五）网络文化垃圾众多

网络为我们提供文化信息，在网上读书、看报、购物等也十分便利，但越来越多的"文化垃圾"在侵蚀着人的心灵，网上"垃圾"邮件、黄色作品比比皆是，一些虚假和非法的宣传材料争相跃上屏幕，暴力、恐怖、诱导青少年儿童犯罪的宣传品更是不堪入目。与此同时，西方国家大量制造和传播打有西方印记的民主观、价值观、生活方式的文化产品，已对我国青少年产生不可忽视的不良影响。由此可见，以互联网为平台的先进文化建设与传播，任重而道远。

三、数字时代开展群众文化工作的措施与对策

（一）抓好基层文化网络建设

在数字时代，要把网络作为推进先进文化建设的平台，重点推动基层特色文化的网络化、数字化，努力打造具有鲜明时代特色和强烈地域特征、体现地方厚重历史文化底蕴的网络文化品牌，促进地方文化资源优势转变为网上文化优势，以网络化的方式实现文化的共享、共建。基层群文单位要抓好门户网站的建设和宣传，把网站打造成能帮助人们学习和工作的、全面的、丰富的、公益性的资料网站，在群文网站平台上，在对现有的群众文化资源普查的基础上，建立群文资源的各项数据库：群众文化活动、群众文化广场、业余文艺团队、群文创作队伍和节目、非物质文化遗产和民族民间文化保护项目、群众文化培训等资源。在数据库的基础上，要实现群文资源配置的最优化和最大化，使群文资源可以得到积累和多次使用，让群文节目资源、人力资源、培训资源得到交流和调配，更好地为基层群文单位服务。

（二）增加对基层文化建设资金的投入

首先，要加大公共财政对基层群众文化建设事业的投入，强化基层群众文化单位向下延伸服务的能力；其次，鼓励并吸引社会力量投资基层群众文化建设，形成基层文化事业建设多元化发展的格局；最后，重点落实好群众文化网络建设管理经费，加强网络基础设施建设，提高基层群众文化生产和服务能力。

（三）培养和引进相关专业人才

在数字时代，基层文化干部不仅要具备"能说会唱、能吹能画、能文能舞"的传统要求，还要学会电脑采写、制作、管理等新的知识。今后，各相

关文化业务部门在开展基层文化干部的培训中，要重点把网络文化建设纳入培训纲要，通过分期分批培训和引进等方式，努力培养和打造一支与网络建设相适应、与经济社会发展相适应的基层网络文化队伍；有必要时，采取人事调动，合同聘用，项目合作，设立工作室，通过特聘、签约、客座、顾问等形式，优化文化馆现有文艺人才结构；开辟"绿色通道"，引进"特需"人才。

（四）加大群众文化活动模式的创新

基层群文工作者要把群众文化网络化建设与积极构建公共文化信息服务体系结合起来，不断满足广大网民多样化、个性化的文化信息需求，满足人民群众的精神文化需要；利用、整合各类文化资源，改变原有群众文化活动模式，紧紧围绕基础资源与特色资源两个主题，以网络为平台实现文化资源共享，把分散的资源集中起来传播出去，开创一套利用现代高新技术手段少花钱、多办事，激活群众文化工作的新模式。

（五）加强中华文明的宣传教育

传承和弘扬中华文明是群众网络文化建设的首要任务。互联网具有良好的开放性与互动性，我们应该以此为基础，多组织导向正确、文化内涵深刻、群众喜闻乐见的活动。这些活动，可以引导人们在参与中感受中华文明、认识中华文明，增强民族自尊心、自豪感，这是利用互联网推进先进文化传播的切实可行的办法。群众文化可借助互联网先进的技术手段，用相对低廉的成本，建立内容丰富、表现手段多样、可跨地域传播的爱国主义教育基地。

身处数字时代，网络已经融入生活的每一个角落，成为人们获取信息、学习、娱乐、交流和表达意见等最快捷、广泛的方式。因此，群文单位不仅要在社会上开展群众文化活动，还要在互联网上占有一席之地，利用这块虚拟世界，开展群众性文化活动，使互联网成为引导群众文化的新阵地、教育群众文化的新平台、沟通群众文化的新渠道、提高群众文化的新空间，以先进文化引领群众的文化生活，真正推动网络文化与群众文化的有机交融。

（作者单位：厦门市思明区文化馆）

数字时代的农村群众文化建设

陈姗姗

1946 年，世界上第一台通用数字电子计算机问世，这是人类科技史上具有深远意义的一个新起点。计算机技术的不断进步和广泛使用，大大提高了人类处理、存储信息的能力。后来，计算机网络的出现，又大大提高了人类交流信息的能力。随着科技与市场的飞速发展，全球已然进入数字时代。

那么，什么是数字化呢？有人这样解释：数字化是指信息领域的数字技术向人类生活各个领域全面推进的过程，包括通信领域、大众传播领域内的传播技术手段以数字制式全面替代传统模拟制式的转变过程。

生活在 21 世纪的我们，时刻都能感受到数字化对我们生活的影响：报刊、书籍等印刷媒体，尽管最后大部分以纸介质的形态呈现在受众面前，但制作全过程已经数字化，阅读电子版报刊、书籍也成为普遍现象；传统摄影正在向数字摄影发展；电视正全面迈向数字高清晰度电视及数字压缩卫星直播电视；传统电影也正在向数字电影发展。

在当今时代，数字化是先进文化最重要的载体，是现代文化最本质的特征。我们要利用现代科学技术传承、传播文化，让广大人民群众都能享受到数字化为文化生活带来的便利。

然而，当前，我国城乡群众之间的文化生活水平十分不均衡：城市群众的文化生活比较丰富，享受着多元的文化生活；农村群众的文化生活比较贫乏，一部分低收入农民家庭、困难家庭几乎与文化生活无缘，享受不到基本的文化生活。

众所周知，农村群众文化是中国特色社会主义文化的重要组成部分。它以毛泽东同志的文艺"二为"方向、邓小平理论和"三个代表"重要思想为指导，弘扬民族优秀文化，高扬爱国主义主旋律，用旗帜鲜明的、健康向上的各类群众文化活动，去满足农民群众日益增长的精神文化需求，去促进精神文明建设，从而在全社会形成共同理想和精神支柱。党的十一届三中全会以来，特别是进入新世纪以来，随着农村经济、政治体制改革的深入，农村群众文化工作也在不断地重新调整和自我完善，正在发生广泛而深刻的变革。但是，我们也应清醒地看到，目前在相当一部分地方，农村群众文化的改革和发展依然是困难重重，步履艰难，可以说是困难和机遇并存。因此，解决农村群众文化的建设和发展、丰富他们的文化生活是首要问题。

一、数字时代农村群众文化建设存在的问题

1. 农村文化网络建设相对落后

现代社会，各种信息资源已经数字化，网络技术的快速发展与普及，使信息技术的辐射范围越来越大，越来越多的群众享受到信息技术与网络平台带来的快捷的文化服务。目前，城市网络的建设基本已经完善，网络在城市已经成为生活的一部分。但在乡镇级及以下的群众文化建设中，网络建设的水平还比较低，自动化设施并不完善，信息网络服务无法深入基层的每个角落，这就使农村群众文化建设的网络化进程受到不同程度的阻碍。

2. 农村群众文化建设资金紧张

从现在的情况看，相对于经济建设或其他基础建设，农村群众文化建设并未受到更多的关注。农村群众文化是投入多、周期长的工程，在国家资金投入的过程中，农村经济建设总是放在首位，而农村群众文化建设则未受到应当的重视。虽然近年来国家提高了对文化建设的重视度，也加大了投入力度，但相对于城市群众文化建设来说，农村群众文化建设还比较不足，所以，目前农村群众文化建设普遍存在资金紧张的问题。

3. 缺乏网络与文化建设的复合型人才

乡镇文化站在农村群众文化建设中发挥主导作用，它是农村群众文化活动的重要组织者与指导者，更是农村群众文化的管理者。由于管理机制与体制的落后，缺乏有效的人才选拔制度和人事管理，农村文化站的队伍优化进程相对缓慢，尤其缺乏既精通群众文化工作又擅长信息网络应用技术的复合型人才。农村群众文化工作无法与城市接轨，农村群众文化辅导业务能力受到严重制约。

4. 农村群众文化活动形式落后

由于资金、设备以及创新型人才的短缺，农村群众文化活动形式相比城市群众文化活动较为落后。大多数的农村群众文化活动内容都缺乏新意，活

动形式总是复制其他地方，或干脆沿袭老旧做法。对于信息技术迅速发展的社会来说，这种群众文化很难符合大众的口味，也就很难调动起广大农村群众参与的热情。

二、数字时代农村群众文化建设发展的建议

1. 加快建设农村群众文化网络

我们应该意识到农村群众文化建设是一项长期的、艰巨性的任务，必须受到高度的重视。在信息技术与网络飞速发展的当今社会，乡镇文化站或基层文化服务机构，应该重点扶持特色群众文化网站的建设，使农村群众文化服务网络化、数字化与先进化，从而打造出具有地方特色与时代特征的网络文化品牌，使农村群众文化活动更具文化底蕴与时代气息。网络的利用可以使地方群众文化资源得到全面的共享，也可以使上级文化部门的相关政策及指示快速地传达到地方文化机构，地方各类群众文化活动的反馈信息也可快速地汇报给上级文化部门，使农村群众文化建设更加高效，更加透明。

2. 加大农村群众文化资金投入

政府及相关部门应该为农村群众文化建设提供技术及资金方面的大力支持，不断加大公共财政对农村群众文化建设的投入力度：不断增加对各类文化设施的投入，积极进行网络建设，尽快开发出适合当地文化特色的群众文化网站并及时更新文化信息，让群众获取更多的文化资讯；增加农村基层文化服务机构的信息化程度，提高群众文化宣传的信息化进程，使群众文化的宣传与信息发布更加方便、快捷；另外，还可采用鼓励和吸引社会力量投资的方式，使农村群众文化事业与社会其他产业挂钩，有机结合，互利互补，形成既具有群众基础又具有品牌特色的文化产业发展格局。

3. 积极培养与引进专业文化人才

建立起稳定的、符合群众文化建设需要的文化服务队伍。农村文化服务人员不但要具备业务能力，还需要不断充实自己，不断调整自身的知识结构，积极学会基本的信息操作技术，以为群众提供更好的文化服务。乡镇文化机构应该着力选拔与培养高素质的文化服务人才，通过高薪引进或定期培训等方式来提高群众文化服务机构的整体实力。在人才培训方面，相关部门可以聘请农村群众文化建设和信息网络应用技术等方面经验丰富的人士来指导和培训，为农村群众文化培养既精通群众文化工作，又擅长信息网络应用技术的复合型人才。

4. 创新农村群众文化活动形式

乡镇领导和基层干部应该将农村群众文化网络化建设与公共文化信息服务体系建设放在战略高度来抓——不断探索、积极寻找能够满足广大农村群众文化生活需求的新途径，能够满足广大农村网民多样化、个性化文化信息需求的新途径；全面整合和利用各类优秀的文化资源，转变原有的群众文化建设理念，将信息技术作为群众文化资讯传播的有效平台；积极收集网络流行的群众文化活动方式，了解先进的群众文化服务方法，根据地方实际情况进行合理的取舍，然后运用在农村群众文化建设工作中，使农村群众文化建设切实与城市、甚至是世界群众文化接轨，从而全面推动农村群众文化事业的发展。

总之，数字时代的农村群众文化建设困难重重，过程艰巨，但如果能长期有效、坚持不懈地投入资金、培养人才、创新形式，相信在不久的将来，农村群众文化事业的信息化建设一定会得到可喜的发展。

（作者单位：厦门市集美区文化馆）

浅谈微信与镇村群众文化活动的开展

陈晓龙

随着信息革命的进一步发展，人类已跨入一个全新的纪元——数字时代。数字化浪潮正在给我们的社会带来巨大影响，人民群众的生产生活方式及思维方式在这场时代浪潮下发生着深刻变革。这场信息革命对我国社会主义文化事业的发展也产生举足轻重的影响，最直接、最深远的影响便是文化的传播载体与传播方式，这也促使我们去积极思考并适应这场科技革命，发展并壮大我国的社会主义文化事业。

随着数字化信息发展以及人民群众物质生活的提高，镇村人民群众的精神文化需求日益增强。镇村由于经济发展落后，基础配套设施建设较差，文化教育水平较低等原因，群众的文化生活较为匮乏，无法享受与城市群众相同的文化生活，这对我国的社会主义文化事业发展造成负面影响，同时影响社会的和谐与稳定，不利于营造人心齐、社会安、大局稳的良好社会氛围。

笔者认为，在数字时代下，镇村的群众文化活动迎来新的发展契机。据工信部统计数据，2014 年 1 月底，中国移动通讯用户达 12.35 亿，占全国人口的 90.8%。可以说，我国现在几乎是人手一部手机。而另一项统计显示，全球有近 8 亿微信用户，微信和 WECHAT 的月活跃账户数超过 3.96 亿个，全国的微信用户已突破 4 亿，有专家预测，这个数据在 2015 年年底将达 5 亿，微信正在成为人手一部的手机上的必备品。可以说，我们迎来了"微信时代"。每天有大量的文字和视频在微信中传播，微信已然成为重要的文化载体和文化传播方式。党在十七届六中全会的《决定》中曾指出，"提高社会主义先进文化辐射力和影响力，必须加快构建技术先进、传播快捷、覆盖广泛的现代传播体系"。微信的特点能让其成为《决定》中提到的现代传播体系中的一项有力的工具，助力镇村群众文化活动发展，丰富镇村群众文化生活。

一、转变思想意识，把握文化传播的主动权

微信的蓬勃发展催生了很多产业，各式营销、微店、公众平台让人应接不暇，据统计，当下微信公众账号已达 580 万之多。文化管理者及镇村一线文化工作者应转变思想意识，顺应发展潮流，抢占文化传播高地，把握文化传播的主动权，利用微信开展群众文化活动。

例如，东莞市沙田镇、虎门港文广中心在意识到利用传统思维方式来开展文化服务已经不符合实际且无法满足群众要求后，开展为期两个多月的调研，经过创新策划，把传统的服务方式予以扩宽，建立"沙田镇、虎门港文广中心微信公众平台"，将文化涉及的内容借助微信平台浓缩到手机屏幕中，打造出快速便捷、贴近群众的"掌上文广中心"。目前，该公众平台的关注人数正逐步上升。

绍兴博物馆利用微信提供全新的讲解服务方式，游客扫描二维码后，能反复收听讲解，也可将"讲解"带回家。这种微信导览是将新媒体的优势运用在博物馆的展示和服务上的尝试，让观众体会"指尖上的博物馆"的时尚和便捷。据介绍，微信导览是绍兴博物馆自己借助微信平台做的服务项目，其好处是，给游客配上一对一的"讲解员"，所有游客都可免费享受这一服务，该项服务一推出，便受到广大游客的一致好评和认可。

从以上例子可以看出，把握文化传播的主动权不仅扩大了文化传播的影响力，引导文化发展方向，而且为人民群众提供了便利，丰富了群众的精神文化生活。因此，掌握文化传播的主动权对我国社会主义文化事业具有重要而积极的意义。

二、利用微信开展镇村群众文化活动

首先，应加强人才培养，为群众文化活动提供有力的人才支撑。文化部门应选拔出懂文化、业务精的人才，打造一支专业、高效的微信公众平台管理运作团队。创新人才管理模式，为专业人才发挥才能搭建平台，向社会招贤纳士，打造全面、完善的微信平台。同时，多部门、多平台合作，实现资源共享，为广大镇村人民群众提供更加便捷、更贴近生活的文化服务，推动社会主义文化事业大发展大繁荣。

其次，应整合文化资讯，为镇村人民群众提供丰富的文化饕餮盛宴。微信公众平台应以订阅号的形式，定期向关注者推送文字、图片、语音、视频

等多种形式的文化内容，内容应包括：当地相关文化政策、资讯；当地文化活动预告、文化资讯；农业技术知识推广、农业资讯；相关培训咨询；中国梦的宣传教育等。传播的内容应丰富多彩，符合社会主义核心价值体系和核心价值观，积极传播正能量，弘扬主旋律，符合地方特色，为当地人民群众所喜闻乐见。通过丰富的文化内容，不断丰富镇村人民群众的精神世界，让镇村人民群众享受丰富的文化生活，增强镇村群众的精神力量。

再次，让镇村群众由文化"接受者"成为"参与者"，以点带面，带动镇村文化活动开展。有关文化管理部门应开展培训活动，让镇村一线文化工作者学习并掌握微信及微信平台操作、管理，提高综合水平。镇村一线文化工作者可建立本村或本社区微信群，将村民纳入微信群中，将微信群作为资讯发布平台或活动组织平台，以点带面，带动镇村文化活动开展。例如，镇村一线文化工作者可利用微信组织广场舞活动，通过教学视屏、舞蹈音乐分享进行广场舞培训，丰富广场舞舞蹈样式，增加镇村文化生活的趣味性。同时，镇村群众可通过微信对开展的文化活动发表看法，提出建议，让镇村群众由被动接受文化内容的"接受者"转变为文化活动的"参与者"，实现互动交流，为镇村文化活动的开展营造良好的氛围。

最后，让镇村群众由文化活动"参与者"转变为"创造者"，进一步拓宽、丰富镇村文化活动开展。当镇村文化活动开展到一定阶段，文化管理部门应引导镇村群众，让镇村群众不应只满足成为镇村文化活动的"接受者"和"参与者"，而是要进一步成为"创造者"，创造出丰富多彩的文化作品，传播正能量，弘扬主旋律。例如，在农闲或者晚上下班时间，利用微信朋友圈发表自己的打油诗、小文章诗词、摄影作品或者自身的曲艺表演，甚至是村民们自导自演的迷你剧、电影作品，等等。这类文化作品由镇村群众自己创作，更加贴近镇村群众的生活，更能引起镇村群众反响，促进镇村文化活动的开展，对社会主义文化大发展大繁荣具有良好的促进作用。

三、存在的问题及不足

微信具有传播快捷、覆盖广泛、内容丰富等特点，成为镇村群众文化活动开展的有力工具，但利用微信开展群众文化活动也存在问题及不足。

1. 微信上存在各种不良信息

在微信使用中，大家经常可以在微信上收到微信朋友圈中转发的各种不良信息：诈骗、传销、色情、暴力甚至谣言，这严重影响社会的和谐与稳定。

镇村群众由于文化教育水平较低，对不良信息的辨别能力也较差，容易受微信上的不良信息影响，这也严重影响镇村群众文化活动的开展。

2. 由于镇村发展不平衡等问题

部分镇村群众还没配备智能手机，甚至没有手机，这导致该部分群众较难或无法享受通过微信开展的文化活动，微信承载的丰富文化内容无法惠及这部分镇村群众，这也不利于镇村群众文化活动的开展。

3. 部分镇村群众由于文化教育水平不高

对微信粘性较低，无法融入通过微信开展的文化活动，这也制约了镇村文化活动的广泛开展，令通过微信开展的镇村文化活动成果打了折扣。

虽然利用微信开展群众文化活动存在一定的问题及不足，但笔者相信，只要把握数字时代文化发展的潮流，坚持社会主义核心价值体系，掌握文化传播主动权，合理有效利用微信，镇村群众文化活动的开展必将欣欣向荣，助力社会主义文化大发展大繁荣。

（作者单位：厦门市同安区五显镇）

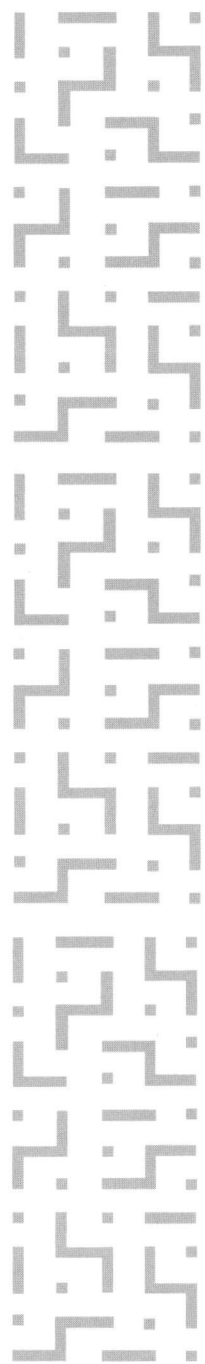

第三辑　公共文化服务与建设

新时期繁荣群众文化的举措初探

蔡伟璇

一、关于群众文化的定义

关于群众文化，其实有多种定义，有的学者认为，群众文化是由群众间接或者直接参与，所产生的社会文化的现象，它是一种以群众文化为主题的活动，群众文化包括群众工作、活动、生活等几个方面的因素；也有的学者认为，人民群众为了满足自身生活以及精神上的需求，通过自身参与的形式，对各类具有地方、民族特色，并具传承性、普及性以及综合性等活动进行参与，达到自我教育、自我娱乐的目的。可以说，群众文化具有它独特的特征，为什么说它独特呢？因为群众文化不仅代表着中国共产党勇往直前的拼搏精神，更是中国共产党最终取得胜利的体现，从而获得了物质基础、价值观念以及文化制度的成长、成熟。由此可以得出这样的结论，群众文化其实是一种主流文化，中国共产党得到稳固发展的同时，其实也意味着群众文化得到确立，并逐步发展成为主流意识形态。

二、群众文化的发展现状

1. 群众文化形式在不断变化

随着科学技术的进步以及社会经济的发展，群众文化的形式在不断发生变化，具体体现在以下两点：一方面，由于群众文化形式得到了快速的发展，自主选择的机会也越来越多，有些传统文化形式表现单一，根本无法满足社会发展的需要，无法满足新形式下人们多样化的口味，这就导致了一些优秀传统文化在形式上的遗失；另一方面，随着社会的发展，在文化活动中提供给人们选择的机会越来越多，这是因为社会的发展，使得群众文化的形式得到了迅速更新，并朝着多元化方向发展。

2. 群众文化开展范围广阔

随着人民生活水平的提高，大家时常可以看到这样一幅画面，无论是在广场上还是在公园里，到处可见腰鼓队、秧歌队、交谊舞、武术、健身操等群众文化活动，可以说，这些都是群众文化的具体表现。这些参与的人，形成一支非常壮观的队伍，参与这些活动，没有年龄的限制，没有文化的限制，没有性别的限制，只要乐意，人人都可以。这类文化活动丰富多彩，不仅使身体得到锻炼，更能愉悦心情，从而拥有高尚的情操，得到前所未有的收获。因为加入群体没有任何门槛，这个活动在社会上的影响越来越大。群众文化的发展和兴起，不仅使得它拥有独特的凝聚力和号召力，也在社会上产生了很大的影响，因此，受到人民群众的热烈欢迎。群众文化的快速发展，也使得其朝着更深的内涵推进。

3. 群众文化朝着多元化方向发展

社会的快速发展，促进了经济时代的到来，在这样的环境之下，人民群众的自主独立意识越来越强，具体选择什么样的文化活动，他们有了自己的主张和见解，也具备了选择的条件和能力。这具体表现在以下两点，一方面，通过群众文化活动，他们有了进行参与的意识，并学会自我欣赏，使得群众文化朝着多元化的审美方向发展；另一方面，科学技术的发展，使得人类进入传媒时代，计算机、广播、电视走进寻常百姓家，使得人民群众与外界接触的机会越来越多，在与外面进行联系的同时，不仅能快速接受外界信息，还能开阔文化视野，因此，无形之中对群众的文化发展有着潜移默化的影响。随着社会经济的发展，人民生活水平越来越高，对于文化方面的投入，人们更舍得去投入，也更有能力进行投入，于是，在对文化的选择上，将会变得越来越广泛。

三、新时期繁荣群众文化的举措

1. 坚持"三结合"原则

（1）群众文化要与精英文化相互结合。所谓的精英文化，是指文化艺术专家以群众艺术形态为创作基础，探索出层次较高的艺术形态，由于群众文化具有人人可以参与的特点，有很广泛的群众性，所以决定了群众文化的通俗性。不过，精英文化虽然属于较高层次的艺术形态，但它是以群众文化为源泉与母体，群众文化与精英文化的关系密切，它们之间是相辅相成的。一方面，精英文化以群众文化为创作基础，另一方面，精英文化同时促进群众文化的向前发展。因此，在实际操作中，一方面，在进行群众文化活动时，对于表现优秀的人才，要进行挖掘，进行精英艺术培训，从而使群众文化朝更高方向发展，体现出高水平、高档次；另一方面，对群众文化要进行深入的创作研究，在进行群众文化活动中，不忘对群众文化注入新鲜的元素，注入新的活力，从而创造出群众文化的精品工程。

（2）群众文化要与文化产业的发展相结合。可以说，文化建设既包括文化产业，也包括文化事业，它们相互之间关系密切并相辅相成。对于群众文化，要有新的认识，它虽然是文化事业的一种，但在市场经济条件下，要改变以往的观念，跟上时代潮流，顺应市场经济形势的发展，如此，才能使文化产业发展与群众文化的繁荣相互促动。可以通过以下几个方式进行：第一，把市或者县的群众文化特色优势尽情发挥出来，开发旅游业的同时，对当地具有群众生活原貌的文化活动适当进行包装、策划，从而吸引游客，在旅游产业中发挥积极的作用，以带动旅游业的良性发展；第二，既要对群众文化进行建设，也要发挥市场机制的作用，在发展文化产业过程中，必定有一些值得学习的经验，群众文化可以进行借鉴，以促进文化事业的良性发展；第三，可以对文化艺术进行普及，通过群众文化在市、县以及社区方面的普及，使人民群众养成文化消费的好习惯，既提高群众的文化修养，也可以帮助文化产业开辟出新的市场，从而推动文化产业的发展。

（3）群众文化要与非物质文化遗产的保护相结合。当前，非物质文化遗产保护成了迫在眉睫的话题。对非物质文化遗产进行保护，关键是要对非物质文化遗产进行活态传承，使之世世代代传承下来。可以说，很大一部分的非物质文化遗产，实际上就是群众文化艺术的形式，在后来的发展变革中，受到种种因素的影响，才导致边缘化，到了需要人民群众进行保护、抢救的境地。因此，对于人民群众比较熟悉的非物质文化遗产，要进行适当的创新，并使非物质文化遗产得到普及，使它能够成为文化艺术形式，受到群众的喜爱。因此，只有使人民群众对非物质文化遗产有着深刻的认识，非物质文化遗产才有可能一直传承下来。

2. 抓好群众文化的基础建设

（1）基层文化网络建设要正确落实。可以说，基层文化站是个核心环节，它是群众文化网的源头，基层文化站可以选择合适的方式，把想参与文化活动的人民群众组织起来，形成一个有规模的文化活动的群体。因此，在设立基层文化站时，先要寻找合适的切入点，积极培养群众文化活动队伍，不仅如此，必要的时候，还要开展结对活动，用以强扶弱的方式，带动其他社区的群众文化活动，通过辐射效应，带动更多的人参与。

（2）把参与文化活动的队伍稳定下来。基层文化工作者为群众文化生活的发展付出辛勤劳动，他们为推动基层的精神文化建设做出巨大贡献，因此，有关部门要有所作为，在文化事业的建设上应增加资金的投入，为群众文化活动创造出好的环境，把参与文化活动的队伍稳定下来，培养优秀的文化活动的带头人，使群众文化事业焕发出新的活力。

（3）以多种手段开展群众文化活动。可以说，经常开展形式多样、丰富多彩的群众文化活动，会给社区注入新鲜活动。在开展群众文化活动时，要注意以下几点：第一，对民间文化进行挖掘。民间文化是群众文化的基础，民间文化不仅是群众文化生活的体现，呈现出盎然生机，富有生活气息，并且，民间文化可以对人民群众产生很深的感染力，可以促进群众文化活动的发展。第二，在开展群众文化活动时，对于赌、黄、毒以及封建思想，要坚决抵制，要把具有典型意义的道德新风尚的事迹搬上舞台，以对人民群众起到教育的作用，使人民群众的精神受到鼓舞和教育。第三，对党的方针政策要大力宣传，通过群众文化活动的形式，把关于党的方针政策送进寻常百姓家。

（4）开创出属于自己的文化品牌，开拓新的市场。历史在发展，时代在进步，在生产与生活的过程中，群众文化中出现一些独特的文化现象。因此，在群众文化方面，要勇于开拓、进取，进行内容上的创新，打造出属于自己的群众文化品牌，如此，才能为群众文化注入新的血液，使之焕发出新鲜的活力。不仅如此，还要开创出文化市场的新领域，可以从以下几个方面进行：第一，对群众文化，要制定出一系列科学的奋斗目标，不仅使群众文化得到繁荣发展，更要促使文化品牌出现；第二，对于新时期产生的群众文化理论体系，要认真研究，积极进取，为创造出好的群众文化品牌打下坚实的基础；第三，在对传统文化、乡土文化进行开拓的同时，更要让群众文化走进家家户户，探索出群众文化发展的新路子；第四，适当的时候，可以考虑有偿服务，对文化的链条进行延伸，开拓文化新领域；第五，制定出奖励机制，对于优秀的群众文化带头人，要进行适当的奖励，使他们能够受到鼓舞，在工作上做出更大贡献；第六，把握机会，使文化体制改革顺利进行，可以采取文企联合、以文养文、文商结合的形式，走上发展道路。

（5）要有占领文化阵地的理念。社会的发展史，总是愚昧与科学、进步与落后、正确与错误不断进行较量的过程，因此，群众文化要以"三个代表"为重要思想，要以先进的文化占领思想文化阵地，在群众文化活动进行的过程中，把群众文化的内涵通过宣传教育体现出来，用优秀的民族文化以及先进的文化诠释社会发展的历程，使人民群众对此有深刻的认识，体现好的道德观、世界观，通过各种文化活动方式、各种载体，把党的方针政策带入家家户户，使人民群众树立荣辱观、价值观，进行爱国主义教育，对新风尚、新思想以及新科学进行有效传播。为此，群众文化要有战略文化阵地的理念意识，这也是时代赋予群众文化工作者的使命。只有打造出有质量、高水平的文化品牌，才能赢得群众，也才能感染群众、服务群众，促进群众文化的发展。

四、结束语

总而言之，随着社会的发展，传统的群众文化已经无法满足社会日益发展的需要，受到市场的挑战和冲击，无法满足新时代下人民群众的需求。因此，我们只有采取措施，使群众文化得到快速发展，使之拥有勃勃生机，才能满足社会发展的需求，满足人民群众对文化生活的需要。

（作者单位：厦门市翔安区文化馆）

浅谈基层公共文化服务体系建设
面临的问题及对策

朱玉玲

我国一直注重保障广大人民群众的基本文化权益，坚持以政府为主导，公共财政为支撑，全民为服务对象，努力创建网络健全、结构合理、发展均衡的公共文化服务体系。但近年来，经济基础、体制环境、社会条件的深刻变化以及新媒体的迅速发展，对基层公共文化服务体系的建设影响巨大，笔者是一名公共文化服务体系的工作人员，感受到这些变革带来的挑战与思考。

一、基层公共文化服务体系建设面临的问题

1. 宣传方式单一，宣传效果不理想

群众对"公共文化服务"的概念停留于"知道"的层面，并不太清楚其具体的内涵和意义。例如，我们在筹建文化志愿者队伍的过程中，作为组织者的我们和被招募的志愿者都提出有关机制建设、队伍管理等的一系列问题，但很多工作留于表面。这说明国家在构建公共文化服务体系时，政府的基础准备工作不足，宣传不到位，导致在实施过程中，尽管重心突出，但由于缺乏公众的积极参与而出现服务效果并不理想的局面。

从媒介技术与传播关系变革的角度看，近年来，随着新媒体的加速发展，公众所喜爱和依赖的信息传播方式发生巨大的变化，但基层公共文化服务信息的宣传方式依然墨守成规，并未迎合公众对媒体选择的多样化，并不重视公众对信息传播的主动性，这在很大程度上导致了基层文化工作的开展不被群众知晓，阻碍全民参与。

2. 公共文化设施实际利用率较低

尽管政府在公共文化设施的投入力度逐年增加，尤其是作为国家的示范城市之一，各街道、社区的文化站、文化室的各项指数都已经达标，但实际

的利用率却有待提高。在创建过程中，各街道、社区排除万难、以积极的态度完成公共文化设施的建设，场地多数位于街道的行政大楼之内（如殿前街道、禾山街道等），尽管免费开放，但为避免对行政工作的影响，也在一定程度上阻止了群众享受公共文化服务福利的权益。

3. 群众喜闻乐见的公共文化活动较少

文化馆作为公益性的文化服务单位，组织的活动主要分为两块：一个是群众性文化活动，一个是邀请文艺表演团队到基层，到社区、企业等进行公益演出。一方面，尽管该区的群众性活动（含演出与培训、展览等活动）每年都可达到300场（区级与各街道统计）次以上，但相对于93万的人口基数来说，不算多，分配上存在不均现象，如城中村的社区（如殿前街道北站社区、神山社区）的基层文化活动相对较少。另一方面是文艺团队的下乡公益演出，尽管国家大力提倡文艺院团、文化工作者下基层、下厂矿、下农村，为广大基层群众送去精神食粮，从城市上来讲是进校园、进工地和进营房，我们作为基层的群文工作者，非常希望通过邀请专业的文艺团队参与基层文化活动，以此来提高辖内居民群众的文化艺术修养，但相对高昂的费用却是我们难以负担的。

4. 居民对公共文化服务的需求缺乏反映渠道

在举办活动和公共文化设施建设的过程中，我们都忽视了一个重要问题，那就是群众真正的需求是什么。尽管我们走了二十几年的市场经济，但是在观念上还是"计划经济"的思维，依然存在由领导人"拍脑袋"替公众决定公共文化需求的情况，我们缺乏一个让公共表达需求的机制，渠道只停留于网站建设的"留言栏"，但基于群众对网站知晓度不高的情况下，它真正发挥的作用微乎其微。

基层公共文化服务的内容、形式、方法与城乡居民的现实需求还不相适应，以群众文化需求为导向的公共文化服务模式尚未形成。

5. 缺乏科学合理的工作绩效评估机制

工作绩效评估对于基层公共文化服务体系的建设具有重要的意义，但在现实的操作中我们发现，政府在评价文化建设工作时忽视群众满意度这个重要的考核指标，一味地求大求全，基层文化建设中，重硬件、轻软件，重建设、轻管理的现象比较严重。缺乏科学合理的绩效评估机制，使基层文化服务难以满足广大人民群众日益增长的精神文化需求。

二、基层公共文化服务体系建设对策

1. 利用新媒体拓展宣传面

新媒体，指利用数字电视技术、网络技术，通过互联网、无限通信网等渠道，以电脑和手机为终端，向用户提供视频、音频集成信息和娱乐服务的新的传播方式。目前，比较热门的新媒体有微信、微博、博客、移动多媒体（手机短信、手机电视）等。新媒体的迅速发展，使公众整天被大众传播媒介包围，如能利用新媒体加大对"公共文化服务"的宣传，便对文化信息的有效传播大有裨益，以此拓宽群众的参与度。以拥有三亿用户的"微博"为例，如在基层公共文化体系的创建过程中，相关部门都能引进"微博营销"的理念，就可利用新媒体进行文化信息的提供、文化服务的交流以及公共文化活动的宣传，以此促使群众的热情参与。

在利用新媒体进行基层公共文化的宣传时，应更强调受众视角，从公众的角度开展传播，突出互动。同时，随着新媒体时代受众"碎片化"的特性日益显现，要利用"意见领袖"的带动作用。这些意见领袖的言论在某种程度上影响着其周围的一群人。要善于借助他们的力量，使基层文化体系的宣传层面得以拓宽和深入。

2. 开展自助式服务，提高公共文化设施利用率

在湖里区创建国家公共文化示范区的过程中，江头街道吕岭社区的"自助式服务"模式得到市检查团的认可，检查团希望该区形成模式后进行广泛推广。该模式与公共文化服务文化惠民的精神实质高度吻合，该区一共归纳了三种"自助式"模式。一是，各类社区登记的协会、文体活动队伍和其他社会组织可以不受对外开放时间限制，申请使用文化场所内的各类功能用房。二是，可以授权上述组织对文化场所的全部或者部分功能用房进行管理和对外服务，同时自我服务。三是，招募文化志愿者在自我服务的同时，兼顾文化场所的管理。通过引导社会力量开展"自助式服务"，参与公共文化建设，以此提高公共文化设施的利用率。

治理是个人和公共或私人机构管理公共事务的诸多方式的总和，是使相互冲突的或不同的利益得以调和并且采取联合行动的持续过程，在公共文化服务发展中，其表现为正确处理公共文化服务与公共文化社会化、市场化的关系，逐步形成政府主导，文化事业单位、企业、非政府组织、社区等多元化主体共同参与、协商与对话的制度框架。要达成多元主体的信任与合作，

就要求公共权利和责任的重新分配，公共部门要改变传统行政组织"办文化、管文化"的模式，在提供公共文化服务时，充分发挥民间力量和社区组织的功能，实现民主参与。

3. 不断提高公共文化财政支出的规模并努力实现均等化

随着社会不断的发展与进步，人均收入的增加，人们对文化服务的需求增多，政府建立公共文化建设资金投入的长效机制，保障文化建设经费，是基层公共文化服务体系建设的重要内容。同时，政府要加大干预，对落后地区加大投入力度，确保公共文化建设得到必要资金；改善文化民生应当公平分配，均衡布局，使公共文化资源多流向基层，流向农村，流向弱势群体，促进公共文化服务资源的合理配置和均衡发展，全面提高整个社会的公共文化服务保障水平，使经济建设和文化发展的成果真正惠及全体人民。

4. 建立有效的公共文化需求"表达机制"

公共文化的发展依赖于需求，公共文化产品和服务的最终出资者是公众，政府的公共文化供给必须体现公众的意愿，因此，需要设置公共文化需求的表达、意见搜集和社会评估等环节，经过公共决策程序来认定。可借鉴香港"康文署"的"公众意见登记系统"，该系统用以记录、存储和处理由各公共文化部门工作人员从不同渠道收集的公众对康文署服务、设施及员工表现的评估和建议；有关人员会监察投诉个案的解决进度，通过这个综合数据库进行定期分析，以供管理层准确把握公共文化需求和找出服务不尽理想之处。这才能让政府有的放矢，避免造成资源的浪费。

5. 创新各级政府的绩效考核机制以增强政府服务意识

从全市启动公共文化创建工作以来，我们欣喜地看到每个区都将该项工作纳入年底绩效考核机制当中，各区政府也都从财政上给予了大力的支持。但是在现阶段的考核机制中，公共文化领域主要以发展规模为核心标准，这导致了各级政府对文化基础设施的过分追求。因此，创新绩效考核机制是当务之急，必须加大对公众满意度的考核比重，保障以居民公共基本文化权利为核心，将有限的财政资源用于真正符合居民公共需求的领域。例如，对于湖里区这个外来人口大区来说，对公共文化设施的建设，关键不在"建了没有"而在于"建在哪里"，如应该在农民工比较密集的建筑工地和居住区开设图书馆、阅报室、文娱活动室，组织放电影、看电视以及各类健康有益的文化活动，而不只是要求各单位完成硬指标。这在建立之初就应该考虑，由政府进行协调和干预，这同样能避免重新选址再建等资源浪费。

基层公共文化服务体系建设是系统工程，需要各方配合，长期努力。只有这一服务体系建设好了，公共文化事业才能稳定发展，社会主义先进文化的大发展大繁荣才有坚实的基础。

各级文化部门要坚持文化服务公益性与均等性，加大投入力度，创新运行机制，加快公共文化基础设施建设，不断提高公共文化服务的质量和水平。

（作者单位：厦门市湖里区文化馆）

广场文体活动存在的问题与解决之道

何马份 林金杰

城市公共文化广场是公共设施，是大型群众文化活动的空间载体，也是市民休闲娱乐的重要场所。近几年来，随着各级政府对文化民生的重视、人民群众的生活水平提高和城市建设的加快，追求更高生活品质的愿望日益强烈，居民群众于业余时间纷纷走出家门，来到公园或社区广场健身、跳舞、唱歌、锻炼等，参与广场活动。使用好、管理好文化广场，既满足人民群众的文化需求又满足市容市貌、环境卫生、治安等城市管理规范的要求，形成和谐、幸福的城市生活氛围，是我们文化部门必须面对的课题。

一、湖里区的公共文化广场使用现状

当前，湖里区辖内各大公园广场是众多市民休闲娱乐的首选之地。特别是夜幕降临以后，这些广场热闹非常，跳舞的、玩滑轮的、耍太极的、唱歌的……他们大多以团队的形式出现，偌大的广场被分割成一个个"根据地"。零零散散的市民在各"根据地"之间的狭小地带慢慢踱步。以上看似井然有序，背后却隐藏不少的问题。社区文化广场是周边市民休闲娱乐的首选之地，为市民参与各种自发的文化活动带来很多便利，但公共活动无序发展，场所被不合法的营利活动变相占用、压缩，任由其发展下去会损害市民群众利益，甚至影响社会的稳定。湖里区外来人口多，活动面积小，群众文化需求日益增加与活动场地稀少的矛盾十分突出。因此，加强区域内公园广场的宏观管理显得非常迫切。当然，宏观管理应当以深入基层的调研或调查为依据。

2013 年，湖里区在进行"美丽厦门，共同缔造，我来做什么"活动进社区的宣传活动中，开展湖里区"文化服务"情况普查与满意度问卷调查。此次调查共收集到 100 份有效问卷，调查对象以女性和中青年人为主，大部分具有初中、大中专以上学历，职业构成以工人、教师、家庭主妇、企业职工

133

为主。调查统计报告指出：居民群众对社区文化的需求，主要集中在观看或参加各类群众文艺表演（占比49.0%）及艺术展览（占比34.0%）、参加文化或技能培训（占比33.0%），他们最喜欢光顾的场所除了图书馆（占比58.0%）、文化馆（占比35.0%），就是开展"幸福湖里广场秀"的文化广场、文化公园（占比34.0%）；居民对所在社区或街道的文化设施（如阅览室、活动室、文化室）的满意度较高（占比76.0%），对老年人群（占比77.0%）和中年人群（占比56.0%）的文化活动满意度较高；居民认为当地的文体服务存在的主要问题集中在文体娱乐、竞赛等活动举办少（占比22.0%）和文体基础设施落后（占比20.0%）这两个方面。

二、广场使用的两个主要问题

在市民广场上活动，一部分市民丰富了业余生活，另一部分市民的休闲空间无形中被压缩甚至牺牲了，隐忧并存。具体来说，有以下两个方面。

1. 噪音

有不少市民反映如今想在广场上散散步、听听歌变成奢望，附近的居民都必须忍受功效强劲的音箱发出的大分贝音乐声。湖里公园广场，常在广场活动的团队有几个，一到夜晚，广场有交谊舞、广场舞、健身操、直排轮滑团队七八个，各占据一块地方，人多的团队有上百人，少的也有二三十人，整个广场熙熙攘攘，各种音响设备争相发出刺耳的音乐声。110、环保局、城管经常收到投诉求助，也到现场进行劝导，但收效甚微，一直未能得以根本解决。

2. 治安

一些热心人士自发组织市民教授广场舞，为了购买音响设备和电池消耗，向参加学舞的市民收取一定费用，这属于非盈利性质。有一些人瞄准广场娱乐休闲节目中蕴涵的"商机"，广开培训班收费，进行盈利性收费，可谓生财有道。不管盈利与否，把广场变"学堂"，举办各种问题培训，"文化个体户"为了争夺地盘争吵，广场上的治安及环境问题尤其突出。

三、造成广场使用问题的主要原因

随着生活水平的提高，为了舒缓工作压力和锻炼身体，越来越多的城市人参与群众文化广场活动，人们对活动空间的需求日益增长和城区活动空间相对固定的矛盾会越发突出，因此，提高城区文化广场的使用效率和加强广场活动规范显得非常有必要。据了解，造成目前社区文化广场乱象及管理缺失的主要原因有两点。一是管理主体不明确。社区文化广场的建设单位和管理单位不尽相同，有些属园林局，有些属街道，有些属机关单位。按常理，街道是政府的基层办事处，有政府各部门相对应的管理机构，属地管理最顺理成章，但涉及场地、收费、培训、社会组织、噪音、治安、环境等与园林、物价、教育、民政、环保、公安、城管等与职能部门相关的问题比较突出，由于涉及部门太多，要牵扯太多精力，因此，确定管理主体的问题就显而易见。对文化广场上自发组织的活动没有具体规定。二是供需矛盾，即老百姓的需求和可供活动空间之间的矛盾。

四、提高广场使用效率的方法

在不增加人均活动空间（实际上要增加亦无可能）的情况下要解决问题，就必须在尊重市民群众业余生活权利的同时尽可能提高文化广场的使用率。因此，为了让广场文体团队与活动合法、有序、健康地发展与举行，需从以下四方面着手：

第一，对文化广场活动的团队进行登记、备案，建立团队孵化机制对团队进行扶持和培育，解决社区文化广场群众文艺团队生存和发展的问题。以区文化馆为龙头建立孵化基地，各街道文化站依托社区文化广场成立孵化点，为各社区文化广场的各种组织建立团队联盟，对散落在各处的民间文艺组织给予扶持和培育，提供培训、实践、交流与展示的机会。这种模式以关注群众需求、满足群众文化多层次需要为目标，使其在政府的引导下自治自理，逐步形成具有特色的文艺团队孵化新模式，成为实现公共文化服务均等化及民间文艺组织回馈社会文化公共服务的重要平台。力求通过这个尝试摸索出一条解决社区文化广场活动团队无人管问题的新路子，使其合法、有序、健康发展。

其主要原则为集中服务、平等协商、自治自理、扶持培育，具体做法为孵化基地为进驻的文艺团队提供以下服务——提供培训、排练场地及必要的后勤服务；提供政策咨询、文艺演出资讯及相关服务信息；推荐并协助申请政府及企事业单位赞助；提供展示平台及推荐参加各类比赛活动；协助策划、组织团队活动，提供无偿和有偿业务培训。

第二，加强公共场所管理，为管理提供法理依据。规范明确规定：室外公共场所的群众性文体活动必须由活动场所管理单位负责管理（无场所管理单位的，由所辖街道负责管理），活动组织者应到活动场所管理单位进行登记（并由活动场所管理单位负责向所在区文化管理部门报备）；文体活动团体数量、活动项目、活动区域、参加人数等由活动场所管理单位统一安排；由各场所管理单位负责牵头成立所在场所的松散型社会组织联谊会，或者建立基层文艺团队孵化点，由联谊会或孵化点的成员在规范内实现自治；对公园广场进行分类、分时段管理；靠近居民区的和远离居民区的群众娱乐活动应有所区别，不同时段对不同的活动项目应有所规定。

第三，建立协调机制。由文化局牵头，联合公安、城管、教育、园林、环保、民政等部门成立公园、广场管理机构或者联席会议制度，定期召开会议对有关管理工作进行磋商。

第四，建立社区文化协管员机制，将现有的公园广场的文体积极分子聘请为指导员，实行分类管理，给予统一的标识，必要时提供一定的奖金奖励以规范他们的行为和提高活动组织的积极性。资金投入上可考虑设立专项基金，由政府先期投入启动，再发动社会组织参与。可成立文体指导员协会，形成稳定的组织架构，对文体指导员的详细资料进行登记备案，加强管理。由区文化部门负责定期对文体协管员进行考核，定期组织培训、讲座以及交流联谊等活动，加强与协管员的联系和信息交流。管理单位可聘请义务协管员，对产生噪音的团队进行劝导，对公共广场的环境卫生和社会治安进行监督。通过这些义务协管员热心宣传城市法规，纠正乱丢乱吐等不良行为，打击各种歪风邪气，净化公园、广场的环境。

公共场所的群众性娱乐活动事关人民群众的精神活动，解决目前公共场所问题及活动乱象，既是文化民生工程，又是民生幸福工程。要做好社区广场的团队管理工作，单靠文化、体育部门难以解决，需要整合多个部门的力量进行统一规划和部署。可以预见的是，随着越来越多生活在湖里的市民走出家门，走向公园、广场参加各种各样的有益于身心健康的文体活动，以人为本、关注文化民生的湖里形象在经济低碳、城市智慧、社会文化、生活幸福的新型城市化发展道路上又多了一个核心竞争因素。

（作者单位：厦门市湖里区文化馆）

巩固公共文化服务建设成果
提高思明区文化发展水平

——思明区文化建设的现状与思考

韩国良

为进一步贯彻落实《美丽厦门战略规划》以及市委市政府《关于印发美丽厦门共同缔造行动试点意见的通知》精神，着力推进文化事业发展，努力将思明打造成文化强区，最近，文体出版局联合文明办、教育局和各街道，就该区文化事业发展问题开展专题调研。现将调研情况报告如下。

一、思明区文化事业发展的现状

1. 公共文化基础建设日益完善

自 2011 年厦门市创建国家公共文化服务体系示范区以来，该区以创建工作为契机，投入 4 982.8 万元用于公共文化设施建设，全力提高公共文化服务设施覆盖率和达标率；进一步完善区"两馆"设施建设，全面推进图书馆、文化馆免费开放工作；充分发挥文化馆服务功能，完成区图书馆国家一级馆评估定级。全面实现 100% 街道设有 300 平方米以上的功能齐全的综合文化站，100% 以上的社区设有 200 平方米以上的文化室，按标准配备阅览室、多功能厅、电子阅览室、棋牌室、健身室等活动场所，对社区居民实行免费开放。

2. 群众文化活动蓬勃发展

近年来，在推进公共文化设施建设的同时，我们积极开展丰富多彩、形式多样的群众文化活动，丰富活跃社区居民文化生活，使得群众文化活动贴近基层、贴近生活、贴近实际。一是开展形式多样的广场文化和社区文化活动。结合重大节日和文化下乡，组织激情广场群众歌咏比赛、慰问演出、"公共文化服务进社区"系列综合文艺演出和文化活动。该区现有各种激情广场大家唱、大家跳等队伍达 49 支，参与群众近万人，遍布全区各广场、公园和小区。民间文化团队发展迅速，舞蹈、腰鼓、合唱、歌仔戏、南音等数十种民间文艺团队 235 支，人数达 5 613 人。二是继续做好文化进社区、进校园、进工地、进军营、进企业等"五进"文化惠民活动。以文化活动为载体，积极宣传党的方针政策和中心工作。两年来，该区举办书法、国画和摄影流动展览 26 场次，送书下社区 96 次；面向弱势群体开展群众文化培训活动 96 期，培训人次 5 000 多，受益外来务工人员子女达 2 000 多，收到良好的社会效应。三是文化专愿者队伍不断发展壮大。自 2012 年 5 月正式启动以来，注册人数达 6 820 人，涌现 26 位文化志愿典型者，他们为全区文化服务工作无私奉献。四是开展艺术扶贫工作。区文化馆利用本馆工作职能和专业优势，在区属民办学校开展艺术扶贫工作，主要开展书法、绘画、舞蹈、曲艺等免费培训。

3. 文艺创作水平有所加强

深入贯彻落实《思明区文艺获奖和体育比赛奖励暂行办法》，鼓励组织创作一批具有鲜明时代特征、体现地方特色的艺术作品，对本地特色文化进行挖掘、整理、包装、展示和推介，优秀作品不断涌现。近两年来，该创作各类艺术作品 90 多件，其中在国家获奖和发表的作品 2 件、省级获奖和发表的作品 8 件，编导成作品参加省以上比赛获奖的 3 个。思明区艺术团首次与台湾九天民俗技艺团合作，创作的舞蹈作品《鼓神》，经省、市文化部门的层层选拔被选送参加全国第十届艺术节"群星奖"比赛，是唯一由海峡两岸合作的作品并代表福建省进入"群星奖"舞蹈类决赛。同时，文化馆创作的小品《等》进入艺术节"群星奖"曲艺类决赛、《寻找中国风》参加中国剧协举办的 2013 年中国第五届戏剧节小戏小品决赛。

4. 文化产业发展态势良好

该区出台了文化产业发展政策和措施，设立了文化产业发展专项资金，在改造提升传统文化产业的同时，积极发展文化创意等新兴文化产业。近年来，在各级领导的亲切关怀下，思明区的文化创意产业得到快速发展。全区现有 2 个国家级文化产业基地、1 个福建省十大重点文化产业园区、5 个省级文化产业示范基地、2 家省级重点文化企业、32 家市级重点文化企业、4 个主要文创园区、4 个较大规模古玩城和 4 个声名日盛的特色文化休闲区，初步形成"两区、一带、多园"格局。据统计，2012 年，思明区文化产业单位数 5 822 个，占全市比重 51.92%，比 2011 年增长 83 个；从业人员 7.91 万人，占全市比重 39.1%，比 2011 年增长 2.62 万人；土营收入 34.60 亿元，占全市比重 44.16%，比 2011 年增长 25.88 亿元；增加值 95.83 亿元，占全市比重 44.16%，比 2011 年增加 25.88 亿元，占 GDP 的 11.29%，比 2011 年增长 1.92%。

5. 两岸文化交流不断深入

利用该区海洋优势和闽台优势，积极组织开展海峡两岸高校沙滩排球邀请赛、"白海豚"音乐节、"中华情·中国梦"展演活动、郑成功文化节等两岸品牌文化活动。从 2012 年开始，郑成功文化节采取两岸联办、轮流主办的形式，以此发挥两岸文化交流平台作用，大力弘扬民族英雄郑成功的文化精髓，推动两岸在民间信仰、文化教育、旅游宣传等领域的合作与交流。依托延平郡王祠管委会、思明区群众文化协会与台南文化协会签订"两岸文化交流合作协议"，加强民间机构的沟通交流，借鉴《鼓神》的合作模式，加强两岸专业文艺团体的合作交流，探寻两岸文化深层次的合作形态，拓展两岸交流合作平台。

6. 文化市场秩序明显加强

建立了文化市场片区责任制，实行分片包干，责任到人。每个街道都有相应的责任人，并加入"9 + 1"执法队伍，切实发挥综合执法的作用。进一步加强网吧管理，加大对网吧的检查频率和处罚力度，全区网吧的经营面貌有了很大的改观，违规经营现象明显减少，真正把网吧管理纳入规范化、制度化、常态化轨道。加大文化市场执法监督力度，出动了执法人员 12 001 人次，检查各类文化摊点 6 682 家次，逐一排查全区网吧、游艺娱乐场所，图书音像制品商家；对违法违规经营行为进行严厉查处，共处理各类投诉件 68件，立案处理 5 起（接纳未成年人 1 起），没收非法音像制品 768 余片、盗版图书 400 余册，取缔无证照经营的游艺娱乐场所 2 家、游商地摊出售非法出版物和音像制品 9 起，有效地规范了全区文化市场的经营秩序。

7. 文物保护管理有序开展

思明区已公布第三次全国文物普查不可移动文物名录 296 处。组织第六批市级文物保护单位（7 处）、第三批涉台文物古迹（3 处）和第八批省级文物保护单位（17 处 18 个文物点）的申报工作。完成中山路中国历史文化名街申报工作，于 2012 年世界文化遗产日正式授牌。收集、整理、录入讲古故事书；积极培养讲古传承人，特邀省级讲古传承人盛富泰举办培训班。联合区教育局联合举办讲古进校园培训班，以民立小学、公园小学、前埔南小学这三所小学为基地，辐射周边 8 所学校，利用学校寒、暑假，分别举办冬令营、夏令营两期培训班。继续做好洪兆荣、庄艳莲等 8 个项目传承人的申报工作，新申报市级项目 4 个（民间三角插纸艺的现代演绎、何天佐传统中医药正骨疗法、古琴艺术、龟糕印手工技艺）、传承人 5 名，做好"非物质文化遗产展厅"常年免费对外开放工作。

二、存在的问题

总体来看，近几年，思明区的文化事业取得较大进展，对全区经济社会发展发挥重要作用，但与人民群众日益增长的文化需求和落实《美丽厦门战略规划》要求相比较还有差距。这主要表现在：

1. 文化事业经费投入不足

该区文化事业经费虽与往年同期相比均有所增长，但占财政支出比例长期偏低。2011—2012 年，该区为创建国家公共文化服务示范区投入大量资金，主要用于基础设施建设较多，软件投入不够，满足不了人民群众日益增长的精神文化需求、实现文化民生的需求。

2. 精品佳作创作不够

在文化领域，该区还缺乏具有重大影响力的、深受群众喜欢的优秀作品，尤其是具有浓郁闽南特色的在全国有影响的文艺精品不多。

3. 文化产业发育不完善

该区产业规模偏小，结构不尽合理，缺乏龙头企业和骨干企业，实力和竞争力不够强，聚集和规模效应还比较不明显，产业链、产业集群的形成尚需培植。文化产业发展所需要的资金、土地、房产、人才等要素市场缺乏合理配置，制约文化创意产业的快速发展。

4. 文物保护缺乏长效机制

文物保护相关法律法规的普及、教育、宣传力度不够，缺乏向社会进行有效宣传教育的方法、载体和经费，工作效果不尽如人意。文物保护工作往往处于被动状态，没有专业的管理人员，文物点多，工作难度极大，需要建立一套长期的培训和管理机制。

5. 文化队伍建设严重缺乏

该区现有文化人才 3 人，街道文化干部 10 人，社区文化协管员及文物协管员 96 人均为社区工作人员兼职。从目前看，该区的基层文化工作人员非常缺乏，直接影响了基层文化工作的开展，文化专业领军人才缺乏的现象较为突出，现有的文化队伍建设难以适应文化事业快速发展的需要。

6. 文化设施资源浪费

文化设施利用率不高，群众知晓率及文化自觉性不高；基层文艺骨干的培养力度不够，没有真正达到群众文化活动群众自编自演、自娱自乐的效果。

三、今后发展对策和措施

文化是地区的核心竞争力，也是地区文明程度的重要标志。加快文化事业发展既是该区经济社会发展的内在要求，也是文化强区的必然要求。根据《美丽厦门战略规划》以及市委市政府《关于印发美丽厦门共同缔造行动试点意见的通知》的要求，针对上述存在的主要问题，调查组提出如下意见和建议：

1. 加大基础建设，强化文化供给能力

在创建国家公共文化服务体系示范区的基础上，进一步完善公共文化服务体系建设，加大公共文化基础设施建设力度，实施系列文化惠民工程，提升公共文化服务水平和能力；重点加强文化馆、图书馆、街道文化站和社区文化服务保障能力，到2014年6月前在全区建设40座24小时自助图书馆，全力提高公共文化服务的覆盖率和文体场所的使用率；在加快文化基础设施建设的同时，要整合文化资源，优化空间布局，统筹文化、教育、体育和青少年、老年活动场所的规划建设和综合利用，充分发挥文化基础设施的整体功能和社会效益。

2. 完善文化服务，满足居民精神需求

一是深入开展"激情广场""公共文化服务进社区""温馨厦门、幸福思明"夏季广场文艺演出等活动，丰富社区居民文化生活。二是加大扶持民间文艺团队。全区近几年的民间文化团队发展迅速，现有舞蹈、腰鼓、合唱、健身操、歌仔戏、南音、等数十种民间文艺团队200多支，加大扶持力度，帮助团队培训教员，让更多的社区居民参与。三是发展文化志愿者队伍，把热爱文化事业的社会优秀青年和机关工作人员，纳入志愿者队伍，积极参与全区公共文化服务事业。四是加强两岸文化交流，积极组织群众参加郑成功文化节、开展少数民族歌舞展演等活动，建立两岸文化合作平台，促进两岸民间文艺团体的合作和交流。五是继续在区属民办学校开展艺术扶贫活动。

3. 建立长效机制，繁荣发展文艺创作

一是把文化建设、文艺发展摆在突出位置，牢固树立抓发展必须抓文化、抓文化就是抓发展的观念，把抓文化建设、文艺繁荣列入区委区政府重要议事日程，增强推动文化大发展大繁荣的责任意识、机遇意识，努力形成加快文化建设良好氛围，促进文化与经济社会同步协调发展。二是落实支持文化建设、文化发展的政策措施，继续贯彻落实《思明区文艺获奖和体育比赛奖励暂行办法》，建立一套完善的创作、激励、管理机制和文艺专业人才培养的机制，加大对优秀作品、优秀人才的宣传和奖励力度，不断促进文艺事业蓬勃发展。三是建立一支专业的文艺创作队伍，发展一支以优秀拔尖人才为支撑，以高素质管理人才、文艺专业人才、文化科技人才为主体，以业余文艺骨干为辅的文艺人才队伍，鼓励文化工作者深入基层、深入群众、深入生活，创作一批体现时代风貌，思明精神和闽南特色，具有一定艺术水平的文艺作品，提高文艺创作队伍的整体素质。

4. 完善创意园区，增强文化产业实力

思明区要加强对文化产业发展工作的领导，制订文化产业发展导向计划，大力发展新兴文化产业，使文化产业成为该区经济建设的主阵地和主平台，力争到 2015 年文化产业增加值占全区 GDP 的比重达 12% 以上。一是打造海西最完善的文化创意产业链条。确立以工业设计、建筑设计、工艺美术、影视创作等作为重点发展的文化创意产业门类，发展艺术、演艺娱乐、传媒、动漫游戏、创意设计、文化旅游会展六大产业集群。二是建成海西密度最高的文化产业园区。打造以龙山文创园、环筼筜湖文化创意及娱乐休闲集聚区、老城区文化旅游购物区、沙坡尾海洋文化创意港、厦门牛庄、唐颂古玩城等十个以上文化产业园区和城市文创综合体。三是培育大型龙头文化企业。以在建的文化创意产业园区为平台，利用各种优惠政策，积极引进一批国内外知名或大型文化企业入驻园区，积极培育一批品牌效应明显、创新能力较强、竞争实力突出的龙头文化企业，引领和推动文化产业的发展。

5. 创造良好环境，加强人才队伍建设

思明区要全面落实"英才计划"战略，建立一支创作能力较强的文化人才队伍。一是创造良好的环境，从全局和战略高度，充分认识人文环境的重要性，提高文化人才的社会地位和经济待遇，落实人才政策，完善人才激励机制，构建和营造"以人为本"的拴心留人的环境，为文化人才营造良好的工作和生活环境；二是制定优惠政策，积极引进高层次、复合型文化人才，缓解当前专业领军人才紧缺的问题；三是制定并实施文化人才培养计划，培育一批本地化文化人才，进一步完善机构编制，妥善解决街道和社区化工作者的编制问题，充分发挥街道综合文化站和社区文化室的功能和作用。

6. 增强保护意识，着力做好文物安全工作

一是做好文物法制宣传工作，深入贯彻落实《中华人民共和国文物保护法》，做好"文物保护宣传周"等宣传活动，充分利用各种新闻媒体大张旗鼓地宣传，使广大群众进一步提高文物法制意识；二是做好文保单位申报工作，继续做好申报第八批省级文物保护单位、第六批市级文物保护单位和第三批涉台文物古迹的后续相关工作；三是做好革命遗址保护工作，开展"八二三"炮战遗址遗迹前期调研工作，还原、丰富和保护特殊时期的历史原貌，做好观音山闽南文化生态保护实验区、梧村街道金榜山厦门史迹与闽南讲古保护试点建设。

7. 建立运作机制，构筑文化生态空间

建立大型活动运作机制和文化艺术扶持计划是为了进一步满足老百姓的文化需求，通过授人以渔的方式扶持民间艺术社团进入公共文化服务体系中来，构建一个良性的公共文化服务生态空间。一是建立健全大型文化活动招标动作体系，吸引更多的社会资源参与到大型文体活动中来，由政府部门牵头，制定运作机制，将全年的大型文体活动面向社会公开招标，由中标单位制定活动方案，经政府相关部门审核同意后进行实施；二是组织实施文化艺术活动扶持计划，由宣传部门牵头，制定相关的扶持细则，以扶持本土文艺团体、文艺创作及优秀节目、文化活动，培育多元文化主体。凡在思明区内注册的从事文化艺术活动的社会机构、艺术团体均可提出项目的扶持申请，扶持范围包括演出、展览、创作、艺术推广、文化交流等。

（作者单位：厦门市思明区文化体育出版局）

实现文化权益　建设幸福思明

——浅析思明区公共文化服务体系建设现状与保障

杨子妍

文化权益是公民的基本权益，建设完善的公共文化服务体系是实现公民文化权益的主要途径。实现公民文化权益，是思明区建设文化强区、实现品质提升的前提，也是推动文化大发展大繁荣的重要内容。

一、思明区公共文化服务体系建设现状

两年来，思明区构建公共文化服务体系取得显著成效，基本形成覆盖区、街道、社区的公共文化设施服务网络。该区以各级文化馆为主体，开展形式多样、内容丰富的文体活动，努力为群众提供丰富多彩的文化产品与服务，基本实现公民享受文化成果、参与文化活动、开展文化创造等文化权益。

1. 设施网络初具规模

思明区共有健身路径 180 套、健身器材 1 700 多件，建成前埔健身公园，区文化馆、图书馆均为国家一级馆。思明区已实现 100% 街道设有 300 平方米以上的综合文化站，功能齐全，条件优越，100% 以上的社区设有 200 平方米以上的文化室，按标准配备了阅览室、多功能厅、电子阅览室、棋牌室、健身室，对社区居民免费开放，建设了 23 个社区文体示范点。

2. 文化产品不断创新

区图书馆已完成同市图书馆"一卡通"资源共享。思明区在街道文化站设区图书馆分馆，社区文化室设区图书馆馆外流通点，由区图书馆直接进行业务管理。采用文化下基层的形式，在军营、学校、工地、公园举办戏剧、文艺演出、书画展、电影展播、讲座、读书会等 200 多场，在东埔学校、莲岳小学开展艺术扶贫活动，多次举办艺术扶贫成果展。遍布社区的 260 多支文体队伍和 5 000 多名文化志愿者以唱、跳、讲、传等形式，形成周周有活

动、月月有演出的生动局面，推动了公共文化服务向社区和特殊群休延伸。

3. 品牌活动形成常态

几年来，区政府投入大量资金开展文化活动，成功打造出一批文化品牌。如区政府连续七年举办海峡两岸元宵民俗文化节，连续五年举办郑成功文化节，连续五年举办沙滩体育节，连续六年举办国际风筝节，连续五年举办"全国沙滩排球锦标赛和海峡两岸高校沙滩排球邀请赛"，连续五年举办"温馨广场活动"，各街道特色文体活动年均100余场。

二、当前思明区公共文化服务建设中存在的问题

尽管如此，由于历史原因及地域因素，当前思明区的公共文化服务体系建设还存在着很多困难和不足：

1. 人口增长对承载空间造成压力

由于历史原因，厦门的发展格局一直处于小岛型城市状态，岛内外城乡二元结构较为明显。厦门常住人口近六成居住岛内，过高的人口密度对辖区文化设施造成一定压力，使得文化基础设施变得更加短缺，部分老城区，文体活动设施和器材无地安装，能够利用的空间很有限，要达到创建标准的200平方米的室内活动场所，只得东拼西凑。

2. 经费投入不足限制文化发展

由于文化事业经费投入不足，思明区还没有建立起比较完善的基层公共文化服务运行经费的保障，存在各街道发展不均衡、不协调等现象。基层公共文化服务的资源和设施总量不足，质量不高，配置不合理问题依然存在，特别是基层文化建设，重硬件轻软件，重建设轻管理。有些社区有空间、有设备，但活动的效果并不理想，存在文化场所不能满足居民需求的现象。

3. 人员缺乏限制文化服务水平

随着社会的发展，群众对文化活动的需求趋向多元化。有限的人员已不能应对群众日益增长的文化服务需求。以公共文化服务人才为例，区文化馆编制11人，现在编9人，取得专业技术资格的共有5人；区图书馆编制10个，现在编9人，取得专业技术资格的共有1名；其余均为管理岗位人员。区文化馆、区图书馆在用人上仍不具有真正的自主权，因种种原因，仍然存在只进不出的现象，导致年纪较大、专业技术水平较低的人员较多，而年轻的人才进不来。街道、社区文化站（室）人员通过系统内调配的兼职人员，还有相当一部分是一些老人，对现代化设备、技术不熟悉，无法很好地开展

文化服务。

三、完善公共文化服务体系建设的保障

针对当前思明区公共文化服务体系建设存在的不足，我们将从四个方面来努力：

1. 健全体制机制

健全公共文化服务的体制机制是实现公民享有文化权益的保障。一要建立公共文化服务部门绩效考核机制，将公共文化服务评价指标体系纳入各级政府的政绩考核范围，对公共文化部门提供的服务项目和内容、服务的方法和措施、服务数量和质量、群众满意度定期进行考核，把群众的满意度放在评估的重要地位，加大群众对政府的监督力度。二要建立科学合理的文化需求反馈机制和公共文化服务供给的决策程序，深入基层走访，充分调研，加强与群众沟通，使政府提供的文化服务符合实际，避免政绩工程。三是建立公共文化服务资金保障机制，制定相关政策和措施，鼓励和动员各类企业、民间组织和各种社会力量对公共文化服务事业投资，建立以政府拨款为主，项目补贴、定向资助、社会捐助等为辅的多元化公共文化服务资金保障机制。

2. 优化资源配置

进一步优化思明区的文化资源配置，主要从三个方面入手。一是进一步完善基层文化设施建设，根据需要为群众提供更多更好的公共文化服务，活跃文化市场，激发群众文化需求。二是合理配置公共文化服务人才，要根据思明区文化工作实际，完善公共文化服务的人才管理机制和绩效考核制度，培养、培训公共文化服务专业人才和管理人才，提高从业人员的业务素质和服务能力，逐步完善思明区公共文化服务人才队伍。三是加强对全区公共文化服务的财政投入，进一步强化政府对公共文化服务事业投资建设的责任感，加大政府在公共文化服务建设上的资金投入，并确保资金用于公共文化服务事业建设。

3. 丰富公共文化服务内容

首先，在全区广泛开展文化活动。依托重大节庆活动和纪念日，组织开展群众乐于参与、便于参与的文化活动，根据群众的文化需求，不断创新文化活动的内容和形式。其次，做到"送文化"常态化。推动"文化五进""温馨广场大家唱""全民健身日"等各种形式的文化活动常态化，着力构筑"周周有演出、月月有竞赛""街道有品牌、社区有特色"的立体型、群众性

文化活动体系。再次，完善"种文化"长效机制。让群众成为公共文化建设的主人，注重本土文化的挖掘和非物质文化遗产的传承，重视培养文化人才和扶持文艺团队。活动还需保障老年人、未成年人、农民工、低收入人群、残障人群等参与文化活动的权益。

4. 宣传公共文化建设成果

加大宣传力度，提高公共文化服务体系利用率和知晓率，就是要确保公共文化体系为人民服务。首先要在最贴近群众的前沿加强公共文化服务体系建设，千方百计地让文化融入群众的日常生活，充分利用好文化信息共享基层服务点，向群众提供专业技术培训、生活信息查询、文化信息传播等服务。二要充分发挥文化站（室）的主导作用，切实做好免费开放，以举办群众喜闻乐见的文化活动为载体，大力宣传文化建设成果，落实政府有关文化政策，引导群众参与有利于身心健康的文化体育活动。三要发挥基层文化干部以及热爱群众文化、热衷宣传工作的文化志愿者在文化建设的桥梁和纽带作用，带动整个社区群众文化活动的积极开展。

（作者单位：厦门市思明区文化体育出版局）

浅析老龄化社会的社区文化建设

曹军弟

社区文化建设是社区建设的灵魂，也是城市公共文化服务体系建设的基石，加强社区公共文化服务体系建设构建覆盖全社会的公共文化服务体系，保障和实现最广大人民群众的基本文化权益，推进经济社会协调发展，促进社会和谐稳定都具有重要意义。

社区文化工作的对象和主体是社区居民，只有围绕居民的实际需求开展社区文化工作，才能激发群众的参与热情，才能真正实现文化惠民，才能凝聚人心、促进和谐。社会老龄化是人类社会发展过程中无法回避的问题，我国早在1999年就进入老龄化社会。从2010年我国第六次人口普查结果看，我国60岁及以上的老年人口占总人口的13.26%，正在进入老龄化加速的阶段。针对人口老龄化的现实，社区文化工作就要抓住特点顺势而为，才能有的放矢有所作为。

一、目前社区文体队伍的现状及特点

（一）参与社区文化活动的群体特征明显

近年来，社区以街道文化活动中心、社区文化室为依托，以各类节庆活动和"温馨厦门"广场文化活动为平台，以区街老年人体育健身大会、社区和谐邻里节等各类活动为载体，积极开展内容健康向上，形式丰富多彩，群众乐于参与的文化活动，丰富了群众文化生活，取得了良好的社会效果。通过观察，我们发现社区文化活动的参与者有着明显的群体特征：一是参与群体主体是老年人，初步估算各类活动队伍中55～75岁的老年人达到90%以上；二是参与群体的性别特征明显，各类文艺队伍以老年女性为主体，男性参与者成为"稀缺资源"，占比达不到10%；三是参与项目的性别特征明显，文艺类队伍女性参与者居多，体育类活动男性参与者居多。

（二）不同群体文化需求的"类差"明显

现阶段，社区居民群众的精神文化需求已由单纯的兴趣爱好转变为"求知、求乐、求美"的多元化需求，不同社会群体精神文化需求的"类差"越来越明显。知识分子崇尚经典高雅文化，青年群体热衷时尚类娱乐文化，商务旅游群体欣赏都市特色文化，外来务工人员喜欢大众娱乐消费，而老年群体需要的是健身休闲文化。社区文化的主要群体是老年人和外来务工人员，因而要盯住健身休闲和大众娱乐消费来作文章，以满足大多数群体的文化需求。

（三）社区文体队伍的组织结构较为松散

实际工作中，社区依托老年学校、老年协会等平台，组建歌唱、舞蹈、秧歌等文化队伍，这些队伍的组建常常是由个别志愿者牵头，按照住地就近和兴趣爱好相投等原则形成的自发组织，往往组织结构较为松散，地域特征明显，业务水准不高。

二、社区文化工作的方法探讨

针对社区文化活动的现状特点，调整社区文化工作的方式方法，让更多的群众参与文化建设，让文化发展成果更好地惠及基层群众，是建设美丽厦门提升公共服务平台的根本要求，是我们当前和今后一段时期文化繁荣发展的新课题、新目标和新任务。

（一）组织社区文化活动要侧重围绕老年群体展开

由于社区文化活动的参与者大多数是老年人，因此，社区文化工作的重心就要围绕老年群体来开展。一是活动的内容要贴近老年人的兴趣爱好，老年朋友大多喜欢唱歌、跳舞、秧歌、腰鼓等传统表演艺术，富有闽南文化特色的南音也有一定的喜欢群体，近几年来，广场舞得到老年人的青睐，在城市公园、广场得到广泛普及，随着网络的普及，老年人对电脑的学习也产生浓厚的兴趣。因此，我们既要为传统文艺活动的开展搭建平台，又要对老年人的新兴需求加以引导和扶持，使他们更加积极主动地参与社区文化生活。二是要与老龄、退管、社保等工作机构密切配合，加强协作，共同关注老年人的文化生活。

（二）开展社区文化活动要关注老年群体的实际需求

一要侧重于老年人养生养老的实际需求。随着人们生活水平的提高，人的平均寿命在不断延长。充足的业余时间让老年人有必要对时间进行规划，大多数老年人选择健身休闲等方式，因此，在组织老年活动上要侧重于强身健体，注重养老休闲，迎合老年群体的实际需求。二是要适当关注男性群体的文化活动需求。由于男女的个性差异，女性朋友更容易走出家门结伴参加各类文艺活动，而男性朋友更喜欢独自运动或参加一些球类运动，比如乒乓球、羽毛球、门球等球类运动，因此，要针对男性老年群体的特点积极为他们搭建平台，鼓励他们走出家门，参与社区文化活动。

（三）要注意培养各类文化队伍的年轻接班人

社区文体队伍虽然大多是自发组合的松散组织，但参与人群也相对固定，有些队伍十几年一直活跃在社区的各类舞台上。一要提高能力水平。一方面为文艺队伍领头人提供培训学习的机会，让他们通过学习提高自己的业务能力；另一方面，聘请专业老师为他们现场指导，不断提高业务水平。二是提供扶持帮助。从经费上为他们提供必要的帮助，确保活动经常；从机会上为他们提供展示的平台，增强团队的荣誉感和凝聚力。三是注意培养年轻一代接班人，保持队伍的连续性。不少老年朋友随着年纪偏大、身体等原因可能没有精力参与活动，社区要及早发现和培养接班人，保证社区文体队伍持久的活力。

（四）为老服务增强文化阵地的服务保障作用

由于社区老年人的活动地点和群体都相对固定，阵地建设对他们尤其重要，社区文化工作重心应转移到进一步加强阵地管理、拓展延伸服务范围、丰富服务内容、提高服务能力和水平上，因地制宜地为群众提供丰富多彩、优质先进、健康向上的公共文化服务产品。一是管好、用好现有文化设施；二是完善信息服务点建设，真正实现文化信息资源共享；三是拓展载体建设，以各类文化活动为载体，大力开展各项文化活动，形成政府搭台、群众参与的良好格局。四是加强基层文化阵地的服务与管理，固定专人，明确职责，经常补充更新图书、及时维修设施设备、合理调整服务时间，不断丰富服务内容。

诚然，老年人只是社区文化活动的一个群体，但是，目前来说应该是社区文化活动的主要群体，满足这一重要群体的文化需求，让老年人度过幸福祥和的晚年生活，不仅为每一个家庭谋得福祉，更是对社会的一大贡献。同时，通过老年人将社区文化传递到年轻一代，使年轻人逐步对社区产生认同感和归属感，这对社区文化建设将产生深远影响。

（作者单位：厦门市思明区嘉莲街道办事处）

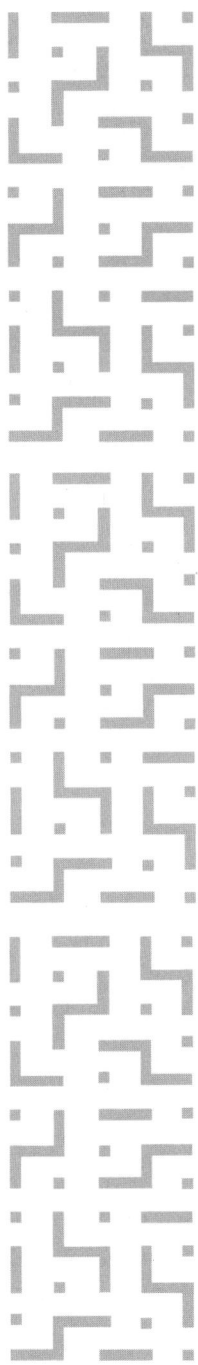

第四辑　文化养老与公共文化服务

完善公共文化服务　大力发展文化养老

周秀玉

一、对文化养老的认知

为深入贯彻落实党的十八大及十八届三中全会精神，积极应对我国人口老龄化，推动文化惠民项目与群众文化需求有效对接，近年来，文化部在大力推动公共文化服务体系建设中，非常重视老年群体的文化权益，把老年文化事业纳入公共文化建设。据民政部相关数据统计和中国社会科学院发布的《中国老龄事业发展报告（2013）》蓝皮书指出，中国将迎来第一个老年人口增长高峰，2013年老年人口数量突破2亿大关，在2025年之前老年人口将每年增长100万人。未来40年，中国人口老龄化将日趋严峻，中国将成为全球老年人口最多的国家，也是世界上人口老龄化发展速度最快的国家之一。因此，完善公共文化服务，大力发展文化养老，构建良好的文化养老模式将为中国进入健康老龄化奠定良好的社会基础。

公共文化服务是养老文化的关键，提高公共文化服务能力，促进文化养老工作发展，既推动我国经济社会的可持续发展，又有效抵御了邪教组织对人们意识形态的破坏，防止误入歧途，还可使国际上别有用心的组织的政治阴谋难于得逞。

1. 公共文化服务

公共文化服务是政府公共服务的重要内容。它是指以政府部门为主的公共部门提供的、以保障公民的基本文化生活权利为目的、向公民提供公共文化产品与服务的制度和系统的总称，包括公共文化服务设施、资源和服务内容，以及人才、资金、技术和政策保障机制等方面的内容。

2. 健康老龄化

狭义的指个人在进入老年期时在躯体、心理、智力、社会、经济五个方面的功能仍能保持良好状态，从广义上理解，健康老龄化应包括老年人个体健康、老年群体的整体健康和人文环境健康三个主要方面。健康老龄化，就是要在社会老龄化的情况下，通过全社会的共同努力，改善老龄群体的生活和生命质量，实现健康老龄化社会，使老年人健康幸福地度过晚年。一个国家或地区的老年人中若有较大的比例属于健康老龄化，老年人的作用能够充分发挥，老龄化的负面影响得到抑制或缓解，则其老龄化过程或现象就可算是健康的老龄化。

3. 马斯洛层次需求理论

马斯洛把人类需求分成生理需求、安全需求、社交需求、尊重需求、自我实现需求五类，人类需求由低层次（物质）向高层次（精神）发展。

4. 养老

养老就是满足老年人物质生活、生命需求的经济和社会活动，它涉及养老资源和养老方式两方面。养老资源包括为老年人提供物质、服务和精神资源，养老方式就是养老资源的提供办法和供养模式。

5. 文化养老

文化养老指政府、社会或家庭在为老年人提供物质赡养、生活照料基础上提供的精神慰藉，以求使老年人的精神生活更加丰富多彩、身心更加健康，"文化养老"是养老工作的重要内容，是具有高境界、高品位的养老方式。

6. 文化养老的内涵

文化养老的核心目标就是促进老年人精神健康的发展，方法包括：情感的交流与沟通、思想的理解与引导、健康体魄的获得以及良好心态的塑造等。文化养老的建设与发展是在传承传统文化的基础之上，充分展现当代人们的人文关怀精神的最好体现，对于老年人的身心健康发展以及整个社会文明的建设来说，具有非常重大的意义。

养老应以养心、养德为基础，紧紧围绕老人的精神慰藉、健康、快乐需求来设计、探索多元化、产业化的文化娱乐活动的形式和服务内容。文化养老体现传统文化与当代人文关怀，它是以社会文明与发展为前提，以满足精神需求为基础，以沟通情感、交流思想、拥有健康体魄与心态为基本内容，以张扬个性、崇尚独立、享受快乐、愉悦精神为目的，具有群体性、互动性和共享性等特点，是让老年人休闲惬意的养老方式。政府、社会组织、家庭应结合自身实际，积极为老年人"文化养老"组织、实施、创造条件，在满足"老有所养""老有所医"的前提下，逐步改善"老有所教""老有所学"

的环境，最终实现"老有所为""老有所乐"。

"文化养老"能够引导老年人的人生观和价值观向着更加积极的方向发展；能够促进老年人自我认知水平的提升；能够帮助老年人更好地追求生活的质量以及生命的意义；能够帮助老年人不断地自我完善和良好发展；能够促进家庭乃至整个社会老年价值观的健康发展。"文化养老"平台的构建，促进了老龄化事业的积极健康发展，使得老年人能够身心愉悦，与此同时，还能够大力开发出老年人的潜在才能，减轻了国家在人才需求方面的压力，推动了我国经济社会的可持续性发展。

二、当前文化养老存在的主要问题

进入老龄化社会以来，我国呈现出老年人口基数大、增速快、高龄化、失能化、空巢化趋势明显的态势，再加上我国未富先老的国情和家庭小型化的结构叠加在一起，养老问题异常严峻。截至 2013 年，我国 60 周岁及以上人口占总人口的 14.9%。我国现阶段养老形式以家庭养老为主，社会养老为辅，自我养老为补三种。传统的家庭养老在现代化和工业化进程中面临着一系列的挑战和冲击，家庭养老功能呈弱化之势。在中国快速发展的人口老龄化背景下，目前的文化养老模式难以满足老年人的精神文化需求，文化养老的社会氛围不足。纵观过去对养老研究的诸多文章，到政府和私人设立的养老院、老年活动中心等场所对老年人进行现场采访调研，结论是问题多集中于养老制度的改革和养老模式的选择上，关注文化养老的则少而零散。

目前我国养老存在的主要问题：

一是地区差异问题。我国幅员辽阔，人口分布不平衡，地区间老龄化程度差异比较大。北京、天津等直辖市和浙江、江苏等中东部发达地区的人口老龄化程度要高于西部经济欠发达的省份。东部上海、福建、广东等地区工业化水平要远强于西部地区，这些地区的经济发展对劳动力的需求旺盛，劳动力不足的情况将会通过吸引四川、云南、贵州等西部地区年轻劳动力的流入而得到满足，因此，未来一段时期内西部地区的老龄化速度预计将高于东部地区。体现在农村与城乡、东部与西部。如：城乡公共文化服务体系的不均等。现阶段，边远山区老人享受的文化设施不可能和大城市的老人完全一样。

二是城乡老龄化差异大，呈城乡倒置状况。由于农村的年轻人大多进城务工，农村空巢家庭日益增多。改革开放 30 年多年来，我国在工业化的同时没有相应地进行城镇化，导致大量人口滞留在乡村。随着工业化和城镇化的加速，大量青壮年劳动力源源不断地从农村流入城市，降低城市老年人口比重的同时提高农村实际的老龄化程度。民政部副部长窦玉沛说，目前，中国农村老龄化水平高于城镇 1.24 个百分点，到 2028 年，将高于城镇 11 个百分点，到 2050 年前后，全国约有 28 个省区的农村老年比例高出城镇 20% 以上。

三是孤寡老人等弱势群体的基本文化权益难以得到有效保障。

四是家庭养老功能弱化问题。当前实行家庭养老的客观条件不足，主要原因是实行独生子女计划生育政策以来，全国已累计有近 1 亿独生子女，1 对夫妻要抚养 1 至 2 个孩子，还要照顾 4 个老人，如果是四代同堂的话，就要照顾更多人，家庭养老的功能出现弱化的趋势。家庭养老功能面临的挑战主要表现在：各种"文化养老"活动，已由单一的爱好向多元化，由被动接受向主动参与，由单纯娱乐向求知求美，由低档次向高质量转变。众多老年人参与其中，乐在其中。而当今的主要矛盾家庭能够提供的养老资源的数量较少与老年人对养老资源需求的质和量不断增加。

五是当前传统单调的文化养老模式不能满足现代老年人的精神文化需求，正被逐渐淡化。

六是一些地方党委政府落实中央及文化部对基层文化馆（站）建设的要求不到位，未将其纳入当地政府经济社会发展总体规划，没有将其摆在文化改革发展的重要位置，政府主导责任得不到落实、事业发展缺少科学的长远规划；文化馆（站）基础薄弱，软、硬件设施落后不齐、经费不足、适用资源不丰富、人才青黄不接甚至匮乏的状况普遍存在。文化事业发展保障机制不健全、保障水平不高的问题突出。设施利用率不高、服务手段单一而缺乏多样化、绩效考评机制不健全等制约服务效能提升的问题普遍存在，亟待进一步解决。

七是文化养老市场的需与求的调研工作做得不够不透，文化养老市场较为凌乱，监督机制不健全，需进一步规范。

三、解决的对策

端正敬老爱老态度，提高文化养老意识。正如孟子所说："老吾老，以及人之老。"父母曾经给予我们无私的帮助和依靠，常言道"鸦有反哺之义，羊有跪乳之恩"，父母含辛茹苦地养大孩子，几十年过去了，他们老了，走不动了，子女应该心怀感恩之心，"反哺"父母。我们也要对老年人的价值有正确的评价与认知。据科学家的数据统计，由于时间已经赋予人们洞察事物发展本质的经验，60 岁以上的老年人正是处于善于处理人际关系，科学制定未来的计划和政策，在创造性领域有效指导别人的时候。老年人的年龄是一笔财富，是智慧的黎明。如：剧作家萧伯纳 90 岁时，创作还很活跃，对艺术的追求丝毫不松懈。我们还要学会利用老年人智慧的巨大正能量，充分调动社会高素质、身体健康的离退休老人、专家、学者以及文化专业人士、文化自愿者在身体力行安全的情况下，积极参与文化养老活动，贡献他们在工作、生活中积累了几十年的经验、智慧和才华。全社会都来关心和帮助老年人，引导老年人适应老年新生活，培养新的文化兴趣。

在充分做好文化养老市场需与求的基础上进行论证，整合优化社会文化养老资源，形成合力；在整合优化社会文化养老资源的基础上加快发展文化养老产业，缓解我国文化养老的压力，破解文化养老中难以满足人们心灵需求的问题；积极发动各级文化部门的文化馆（站）、博物馆、美术馆、图书馆（室）、专业剧团、广播电视、报刊以及非物质文化遗产保护单位和非遗代表性传承人经常深入各种敬老院、福利院、养老院等养老服务机构开展文化养老服务与指导、辅导工作，建立文化养老示范点或结对子帮扶；挖掘各种养老服务机构自身的造血功能，营造良好的多元化的社会文化养老氛围；把"文化养老"融入老年大学的教学活动之中；充分发挥社会正能量的积极作用，在以国有资本为支撑发展文化养老产业的同时，加强引导各类社会资本进入文化养老产业，发挥投资引导带动作用，加快文化养老产业发展。在鼓励支持社会力量兴办文化养老产业的同时，政府要对发展文化养老服务的产业在投融资、资金和人员配备、津补贴、税收减免、基建用地难审批和地点偏僻造成就医难等各方面问题，给予系列优惠政策并配合其协助解决存在的实际困难和问题。如地方政府要预留较好地段的土地作为文化养老用地的选址，以优惠的价格公开招标，对养老用地的审批简化手续，并加大监督力度，设立奖罚机制，助推文化养老产业的兴办。

政府主导，组织调研论证，凝聚共识，完善政策，监督落实。各级政府领导，特别是地方政府领导要认真学习党和国家对老年人养老和文化养老的政策，高度重视文化养老服务，要改变观念，要把文化养老纳入当地领导干部年度考核内容，要认真落实中央和有关部门对养老和文化养老的政策。近年来，在国务院的统一领导下，我国召开了以财政部、发改委、民政部、文化部、全国老龄办等相关部门参与的部际联席会，充分调研论证，广泛凝聚共识，周密制定方案，拿出系列有效养老的实施意见和措施。如 2013 年 6 月

28 日，民政部令第 49 号，《养老机构管理办法》中的第一章总则的第七条："民政部门应当会同有关部门采取措施，鼓励、支持企业事业单位、社会组织或者个人兴办、运营养老机构；鼓励公民、法人或者其他组织为养老机构提供捐赠和志愿服务。"第二章服务内容的第九条："养老机构按照服务协议为收住的老年人提供生活照料、康复护理、精神慰藉、文化娱乐等服务。"第十六条："养老机构应当开展适合老年人的文化、体育、娱乐活动，丰富老年人的精神文化生活。养老机构开展文化、体育、娱乐活动时，应当为老年人提供必要的安全防护措施。"2013 年 9 月 6 日，国务院下发《关于加快发展养老服务业的若干意见》说："从国情出发，把不断满足老年人日益增长的养老服务需求作为出发点和落脚点，充分发挥政府作用，通过简政放权，创新体制机制，激发社会活力，充分发挥社会力量的主体作用，健全养老服务体系，满足多样化养老服务需求，努力使养老服务业成为积极应对人口老龄化、保障和改善民生的重要举措，成为扩大内需、增加就业、促进服务业发展、推动经济转型升级的重要力量。"同年 9 月 26 日，国务院办公厅又下发《国务院办公厅关于政府向社会力量购买服务的指导意见》。2014 年 8 月 26 日，财政部、发展改革委、民政部、全国老龄办还下发《关于做好政府购买养老服务工作的通知》。综上所述，党和国家高度重视我国的文化养老事业，希望引起地方政府的高度重视，全社会都动员起来，营造良好的文化养老氛围。

总之，百善孝为先！中国幅员辽阔，经济发展很不平衡，我们要分阶段、有层次地不断完善公共文化服务，大力发展逐步覆盖全社会城乡的现代基本均等化、标准化的公共文化养老模式。要根据各地老年人对文化的实际需求，为老年人提供丰富多彩的文化服务；展现当代人们对老年人美好的人文关怀精神，让老年人在愉悦的心境中享受现代多元产业化的文化养老模式；让老年人过着满意与幸福的文化养老生活，感受到党和国家、社会、家庭对他们亲情般的温暖、关爱与呵护；构建具有中国特色的社会主义和谐健康老龄化的公共文化养老服务，让中国农村老人和城镇老人一起来分享历史发展和社会进步的文化成果。

（作者单位：厦门市文化馆）

在夕阳下舞动的青春

——浅析"广场舞"对文化养老工作的启示

王仕平

"弯弯的河水从天上来，流向那万紫千红一片海。火辣辣的歌谣是我们的期待，一路边走边唱才是最自在……"跃动的节奏，激情的旋律，通俗的歌词，传神的舞步，正如这首歌的名字一样，一股"最炫民族风"正以迅雷不及掩耳之势刮遍神州大地，远达欧美各国，将中国广场舞文化推向世界。霎时，全国各地的老爷爷、老奶奶仿佛中了魔咒一般，撇开拐棍，挣开尘封已久的家门，手牵着手相约广场，舞动青春。然而，广场舞的兴盛虽是一件好事，也是一种警醒，它一方面反映当代老年人对文化生活的热情与迫切追求，另一方面时刻提醒我们，文化养老工作正面临着严峻的考验。

一、开展文化养老工作的意义

随着社会的发展、科技的进步，人口老龄化现象成为不可避免的趋势。根据国家统计局数据，截至 2013 年我国总人口约 13.6 亿人，其中 60 周岁以上老年人达 2.02 亿人，占总人口的 14.9%。数量庞大的老年人群体，其晚年生活是否幸福早已成为国家、社会关注的焦点。养老机构、老年维权机构的建立，老年优待证、优惠证和乘车卡等优惠政策的出台，无不为老年人群体的日常生活和出行提供极大便利。然而，"吃饱、穿好、住好"就是幸福的时代已经过去，当代老年人有着更高的精神追求，他们对文化的需求与日俱增，使文化生活充实成为衡量老年人晚年幸福的重要标准。因此，开展文化养老工作意义重大。

首先，当代老年人在精神上是孤独的。现代社会虽然物质生活殷实，但邻里不相往来，子女分巢而居，人与人的交流少了，心与心的隔阂厚了，"空巢老人"这个名词随之而生。当代老年人在生活上温饱无忧，但内心世界孤独，特别是在退休后、与子女分居后、亲友逝世后很容易产生感时伤怀、社会角色丢失等种种失落感，严重影响晚年的生活质量。因此，比起营养品和保健品，当代老年人更需要通过参与文化生活、集体生活获得精神上的滋养和慰藉。

其次，当代老年人在参与文化活动过程中是弱势的。体弱多病、行动不便、晚年福利保障措施不完善等种种因素，决定了老年人只能就近享受力所能及的公共文化活动，而负担不起价格昂贵的非公益性文化产品。虽然政府部门在相关政策上对老年人有所倾斜，但出于对老年人身体状况、安全问题的考虑，出于对其他人群的文化需求的考量，以及碍于公共文化场所数量及地理位置相对固定等因素，各类公益性文化机构的工作重心现在仍放在青少年和成年人群体上，老年人在参与文化活动过程中始终处于弱势地位。

最后，老年人对文化生活有着迫切需求。与年轻人相比，老年人空闲的时间越来越多，所剩时日越来越少，他们渴望做自己想做的事，实现自我人生价值。通过参与文化活动，老年人找到自己需要的东西：沟通、交流、团队角色、自我价值和对生活的热情。外面的社会是大世界，老年人的文化生活圈是小世界，他们迫切需要这一片小小天地来编织自己的青春梦想。

文化养老的提出和推广不仅是社会发展、文明进步的客观要求，也是所有老年人心底的呼声，更是老年人晚年生活是否幸福的重要保障，而文化养老的推行和落实，应该格外受到社会和政府有关部门的重视与支持。

二、老年文化中的"广场舞"

如今，中国大妈引领的老年人"广场舞"可谓家喻户晓，席卷世界，造成巨大轰动。作为老年文化的组成部分，为何群众自发兴起的"广场舞"会有如此旺盛的生命力？它对文化养老建设来说有何借鉴意义？我们从以下几个方面进行分析：

（一）广场舞的兴盛

广场舞是融自娱性与表演性为一体，以特殊的表演形式、热情欢快的表演内容、以集体舞为主体的，在公共场所多人参与的，以娱乐身心和锻炼身体为目的的，非专业性的舞蹈艺术表演活动。换句话说，广场舞具有自娱自乐性、集体性、非专业性、公益性、便利性等特点。

1. 自娱自乐性

广场舞热情欢快，节奏感强，易调动参与者的情绪，具有较强的自娱自乐性。大部分老年人刚开始都抱着试试看的心情参与广场舞活动，跟随欢快的节奏手舞足蹈之后，他们久置不动的筋骨得到放松，沉闷压抑的情绪得到释放，自娱自乐，身心愉悦，于是一发不可收拾，把广场舞视为日常生活中不可或缺的一环，乐此不疲。广场舞为老年朋友们带来健康和快乐，而这份快乐又吸引更多的老年人参与广场舞活动中来，为广场舞文化打下了深厚的群众基础。

2. 集体性

广场舞团队少则一二十人，多则上百人，团队由固定的成员组成并分工明确，有很强的集体性。人离不开集体生活，我们都有这样的经验，独自一人时会感到孤独、失落，而当与人交流、被人需要时，心理便会得到放松与满足，这种情况在老年人身上表现得更加明显。广场舞活动为分散独居的老年人创造机会，使他们聚集在一起，重温集体生活，在集体中畅所欲言、沟通交流，找到自己的角色定位，老有所依、老有所乐、老有所用，相互扶持，填补彼此心灵上的空洞。因此，老年人对自己的团队都分外珍惜，每个广场舞团队都具有极强的凝聚力。

3. 非专业性

广场舞简单易学，入门门槛低，具有广泛的非专业性。广场舞讲究的不是技术或高难度，而是团队协作和气势，其舞蹈本身动作简单，运动量适中，没有舞蹈功底的人也能够轻易学懂，对于身体素质、身体协调和反应能力较低，无法参与高强度、高难度文化活动的老年人群体来说，无疑是最适合的文化活动。统一的着装，整齐的步伐和动作，欢快的音乐以及昂扬的气势，使老年人越学越有干劲，越跳越有成就感。正因为人人都想参与，人人都能参与，广场舞自兴起至今，始终焕发着旺盛的生命力。

此外，广场舞还具有公益性和便利性等特点，主要表现在广场舞的活动成本低和活动场所交通便利等方面，这也是众多老年人被广场舞深深吸引的重要原因。

(二) 广场舞引发的社会问题

广场舞虽为老年人带来健康和快乐，但也引发不少社会问题，其中最受人诟病的就是管理问题。以下是两个典型案例：

这个月月初，因高考临近，为给考生提供一个安静的备考环境，福州各大公园叫停"广场舞"。而在前晚，高考结束刚过去一天，福州西湖公园的晨曦广场，三四十名老人再次聚集于此，放着高音喇叭跳广场舞，此举当即被公园保安叫停。原因是，中考要来了。(2014 年 6 月 11 日《海峡都市报》)

由于邻居跳广场舞放音响过大影响了自己休息，56岁的施某拿出家中藏匿的双筒猎枪朝天鸣枪，还放出自己饲养的3只藏獒冲散跳舞人群。5日上午，施某因涉嫌非法持有枪支罪在北京昌平法院受审。（2013年11月6日《北京青年报》）

广场舞的飞速发展，队伍数量和规模的急剧增加，使公共场所负担严重，加上城市居住密度高，空间不足和噪声污染的问题双双凸显了出来。如今，广场舞入驻住宅小区已成常态。小区里经常在清晨七点多即响起不合时宜的高分贝音乐，嘈杂的话语声、极具跃动性的节奏，令人难以入睡。此外，广场舞团队还占据了小区的休闲广场、空地，致使路人无处歇脚。社区居民对此苦不堪言。

归结广场舞乱象产生的原因，主要是政府、社会和广场舞团队等多方沟通协调不足。虽然现在政府相关部门针对广场舞乱象制定管理规范，在公园、广场等公共场所划定广场舞活动点及活动时间，但为时已晚，广场舞团队已形成行动模式，广场舞扰民现象难以根除。

（三）广场舞对于文化养老工作的借鉴意义

虽然广场舞只是老年文化的组成部分，但它从群众中来，不同于政府定制的公共文化产品，更具有群众文化共性。通过对广场舞的特点、存在问题进行解析，我们可以更直观地了解老年人群体的文化诉求，了解实际工作中的利与弊，更有针对性地制定措施，促进文化养老工作的开展。

三、促进文化养老工作开展的具体措施

（一）广开言路

广场舞是群众自发兴起的，风靡世界，有旺盛的生命力，老年文化培训班等政府公益性文化活动虽开展了多年，但活动规模固定，参与人数少，社会受众面窄，主要原因是群众基础薄弱。因此，促进文化养老工作首要解决的问题就是广开言路，全面听取群众的诉求，切勿以偏概全，自行其是。目前，社会上的许多意见箱没起到应有的作用，不是意见上达后没有下文，就是经层层上报后离题太远，群众的意见无法准确传达。群众都说好才是真的好，片面理解民意、漠视民意，制定文化养老措施时就会有偏差，政府工作就得不到群众的支持，文化养老工作就没有稳固的根基。

广开言路应做到以下几点：（1）加大下基层力度。政府相关部门要改变坐在办公室听取下级汇报的工作方式，主动探访社区老年人群体，实地听取

老年人对文化养老的建议和诉求，切实研究制定行之有效的文化养老措施。（2）实行民意采纳表彰奖励制度。对采纳其意见的群众，要在公告栏上进行公示表彰或给予一定奖励，表明政府对群众意见的尊重和重视，充分调动群众积极性，集思广益，共同为文化养老工作出谋划策。

（二）对症下药

集自娱自乐性、集体性、非专业性等特点于一体的广场舞犹如一针强心剂，打入老年人的心坎，使他们重新焕发青春的活力。文化养老工作如果要取得成效，就需要有关部门深入调研，做足功课，对症下药：（1）查问病情。要与群众保持密切联系，召开群众面对面交谈会，全面了解当下老年人的生活情况、心理状态和文化诉求等综合因素，为开展文化养老工作提供可行性依据。（2）探清病灶。要从群众中来到群众中去，广泛收集群众对文化养老工作的意见并公示、组织群众投票，推选出反响最热烈的意见和建议，结合可行性依据制定文化养老措施。（3）病后回访。要采取文化养老措施实行效果的回访制度，通过群众欢迎的措施进行宣传推广，对群众诟病的应及时更正修改，切忌公文一出即事不关己，等到问题产生再相互推诿扯皮。

（三）协调沟通

文化养老工作不仅仅是政府的事，社会各界也承担着相应的责任。因此，政府作为牵头人，应广泛处理好各方的沟通和协调工作，否则就如同广场舞乱象一样，极易引发一系列社会问题。（1）协调社区物业、居委会担任好群众与政府的纽带。社区物业、居委会处于群众工作第一线，委任其征求群众对社区文化生活建设的建议，做好解释工作，最具时效性和直接性。以广场舞为例，政府可以委任社区物业、居委会征求群众意见，再根据反馈意见合理地制定社区广场舞活动点、活动时间和管理规范，委托物业、居委会进行解释和管理工作，这样就能最大限度地避免扰民等社会问题的产生。（2）协调公园、文化馆、图书馆等公共文化机构做好场地管理工作。要求公共文化机构切实履行针对老年人的文化优待政策，承担老年人在公共场所内的人身安全责任，不断创新思维，为老年人提供更优质的公共文化服务，切实保障老年人参与公共文化活动的权益。（3）加强与群众业余文化团队的沟通，了解他们存在的困难以及对文化工作的建议。特别是老年人业余文化团队，他们收入微薄，专业技术水平有限，但是对文化的热情却不输年轻人，政府相关部门应给予格外的关注和扶持：通过协调，整合具有互补性的弱势团队，达到 1 + 1 > 2 的效果；通过沟通，调整各团队使用场地的时间，互不干扰，减少纠纷；通过扶持，为各老年团队添置文化活动基本设备，鼓励老年朋友们在文化道路上继续走下去。

"时间都去哪儿了，还没好好感受年轻就老了。生儿养女一辈子，满脑子都是孩子哭了笑了……"老年人辛苦了大半辈子，在晚年终于有时间去舞动青春。作为文化工作者，用文化温暖老年人的晚年生活，不仅仅是对长辈们养育之恩的回报，更是我们的使命和责任。虽然文化养老工作漫长曲折，但是在老爷爷、老奶奶们的笑声中，我们信心饱满，力量倍增。我们坚信文化养老这条道路将越走越宽！

（作者单位：厦门市文化馆）

论物质养老与文化养老的可实践性途径

黄小鹭

随着社会的进步，物质生活的丰富，卫生条件的改善和医疗水平的不断提高，人们的寿命得以延长，但不可避免，社会老龄化问题随之而来。按照联合国的传统标准，一个地区 60 岁以上老人达到总人口的 10%，该地区即可视为进入老龄化社会，超过 14%，为老年社会。据国家老龄委发布的《2011年度国家老龄事业发展公报》，截至 2011 年，我国 60 岁及以上老年人口已接近 1.85 亿，占全国总人口的 13.7%，老龄化速度快于全国总人口增长速度，已进入老龄化社会，并迈向老年社会。老龄化已成为 21 世纪不可逆转的世界性趋势。占全国总人口十分之一的老年群体不仅关系着千家万户的安康，也与社会各阶层的和谐并进有着千丝万缕的联系；如何构建符合我国国情的养老方式，着手进行有针对性的研究，探索解决问题的有效途径，成为全社会共同关注的焦点。

一、物质养老

（一）养老问题中的物质养老模式

生存与发展是人类社会的核心问题，研究发展问题，不能离开生存问题，一切事物没有了生存也就没有了发展。可以说，人生最根本的需要和工作就是解决生存问题。回到庞大老龄化社会系统里最切身的"养老"问题，"物质养老"或"待遇养老"模式仍有别于我国传统的家庭养老模式，它是许多发达国家切实有效的养老模式，值得我们借鉴。物质养老指政府、社会或家庭为老年人提供的物质赡养、生活照料的社会活动。

（二）社会发展现实挑战下的机构养老

随着社会经济的发展，当国家计划生育实施后，传统观念下的"养儿防老"的家庭养老模式已渐渐不适应现代社会的发展。众所周知，独生子女政策，造成婚姻结合的两个年轻人要共同照顾两对老人。在城市里，许多独生子女婚后独立生活，城市居民出现越来越多的空巢老人家庭；农村的年轻人则选择到城市打工，老家便出现许多留守老人。据统计，2010年末，全国城乡部分失能和完全失能的老年人约3 300万，到2015年"十二五"末将达4 000万，占老年人总数的19.5%，他们不同程度地需要专业化护理。而在"十一五"期间，全国近4万个养老机构仅能收养老年人314.9万，要实现"每千名老人拥有养老床位数达到30张"的目标还有相当难度。护理这些老年人的工作需要新的组织形式承担。这样，机构养老体现出其越来越重要的作用。

（三）举办养老机构的可行性层面

尽早研究、尽早科学合理地规划和部署养老计划，建立常态化、长效化工作机制是社会和谐发展的必然要求。在家庭养老日趋弱化的情势下，养老机构应尽早从多方面进行规划。

1. 养老机构的举办主体多元化

促进养老机构举办主体的多元化，除了加大国家财政投入，还应鼓励企业、民间组织和个人兴办养老机构，通过社会力量的积极参与，促进养老机构的发展。

2. 养老机构建立方式多样化

政府应采取公建民营、委托管理、购买服务等多种方式，支持社会组织兴办或者运营的公益性养老机构。

3. 养老机构的服务层次多面化

从服务的对象来看，当前养老机构主要为失能、半失能的老年人提供专门服务，重点实现生活照料、康复护理的紧急救援等功能。要让养老机构的服务层次多面化，需要拓展不同的服务对象，建立不同类型的养老机构。

4. 其他类型的养老机构

其他类型的养老机构根据自身特点，为不同类型的老年人提供集中照料等服务，为还有自理能力但已经不能做家务的老年人提供相对应的服务机构，如建设以政府为主导的集中养老社区，社区应集养老居住、卫生护理、休闲娱乐为一体，有机构服务的家庭生活、有交流沟通的群体空间、有学习追求精神生活的老年社区。

二、文化养老

（一）文化养老的出现

养老不仅是"物质养老"，还应是"文化养老"。让老年人吃饱穿暖的同时，更要重视他们在文化精神层面的需求。"文化养老"是近年来随着人们物质生活水平显著提高和老年人口不断增多涌现出来的要求，是新时代倡导的积极的养老理念。文化养老对提升老年人的幸福指数，发掘老年人的文化潜能，陶冶老年人的情操具有积极的意义。

（二）文化养老的内涵

文化养老指在老年人生活具有物质保障的基础上提供的精神慰藉，使老年人精神愉悦，身心健康快乐，有积极向上的精神追求，具有群体性、互动性和共享性等特点。以文化为主线的文化养老包含教育养老、文艺养老、科学养老、动态养老等内容，以活动为载体，以愉悦为目标。它涵盖"老有所教""老有所学""老有所为""老有所乐"的基本内容，是具有高境界、高品位的养老方式。

（三）文化养老模式的可实践途径

文化养老是长期复杂的工作，我们要积极探索管理和服务规律，坚持管理创新、服务创新，不断开创文化养老的新局面。以下是实践文化养老模式的几点思考。

1. 传统文化熏陶下的文化养老

要弘扬传统孝道文化，创设尊老、敬老的文化养老的氛围。文化养老是中国的传统文化，"孝"文化是文化养老的核心思想。在传统文化中，它既强调对老年人给予物质性的"能养"，更主张提供以"尊亲"为标志的文化养老。关怀老人、尊重老人、重视老人的精神生活是孝道的全面体现。

2. 建立健全领导机制

健全老龄委、老干部局、离退休管理机构、社区服务机构等各级领导组织，加强对文化养老建设的领导。各级老年机构要积极探索文化养老建设的公益性、参与的广泛性、内容的健康性和种类的多样性，做好调查研究、统筹规划、统筹安排、沟通协调和组织实施等工作。

3. 加强硬件设施建设，建立健全扶持激励机制

文化养老需要设施完善的活动阵地和学习阵地，政府应加大资金投入，加快公共文化设施建设，开放公共文化服务领域，提高公共文化服务能力，

鼓励和扶持社会力量举办公益性文化事业，为老同志活动提供必要的场地、设施，为文化养老铺路搭桥、创造条件、提供契机，如加强对老年大学、老同志活动室、阅文室、台球厅、门球场、健身广场等场所的建设等。

4. 建设文化养老的社区文化氛围

应针对不同老年人的生理、心理和兴趣爱好等特点，开展各种活动：为文化教育程度较低、兴趣爱好较少的老年人提供娱乐场所和设施，组织他们参加有益的活动；为文化教育程度较高的老年人，根据他们不同的兴趣爱好，组建不同的团队，如体育、书画、文学创作、舞蹈团、合唱团、旅游团等。

5. 注重文化养老的持久性

文化养老是一项长期工作，应持之以恒地开展，让各项工作更为完善。应培养老年骨干队伍，以带动各项活动的开展；培育扶持激励机制，提高活动质量，为老年人开展活动提供物质和精神上的支持。概括地说，精神关爱与物质供养是养老不可缺少的两大保障支柱，"物质养老"与"文化养老"可以形成老年人群体的外在生存保障和内在生命丰富的双管齐下，为解决老龄化社会的结构问题，提供了富有创意的思路与实践方向。

（作者单位：厦门市湖里区文化馆）

谈谈外视与内视并举的文化养老

夏　寒

随着中国老龄社会的到来，养老问题渐渐成为社会工作的主题。根据相关数据表明，厦门60岁以上和65岁以上的人口分别占全市户籍人口的14%~15%和8.8%~9.5%，已经超过老龄化社会的标准。随着老龄人口的快速增长与家庭小型化、空巢化相重叠的矛盾，养老已成为广泛重视的民生问题。因此，加快养老服务体系建设，探讨养老路子已刻不容缓。笔者认为，用文化滋养老年人的精神生活，会使他们生活得更加多姿多彩，让他们更加从容、愉快地度过晚年。

这里讲到的外视文化，简单地说，它是较偏于动态性文化的范畴，是直观性的审美文化、视觉文化、感官文化。所谓的内视文化，它偏于静态性文化的范畴，属于非直观性的审美文化，它是通过静心阅读对文字符号的理解，唤起内心联想、想象，或者通过静心书画、欣赏古玩、做某种工艺而得到内心的审美愉悦。我个人比较看好这两种文化养老的方式，因为无论采取什么方式养老都离不开文化。所以，我想以这两种话题当中的一两种活动方式和大家一起探讨。

一、外视文化对养老的影响

首先讲外视文化。与内视文化相比，外视文化当然更易被接受，它的位置比较大众化，而且充满特殊的直观魅力和诱惑力。它比较动感、活跃，只要人的外在感官功能无障碍，毋须复杂心理活动便可以顺利获取。外视文化表现较多的为集体性接受，接受者都是与人共享。尤其当今的大众文化制造了更为壮观的群体接受方式，如"广场舞、演唱会、文艺晚会……"它呈现的是气氛热烈和壮观的场面，每个人都可以既是参与者又是热烈气氛的制造者。参加这种活动都不是神性静心的欣赏，而是要获得视觉和听觉冲击力的快感，获得与他人共享气氛的快乐，所以，它是大众容易接受的外视动态型文化。这种文化活动常常有特殊效应，比较适合退休养老活动。人们可以用这种方式重新找到新群体、新伙伴、新朋友，重新开始过上快乐生活。就拿当今非常时尚的广场舞来说，它的参与人之多，有年轻群，有中老年群，有老青混合群。在同安区，这种活动已渗透到各个社区、村庄，哪怕是边远山区的白交祠村、军营村……只要有广场、有空地，就有人在跳广场舞，这其中当然少不了老年人，广场舞的优势是大众化，且音乐养脑，动作养肢。他们从中得到年轻人激情的熏陶；时尚化的影响，使得他们变得更加年轻、更有活力。在下社区、下农村辅导时，经常碰到这样的情况，婆婆白天帮助做家务；儿媳妇去上班，到了傍晚，婆媳一起把该理的家务做完，然后晚上又一起来到广场，一起跳广场舞一起快乐。儿媳妇教婆婆的，女儿教妈妈的，或者老青两代一起互相学习探讨的，种种场面让人感慨万千。村民们常常对我说："你义务教我们很辛苦，太谢谢你了，但我们学得很慢，又跳得不好，请不要见笑，请原谅。"每次碰到这种情景，我心里总是涌动着一种说不出的激情，对他们说："我很佩服你们，跳得比我想的还要好得多，想一想你们原来是拿锄头或干粗活的，只有今天你们才有机会过把瘾，在一起快乐地跳舞，特别是婆媳、母女一起跳，太难得了。"的确，这种活动不但让社区、村庄、邻里变得更加和谐家庭也更加和睦温馨。赌六合彩的、酗酒吵架斗殴的明显减少了。而且老人的晚年生活更加舒心、顺心，心理、生理更加健康年轻。

二、外视文化在一个团队养老的实践

应打造老年优秀文艺演出团队，给爱好舞台艺术的老年朋友提供平台，为社会公共文化发展发挥余热。同安区于2005年成立一支由退休职工组成"金秋艺术团"。团队的宗旨是"老有所学、老有所乐、老有所为，不拿报酬自愿参加，发挥余热服务社会，做名副其实的文化志愿者"，团队运作方式是政府支持；自我管理。金秋艺术团在区委宣传部、文明办、政法委；区文化局、文化馆、司法局、区总工会退管会、区老年大学、老龄委等多个部门的关心、鼓励和支持下，越办越好，成为同安区服务群众文化的主力军。多年来，艺术团无论酷暑严寒一直像金秋的枫叶一样，将热情飘落在乡村的舞台、社区的广场，以台上台下互动的形式传播文明精神，宣传国家法制政令。该团无论走到哪里，和谐、宽松、快乐就跟到那里，很受百姓欢迎，宣传效果也很好。在每年的"八一"、元旦、春节，我们坚持军民共建的"文艺进军营"慰问演出、联欢活动，为官兵送精神食粮，使军民融合发展更加深入，使军政军民团结更加巩固。艺术团热爱两岸同根同源的闽南文化，利用这一优势开展各种形式的两岸文化交流活动，与台湾、金门乡亲结下深厚的情谊。2013 年，金门县政府邀请该团前往金门参加"2013 迎城隍民俗活动季"。2014 年，金门县政府又邀请该团参加"金湖体育馆启用剪彩仪式和庆典晚会"。这两次活动，金门日报均对该团进行跟踪报道。艺术团成立至今已演出160 多场，在 2012 年被厦门市文明办评为 2011—2012 年度"先进文明团队"。艺术团也被区政法委、司法局授予"法制宣传队"称号。

古人曰"腹有诗书气自华"，这是一个团队不可缺少的教养和气质。加强道德修养，美丽的中国梦从我做起。金秋艺术团与其他团体最大的不同点是：不单为舞而舞，更重视提高团员的内在修养，经常开展读书交流心得活动，互相探讨心灵养神、外在养身，得以诗礼教化、陶冶情操、吐故纳新、更新观念、与时俱进。团员们经常说："外在的练功是为了把肢体和谐之美展示给社会，内在的修行是为了让心灵的素养滋润社会，更新观念是为了让家庭更加和睦相处"。所以，这几年，艺术团无论在文化修养、团队凝聚还是艺术造诣上都有质的飞跃。虽然团员们每个星期像上班族一样排练 5 个上午，但团员们的家庭都很支持。团队现积累的各类节目已能满足各种不同场合演出的需求。团队在艺术上也从一张白纸逾越成为厦门瞩目的老年艺术团，参加省、市、区的各种调演和赛事，多次获得好成绩。"予人玫瑰，手有余香"。从不经意的地方，从最小的细微之处，做一些善举之事，他们以此获得心灵的快乐，感悟人生的幸福。参与公益慈善活动也是金秋艺术团团员们人生的坐标。金秋艺术团演出任务多，比较辛苦，没有报酬，有时还要自己拿钱来补贴团费，什么魅力吸引住所有队员并不离不弃呢？除了以上的原因，还有团队的主要负责人是从文化馆退休的，她深深地感觉到外视文化更容易直接反映一个地方的气质、一个地方的文明，可以树立一个地方的标志。面对当今百姓日益高涨的文化需求，这也是社会走向文明的表现，是文化惠民的大工程，是提高全民素质的重要举措，它需要一些热心的文化人用"随风潜入夜，润物细无声"的方式不断地感染更多的人提升文化修养。理念抱定，从零开始的形体训练，从音乐、题材的选择；从编导、排练、服装设计；从整个团队的运作方向、财务管理，一切都是没有私心的奉献，她以此来作为团队奉献精神的标杆感化团员。更重要的是艺术团创造了一个集体精神凝聚、和谐温馨快乐的氛围。它使得好多团员在精神上得到释放，体质上得到锻炼，好多团员身体越来越好。其中有一个团员来队之前得了胃癌并手术两次，来到团队以后，精神上得到忘我，体质上得到锻炼，目前身体状况恢复良好。团员们常常激动地对我说："我们的退休生活是真正的老有所学、所乐、所为，太丰富多彩了。这个老养得健康又有意义，不枉人生此回行。"金秋艺术团成长的过程如花儿一样，一瓣瓣地绽放它的美丽和清香。如今艺术团已得到社会和媒体的广泛关注，多次在同安和厦门电视台等多种媒体报道过，甘甜的硕果来自于辛勤的耕耘和浇灌。很多团员表示：在人生收获的季节，愿把温馨韵致的果实奉献给社会，用善思敏行、博爱感恩之心回报社会，以传承文化、弘扬艺术、播撒文明之举，继续彰显人生的价值。

所以，外视文化的养老相对比较大众化，不但身体能得到锻炼，精神得到愉悦，而且能促进社会和谐，文明进步。不过，外视文化的动态空间大，对周围的影响也大。从目前来看，农村的活动场所比较宽容，场地建设规划也比较合理，而厦门岛内和城镇周边的黄金地段及社区活动场所规划成了重要的矛盾。笔者建议：其一，市有关部门应该把老年活动场所的建设布局规划作为重点来抓，在新区建设旧城改造时，要将其纳入城市公共文化设施建设的总体规划。因为养老的一切活动基本上是在基层社区进行，社区是养老生活最主要最理想的活动场所和交往空间，如果硬件设施跟不上，何谈文化养老。其二，要挖掘活动空间，要多培养老年自我管理的队伍，活动空间不够的，政府可以协调借用周边的单位、学校的场地，并启用老年自我管理人员进行环境维护。其三，要多培养基层文化的人才和热心人，满足日益增长的人口老龄化。

三、内视文化对养老的作用

和外视文化养老相比，内视文化养老容易被忽视，因为它属于内敛型的静态文化养老方式。它需要开动脑筋，知识含量较高，比较适合有知识层次的、有耐心、有创造性思维的爱好者，适合喜欢独自咀嚼的沉思者。比如，阅读、习文、书法、画画、摄影，学习某种工艺、手艺的制作，钓鱼、盆栽雕塑、玩古玩等一些喜欢静心养老的人群。他们可以在静态的阅读、画画、习文、书法、欣赏古玩、制作某种手艺中暂时切断与外界的联系，从而在排除尘世纷扰的状态下进入冷静的沉思程序，进入心驰万物、神游八方的遐想，以此获得独处冥思之乐，获得丰富的知识，获得审美的张力。很多退休老人上班时没有时间顾及自己的爱好，退休后就静下心来学习书法美术，潜心读书习文论著，提高文化素养，以此获得人生的快乐，锻炼思维、养心健脑、预防脑干细胞提早衰老萎缩。所以，现在才会有那么多的老年朋友的书画展、摄影展、盆景展、各种手工艺展，各种老年论文、诗歌、撰文。静态文化养老的好处在于需要的空间较小，又不影响他人。它是这类爱好者精神的"寓所"。所以，内视文化是比较高雅高品位的养老方式。而这种方式需要大量的人才进入老年大学支教，目前，从厦门的老年教育机构来看，这些还是远远不够，包括办学的空间。这就是为什么会出现要报名读老年大学，还要清晨很早起来排队的现象。笔者建议：其一，多举办一些社区老年学校，缓解老年人求知欲望难的状况。其二，建议建立让老年人自我管理的老年图书馆，让老年人能各取所需地吸取文化的营养；让同龄人有一个互相交流的平台。其三，多举办老年论坛、老年讲座、老年聊天室，让他们有一个释放自我的平台。

总而言之，在现代社会，家庭的现代化设施已进入高智能时代，人的空闲时间越来越多，人的体力和脑力劳动越来越少，这就需要通过各种方式调节自己的身心，以达到修身养性的目的。文化是一个大概念，它无所不在，它是无止境的探索之路。养老方式多种多样，只要找到适合自己的养老方式，就能过上幸福的晚年生活。

（作者系厦门市同安区文化馆退休干部）

"中国大妈广场舞"折射出
对"文化养老"问题现状的思考

阮文婷

"中国大妈广场舞"是最近极其热门的话题。广场舞在中国大妈的引领下，以摧枯拉朽之势席卷全国，甚至延伸到海外。打开百度，能轻而易举地搜到一系列"广场舞蹈"与"扰民"相关的新闻报道。"中国大妈在美国跳广场舞扰民被抓""中国大妈在纽约跳广场舞扰民被警察拷走"……一系列让人哭笑不得的新闻报道层出不穷。

广场舞，有人爱之，有人恨之。关于广场舞的分歧，并不在于广场舞本身，广场舞可以健身、社交等众多好处基本上是得到肯定的，而在于其占用公共场地及其相伴的噪音等"副产品"，给其他群体带来不便或者骚扰。广场舞问题的根结就是失序，什么地方可以跳、什么时间可以跳、经过什么程序以后可以跳、跳的过程中要遵守什么，谁来协调，谁来监管；出了问题该由谁、依据什么来处理。"广场舞"带来的矛盾五花八门，各地相关部门的应对之策也是五花八门，有的地方依然置之不理，有的地方以限音量、限时段、限区域及限设备的"四限"实质上取缔广场舞。要从根本上解决好这一问题，必须研究问题从哪里来、将到哪里去，才能共赢。

网络调查相关数据显示：在年龄特征方面，参与群体基本上在 40～65 岁，其中 45～60 岁的群体占 70%左右；在性别方面，绝大多数是女性，男性只占约 5%；在学历方面，主要集中在高中及以下文化程度，约占 85%；在职业特征方面，参与者以个体商户、企业、自由职业、事业单位职工为主，占 85%左右；在广场舞所选用的曲目方面，主要是传统文化、风俗、伦理特色鲜明的流行歌曲。

因此，广场舞的对象也就十分清楚，"中老年女性群体"，也就是文章一开头说的"中国大妈"。两个月前，我下村辅导广场舞，一位大妈这样对我说:"我们喜欢跳广场舞,因为它给我带来欢乐,如果我跳得够快,孤独就追不上我了"这句话揭示了中国养老问题滞后的无奈,也就是文章题目所说的目前中国"文化养老"的问题。

一、简析"文化养老"存在的问题

1. 文化养老存在发展不平衡的状况

由于各地的经济发展水平不同,城乡经济社会条件存在差异,对老年人的文化需求认识不同,致使文化养老状况发展不平衡。在一些地区和社区,由于地方政府政策的支持力度不够,资金投入不足,养老服务体系不健全,老年文化活动普遍滞后或者干脆不开展,老年人的精神关爱呈现空白,无法得到满足。

2. 老年文化供给与需求存在差距

这分别为量上的差距和质的差距。前者主要是受社会经济条件的限制,养老资源并不丰厚,很多城市开展的文化养老覆盖面很窄。后者主要是由于目前大多数地区开展的文化养老主要限于文体活动,这在一定程度上缓解了老年人的寂寞和忧愁,而对于老年人深层次的需求,如可能出现的心理健康问题未能及时进行有效的疏导咨询或专业的心理治疗。

3. 对政府开展的文化养老活动缺乏有效的激励与监督管理制度

多数地方相对重视物质保障这一硬性指标,但对老年文化需求重视不够。多数地区都缺乏对文化养老模式的激励与考评机制,没有完善的服务标准、监督办法和奖罚措施。

4. 从事文化养老工作的专业人才缺乏

"文化养老"平台未得到合理整合,作用发挥不大,现阶段,文化养老仅依靠老年大学、老干部活动中心和老年体协。另外,关于老年文化需求这块内容缺少专业化的调查反馈问卷,老年人的反馈意见没有专人去收集整理,使得相关部门无法准确掌握老年人的文化需求结构,这些因素都阻碍了文化养老水平的提高。

2014年8月27日,中国国务院总理李克强主持召开的国务院常务会议针对部署推进养老服务等重大工程建设提出"今明两年紧抓建设健康服务体系、养老设施,特别是公众健身服务中心"。这无疑拓展了养老的涵义,关注到更多的老年群体,也关注到老年人的身心健康发展。针对目前广场舞的盛行,中国大学老年研究所所长指出:"随着中国老年人越来越健康,受教育程度越来越高，过去狭义上的养老和医疗护理等方式已经不能满足老年人的全部要求。"

除此之外，针对"文化养老"的现状，在报纸、电视、网络中专家们提许多富有建设性的意见与对策。

二、加强"文化养老"工作建设若干意见

1. 转变思想观念，增强"文化养老"的责任感

作为离退休管理工作部门，要切实把"文化养老"摆上重要议事日程，搞好宣传教育和引导工作，营造"文化养老"的浓厚氛围；要不断提高离退休工作的水平，以更好地满足广大老同志的精神文化需求。

2. 创新内容形式，提高"文化养老"的实际效果

随着社会的进步、时代的发展，老同志接受新生事物的能力越来越强，生活品位在逐步提高，需求呈现多元化。这就要求我们不断适应老同志的新需求，改进并创新工作方式方法，以多媒体、高科技等多种手段，组织学习教育、开展文体活动，不断增强时代感，引领、满足老同志更高品位、更高质量的文化追求。针对离退休职工的诉求差异，要充分意识到老同志需求多元化、差异化问题，改变以往集中的、大型的、固定的活动模式，多利用和发挥各类老年团体、协会及"兴趣小组"的辐射组织功能，突出个性化、多元化。要围绕"文化养老"，切实加强离退休职工的思想政治建设和党支部建设，在实践中不断探索"文化养老"的新途径、新办法，形成良好的"文化养老"运行机制。

3. 加大资金投入，奠定"文化养老"的基础

要进一步加强老年活动室等活动场所的建设，及时更新设备设施，不断改善设施条件，为老同志们创造更加舒适的活动环境。要定期组织开展各种活动，为"文化养老"提供有效载体，在组织离退休人员开展丰富多彩的文体活动的同时，有计划地组织老同志赴外地参观学习、健康疗养，使更多的离退休人员"走出来、动起来、学起来、乐起来"。

4. 加强学习培训，提供"文化养老"的组织保障

"文化养老"能否健康发展、富有成效，既需要充分发挥老同志们的主观能动性，使其积极参与，乐在其中，更需要培育一支过硬的离退休管理工作人员队伍，为"文化养老"提供组织保障。作为离退休管理工作部门，要进一步加强自身建设，定期组织开展离退休工作方针政策和业务技能方面的培

训，全面提高离退休管理工作人员掌握政策、运用政策、搞好服务的素质和能力。作为离退休管理工作人员，要注重加强自身的学习，培养广泛的兴趣和爱好，不断深化服务内涵，真正实现为离退休职工"文化养老"服务的"零距离"。

"文化养老"体现中国传统文化与当代人文关怀的养老特点。推动"文化养老"，必须秉承"以人为本"的思想，努力加强"文化养老"工程建设，把"文化养老"措施落实到实处，这对中国社会主义文化建设具有十分重要的意义。

（作者单位：厦门市海沧区文化馆）

加强公共文化服务体系建设
共同缔造文化养老环境

柯鹭斌

文化养老以老年人的物质生活需求基本得到保障为基础，以满足精神需求为目的，进行思想交流、知识传播、情感沟通、心理慰藉、精神关怀、价值提升等。文化养老是老有所养的重要方面，也是社会文明进步的具体体现，更是涵盖传统养老文化与现代人文思想的养老方式。当前，厦门正在实施"美丽厦门"战略规划，将"文化提升"列入十大行动计划之中。建设广覆盖、高效能、可持续的公共文化服务体系，共同缔造文化养老环境，这无疑有助于全面增强、丰富美丽厦门的内涵。因此，加强公共文化服务体系建设，共同缔造和谐的文化养老环境，具有非常重要的现实意义。

一、加强公共文化服务体系建设，共同缔造文化养老的重要意义

众所周知，老年人虽然离开工作岗位，走向生活的另一个阶段。但是，他们对美好生活的追求并未泯灭，他们仍然在用智慧和才能关注世界、奉献社会。文化养老既是他们的追求，又是架起他们实现生命价值的桥梁。衣食足而文化兴，今天的老年人已经不仅仅满足于吃饱穿暖，他们对精神文化生活有更高层次的需求。许多老年人，已经不仅满足于到公园散步、健身，在家中养花种草，围着小家和晚辈转，而会上网冲浪，进老年大学再学习充实自己，重新走进社会寻求自身价值。因此，关注老年文化，关注文化养老，就是关注老年人深层次的精神需求。为老年人打造积极的养老理念，搭建老年人养生健体、学习娱乐、文化休闲的活动平台，使他们乐观地面对晚年生活，心态开朗平和，精神世界充实，实现自我追求，享受快乐生活，这是一种社会责任，也是尊老尽孝的体现。因此，文化养老对正在走向老龄化的中国具有重要而深刻的意义。

二、加强公共文化服务体系建设，共同缔造文化养老环境

加强公共文化服务体系建设，共同缔造文化养老环境，是应对人口老龄化严峻挑战、实现健康和积极老龄化的重大举措；发展文化养老，不断满足老年人日益增长的文化需求，营造和谐的老龄社会，进而提高老年人的生命生活质量，是全社会应尽的职责，也是全面构建和谐社会的必然要求。

1. 这是丰富老年人文化需求、保障老年人基本文化权益的有效途径

文化养老是针对近年来随着人民物质生活水平显著提高和适应老年人口不断增长的文化需求提出来的，是新时代倡导的积极的养老理念。发展文化养老，就要充分体现"以人为本"的方针，要从老年人生理、心理特点和个人爱好兴趣出发，努力拓展养老工作的新领域，为老年人搭建好文化养老平台，多层次、多渠道、全方位地满足老年人精神文化生活的需求。文化养老强调的是老年人享受精神文化生活的满意度，追求的是对老年人的人文关怀，这些都顺应弘扬中华传统美德及和谐社会道德建设的时代要求，对于进一步提高、推进老龄事业持续、科学发展有着特殊的作用和意义。

2. 这是贯彻落实科学发展观，构建文明和谐社会的具体体现

科学发展观的核心是以人为本，贯彻落实科学发展观，就是要在发展中实现好、维护好、发展好最广大人民的根本利益。文化养老就是通过统筹兼顾的办法，围绕实现全面、协调、可持续发展的基本要求，满足老年人不断增长的物质文化需求，让广大老年人"乐在学中、乐在动中、寿在其中"，真正实现"人人安享晚年"的和谐愿景。文化养老标志着社会文明与进步，彰显的是老龄群体的精神需求和对老年人美好生活的呼唤。它体现的是传统文化和当代人文的关怀，它是以社会文明进步与发展为前提，以满足老年人精神文化需求为基础，是构建文明和谐社会的具体体现。

3. 这是促进经济社会协调发展，进一步开发老年人才资源的需要

到2013年年底，我国老年人口总数已超过2亿，厦门60岁以上的老人也有26万。庞大的老年人口队伍，是一笔有待挖掘的巨大财富，那会创造出巨大的市场需求。随着我国健康产业的发展，数以万亿计的老年消费产品有待我们进一步开发，这其中包含着许多的老年保健和老年文化产品。文化养老项目的开发，可以带动老年消费，进而拉动整个社会消费，加速消费方式和发展方式的拓展，促进我国经济社会协调持续发展。开展文化养老，还可以充分利用和开发老年人才资源。广大老年人，特别是离退休干部，他们之中

蕴藏着各类专业技术人才，拥有丰富的实践经验和专业知识。因此，直接引导老年人才助益文化建设，对经济建设和社会事业发展都有正面意义，能更好地为经济建设和社会发展服务。

三、加强公共文化服务体系建设，共同缔造文化养老环境

文化养老是政府、社会或家庭在为老年人提供物质赡养、生活照料的基础上提供的精神慰藉，以求使老年人精神生活更加丰富多彩、身心更加健康。当前，我们要正确引导广大老年人树立起文化养老新理念，建立起新型的老年价值观，将传统的物质养老向高层次的文化养老转变。文化养老不仅仅是富裕老人享有的特权，它具有广泛性、共享性，应该成为全社会老年人的福利。政府、社区或家庭都应该结合自身实际，积极为老年人搭建好文化养老平台，创新文化养老的活动内容和形式，不断满足老年人的精神文化需求，让老年人学有阵地、玩有项目、乐有舞台。

1. 开展文化养老，要进一步加强社区公共文化阵地建设

要把加强公共文化服务体系建设，共同缔造文化养老环境列入政府的发展规划，将公共文化服务建设经费列入本级财政预算和基本建设投资计划，加大财政投入；要根据《国家公共文化服务体系示范区创建标准》，加强街道、社区文化活动中心，完善相应设施的配置；要采取新建、扩建、改建等办法，加快推进以街道文化站、社区文化中心、社区文化广场等为主体的社区公共文化设施达标建设，形成结构合理、功能健全、实用高效的社区文化设施网络；要用活、用好、用足现有的社区文化设施，提高社区文化设施的使用效率和社会效益，杜绝外包私用，将社区文化活动场所变成封建迷信、淫秽、色情、赌博等低俗文化和有害文化的传播基地，为老年文化活动提供和谐的环境。

2. 开展文化养老，要进一步抓好社区公共文化队伍建设

加强公共文化服务体系建设，共同缔造文化养老环境，需要一支具有较高文化素质和道德水平，同时具有文化专业的一技之长、热心于公共文化的管理干部和骨干队伍。要按照政治强、业务精、素质高、作风正的要求，建设一支以业余骨干为主、专业人员为辅的社区文化辅导员队伍；深入老年群体，负责组织、指导社区老年人文化活动，为开展社区老年文化活动服务，增强社区老年人文化活动的生机与活力，要充分发挥社区内机关、学校、企事业单位人才集聚的优势，将辖区单位的文化骨干融入社区文化队伍，参与

社区公共文化服务体系建设，提高社区文化队伍的整体水平。

3. 开展文化养老，要进一步丰富社区公共文化活动内容

要贴近老年人实际、贴近老年人生活，开展丰富多彩、生动活泼的社区老人文化活动；充分考虑传统文化与现代文化、乡土文化与外来文化、通俗文化与高雅文化的结合，从文化娱乐、休闲健身、科技普及、艺术培训等方面充实和丰富老人的文化内容，想老年人之所想，应老年人之所需，解老年人之所盼，引导老年人自觉参与社区文化活动，满足社区老年人的文化需求。

人口老龄化，无论现在还是将来，都会给我国人口、社会、经济、政治等方面带来不可回避的突出矛盾。每个人都会步入老年，让数量如此庞大的老年群体安度晚年是我们每个人都应该思考的问题。物质养老固然重要，精神养老也不可缺。文化养老就是要以文化为主线，以活动为载体、以愉悦为目标，使老年人心悦身健、安享晚年。我们必须充分认识到加强公共文化服务体系建设，共同缔造文化养老和谐环境的重要性和紧迫性，进一步加强、丰富、创新文化养老内涵，为缔造美丽幸福厦门做出更大的贡献。

（作者单位：厦门市思明区文化馆）

"文化养老"之我见

黄晓燕

我国是世界上老年人口最多的国家，人口老龄化是我国现阶段及未来较长一段时期内的基本国情。2013 年，中国老龄科学研究中心发布《中国老龄事业发展报告（2013）》指出，"2013 年，我国老年人口数量将达到 2.02 亿，老龄化水平达到 14.8%，16～59 岁的劳动年龄人口，从 2011 年的峰值 9.40 亿人下降到 2013 年的 9.36 亿人，劳动力供给格局开始发生变化"，日趋严重的老龄化现象使养老问题成为全社会亟须解决的重大课题。

仓廪实而知礼节，衣食足而文化兴。随着社会的进步和人民生活水平的不断提高，在物质生活条件得到改善的情况下，老年人追求更丰富的精神生活，追求更高品质的生活质量，"文化养老"模式也就应运而生。所谓的"文化养老"，是相对于"物质养老"而言的，指在老年人的物质生活需求基本得到保障的前提下，进一步改善他们的精神文化生活，使老年人的晚年生活更加丰富多彩，更加充实幸福。"文化养老"兼有对老年人的人格上的尊重、情感上的关爱和精神上的慰藉，是新时代倡导的积极的养老理念。这一课题的提出和践行，体现时代与文明的进步，使广大老年人不仅"老有所依""老有所养"，更要"老有所乐""老有所为"。

一、开展"文化养老"的现实意义

1. 新时期弘扬中华民族传统美德的时代要求

"孝道"是中国传统社会中最基本的道德规范，是中国传统养老文化的核心内容。《汉书·艺文志》记载，"夫孝，天之经，地之义，民之行也"。可见，中华民族几千年都将"以孝为本"作为传统美德。"百善孝为先"，尊奉和倡导"孝道"对促进家庭和谐、人际和谐乃至社会和谐具有十分重要的意义，是社会主义精神文明建设的重要内容，是构建和谐社会的精神支持。我们理应承继这份珍贵的道德遗产，发展"孝道"的优良传统，丰富中国特色社会主义的伦理精神与道德规范。

传统的"孝道"观念宣扬父慈子孝的道德行为准则，要求子女"尊老敬长"，尽心竭力地奉养父母，而在社会飞速发展的今天，"孝道"文化也需要与时俱进，应该多关注老年人的精神生活需求，使物质供养与精神赡养达成统一。"文化养老"是体现传统文化与当代人文关怀的新型养老方式，是对传统"孝道"精神内涵和外延的丰富与拓展，是社会文明进步的直接体现，更是新时期弘扬中华民族传统美德的时代要求。

2. 提高老年人生活品质的必然要求

在当代中国，经济的快速发展以及社会保障制度的逐步完善，使大多数老年人的基本物质生活得到保障，精神生活仍然处于相对贫乏的状态。现代社会快节奏的生活状态，使得家人的相聚时间减少，家庭关系趋于疏离；家庭结构的变化，使独生子女无暇顾及多位老人；城市化持续推进，人口流动速度加快，"空巢老人"的数量不断增加。另外，随着年龄的增长，老年人的生理功能逐渐衰退，对他人的依赖程度越来越高，心理上越来越脆弱，对养老服务与精神慰藉的需求也就日益迫切。

"文化养老"关注老年人的精神世界，唤醒老年人的自我思想意识，促使他们走出狭隘的个人空间，将精力投射到琴棋书画、唱歌跳舞等兴趣爱好中，投射到跑步打拳、观光旅游等休闲活动中，以填补心理空虚，找到精神慰藉。"文化养老"所具备的群体性、互动性，更满足了老年人沟通情感、交流思想的精神需求，全方位提高晚年生活品质，使老年人心情愉悦，身心健康，延年益寿。

3. 开发利用老年人才资源的社会需求

许多老年人曾经是社会活动中的积极分子，退休之后仍然怀着满腔热情，具备较强的社会责任感，"不服老""闲不住"，力求发挥余热，老有所为。一方面，他们不愿意长期处于经济和社会的从属依附地位，导致生命尊严感和价值感的缺失，进而减弱生活的幸福感；另一方面，老年人自身拥有丰富的人生阅历和实践经验，是一笔宝贵的社会财富。组织开展"文化养老"，支持老年人以适当方式参与经济发展和社会公益活动，既能满足老年人自尊自信的心理需求，又能充分挖掘利用老年人才资源造福社会，使他们的生命能量得到发挥，可谓一举两得。厦门市同安区就长期活跃着"金秋艺术团""妈妈合唱团""大同老青春文艺队"等几支由离退休人员组成的艺术团体，他们是"文化养老"的积极践行者，每年参加数十场公益性文艺演出，为广大群众送去欢声笑语，送上精神食粮。

二、当前"文化养老"中存在的问题

1. 对"文化养老"的认识不到位

目前，"文化养老"的理念尚未完全普及，全社会尚未形成"文化养老"的深厚氛围。原因在于，一部分人对"文化养老"工作的重要性和必要性认识不足、理解不深，并不从老年人的切身实际出发，未充分认识到"文化养老"对促进老年人身心健康、对构建和谐社会所起的作用，由此导致重"物质养老"而轻"文化养老"，相关部门对"文化养老"工作重视不足，"文化养老"缺乏后劲与活力。

2. "文化养老"的活动阵地不足

"文化养老"以文化为主线，以活动为载体。开展"文化养老"工作离不开设施完备的活动阵地作为依托。目前，我国老年人的文化活动主要集中在老年大学、文化馆、文化站、社区文化中心内，文化活动阵地较少，设施相对落后，城乡发展不平衡，没有实现阵地资源的科学建设和优化配置。

3. "文化养老"的内容和形式相对单一

在现代文明不断发展的今天，老年人的精神文化需求日益呈现多样化，现有的老龄服务，无论是在内容还是形式，都相对单一、滞后，与老年人日益增长的服务多样化的需求及推进健康老龄化、积极老龄化的需求还有一定差距。尤其是在不少农村，老年活动中心基本等同于"棋牌室"。打牌、打麻将虽然也属于娱乐休闲的方式，但长时间静坐非但不利于老年人的养生保健，还有可能因争一时输赢而情绪激动，引发疾病，危害老年人的身体健康。

三、推进"文化养老"工作的建议

1. 加强宣传，倡导"文化养老"新理念

"文化养老"是积极应对"老龄化"问题的切实举措，是当前老龄工作的重要内容。针对重"物质养老"而轻"文化养老"的现象，首先应该着眼于提高全社会的认识水平，在舆论宣传上下功夫。要通过广播、电视、报纸、杂志、网络、手机等各种传播渠道，大力倡导"文化养老"的新理念，逐步提高全社会对"文化养老"的关注度、理解度和重视度；同时，要鼓励老年人转变思想，创新思路，摆脱对传统养老方式的固守和依赖；加强宣传，适度引导，通过培养老年文化骨干，向广大老年朋友介绍并推广"文化养老"，使他们加入"文化养老"的队伍，激发热情，融入社会，感悟人生，用全新的养老文化心态去实现并满足自己的精神诉求。

2. 加强对"文化养老"的组织引导

各级政府要重视老龄问题，加强对"文化养老"工作的组织领导，将其作为老龄工作的重要内容来抓，明确目标任务和工作方向，协调发动社会力量共同参与进来，形成上下联动、齐抓共管、共同推进的良好格局。应探索建立"文化养老"长效机制，加大资金投入，改善硬件条件，加快老年文化活动阵地建设；注意优化资源配置，推动"文化养老"城乡、区域统筹协调发展；打造高水平的老年文化人才队伍，鼓励吸收老年文艺骨干成为"文化养老"的志愿者、辅导员，充分发挥老年人才优势，组织开展专门的文体活动和相关技能知识的学习培训，以点带面，强化"文化养老"的辐射功能。

3. 搭建多层次"文化养老"活动平台

应创新"文化养老"的活动内容和形式，全方位、多层次、多样化地搭建起"文化养老"活动平台；大力加强老干部党校、老年活动中心和老年之家等基础设施建设，扩大各级各类老年大学的办学规模，推进各类文化、教育、体育健身等服务设施免费开放，积极拓展"文化养老"的活动领域；扶持和完善各类老年文化团体建设，如老年艺术团、老年书画协会、老科协、老体协等，定期开展老年文化艺术节、老年人体育运动会、老年书画展等系列活动，精心设计富于知识性、趣味性和娱乐性的比赛和项目，为"文化养老"提供展示舞台；建设老年宜居社区，将"文化养老"与"社区养老""家庭养老"有机结合起来，让"文化养老"贯穿老年人的晚年生活。

"老吾老以及人之老"，"文化养老"应成为全社会的共同责任，大家协同努力为老年人的晚年生活锦上添花。

（作者单位：厦门市同安区文化馆）

"文化养老"

——同安金秋艺术团典型经验介绍

杨郎乾

我国已进入老龄化社会，因此，"养老"问题引起社会各方的高度重视。所谓"养老"，就是满足老年人物质生活、生命需求的经济和社会活动，它必须具备养老资源和养老方式两方面内容。养老资源包括为老年人提供物质、服务和精神资源，养老方式就是为养老资源提供办法和供养模式。

"文化养老"是近年来随着人民物质生活水平的显著提高和适应老年人口不断增长的文化需求提出来的，是新时代倡导的积极的养老理念。"文化养老"是相对于"物质养老"或"待遇养老"而言的，它是养老工作的重要内容，是高境界、高品位的养老方式。"文化养老"体现传统文化与当代人文关怀，它以社会文明与发展为前提，以满足精神需求为基础，以沟通情感、交流思想、拥有健康体魄与心态为基本内容，以张扬个性、崇尚独立、享受快乐、愉悦精神为目的，具有群体性、互动性和共享性。"文化养老"是以文化为主线，以活动为载体，以愉悦为目标，使老年人心悦身健、安享晚年的养老方式。

其实，"文化养老"在身边并不少见，如老年人读书看报，学习琴棋书画，提高自身修养，发扬优良传统就属于文化养老的自身发展类。此外，从内容上分，"文化养老"还有文体娱乐类和奉献服务类：老年人参与歌舞弹唱、健身旅游、体艺表演，从中老有所乐的，属于文体娱乐类，如参加艺术团、门球协会、排球队、广场舞队等；奉献社会，发挥作用，热心参加各类社会活动，老有所为的属奉献服务类。同安金秋艺术团就属于文体娱乐与奉献服务相结合的"文化养老"类型。

同安金秋艺术团是由退休职工文化志愿者组成的队伍，多年来，在区政府多个部门的关心支持下不断发展壮大，艺术团成员人数达50余人。艺术团本着"文化养老""健康养老"的工作精神，用文化滋养幸福的退休生活。他们每年承载着相关部门的重托，积极参加市、区举办的重要文艺演出活动，一年之中参加各种公益活动40余次，公益演出30余场。

艺术团长期参加区文明办举办的"文明大篷车"进社区、"和谐社区

（村）温馨行"等公益演出活动，向市民宣传精神文明，送去文化娱乐服务，营造和谐宽松的社会关系和安居乐业的良好氛围；参加区文明办、双拥办举办的军民共建"文艺进军营"慰问演出或联欢活动，为官兵送去精神文化食粮，使军民融合发展更加深入，使军民团结更加巩固。艺术团多次被市文明办评为"先进文明团队"，团队负责人被评为"市文明市民"和"先进文化志愿者"，区文明办还专门为团队出专集宣传这些退而不休文化志愿者们的精神，区委宣传部、文明办、社科联为了宣传团队的奉献精神，也拍录了视频专集。艺术团同时也被区政法委、司法局授予"法制宣传队"称号，积极参加法制宣传活动，教育大家远离邪教、毒品、赌博，做一名遵纪守法的好公民。团队积极参加社会的各种公益慈善活动，如参加文山旅游景点的"呵护山林、净己心扉"环保公益活动，参加同心慈善会活动，参加"厚学慈善基金会"义卖义捐活动，等等。在文化大繁荣大发展的时代，为了让更多的群众从参与文化活动中获得快乐，该团组织团员们到幼儿园传授"非遗"项目车鼓弄的表演方式和技巧，下到农村、社区辅导基层群众开展广场舞活动，参加在传统节日期间各方举办的广场文化演出活动，为群众送去文化娱乐服务和欢乐。艺术团还经常参与海峡两岸的文化交流，2013 年 5 月，艺术团应金门县政府的邀请前往金门参加"金门迎城隍艺术节"，在三天活动中，《金门日报》连续进行跟踪报道艺术团的活动情况，团队在参加迎城隍踩街活动中深入民间与同胞互相交流闽南民间民俗文化，共叙乡情。

"文化养老乐为先"，"文化养老"就是要老年人走出去，动起来，学起来，乐起来，在满足"老有所养""老有所医"的前提下，逐步改善"老有所教""老有所学"的环境，努力实现"老有所乐""老有所为"。正所谓生命在于运动，人有事做不易老，老年人要在文艺活动中享受文化的乐趣、享受人生的幸福。主动参与就要奉献不止。人生在世主要是为了奉献，不是为了索取。老年人有丰富的人生阅历和渊博的智慧积淀，更应当实现自我价值，发挥所长，造福社会。

几年来，同安金秋艺术团的团员们一直坚持做文化志愿者，将"文化养老"与"奉献社会"精神结合起来，用文化服务社会，回报社会，长期到工厂、乡村、社区、海岛进行公益演出，传播新思想新文化，活跃新生活。这不仅服务人民群众，也使自身达到心态开朗，精神世界充实，实现自我追求，享受快乐生活，达到强身健体、延年益寿的养老目的，为老年人开创了老有所为的新天地。

（作者单位：厦门市同安区文化馆）

从"老有所养"到"老有所乐"

——同安区五显镇农村"文化养老"案例剖析

林　俊

根据联合国的传统标准，60 岁以上老年人口达到总人口的 10%，就是"老龄化社会"，超过 14% 为"老龄社会"。2012 年 7 月 10 日，全国老龄工作委员会发布《2011 年度中国老龄事业发展公报》，指出，截至 2011 年，全国 60 岁及以上老年人口已达 1. 849 9 亿，占总人口的比重达 13. 7%，中国已进入"老龄化社会"，正在成为"老龄社会"。进入老龄社会后，老年人的生存状况逐渐成为社会各界关注的焦点。老年人的生存状态和精神面貌直接影响全社会文明程度的提高和社会的稳定与发展。随着我国城镇化的发展，越来越多的青壮年选择离开农村到城里打工和生活。"空心村""留守老人"等社会现象的出现为养老事业的发展提出新的命题。

就我国广大农村地区而言，其普遍存在文化事业欠债多、基础弱的难题，农村地区的老年人又往往有文化层次低、对现代文化的接受能力弱、对家庭养老的期望高、物质收入不稳定等特点。农村地区已成为我国养老事业发展的短板。"文化养老"是养老事业的重要组成部分，以满足精神需求为基础，以交流思想、教育培训、文体活动为手段，以弘扬个性、享受快乐、愉悦精神为目的，有利于提高老年人的幸福指数、强化老年人与社会的联系、发掘老年人的文化潜能和规范老年人的社会行为。因此，在农村地区积极发展农村"文化养老"，对创新农村社会管理、补齐农村养老短板无疑具有特殊的现实意义和深远的历史意义。

一、五显镇农村"文化养老"案例剖析

五显镇位于同安区东北隅，全镇陆域总面积 73. 8 平方公里，辖有 15 个行政村，172 个村民小组，常住人口 42 880 人，60 岁以上老年人 5 999 人（截至 2014 年 10 月 30 日，公安统计口径），占全镇总人口的 13. 9%，按照联

合国的传统标准，五显镇已进入"老龄化社会"，即将进入"老龄社会"。近年来，五显镇大力推进文化事业大发展，在农村地区积极探索"文化养老"模式，促进农村养老事业健康发展。

一是挖掘本地资源，突出乡土特色。五显镇党委、政府充分挖掘当地的文化资源，特别是积极利用北辰山民俗文化、闽南歌仔戏、拍胸舞等当地老年群众所喜闻乐见的民俗活动、文化传统元素，大力推动农村"文化养老"的发展。特别是每年4月份，五显镇政府、文化部门精心组织北辰山民俗文化庙会，邀请当地的各村老人协会理事、代表等参加。庙会现场除了举办大型的闽王王审知祭奠活动外，还组织闽南歌仔戏、拍胸舞等传统民俗文艺演出，吸引老年群众前往观看。一年一度的北辰山庙会活动让老年群众在传统的民俗活动中近距离重温本土文化，让他们在民俗活动当中充当文化传播者，体现自身价值。

二是契合主体需求，提高精神境界。五显镇政府一方面不断加大对文化事业的投入力度，特别是积极推动各村文化园、健身园的建设，不断完善文化园的文化基础设施，如设立老年人棋牌室、老年人曲艺协会，让老年人学有阵地，玩有项目，乐有舞台；另一方面，指导动员各村发挥村老年协会的主导作用，举办形式多样的主题活动。如每年的重阳节，五显镇政府联合西洋村和四林村委会、老年协会等部门共同举办"金婚·银婚"庆典仪式，现场颁发"文明家庭""五好家庭""五好婆媳"表彰奖励。这种融我国传统的家庭婚姻文化美德于节日慰问的庆典活动深受广大老年群众喜爱。如今，五显镇西洋村的"金婚·银婚"庆典活动已成功举办八届，成为当地老年群众津津乐道的话题。

三是融入当代文化，丰富文娱生活。随着我国文化事业的发展，具有当代特色的文化形式也逐步走进农村，走进老年群众的生活当中。近年来，五显镇顺势而为，在积极推进农村"文化养老"的进程中，大胆融入当代文化元素，为老年群众提供别样的文娱项目。例如，针对近几年在城市社区悄然兴起的广场舞现象，五显镇文化部门加大人力物力投入，在各村组织由中老年妇女组成的广场舞代表队，在影视城广场举办首届农村广场舞比赛，吸引广大老年群众前来观看，丰富农村老年群众的文娱生活。又如2013年"七一"建党节，五显镇党委联合区委组织部共同举办"青春正能量·十八大精神基层行"暨大学生村官基层巡演活动，活动现场由各村老年曲艺协会组成的二胡演奏队与大学生村官一起登台演出，这既丰富文娱生活，也为村民带去欢乐。

二、五显镇农村"文化养老"经验启示

一是始终坚持立足传统文化，积极整合社会资源。在我国的广大农村地区，60岁以上的老年人文化层次普遍较低，但这些生于斯长于斯的老年群众对当地民俗文化有较高的心理依存度和浓厚的兴趣。推进农村"文化养老"，以挖掘本地传统文化资源为突破口，无疑是一种较好的选择。在发掘本地传统文化，推动农村"文化养老"的过程中，政府各部门要加强沟通联动，社会各界要积极倡导，家庭成员要充分支持，进一步推进政府、社会、家庭各方资源的有机整合，逐步形成政府主导、社会参与、家庭协同的良好格局，促进农村"文化养老"的长足发展。

二是始终坚持发挥主体作用，动员参与文化构建。在推进农村"文化养老"事业的过程中，广大老年人无疑是活动的主体。只有立足主体需求，充分发挥主体作用，才能吸引广大老年人参与其中，重新找到自身的社会价值和责任归属。如五显镇垵炉村等村老人协会自发成立"红白理事会""禁赌协会"等协会，利用老人协会在民间的威望，主动参与全村的精神文明、文化事业建设，使全村形成良好的道德风尚。各村成立管理文化园等文化设施的老人理事会，促进农村文化园、文化基础设施的科学管理和有效使用，进一步发挥老年群众在促进农村生产发展、乡风文明、村容整治、管理民主等方面的作用。

三是始终坚持扩大舆论宣传，为农村"文化养老"营造良好氛围。"文化养老"作为新近几年兴起的新型养老形式，在社会上，特别是广大农村地区，绝大部分群众对其还感到比较陌生。因此，在推进农村"文化养老"事业的发展过程中，有关部门及社会各界，应该加大对其的舆论宣传力度，特别是要利用农村无线广播、村务宣传栏等媒介加强对农村文化惠民政策、文化主题活动的宣传力度，为农村"文化养老"营造良好氛围。

"夕阳无限好，人间重晚情"。"文化养老"不仅体现传统文化与当代的人文关怀，更体现每个社会公民对老年生活的美好憧憬。当下，我国正在大力推进文化强国建设，政府、社会各界、家庭更应该积极行动起来，努力为"文化养老"提供组织保障、舆论环境和物质条件，着力推进"文化养老"的健康发展，为农村老年人"老有所乐"美好愿景的早日实现添砖加瓦。

（作者单位：厦门市同安区五显镇人民政府）

解读传统养老文化　构建现代养老体系

陈微微

近年来，我国人口老龄化的加速和传统家庭养老功能的弱化已成为全社会关注的热点。来自民政部社会福利和慈善事业促进司的最新统计，从 2009 年开始我国老龄化进入快速发展阶段，老年人口将年均增加 800 万人至 900 万人。到 2050 年进入重度老龄化阶段，届时我国老年人口将达到 4.37 亿，占总人口 30% 以上，也就是说，三四个人中就有一位老人。我国有几千年的养老文化，"养儿防老"已深入人心，我们可以从传统文化中找到新时期的养老模式。

一、传统养老文化的内涵

所谓"养老文化"，主要指家庭或社会在为老年人提供物质赡养、生活照料、精神慰藉等养老资源方面的思想观念、社会伦理、价值取向和制度规范。中国传统文化源远流长，博大精深，其中养老文化的内涵极为丰富。

1. "孝"是传统养老文化的核心和基础

孝，是中华传统伦理的核心观念与特色，也是中华传统伦理体系的始基与诸德之首，这就是俗语所说的"百善孝为先"。"孝"，东汉许慎在《说文解字》里的解释是："善事父母者，从老省，从子，子承老也。"也就是说，"孝"讲的是对待父母的良好态度。在传统意义上，孝文化即指"孝道"，它涉及的是子女对父母、晚辈对长辈的人伦关系处理问题，这既涉及理念，又涉及实践上的具体操作。"孝"是一种社会观念形态，经过历代圣贤与统治者的大力提倡，已深深扎根于中国传统文化的土壤中，成为中华民族的文化心理的积淀，它不仅影响着人们的思想行为，也支配人们行为和德行评价。

2. "尊老敬长"是传统养老文化的重要理念

在小农经济时代的家国同构的宗法观念下，个人被重重包围在群体之中，"家本位观念"被放大，人们特别重视家庭成员之间的人伦关系，如父慈、子孝、兄友、弟恭之类。这种人伦关系的实质是对家庭各个成员应尽的责任和义务加以规定，父母对子女有抚育的责任，子女对父母有奉养的义务。传统的儒家文化不仅把"尊老"和"敬长"作为人与动物的根本区别，也将其视为养老的最高境界所在。"敬"是"孝"的重要内容，孝敬老人不仅仅是赡养老人，更重要的是尊敬老人，注重对老人的精神赡养。

3. "家庭养老"是传统养老文化的养老方式

在中国，"家庭养老"通常被理解成"子女供养"，特别是来自儿子的赡养。中国宪法规定"父母有抚养教育子女的义务，成年子女有赡养扶助父母的义务"，这是对东方反哺模式的法律解说。在传统中，夫妇只有生养了儿子，才能"老有所靠"，追求早生儿子并力所能及地多生儿子便自然地成为基本生育策略。父母对孩子的培养一直持续到其经济上完全独立为止，花毕生之心血寄望于下一代，老了之后等待下一代的"反哺"，由子女共同或者轮流来赡养。

二、家庭养老现实存在的意义

家庭养老曾是主要的养老模式，它不仅是传统的文化观念，更是现实的选择。

1. 传统的思想观念、文化观念对老人生活习惯的感染和影响

"积谷防寒，养儿防老"的做法在中国流传了几千年，"子孙满堂"的天伦之乐一直为人们所渴求和向往。由于家庭成员长期生活在一起，代际之间比较协调和融洽，年轻的供养年老的，年老的帮助年轻的做一点力所能及的家务劳动，这种家庭养老形式，供养双方心理上都能接受。据调查，我国有95%的老年人不愿住养老机构，即使是孤老，也有80%不愿去敬老院。在他们看来，养老机构环境再好，生活条件再优越，也不如待在家里生活舒服和称心，可见，家庭养老不仅仅是在物质上提供帮助，也使其精神生活得到充实。

2. 家庭养老形式是由我国的生产力发展水平所决定

我国是农业大国，几千年来自给自足的农村经济造成日出而作、日落而息的封闭生活与家庭养老的形式被传承下来，在社会生活中得到加固。

3. 我国老年社会保障体系尚不完善

由于我国地区发展差异大，城乡之间、东西部地区间经济发展不平衡，目前，我国的社会保障制度处于覆盖面广、标准低、救助能力弱的阶段，还不能全民惠及，因此，大多数老年人，尤其是农村老年人，还需要子女赡养。

4. 养儿防老是经济制度安排

养儿防老在经济学上也是核算的制度，用存量积蓄为养老买单，用存量支付未来。

5. 子女仍是养老主力

我国家庭服务业不发达，老人的生活照顾支持网络中，子女依然占有重要的地位。老人，特别是高龄、丧偶和生活不能自理的老人，对家庭的依赖程度更高。即使部分老人能有数目可观的养老金，那些疾病缠身自理能力极端低下的老年人还是需要家庭这个稳定的载体，否则不能安度晚年。

三、传统养老文化正逐渐淡化

在市场经济的冲击下，家庭养老赖以依托的文化观念受到新思想、新观念的冲击，曾经孕育和强化的"孝道"的伦理观念、家庭氛围以及尊老敬老的社会环境等都发生较大变革，使家庭养老面临着诸多问题，主要体现为三个问题。

首先，家庭养老关系更加脆弱。家庭养老是建立在道德观念基础上的，而不是法律基础上的。在这里，后代是否履行养老义务以及这种义务的履行程度，都没有客观的判断标准和监督机制，加上家庭养老将养老问题归入家庭事务范畴，外人轻易不能过问。因而，社会的监督和控制十分困难。老人是否获得保障权利完全看后代的道德修养程度，而在市场经济下，养老文化的弱化致使不稳定的养老关系更加脆弱。

其次，家庭养老功能的弱化。所谓家庭功能就是家庭对于内部成员和社会的价值和贡献，亦即家庭对于人类生存和社会发展能起哪些作用。随着社会工业化、城市化的发展和家庭规模及结构的变化，家庭的许多职能逐渐变化，家庭的生产职能和养老职能逐渐为社会化大生产和社会保障制度所取代。家庭规模的缩小和家庭类型的变动趋势不可避免。家庭养老与人口老龄化发展趋势发生冲突，最终导致家庭养老功能的削弱。

家庭养老功能弱化主要受下述因素的影响：一是子女数的减少。实行计划生育的明显结果就是子女数减少，它不可避免地削弱现代家庭的养老功能，特别是家庭进入空巢阶段，身边无子女，家庭的养老功能名存实亡。"四二一"的家庭模式使得80后养老负担更为沉重。二是代际居住方式的变化，即从过去的共居转向分居。三是代际关系的中心被下一代取代。传统养老文化以长辈为代际关系的中心和方向，当今社会都"望子成龙，望女成凤"，父母几乎将所有的心思都放在培育下一代，对上一代的关心相应减少。四是劳动力社会参与率的提高和社会竞争因素的介入使得不少做子女的陷入角色冲突，即"事业人士"角色和"孝顺子女"角色的冲突。这些变化影响家庭的养老功能，容易导致精神慰藉功能和日常照料功能的弱化。

最后，我国农村家庭养老模式面临着更大的挑战。农村老人没有自己养老的意识，还沉浸在养儿防老上；青年劳动力大多外出务工，对父母的养老也仅仅是经济资助而没有精神资助，而且，青年人自认为在外面见多识广，老一代的观念已经陈旧过时，老年人在家庭中的地位下降，老人不能主导家庭的决策，许多家庭越来越少考虑老人的想法。根据相关数据，在中国农村，与配偶单独居住的老年人高达55%，常住在一个子女家或者在子女家轮流生活的老年人只占20%，即便是"养儿防老"观念较强的农村，也只有29%的老年人在子女家居住。国外学者认为，如果说工业化国家的家庭存在着抛弃老年人的现象的话，那么，发展中国家在现代化的过程中则存在着忽视老年人的现象。

四、构建现代养老体系

人类基本的养老方式只有这三种，即家庭养老、社会养老和自我养老。所谓家庭养老，就是由家庭成员或者亲属网络——譬如子女、配偶和其他亲属——忠实地履行对老年人的经济供养、生活照料和精神赡养的职责。所谓社会养老，则是由社会来提供经济供养、生活照料和精神赡养的职责。所谓自我养老，就是既不依靠子女和亲属，又不依靠社会保障的养老。

1. 发展以传统家庭养老为主的家庭养老

家庭养老主要有经济供养、日常生活照料和精神慰藉三种作用。老年人最忌怕的是自己丧失独立生活能力或久病不起，需依赖他人维持生存，这种后顾之忧通常在家庭里得到解决。精神安慰使老人在家庭中精神上有依靠，感情上有交流，可享受天伦之乐。共同生活使老人和家人间建立起密切的感情和精神交往，充实老人的晚年生活。

2. 发展和丰富社会养老

随着生育率的下降和人口老龄化，必将使未来家庭的负荷和经济承受能力发生矛盾，社会养老逐渐成为趋势，强化家庭养老并不能扭转这一趋势。（1）制定《养老法》，家庭养老不仅仅是单纯的伦理、道德问题，它更是制度化的传统。伦理、道德是软性的，不强制对此加以规制、保障，其存在必然是苍白无力的。应尽快制定《养老法》，以便人们在处理和解决老年人的问题时有法可循，用法律来保护老年人在经济来源、居住条件、婚姻家庭等方面的权益。（2）完善社会养老保险。传统养老文化的模式是国家性家庭养老。国家的支持在家庭养老过程中的作用非常重要。没有国家的支持，家庭养老行为很难达到预期目标。但数据显示，2013 年中国投入社会福利事业的钱只相当于 GDP 总量的 0.05%，这个数字不仅低于发达国家，且低于很多发展中国家。（3）延长退休年龄。人这一生很大程度上是为了实现自我价值，退休后，老人们变得无所事事，这令他们产生心理落差，延长退休年龄就解决了这一问题，且最大程度地发挥他们的价值。（4）发展社区养老。（5）建立健全养老机构。目前，我国养老机构良莠不齐，养老服务市场供给缺口大，具有医疗设施和服务的养老机构比较受欢迎，但价位较高；单纯的托老机构只能接管生活自理的老年人，费用相对便宜但不受老年人欢迎，空床率很高。一边是大量空床的养老机构，一边是想住又住不起的老年人。全国几次较大规模的调查数据表明，我国约有 3 250 万老年人需要不同形式的长期护理。相关调查还表明，经济收入越低、生活不能自理的高龄老年人更需要社会帮助，养老机构由于收费问题而很难入住，这些需要帮助的老年人怎么办？养老服务市场还很大，亟待政府引导。

3. 倡导自我养老

在传统养老文化中，老年人往往是"倚老卖老"，子女也往往表现出"唯老是从"，从而使老年人坦然地接受子女和家庭的奉养和照料。随着社会经济的发展，老年人自身也应该从被动、消极地接受养老转向努力寻求主动积极的自我养老。（1）进行固定财产性投资或积攒养老金。（2）购买商业性质的养老保险，退休前交高额费用，退休后逐步返还并配红利。（3）"以房养老"，就是"60 岁以前人养房，60 岁以后房养人"，房主把拥有合法产权的房子抵押给保险公司或银行等商业机构，这些商业机构按照评估得出的房屋价值，按月付给房主养老金，直到房主去世，房子产权归商业机构所有。这种养老方式是把住房抵押贷款反过来做，因此也称"反向住房抵押贷款"或"倒按揭"。但这种方式存在很多问题，养老观念陈旧、养老机构不完善、房子受 70 年产权限制，而且倒按揭是基于房地产价格不断升值才有的方案，如果楼市泡沫破裂，倒按揭对于金融机构来说风险很大。

（作者单位：厦门市同安区竹坝开发区）

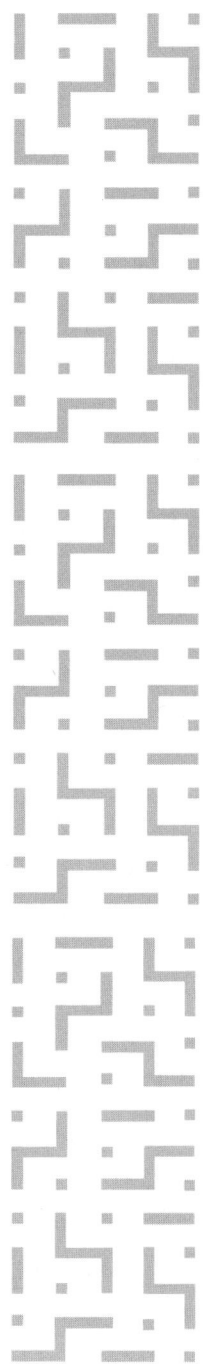

第五辑　社区文化与美丽厦门构建

"幸福湖里·百姓乐"文化品牌打造

魏雅平

一、文化品牌发展趋势

自从党的十七大对文化大发展大繁荣的战略进行部署以来，尤其是在十七届六中全会提出建设文化强国战略目标的新形势下，"城市品牌""文化品牌"迅速成为曝光度极高的词语。文化是城市的灵魂，是城市核心竞争力的重要方面。在品牌经济时代，品牌就是传播力，品牌就是生产力，品牌就是竞争力，品牌就是发展力，品牌的主要构成要素就是文化。文化品牌是城市的标志和名片，可以提高市民的归属感、集体感、自豪感，增强凝聚力和向心力，还可以提高城市的知名度、美誉度，增强城市的影响力和竞争力，引领城市文化的建设和发展，改善城市投资环境，为城市发展注入活力，引领城市科学发展。

街道社区文化是城市文化的重要组成部分，城市文化来源于街道社区文化，同理，如果说城市文化品牌是母品牌，那么，街道社区文化品牌就是子品牌，正是一个个街道社区文化子品牌构成城市文化这一大品牌。随着社会网格化管理的发展趋势，街道社区文化品牌建设地位更为凸显。因此，街道社区文化品牌建设是打造城市文化品牌的重要着手点。每个街道在一定的历史发展条件下会形成相应的特色，文化品牌建设须因地制宜，准确地定位，科学地规划，发挥本街道社区的长处，同时与城市文化大品牌相得益彰。文化品牌建设必将带动大批文化产业的发展，更能够与旅游业相辅相成，推动一系列相关产业的发展。

二、湖里街道文化背景

作为与特区同步诞生的老街道，湖里街道开发时间早，文化活动场所存在不足，工业企业多，外来务工人员多，背井离乡的人们的精神生活空虚，广场便成为他们业余时间活动的场所，形成独特的广场文化活动方式。在此基础上，湖里街道发展出以广场为依托的文化活动阵地。目前，湖里街道共有21个文化广场，每个社区均有1个及以上。街道辖区的室外活动场所面积84 529平方米，达到每万人平均11 006平方米。每一天，无论是白天还是晚上，在湖里街道的各个社区广场，都可以看到市民健身、娱乐、排练节目的情景。在比较大的广场，每年参加广场文化活动的人次可以达到5万。

三、湖里街道文化品牌的现状

（一）常年定期举办主题活动

2014年，以"美丽厦门·创新湖里"为指引，以挖掘原创文艺作品为主线，湖里街道"幸福湖里·百姓乐"开展首届主题为"美丽厦门·幸福湖里——原创文艺作品大赛"的广场文化节系列活动。以元宵节的仙岳山歌会为活动序幕，湖里街道先后在仙岳山公园广场、东荣文化广场、怡景社区广场等21个广场、公园持续开展了包括18场社区发掘赛、3场片区选拔赛的原创文化系列活动，以及10多场包括元宵踩街、春节献春联、端午道德经典颂读等部门、社区文化系列活动。活动立足于百姓参与、社区推选、片区选优等环节，从老百姓所喜闻乐见的大众文艺作品着手，深入挖掘群众文化创作潜力。活动过程共挖掘出102个原创文艺作品，500多名草根居民参与创作和演出，人群跨越老、中、青、幼，内容涵盖演唱、演奏、快板、戏曲、舞蹈、话剧、朗诵七大类，涉及京、闽、粤两岸三地文化元素，吸引观众近5 000人次。

2015年，湖里街道联合三品堂文化有限公司举办"幸福湖里·百姓乐"广场文化节诗文吟诵会演出，诵读队由湖里街道工作人员和社区工作者组成。此次活动借助专业文化公司的力量把国学经典带入社区、带给居民，提升居民的传统文化素养，同时扶持辖区的文创企业。18个社区结合自身特色分别开展两场以上文艺演出活动。

（二）社区文艺队伍有所发展

湖里街道目前共有40多支文艺队伍。出色的几支队伍，例如仙岳山激情广场艺术团、和通阳光艺术团、大榕树艺术团等，在"幸福湖里·百姓乐"文化品牌的建设中同步进行培养与精心打造，艺术团的水平不断提高，向成为更为专业的文艺队伍迈进。文化志愿者逐渐形成自助式管理。

（三）存在一些问题

一是文化品牌特色依然不够鲜明；二是品牌打造过程宣传途径较单一，宣传力度不足，范围较小，影响力较小；三是文化品牌建设缺少各方面资源的整合与利用，没能很好地调动整个街道辖区的积极性，未能带动相关产业的发展。

四、文化品牌建设意见

"幸福湖里·百姓乐"不仅是湖里街道文化建设的灵魂，也是湖里街道文化走出湖里区，走出厦门市的名片。运用好这个品牌，可以丰富辖区居民的业余生活和精神生活，挖掘并培养优秀文化人才，形成湖里街道优质、有序的文化氛围，促进湖里街道文化大发展、大繁荣。

（一）定位品牌之魂

品牌的灵魂相当于品牌形象的内涵。要打造好"幸福湖里·百姓乐"品牌就要对其内涵进行准确的定位。

1. 人人参与，人人快乐

"幸福湖里·百姓乐"，顾名思义，即通过这样一种品牌活动，提高湖里辖区广大居民的幸福指数，让百姓得到更多的快乐。这种快乐，不是仅仅参与一两次集中的文艺活动产生的快乐。百姓乐品牌活动立足于老百姓所喜闻乐见的文化，为居民搭台，让居民欣赏，由辖区内居民的表演引来周围居民的围观。有了展示平台，居民们互相带动，大大激发了创作热情。业余生活里，居民们为文艺活动精心准备，更是乐在其中，越来越多不同类型的文化爱好者聚集在一起，彼此切磋，共同促进，增进了社区与社区之间的交流与学习，丰富了居民的娱乐生活和精神生活。我们在舞台上能看到居民们展现的动人风采，在台下，在生活中，更是随处能看到湖里街道每个居民幸福灿烂的笑脸。这才是品牌之精髓，品牌之灵魂。

2. 没有围墙的广场文化节

这里的"围墙"，其一，指"幸福湖里·百姓乐"品牌活动大部分以广场为依托，室外活动场地为主；其二，指百姓乐品牌活动对象不受年龄、性别、户籍限制，有利于外来人口更好地融入辖区内的生活，打造湖里街道温馨大家庭；其三，指参与活动的节目类型不受限制，只要是积极健康的文艺节目，不论是阳春白雪还是下里巴人，都有机会站上"百姓乐"的舞台，让大家欣赏到你的作品。

（二）塑造品牌之形

品牌之形即品牌的外在表现。由于初次接触的人们无法立即体会品牌内涵，因此，品牌发展都会经历从有形产品价值到无形品牌价值的过程。在发展过程中塑造好每一步的文化品牌之形，才能为文化品牌无形价值的发挥奠定好扎实的基础。

1. 挖掘文艺人才，培养文艺队伍

一台精彩的文艺演出，出色的文艺人才是关键。世有伯乐，然后有千里马，优秀的文艺人才需要社区积极挖掘，通过日常活动的全面宣传，居民们的参与、接触与了解，广纳人才，充实资源储备。同时，优秀的文艺人才需要扎根于优秀的文艺队伍，人才与队伍相辅相成，相互促进。几支高品质的文艺队伍也能够吸引更多的人才，带动周边乃至整个街道辖区的文化活动，营造良好的文化氛围。

2. 打造品牌文艺节目精品

众所周知，诸如印象系列的文艺精品舞台演出节目给当地带来极大的文化、旅游、经济效益。在社区文化品牌的打造过程中，文艺节目精品同样发挥不可替代的作用。社区品牌文艺节目精品，是基于社区文化而创作，表演者也正是辖区居民。应发挥广大老百姓的聪明智慧，制作不同类型的具有代表性的文艺节目精品，基于文化传统，又与时俱进，不断对其进行修改和完善，全方位包装，打造精美的舞台效果，演绎出辖区品牌文化之魂。

3. 利用多种途径创新宣传方式

笔者在多次参与社区文化活动的过程中发现，活动的宣传途径比较单一，宣传面小。当然，街道的文化品牌活动并不是为制造声势浩大的效果，但既然是由优秀的文艺人才及辛苦的工作人员合力精心打造出的文艺演出，没有广泛的宣传面，没有一定的影响力，那就只能是自娱自乐。

宣传上，可以通过海报、报纸、官方网站等常规方式，更应努力创新运用特色宣传方式，例如，印制有"幸福湖里·百姓乐"字样及 Logo，或者富有湖里街道文化特色的纪念扇子、杯子等小礼物，在活动中发放给社区居民，既有深刻的纪念意义，又取得良好的宣传效果。

城市文化品牌是具有灵魂的城市标志和名片，街道社区文化品牌作为其重要组成部分，增强着居民的归属感、集体感、凝聚力，为城市发展注入活力，带动相关产业的发展，促进城市文化发展繁荣。湖里街道基于其独特的广场文化活动方式打造出"幸福湖里·百姓乐"文化品牌，通过一年一度的主题活动的开展将品牌建设稳步推进，但特色不够鲜明，宣传泛围小，没能很好地利用资源整合途径，品牌影响力不足。本文认为打造文化品牌可以从定位品牌之魂和塑造品牌之形两方面着手，将"人人参与，人人快乐"、提高辖区居民幸福感、提高街道辖区整体文化素质作为文化品牌核心价值，对文艺队伍大力培养，精心打造文化精品，用多种创新宣传手段进行品牌的推广。这将有助于文化品牌整体影响力的扩大，最终推动湖里街道辖区文化大发展大繁荣。

（作者单位：厦门市湖里区湖里街道）

社区文化提升与美丽厦门构建

苏艳琦

2013 年 8 月，厦门市委市政府出台《美丽厦门战略规划》，提出"美丽厦门共同缔造"的战略规划理念和"十大提升"行动，其中，文化提升行动作为十大提升的关键组成部分被提上重要议事日程。社区是社会的基础，也是美丽厦门共同缔造最基础的细胞。街道、社区作为实现"美丽厦门梦"的前沿阵地，应以"共谋、共建、共管、共享"的社区自治目标为行动基础，着力社区建设。社区文化是社区建设的灵魂，应先下大力气推动和提高。

一、加强社区文化建设对美丽厦门构建具有重要意义

社区文化指特定社会区域中人们各方面行为构成的文化生态系统。它既包括这一区域内人们的生产方式和生活方式，也包括该区域内社会成员的理想追求、价值观念、道德情操、生活习俗、审美方式、娱乐时尚。众所周知，城市价值最终体现在人的幸福感。厦门的空间是生活化的空间、家园化的空间，要把社区建设作为美丽厦门最重要的细胞单元，让生活在这里的人们感到幸福。社区文化是社区建设的核心内容，在提高居民的综合素质、促进人际和谐、增强社区凝聚力等方面有重要作用；对构建现代公共文化服务体系，保障广大居民的基本文化需求，促进社会和谐发展具有重要现实意义。富有特色、充满活力的社区文化是美丽厦门多元人文美与社会和谐美的体现。

首先，有利于满足社区群众文化需求。随着经济发展，广大社区居民对精神文化生活的需求日益高涨。社区文化建设能够满足社区居民的文化需求，居民能够就近便享受文化服务和参加文化活动，能够满足对文化的强烈愿望。其次，有利于推动精神文明建设。通过组织社区各种文化活动，吸引广大居民参与，使精神文明建设深入社区之中，营造良好的文化氛围，提升市民的道德和文明素质，提高社区文明程度。最后，有利于增强社区的凝聚力。社

区通过各种文化活动，协调各单位与居民之间的关系，增加了交往，促进了相互了解，学会互相协作与配合，丰富了社区居民的感情交流。人们参加社区文化活动越多，越有认同感和归属感，就会自觉维护社区利益，增强社区的凝聚力，促进社会和谐。

二、社区文化建设现状及存在问题

近年来，厦门市不断加大资金投入，坚持公益性、基本性、均等性，着力构建具有鲜明地域特色、覆盖城乡的公共文化服务网络，向基层和农村提供公共文化产品，把公共文化服务"种"到百姓家门口。2011年6月，厦门市成为首批"国家公共文化服务体系示范区"创建城市后，借着建设东风，越来越多的厦门老百姓实实在在享受到公共文化建设带来的实惠。经过几年的创建，全市公共文化服务体系建设成效可彰，基本形成健全的公共文化设施网络和相对稳定的公共文化服务队伍。以集美区为例，集美区现有社区100%建有200平方米以上的社区文化活动室，全国文化信息资源共享工程基层服务点100%覆盖。每个社区至少配有1名专（兼）职文化协管员，免费开放的相关制度健全完善，社区活动日益活跃。但是通过调查，我们发现，社区文化建设在软件方面依然存在一些问题：一是部分社区文化活动室管理不够规范，利用率低；二是基层文化队伍专干不专，大多不是艺术专业，整体素质偏低；三是社区文化活动内容形式不丰富，没有吸引力，居民参与的积极性不高；四是社区文化活动开展未形成长效机制。

三、以共同缔造理念提升社区文化建设的几点思考

"美丽厦门 共同缔造"战略规划自实施以来，鹭岛厦门掀起一股蔚然新风。共同缔造的核心在共同，基础在社区，关键在发动群众参与。与群众生活息息相关的社区文化建设，应坚持共同缔造理念，在开展工作中体现决策共谋、发展共建、建设共管、效果共评、成果共享，激发社区文化的潜力和创新力，形成人人参与社区文化建设的新格局，推动社区文化的提升与创新。

（一）政府重视，经费保障制度先行

各级党委和政府特别是各镇（街）要将社区文化建设纳入重要议事日程、政府目标管理责任制、财政预算和城乡建设整体规划。相关部门要加大对社区文化建设的财政投入，建立健全财政保障机制，设立社区文化建设专项资金，充分发挥公共财政在社区文化建设中的主导作用，确保活动顺利开展，

坚持民办公助，鼓励社会组织、个人捐赠，引导和鼓励社会资本资助社区文化建设。集美区委区政府于 2014 年下发的《集美区"以奖代补"文化类项目考核办法》，对符合共同缔造"五共"标准的新建社区公共文化服务场所和社区公益文化活动给予奖励扶持，充分激发社会参与社区文化建设的热情。在健全公共文化服务体系制度的基础上，要针对社区文化的特点进一步细化相关制度，在最大范围内提高公众的生活质量和文化福利，尽可能公平分配社区文化资源，限制侵害公共文化利益的行为。

（二）共建共享，让群众成为社区文化建设的主角

要建立供需互动平台，及时掌握居民文化需求的变化，做到按需供给，建立文化供需平衡的良性循环机制和文化需求反馈机制。在制定社区文化建设规划时，要通过问卷调查、访谈、集体讨论、微信公众号等民主形式广泛地了解社区居民的真实文化需求，将真实的文化需求体现在规划建设中；在问需于民的基础上问计于民，调动居民参与建设的积极性。集美区杏林街道纺织社区是一个"老牌"社区，这里遍布老旧企事业单位的职工宿舍。如何让破旧街巷实现美丽蜕变？纺织社区集思广益，广泛征求居民意见，最终采纳退休教师廖老师的建议，将废弃店面改造成"二十四节气"文化长廊，让附近的孩子在上下学途中能学习到传统文化知识。在学校和驻厦部队的支持下，这个居民眼中的"卫生死角"被改造成为社区一景，老社区呈现新气象。这一事例激发了社区居民的主人翁精神，他们更加积极主动地献计献策，自觉参与社区文化建设。社区文化应该是贴近群众的文化，要让居民参与活动，社区文化才有生命力。因此，在活动的内容和形式上，要实现内容和方式的多元化发展，结合社区自身文化资源优势，开展群众喜闻乐见的文化活动，吸引更多的人参与进来。例如，集美区杏林街道宁宝社区除了开展文化进社区巡演巡展、各类文艺培训等活动外，还通过举办家庭才艺秀、卡拉 OK 擂台赛、社区音乐会、社区居民书画摄影展、亲子 DIY 等活动，让社区居民成为活动的主角，让社区舞台成为居民展示才华、自娱自乐的平台，居民参与的积极性大大提高，社区文化活动自然热闹起来。通过活动还从中发现社区文艺人才，壮大了文艺骨干队伍。在浓浓的文化氛围里，大家感受到快乐与温暖，增强了认同感与归属感。

（三）以人为本，培育社区自助文化服务队伍

搞好社区文化建设，需要有一支具有较高文化素质和道德水平，同时具有文化专业一技之长、热心于社区文化的骨干队伍为社区服务，通过他们的示范带动辖区居民参与社区文化建设。当前，抓好社区文化队伍建设应从以

下四方面着手：一是注重文化专职干部的培养和选拔，在待遇和编制上给予保障，吸纳学历、业务和综合能力强的优秀人才加入，加强对文化干部的辅导培训和继续教育，促进文化干部队伍整体素质的提高；二是培养社区文化活动带头人，在文化活动中挖掘、培养文艺骨干，支持他们成立各类群众文化团队，广泛开展灵活多样、健康有益的文化、体育、科普、教育、娱乐等活动，满足居民日益增长的精神生活需求，有效营造积极向上的社区氛围，而且有利于提高居民自我教育、自我服务、自我管理的水平，促进和谐社区的建设和发展；三是整合社会文化资源，充分发挥驻区企业、机关、学校人才聚集的优势，将驻区单位的文艺骨干融入社区文化队伍，增强社区文化队伍的整体实力和水平；四是大力推进文化志愿服务，健全完善志愿服务工作机制，动员组织辖区院校专家学者、艺术家等社会知名人士和文艺骨干参与志愿服务，推广社区自助式文体服务工作模式，充分发挥文化志愿者在社区文化管理中的作用。

（四）创新机制，共同缔造优秀的社区文化

要创新基层公共文化管理机制，建立公共文化服务体系协调机制，完善公共文化供给机制、共建共享机制、长效管理机制、群众评价和反馈机制等；以"美丽厦门共同缔造"为指导，培育社区文化，支持群众自发开展文体活动，发挥城乡基层群众性自治组织的作用，引导社区居民和基层辖区内的企事业单位及社会组织等参与公共文化服务项目的规划、建设、管理和监督；建立资源共建共享机制，全面推进图书馆和文化馆总分馆制建设，逐步将社区图书室纳入联网管理，实现文献流通"通借通还"，构建以市文化馆为龙头、区文化馆为骨干、镇（街）、村（居）文化站（室）为服务网点的公共文化服务信息网络；建立群众评价和反馈机制，推动文化惠民项目与群众文化需求有效对接，开展社区文化论坛，对社区文化建设的成果进行展示、交流、借鉴，并对面临的困境、瓶颈进行大讨论，创新思维，群策群力，推动社区文化发展。

总之，社区文化是社区建设的灵魂，坚持以"共同缔造"理念为指导，努力探寻社区文化建设的新途径，共筑美丽精神家园，将大大提高人们的幸福指数，为实现"美丽厦门梦"、构建和谐社会提供强大的精神动力。

（作者单位：厦门市集美区文化馆）

浅谈社区"艺术周""艺术节"
在共同缔造美丽厦门、和谐社区中的作用

徐 宁

2011 年以来，思明区政府积极落实国家"文化惠民"政策，先后投入 2 600 多万元用于文化基础设施建设，创建国家公共文化服务体系示范区，并于 2013 年 8 月通过国家文化部验收，目前思明区设有 1 个区文化馆、1 个区级图书馆、10 个街道文化站、98 个社区文化室，公共文化服务活动场所设置率、达标率皆达到 100%，实现区、街、社区公共文化服务体系达到国家公共文化服务体系标准。

思明区为巩固创建成果，区级文化部门结合省级文明单位的创建、国家一级馆的创建等工作的开展，不断提高区级文化馆的公共文化服务设施水平，并且自 2004 年开始，以创建"社区文化示范点"为契机，对基层文化站、文化室每年投入 30 万元进行硬件设施建设和更新。

在抓好设施建设的同时，思明区也注重抓好队伍建设。几年来，该区培养了一批认真、严谨、富有创新精神的群众文化队伍，除区级文化馆、图书馆拥有的 33 名在编文化干部，还有 30 名街道文化干部、98 个社区文化协管员、街道和社区组建的 260 多支业余文艺团队和 10 多个业余社团、6 820 余名的文化志愿者共同构成思明区的群众文化队伍。思明区每年通过组织老年大学、社区学校、社区文体活动中心结合文化干部职业培训、职称评定和各类文艺骨干的培训开展培训工作，不断提高各级群文队伍的从业水平和全区业余文化水平。经过多年的努力，思明区各类文艺队伍不断壮大、文艺水平不断提升。这些队伍活跃在思明区各行各业、社区、广场、公园，成为思明区群众文化生活的一道亮丽的风景线。如该区每年围绕春节、元宵、五一、国庆等重要节日开展节庆活动，以及"群众文化艺术节""全国非遗日""环保日""助残日"等纪念日，开展各项专场演出宣传活动，2014 年度全年开

展全区性群众文化活动近 80 场。每届的厦门市群众文化艺术节举办期间，思明区均会组织多场综合文艺演出，充分展示来自思明区文化馆、老年大学、社区文艺团队、校园、社会业余团队的音乐、舞蹈、器乐、戏剧、校园剧等各级文艺团队的精彩节目，集中向社会展示了以"文化惠民、幸福思明"为核心的思明区社区文化、校园文化、老年文化、民间文化等多元群众文化成果；而每年自 5 月启动，10 月底结束的"夏季周末广场"活动，活动期间，发动全区各街道、社区的公园、广场、市民活动中心举办合唱、广场舞、群众书画展等各类群众性文化活动，是思明区时间跨度最大、历时最长、活动项目最多、参与群众最多的全区性广场活动，仅 2014 年"夏季周末广场"活动参与的群众就达 30 多万人次。

在开展特色文化活动的同时，各街道、社区纷纷组织开展社区特色文化推广普及活动，特别是 2014 年 3 月以来，厦门市《美丽厦门战略规划》提出"美丽厦门　共同缔造"，其核心是"共同缔造"，共同缔造有三个突出的特点：决策共谋，变"你和我"为"我们"；发展共建，变"要我参与"为"我要参与"；共管共享，变"靠政府"为"靠大家"。如何吸引市民群众共同参与，如何发挥各级文化服务中心的阵地作用，成为群文工作的着力点。近年来，在思明区各社区逐渐兴起一种如同过节一般的文艺活动模式，并逐渐在各社区流行起来。之所以这种文化活动模式日趋在社区流行，活动越来越受到社区居民的欢迎，原因主要有三个。

一、中国人有浓厚的过节情怀

中国人爱过节、喜欢过节，一年当中中国人要过的大小节日就有二三十个。除了享受节日带来的假期，更可以享受家庭团圆、外出游玩、精神休闲，过节寄托了人们对历史、先人的思念和对美好生活的期盼和热爱。因此，随着我国国力的不断提升，人民生活水平、精神生活要求不断提高，人们渴求天天都能有节日般的幸福生活。社区艺术节的出现是社会发展、人们生活富足后要求文化享受均等性、对精神生活要求更加丰富、对生活品质要求更加提高的自然产物。

二、参与群众多、受众面广，增强认同感、归属感

中国正在进行城市化、人们或因拆迁或因生存、工作需要从不同区域重新居住在同一个社区。据相关部门统计，2015 年，厦门市常住人口达到 381

万，思明区达98.3万，其中外来流动人口占近一半，人们以社区为单位成为一种主要的居住模式，人们因居住关系，从完全陌生到相互熟悉、相互依赖再到相互认同，文化起润滑作用。当人们有了共同的文化认同和共同的交流互动模式，这就是社区文化形成的基础，像早期以居住群体为主要特征而形成的社区文化品牌，如金鸡亭社区、盈翠社区的"社区书画展"，前埔南社区的"社区舞蹈节"，育秀社区、屿后社区的"书香社区"，无不是由社区居住居民的职业决定的，这些社区或因文艺爱好者多，或因知识分子家庭多，或因社区以专业团体为单位的居住等原因，因社区文化成次较高，打造的社区文化档次也较高，但社区普遍性和社区参与性有一定的局限性。随着国家城市化进程的不断推进、外来人口的不断涌入，对城市的包容性要求不断提高，不同层次的居民对文化生活的需求和参与要求不断迫切，国家提出以推进公共文化服务体系建设来实现文化惠民政策，实现全民文化共享的意愿，具体落实在打造社区居民十五分钟文化生活圈，旨在让群众在家门口享受国家公共文化服务成果。社区文化活动的开展是使公共文化体系焕发生机的原动力，社区"艺术周""艺术节"是充分发挥社区公共文化服务作用的良好表现形式，它的主要模式是以社区自治组织为主导，结合社区自身特点，设计出一系列的文体活动，吸引居住在本社区的居民共同参与。简单来说，就是将社区中所有的文化、体育项目活动集中在几天展开，尽可能地吸引社区居民参与，无论大人小孩，不分文化程度高低，均可参与，营造社区自己的节日，即社区"艺术周""艺术节"。思明区莲前街道的前埔南社区就连续几年举办社区艺术节活动，不仅辖内的企业、单位积极参与，有钱出钱，有力出力，单位、社区文艺团队负责出节目，就如易中天这样的社会名流也无偿为社区居民开讲座。社区文艺演出、社区趣味运动会、社区绘画展等有趣的系列活动吸引近万名社区居民参与。在举办社区艺术节的同时，社区结合各单位、部门展开各项便民服务：税务、理财、医疗、社区养老、幼教、培训、旅游资讯、购房、维修等各项民生服务应有尽有，人人有需求，人人能参与。这样的社区文体活动突出社区自我组织、自我表演、自我服务、自我娱乐的特点，将更多社区群众吸引到社区，体现社区的包容性，是实现社区认同感、幸福感的良好载体。越来越多的民众参与社区文艺活动，在共同的参与过程中，不仅欣赏他人的表演，也享受自我展示的愉悦感，这自然拉近了社区居民之间的距离，增进了社区认同感，催生社区生活的幸福感，促进了社区的和谐。

三、活动的开展促进了社区和谐

社区艺术周的骨干主要是文化志愿者,所谓文化志愿者,就是分布在社区的文化活动积极参与者。首先,他们自身就有各种文艺专长;其次,他们热心于社区文体活动,自发自愿地发动和组织社区居民参与社区文体活动,在他们的发动带动下,社区居民的文化生活活跃了,各社区也依托这些文化志愿者,由自发地组建社区各种文体队伍,到有计划、有目标地开展社区文体活动,社区自治组织结合各时期的工作任务举办的专场文艺宣传演出,如"计生宣传文艺演出""综治宣传文艺演出"等专题文艺宣传表演,各节假日为活跃社区居民文化活动而开展的诸如庆中秋、迎国庆、欢度春节等的节庆活动,再如:各社区与共建单位、驻军、商户等联合开展的各种慰问、联谊活动,都是社区文化志愿者发挥才艺和表演的大舞台。这些活动的开展,不仅大大加强了社区与文化志愿者之间的联系,也推进了社区各项工作的展开,促进了社区和谐。这些社区志愿者,在社区的活动越来越多,"能量"越来越大,一年针对性的几场演出、活动已经不能让他们过足瘾,一些社区将各种文艺团队集中起来轮流展演,连续举办多场活动,让所有文艺团队都有机会展示、表演,于是,各种"文艺周""艺术节"出现并以社区节日的模式盛行起来。

显而易见,社区"艺术周""艺术节"对丰富社区文化生活,促进社区和谐起积极的作用。政府和相关的文化部门不应一味插手,大包大揽,出钱,出方案,一切包办。纵观以往的群众性自发活动,大凡政府过度介入就不伦不类,许多活动到后来竟流于形式,群众自发性的活动本为了自娱自乐,政府介入,又是拨经费、配器材,又是给补贴,往往得不到好结果。政府给予一些队伍扶持资金,容易造成厚此薄彼、分配不均的矛盾,从而造成自发群众文艺队伍之间相互攀比,不和谐,有些领队个人意识膨胀,搞起帮派,更有甚者,不给钱就不参加社区组织的活动,这些情况往往与政府推进群众文化活动的初衷相违背。但政府也不应完全不管不问,任其自生自灭呢?政府该扮演好自己的角色,该做什么,不该做什么,这些都值得我们每一位文化干部好好思考,摆正位置。近年来,思明区政府、思明区文化体育出版局、思明区文化馆在这方面有所探索,笔者认为有不少值得肯定的做法。

(一)从政策上加以鼓励

社区举办"文艺周""艺术节",日趋成为社区居民的文化生活节日,其存在和发展逐渐成为新时期社区群众文化生活发展的重要导向，政府和群文工作者都应关注和鼓励这种文化的正面作用，近年来，政府越来越重视这类群众文化活动模式在社区群众文化生活中的积极作用，大力倡导和鼓励。思明区政府2013年就出台"以奖代补"政策，将社区的"文艺周""艺术节"纳入政府"以奖代补"政策的奖励范围，对连续举办两届社区"文艺周"活动、发挥良好社区作用的社区组织和文艺团队进行评选和表彰奖励，2014年度，莲前街道的前埔南社区和开元街道的老榕树艺术团都因为常年开展社区艺术节活动和参与社区文艺演出而得到8 000元至10 000元不等的专项表彰。

（二）联办、合办、专业辅导等形式更有效

另一方面，群众文化部门也积极介入各社区"文艺周""艺术节"的举办，从专业上加以指导。思明区文化馆结合每年的文化干部培训班，对社区文化干部、社区志愿者、文艺骨干进行集中培训，从政策指导到组织活动的开展模式，到各文艺表演专业的培训等，近年来，共开展"社区文化干部培训班""社区舞蹈培训班""社区志愿者培训班"等有针对性的培训班数十期，对提高社区文艺工作者的组织水平和表演水平发挥良好的指导作用；与此同时，思明区的各级文化部门还通过党支部的共建联建、党员下社区、文化志愿者联系社区等工作的开展，积极参与社区"艺术周"和社区"艺术节"的举办过程，如2014年、2015年两届的前埔南社区"艺术节"，思明区文化馆也结合文化志愿者启动仪式和党员下社区活动，参与该社区艺术节的举办，组织专家到各活动现场进行活动测评，为政府"以奖代补"评选提供依据。2015年5月，思明区文化馆与共建社区莲西社区联办首届社区艺术周，从艺术周的策划到文化馆业务人员、文化志愿者全程参与艺术周活动，共同组织文艺演出，举办书画展、少儿绘画、文艺展演、插花展，扑克牌和中国象棋比赛，整个艺术周历时一周，每天举办两场以上各类文娱项目的活动，不仅有群众参与自娱自乐的文娱项目，也有文化馆、文化站等文化部门组织的文化志愿者专业团队参与的交流展演，吸引了近5 000人次的社区居民参与，大大提高了社区"艺术周"的举办水平，深受社区居委会、物业、社区老人协会的欢迎，更满足了社区居民的精神文化需求。

社区"艺术周""艺术节"活动是真正诠释了美丽家园、人人参与的群众文化模式，它因群众喜欢，政府支持、人人参与，一定会花开处处，全民欢喜。

（作者单位：厦门市思明区文化馆）

浅谈社区文化

——海沧院前社"美丽厦门·共同缔造"经验谈

周月菊

社区是中国最小的行政单位，其文化建设的积极作用直接关系社会政治、经济的发展。社区文化建设的出发点和归宿都是促进社会的和谐，其特点是满足社区成员多方面需求，各种各样的文化活动凝聚人心，陶冶情操。

一、社区文化的涵义

社区文化的涵义很广泛，一般指一定地域内反映在社会共同体中有关人的行为倾向、生活方式、风俗习惯、文化品位等生存环境要素的文化现象总和。社区文化影响人的精神状态，增加归属感及社区的凝聚力，对社会的发展和社会的治安都起着重要的作用。社区文化是社会发展的必然产物，能够促进社会政治、经济不断发展，对社区建设和社会和谐都起到积极的推进作用。

二、社区文化与"美丽厦门·共同缔造"相融合

说到社区文化，谈得最多的是调动群众的积极性，让群众发现文化的价值，促使他们自觉参与文化建设。《美丽厦门战略规划》中指出："共同缔造，核心在共同，基础在社区，关键在发动群众参与，凝聚群众共识，塑造群众精神，根本在让群众满意，让群众幸福。"

"美丽厦门　共同缔造"活动开展以来，出现"院前速度"，海沧院前社成为远近闻名的"共同缔造典范社"。这其中最重要的原因就是村民的积极参与，用村民自己的话说就是"走出自己的小家，建设共同的大家"。正是有了村民的积极参与，在短短一年多的时间内，院前社从默默无闻的小村庄一跃成为远近闻名的共同缔造明星村。截至2015年，院前社接待近60位正厅级

以上领导。

（一）院前社在共同缔造中的亮点

院前社位于青礁慈济东宫对面，是保生慈济文化的主要发祥地，也是开台王颜思齐的故乡。随着"美丽厦门 共同缔造"行动的开展，院前社居民与两岸乡亲努力将家园打造成闽台生态文化村，让两岸同胞真正感受到"望得见山，看得见水，记得住乡愁"的海沧情怀。

1. 加大宣传力度，发动群众共同参与

自"共同缔造"活动开展以来，院前社的村民用自己的实际行动很好地诠释了"共谋、共建、共管、共评、共享"的内涵。村民自愿并主动让出鸡舍、鸽舍、猪舍、厕所等场所9 255.18平方米，自愿投工投劳1 000多人次，折合金额400余万元。同时持续开展"我爱我社"活动，引导村民共同参与。在制作笑脸墙的过程中，仅用了短短三天就完成109大户中的106户全家福的拍摄。在"小袋鼠垃圾不落地"活动中，村民自掏腰包购买垃圾桶放在各自家门口，垃圾车每天进村收两次垃圾，实现村内垃圾不落地，共同为打造"美丽院前"而努力。院前社通过院前笑脸墙、"小袋鼠垃圾不落地"等"我爱我社"系列活动，激发了村民们的归属感、认同感和自豪感。

2. 突出对台元素，成为闽台交流的重要基地

院前社在共同缔造过程中持续加大对台交流，突出对台元素。一是打造两岸社区。其与台湾大学城乡基金会、台湾中山大学、厦门大学台湾研究院合作，将院前社作为试点，学习借鉴两岸先进的社区营造的理念和方法，共同缔造两岸社区，探索形成可说、可看、可推广的符合小区发展愿景社区的营造模式。二是营建"城市菜地"吸引海峡对岸的关注。台湾企业主动对接，为菜地引入台湾种子，设置台湾果蔬种子供应中心，台湾环保无公害协会主动邀请合作社的人员到台湾参观交流。三是突出院前社是开台先驱颜思齐故乡的历史渊源，依托颜子文化交流基地，深化两岸交流。

3. 以"以奖代补"为载体，打造"生态美"的公园式乡村

院前社内有39座闽南古厝，村民纷纷让出自家闲置的空地，进行景观绿化，修建成广场。大伙儿还对村里的池塘进行改造、清淤，在池塘周边修建凉亭，村里如今处处是景。不仅如此，院前社更请来台湾专业团队给予学术指导，让村里浓浓的闽台文化得到更好的保护和开发。对房前屋后的整治和雨污水分流改造、休闲亭建设、池塘水域清理等重要环节提高改善，加大力度推动乡村环境生态化，进一步改善美化绿化，把院前打造成"生态美"公

园式乡村。

4. 发展城市菜地等特色产业，推动"百姓富"

院前社村民根据实际村情和现有资源，找准发展的路子，设立济生缘合作社，以青年作为行动的主力军，把充分发动村民群众作为第一要务，打造突出"机制活、产业优、百姓富、生态美、台味浓"的特色亮点，提出发展"城市菜地"、凤梨酥观光工厂、农家夏令营等产业项目，在实现"百姓富"的路上迈出重要一步。

5. 开展丰富多彩的群众文体活动，提高文化品位

自开展"美丽厦门　共同缔造"活动以来，院前社举办形式多样的文体活动。如"走进美丽院前体验乐活海沧"文艺晚会、"寻找最美的星——院前"之荧光夜跑、"国学讲堂"等活动，鼓励村民积极参与各种活动，不仅村民的文化品位得到提高，知名度也同步提高。

（二）院前社在共同缔造中存在的问题

1. 长效管理机制有待进一步健全

尽管院前已制订基础设施维护、环境卫生保洁、村规民约等长效管理制度，但由于缺乏制约机制，加上部分村民文化素质偏低，思想观念落后，各项管理制度难以执行到位，尤其在清洁家园和农村生活污水处理方面，后续管理相对滞后。唯有把长效机制建好，才能有效避免投入方面的巨大浪费，实现真正的"生态美"。

2. 文化底蕴有待进一步挖掘

院前社在建设闽台生态文化村方面具有得天独厚的优势：一是村里尚有特色古民居39座；二是保生慈济文化已经家喻户晓；三是开台王颜思齐由此出海。依托共同缔造和"台味"城市菜地的建设，院前社村容村貌得到极大改善，但目前生态文化村建设还处于较低层次，院前的特色文化尚未得到深入挖掘与发展，在文化植入上相当薄弱，特别是颜思齐文化的包装推广不尽如人意。

三、提升社区文化品位，推动院前社闽台生态文化村建设

社区文化应以人为核心，以环境为重点，体现出无处不在的文化氛围和对人的尊重与关怀。开展"美丽厦门·共同缔造"活动时，院前社从以下六个方面推动闽台生态文化村的建设。

1. 经济发展产业化

以"城市菜地"为龙头，扩展规模的同时，发展特色小吃；结合慈济东宫旅游资源，以"共同缔造"的方式，委托专业公司策划、建设和经营，完善院前的标示导览、公共节点、休闲设施、停车场、自行车道和站点等旅游公共服务系统。策划休闲游、生态游、农家游产品，实现村民的增收。

2. 土地利用集约化

在村民自愿的基础上，推进土地集约化的规模化经营，带动"城市菜地""城市果地""城市药地"的发展，促进乡村旅游产业升级。

3. 乡村环境生态化

加快雨污分流、休闲亭、池塘水域等重大景观节点的建设；推进"小袋鼠垃圾不落地"活动，组织家园清洁行动，进一步绿化美化村社环境；探索汽车不进村，建设连缀各节点的村内慢行交通网络。

4. 经营方式市场化

一是发展壮大济生缘合作社；二是与有实力的旅游公司合作开发旅游项目；三是探索盘活民居资源，设立文创园区、画家村和艺术部落等。

5. 社会治理自治化

大力加强农村基层组织建设，坚持以党的领导为核心，成立党支部，加强党的领导；进一步发挥自治理事会、乡贤理事会、监事会和老人会"一会三组织"的职能，促进社会治理自治化。

6. 城乡生活一体化

促进公共服务提高，促进院前社与城区居民同等享有教育、医疗服务，加快片区基础设施建设和商贸业发展。

总之，加强社区文化建设是时代的要求，也是广大群众的要求。我们不断开拓创新，通过依托村庄两岸宗亲渊源、凝聚两岸青年，共同将院前社打造成"望山看水寄乡愁"的闽台生态文化村。

（作者单位：厦门市海沧区海沧街道文化站）

文化惠民，文化乐民，共铸美丽厦门

黄艺卿

　　三角梅、凤凰木、白鹭鸟；鼓浪屿蓝天碧海，环岛路绿树红花；九八贸洽喜为国际盛事；厦门马拉松更是闻名遐迩……这里，香风咏颂着道德模范的传说，碧海包容着千百年来的闽南记忆，这是一个美丽温馨而又浪漫多情的城市。这是一个吸引灵魂驻足的地方，人们向往和热爱的婀娜多姿的花园城市——厦门。

　　2013 年 7 月，厦门市委提出"美丽厦门　共同缔造"战略规划，"美丽厦门"指的是美丽的自然环境、深厚的历史积淀和经济社会的健康发展，成就厦门山海格局美、发展品质美、多元人文美、地域特色美、社会和谐美。建设"美丽厦门"，贵在坚持"共同缔造"，充分发挥群众的积极性、主动性、创造性，发动群众参与，凝聚群众共识，塑造群众精神。深爱家乡的厦门人和新厦门人肩负重重的使命感，要真正行使"主人翁"的权利，为家乡厦门建设出一份力。其中，"社会和谐美"与笔者所从事的文化培育工作息息相关，为此，我想结合日常工作实践，谈谈文化惠民、文化乐民，分享"共铸美丽　厦门工作"中的具体做法，与读者交流共勉。

　　笔者供职的海沧区海沧街道，历史悠久。自"共同缔造"启动以来，我们立志在现有的基础上打造具有海沧特色的文化品牌，首先，我们把"软环境建设"当作实现文化惠民、文化利民、文化乐民的重要举措。海沧街道积极引导社区搭建居民参与平台，大力开展各种形式的社区活动和志愿服务项目，培育和谐包容的社区文化，增强居民对社区的归属感和向心力，促进社区居民融合、融洽、融融。其次，我们深入实施文化惠民工程，完善文化管理体制、公共文化服务体系，创新文化产业发展机制，实现公共文化服务的更广覆盖、更高效能和持续发展。再次，鼓励、指导辖区各村（居）开展各类健康向上的群众性文体活动，丰富广场文化、社区文化、农村文化、企业文化、校园文化，使广大居民群众文化生活丰富多彩，打造具有海沧特色的主题系列活动品牌。

一、建设标准化文化设施

海沧街道始终以"文化惠民"为着力点，坚持面向基层，服务群众，不断增强公共文化服务能力，近几年来，更是加大对文体设施建设的投入，促进村居文化设施建设标准化。通过加大对街道及村居文化设施配套的投入，加强文化人才队伍建设，努力营造便民、利民、惠民浓厚文化氛围，不断促进文化体育事业的繁荣与发展，为创建国家公共文化服务体系示范区建设打下坚实的基础。截至 2015 年 6 月，建有街道级文化活动中心一个，建筑面积508 平方米，具备读书阅览、培训、娱乐等功能。每个村（居）均建有 200平方米以上的文化活动室，配置标准的公共电子阅览室。全街道共有图书74 355册，全民健身点 58 处，可用篮球场 39 个，门球场 2 个，乒乓球桌 49台，台球桌 11 张，健身路径 40 套，棋牌桌 44 张，戏台 55 个。所有文化阵地全部免费开放，每周开放时间不低于 40 小时。基础设施齐全、功能布局合理，为更多群众就近、多样、舒适地享受文化生活提供了更为便捷与高效的服务，有力地推动了基层公共文化服务的有效开展，为构建和谐社会起到积极的助推作用。

二、开展多元化文化活动

近年来，海沧街道极为重视公共文化服务项目，平均每年有近 200 万元的资金投入。鼓励各村（居）群众积极开展和举办灵活多样、形式多彩的多元化文体活动，特别是群众自己创编反映"缔造"过程中的好人好事文艺作品。通过举办丰富多彩的文体活动，收到得人心、顺人心、暖人心、稳人心的可喜效果。街道以节日庆典为载体，以民俗特色为重点，以群众文化需求为目的，大力开展各级各类群众文化活动，辖区内村（居）年均举办文艺演出 160 多场，举办大型文体活动 130 多场，放映电影 280 多场。创建"激情海沧"文化品牌，举办包括民俗文化表演、文体竞技、文艺汇演，"海富杯"民间歌手赛等系列品牌活动，成功申报海沧非物质文化遗产，世界最长的"蜈蚣阁"吉尼斯记录。街道搭建平台，群众共同参与、共享文化成果，极大地激发了群众的热情和积极性，增进了居民间的交流和友谊，增强了社会的凝聚力和向心力。

三、打造多样化的文艺队伍

文化队伍建设是村居文化可持续发展的保证，海沧街道实施"以人兴文"战略，在各级领导的支持下，通过组织培训，开设讲座，进行业务指导，迅速提高基层文化队伍素质。截至 2015 年 6 月，街道共有社会体育辅导员 110 余名，篮球队 23 队，腰鼓队 25 队，锣鼓队 17 队，大小鼓队 19 队，文艺队 25 队，广场舞蹈队 100 余支。文化队伍快速蓬勃发展，从群众中来，到群众中去，辐射和带动身边的广大群众参与各种文化活动，营造了健康向上的文化氛围。

四、开展志愿服务活动

"随着社会经济的全面发展，城市文明程度的不断提高，市民自觉参与公益文化活动的意识不断增强，文化志愿者的爱心服务已成为公共文化服务体系的重要组成部分。海沧街道志愿者们秉承"奉献、友爱、互助、进步"的优良传统，加入社区文化志愿服务的队伍。目前共有志愿者 228 人，服务次数达 27 800 次，服务时长共计 52 837 小时。文化志愿者每年集中培训两次以上，志愿者服务活动已经形成常态。如海发社区文化志愿者张大伯利用自身擅长的制作风筝技术在社区举办制作风筝培训班，培养孩子们的兴趣，获得了社区群众的好评。

海沧街道把"文化惠民，文化乐民，共铸美丽厦门"当作重要的事业来做，我们清楚地知道厦门是美丽的、宜居的、文明的城市，因为文明让大家目光在这里汇聚，海沧是厦门的一部分，大力谋划群众文化事业的发展，营造文化强市、人心思进的美好氛围，全力打造和谐、幸福、美丽的人文厦门是我们的使命。

综上所述，文化惠民、文化乐民是共铸美丽厦门的重要工作。如今的厦门，劲风鼓荡，春潮奔涌，携带着一股"文化热"的暖流。赏心悦目的文艺作品、恢弘壮观的文化规划、独具匠心的文化工程、功能齐备的文化设施、满怀热情的文化志士，正在勾勒出一幅文化强市的璀璨画卷。

（作者单位：厦门市海沧区海沧街道文化站）

浅析社区文化舞台的多元化

刘 婷

社区文化建设是最基层、最前沿的公共文化服务体系建设，社区群众文化是面向社区群众的文化，是社区群众广泛参与实践的文化，也是和谐社区建设的重要内容。因此，社区文艺舞台也必然是层次最丰富、表现最多元的文化前沿阵地。社区文化舞台的多元化主要表现在六个方面。

一、服务群体的多元化

社区文化舞台艺术的发展方向就是社区文化服务的发展方向，文化服务的对象决定了社区文化建设的主导地位。社区文化应融合一定区域内的各种群体的文化元素，包括广场文化、企业文化、校园文化、军旅文化、家庭文化以及特殊人群文化需求（如残障人士），以增强公共文化服务的公平性。结合节庆假日、政策宣传等节点，以弘扬社会主义核心价值观、倡导正能量为主导，组织开展侧重不同人群的社区文化活动。

二、节目结构的多元化

社区文化舞台为了满足不同人群的需求，一方面，可以由政府以购买文化服务的形式，邀请专业性强的精品节目进基层，满足群众的文化娱乐需求，同时也可以对爱好者起示范带动性作用，例如，湖里区宣传部在 2014 年年底邀请厦门爱乐乐团在五缘音乐厅演出了一场高水平的迎新年交响乐，受到群众的欢迎。另一方面，越来越多的文艺爱好者不满足于仅当观众，他们更愿意自己走上舞台展示自我，近几年，湖里区基层文体队伍如雨后春笋般蓬勃发展起来，大多由社区文艺骨干、文艺爱好者、文化志愿者自发组成，如禾盛社区馨雅艺术团、禾山社区艺术团等社区艺术团自发组织排练的节目常常活跃在社区的各种表演舞台，积极参加各级各类文艺比赛。群文工作者要积极扶持社区文艺团队，可以邀请专业人士通过举办讲座、培训指导基层团队，甚至吸引他们直接参与基层文艺队伍的表演，以此不断带动和提高社区文艺团队的表演水平，助力社区文艺节目推陈出新。

三、节目内容的多元化

随着时代的飞速发展，人们的生活方式发生日新月异的变化，社区文化舞台是百姓关注与热衷的平台，其节目内容的呈现也必然要紧跟时代的步伐，体现包容、开放与融合。既要保留与传承优秀的正统的文艺表现形式，如声乐、器乐、舞蹈、戏剧曲艺，更要鼓励居民创新，允许混搭、跨界，可以调动书法、美术、体育、科普等多种门类的元素糅合到舞台艺术中，例如，武术展演、花样跳绳、科普魔术、经典诵读、环保时装秀、书画现场秀、剪纸、插花手工达人秀、收藏展示等，可以两种或者多种形式混搭结合；还可以进行传统与现代、民族与国际、本土与外来文化的交流融合，更多面、更立体地展示社区文化丰富的内涵。

四、活动方式的多元化

社区文化舞台应该是最贴近群众、最接地气的平台，所以，舞台的活动方式也应该更灵活多变，既有固定舞台，如通常的大型综合文艺演出、各门类专项比赛，还可以有流动舞台，如文艺小分队巡回表演、小区联欢会、流动沙龙及时下流行的快闪等多种方式。多元的活动方式既是将舞台的概念延伸拓展，更是将社区文化的传播范围扩大开来。同时，群文工作者也努力创造机会，搭建更多的群众展示平台，不断丰富社区文化生活。近几年来，湖里区宣传部、文体局连续举办七届的"湖里区社区文化艺术节"，禾山街道连续四年举办"禾山欢乐季"，系列活动等已经成为群众认可和喜爱的特色品牌文化活动。

五、活动资源的多元化

在社区文化活动中，人、财、物方面的资源通常由政府为主导，这是政府加强公共文化服务体系建设必然的主要保障。同时，也可以不断挖掘和鼓励辖区企业、学校、单位、部队等多方社会资源积极支持社区公共文化建设，形成共赢，还可以调动社区居民主动尽个人所能，无论出钱、出物、出力，都可参与社区文化活动。以此，注重培育社区意识、社区精神，形成社会资源共享、多方积极投入的社区文化共同缔造、共盈共享的局面。禾山街道于2012 年启动的"禾山欢乐季"系列活动至今已经举办第四届，自活动开展以来陆续得到中国电信、五缘湾乐都汇、农商银行、中国移动、枋湖客运中心、五缘湾红星美凯龙等多家企业在资金、物料、场地等方面的大力赞助与支持，得到来自居民文化志愿者的无私奉献，他们义务教学，义务编排，义务组织，等等。

六、活动表现的多元化

社区文化舞台艺术的表现，正在逐步满足社会各界的各种文化传播需求，娱乐性、公益性、社会性、宣教性、互动性、开放性等多元化特征越来越鲜明。

社区文化舞台是群众的舞台，更应该注重广泛的群众基础，群众文化不能单纯地一味与高精尖的专业文艺相比，群众文化有群众文化的发展态势，群众文化的作用是区别于专业文艺的，也是专业文艺替代不了的。它必然具有大文化理念，所以，社区文化舞台有着鲜明的多元化特征，社区群文工作者要秉持以人为本、广泛参与、资源整合、共建共享的理念，把思想道德建设、精神文明、爱国主义教育、民族民间传统文化保护等多主题以多种表现形式纳入社区文化活动中，调动多方社会资源，服务不同层面的人群，满足不同需求，建立起多元化的社区文化舞台，更全面、更生动、更贴切地展示出多样、综合、整体化的社区文化内涵，促进社会主义五个文明与社会建设全面发展，以社区文化小舞台构建和谐社会大格局。

（作者单位：厦门市湖里区禾山街道禾山社区）

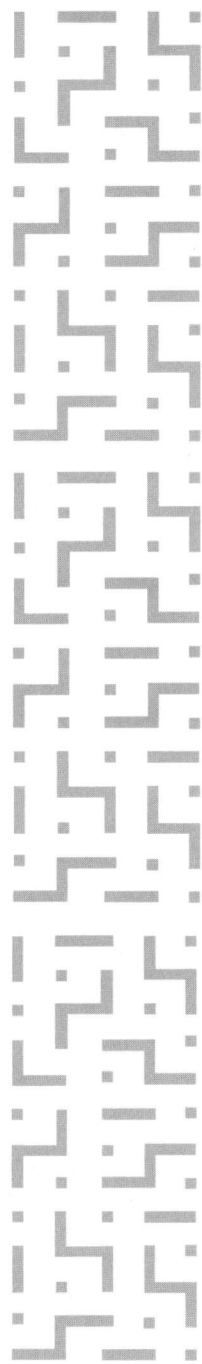

第六辑　新时期家庭文化建设

特殊家庭文化需求存在的问题及解决对策

林秀玲

自 2013 年以来，厦门市文化馆组织文化志愿者进社区，进农村，进学校，进福利院等文艺慰问活动近 50 场。在活动中，我们发现，特殊家庭文化普及工作存在着薄弱环节，即独居（空巢）老人家庭、残疾人家庭、贫困家庭、单亲或双亲（服刑）家庭，可概括为老、残、困三大类。由于特殊家庭共享文化成果受到各方面的限制，特殊家庭成员的身心健康、品德培育、文化成果共享等方面的问题正日益凸显，为此，有必要根据实际情况，探讨解决特殊家庭文化需求所存在的问题和对策。

一、老：需求多样，文化服务需有针对性

我国人口结构特殊，已逐渐进入老龄化阶段。从文化需求上说，老年人自身的文化结构不尽相同，除了少数老年人能在社区广场上体验文化以外大多数老人窝在家里听广播，看电视；老年人还受到心理、生理特点的影响，产生了不同于其他人口群体特殊的物质和精神需求；有的老人会主动参加社区广场活动，有的则足不出户，随着年龄的增长、体能的日益衰退，其对文化的需求也随之变化，甚至有最终走向空白的趋势。从区域上看，城市老年人的文化生活相对丰富，但边远乡镇农村老年人的文化生活很少，有些地区甚至还存在重物质、轻文化的现象，普遍觉得老年人温饱、住房没问题就可以。很多子女在外工作，对独居（空巢）老人的文化生活重视不够，老人乐不起来。另外，部分农村的基层组织单位，由于受经济的制约和历史形成的缘故，还没有供老年人学习、休闲、娱乐等活动相应的场地和配套的设施，有的乡村虽建有文化活动室，但是很少有适合老年人活动的项目、空间。如老年人读物少，老年人的健身器材没有；各种乡村成立的老年协会、联谊会，因为没有经费支撑或者管理不到位而流于形式。一些农村的文化馆、站利用

率低，许多文化站设施简陋，有的甚至另作他用，难以为乡村老年文化工作发挥作用。以上种种原因使到农村独居（空巢）老人精神文化生活缺少。有些老年人甚至参与封建迷信活动，严重地伤害了身心健康，这不仅有碍农村的经济发展，更不利于农村精神文明建设。

随着经济建设步伐加快的新形式，独居（空巢）老年家庭的特殊文化需求对公共文化服务提出新的要求。我们应认识到独居（空巢）老年家庭在文化建设工作中的重要地位，寻求突破传统的文化普及方式，根据群体的特殊需求，提供针对性的文化服务项目，在实际工作中抓住"三个文化"的思路：

一是开通文化直通车。结合社区联动，开通养老文化直通车。充分发挥社区文化室的功能，成立社区文化志愿者队伍，利用社区活动开通养老文化直通车，改变传统的广场文化活动，开通小分队文化服务项目。例如，家门口的讲古、"门兜口"的歌仔戏、辅导老年人使用多媒体等文化服务，组织贴近老人生活的当地戏种、歌曲下乡，让老年人不出家门即可享受文化成果。

二是开设敬老文化平台。结合村（居），开设敬老文化平台，充分调动文化协管员的能动作用，收集独居（空巢）老人的文化需求信息，建立社区独居、空巢老人的文化需求档案。根据不同家庭的不同需求制定相应的文化慰问活动，在关爱独居（空巢）老人家庭的文化精神需求工作上，文化馆（站）及有关部门和各级领导应该形成共识，加大投入，有步骤有计划地做好独居（空巢）老人家庭文化工作，让独居（空巢）老人家庭一同享受文化强省建设的丰硕成果。

三是开展文化暖心——敬老文化标兵评选活动。文化馆（站）可以联动老龄委等相关单位每年组织一次这样的评选活动，接受社会各界推荐，评选积极为独居（空巢）老人家庭文化服务具有显著成绩的文化暖心敬老标兵，通过评选活动倡议更多的文化志愿者、社会人士共同关爱独居（空巢）老人。

二、困：生活贫困，文化服务需有帮扶性

在厦门市文化馆的公共文化服务中，免费培训是很好的帮扶平台，一年三季的培训班人员爆满，网络报名个别项目竟以秒杀的方式完成。统计数据显示，在每年三季免费培训中的近四千学员中，少年儿童培训项目占40%。但这些参加培训的少年儿童大部分为外出务工（双职工）人员的家庭成员，此外，报名参加培训的资料中也无法显示学员的家庭经济情况。因此，为贫困家庭成员提供帮扶性的文化服务，需要依托学校、社区，提供特殊贫困家

庭的名单。

一是文化馆（站）可根据需求为成员开设相应的文化艺术免费培训班，提供相应的名额给这些贫困家庭成员。如此一来，文化馆（站）与学校、社区之间为特殊贫困家庭开设了绿色文化通道，做到贫困家庭共享文化成果无障碍。

二是在文化培训项目上开设系列课程。目前，文化馆常规的免费培训均为基础班，在免费培训的课程中，可针对特殊家庭开设少量提高班、高级班，以保证特殊贫困家庭成员能顺利享受完整的系列文化服务。

三是建立一对一的文化艺术帮扶关系。文化馆（站）的文化志愿者还可以与特殊贫困家庭成员建立一对一的文化艺术帮扶小组，为特殊贫困家庭成员提供点到点的文化服务。

三、残：身心受限，文化服务需有便利性

特殊家庭有其特殊性，听力、视力、智力等残疾人的身心缺陷情况各异，各方面的不便是导致残疾人家庭在文化需求上的最大障碍。因此，在满足残疾人家庭的文化需求上必须创新文化服务渠道，开设特殊文化平台。

一是改善公共文化场所残疾人设施。文化馆（站）免费场所应配套相应的残疾人设施，如便捷式语音解说器、残疾人便利通道、配套部分轮椅等硬件设施，为残疾人参观展览、文化培训提供方便。

二是开设语音文化服务频道。在文化馆（站）的网页上提供新闻语音播报、文化培训资讯文化播报等音频文化服务项目，让更多的盲人朋友共享文化资讯。

三是结合节日，开设多样化的文化活动。如结合"爱耳日""助残日""国际残疾人日"举办残疾人画展、才艺展示，开设残疾人传承非物质文化遗产项目培训班。

四是加强残疾人文化队伍建设。以残联为主导，把残疾人文化工作纳入日常工作，建立残疾人文化志愿者队伍，增拨残疾人文化事业经费，吸引更多的优秀人才投身基层残疾人文化事业，努力造就一批优秀残疾人文化骨干和拔尖人才，鼓励残疾人发展文化创意产业。

特殊家庭是公共文化服务的受益主体，公共文化服务应责无旁贷地从各方面为特殊家庭提供更大的便利，进一步加强和推进无障碍的文化帮扶建设。除了上述几点建议以外，文化馆（站）还可以在公共网页上设立"特殊家庭

文化需求意向表"，零距离搜集特殊家庭的个性化文化需求，整合资源，设立帮扶计划，达到"环节少、受众多、涉及广、期望高"的文化服务成效。当然，相对于一般的群众文化服务，特殊家庭的需求比较别致，改善而向特殊家庭的文化服务，需要更多创造性、创新性的工作方式。

总之，对特殊家庭的关注提高，是人文关怀和社会进步的体现。文化馆（站）在未来的工作中，宜为农民工、留守妇女儿童、残疾人、独居（空巢）老人、贫困人员等特殊群体提供"量身定制"文化服务，有针对性、平等地开展帮扶，促进基本公共文化服务标准化、均等化，让帮扶政策真正行之有效，让所有家庭共享同一片蓝天下的文化成果。

（作者单位：厦门市文化馆）

论文化馆在家庭文化建设中的作用

鄢新艳

一般来说，家庭指以婚姻和血统关系为基础的社会单位，包括父母、子女和其他共同生活的亲属在内。每个成员因文化程度、年龄、职业、爱好等多种因素影响，在思维和行为习惯中相互碰撞、磨合、传承和发展，形成家庭文化。从形式上看，家庭文化有知识型、艺术型、娱乐型、趣味型等；从内容上看，有琴棋书画、美术舞蹈、摄影艺术、旅游健身等。作为公共文化的重要组成部分和窗口单位，文化馆以"坚持公益、文化惠民"为服务理念，应充分发挥职能作用，全方位、多形式地为家庭成员提供公共文化服务，为家庭文化建设的硬件建设提供物质保障，使家庭文化建设可以有组织、有计划、有规模地顺利实施，保障其可持续发展。

一、文化馆的硬件设施，为家庭文化活动的开展提供有力支撑

家庭文化建设需要硬件设施的配备，其中包括公共文化设施的配置，比如报刊阅览室、文化活动场所、文化活动器材。文化馆为家庭文化建设提供最基本的户外交流与文化提高的场所。随着国家公共文化服务体系示范区的创建，很多地区的文化硬件设施得到极大的改善。近四年来，厦门市文化馆群众文化活动设备不断更新，电脑、课桌椅、服装、道具、乐器等培训设备一应俱全，深受家庭成员喜爱。如电子阅览室备受欢迎，市民通常全家一同前往，其乐融融。电子阅览室的电脑配备有各种学习资料以及技能软件，青少年们可以在电子阅览室查阅电子资料或学习各种知识，老年人也可以通过网络了解新闻信息。这些文化馆硬件设施设备，为家庭文化活动的开展提供了有力支撑与便利。

二、组织群众文化活动，丰富家庭成员业余文化生活

丰富多彩的家庭文化活动是家庭文化建设的重要载体。通过文化活动的开展与常规化，以推动家庭文化建设为核心，提高家庭成员文化艺术修养为重点，广泛开展家庭文化活动。厦门市文化馆每年组织开展各类群众文化活动近百场次，有文艺演出、文艺比赛、大型展览（美术、摄影、书法）等；活动地点有大型广场、校园、乡村、社区、军营等；各类文艺演出、赛事和文化进基层活动，与家庭成员面对面，实行零距离文化服务，让不同层次、不同年龄、不同水平的家庭成员都能感受到群众文化的氛围并参与活动。

为进一步扩大公共文化的覆盖面，2014年，厦门市文化馆组织"非遗"展演团走到爱心护理院、社会福利院的老人身边，组织外来员工子弟、特殊教育儿童进行少儿趣味融合同乐会，举办"彩色童年"儿童画展，联合思明区古埙演奏技艺传习中心等单位走进厦门市思明区曙光小学、早慧幼儿园开展文化传习活动，全方位地为老人、少儿、特殊群体送上暖心的文化服务，让更多的家庭成员感受到文化的力量。

三、举办艺术培训，提高家庭成员的文化艺术修养

现在家庭结构的规模不断变小，人力资源减少，独生子女成家后一对夫妻要照顾四位老人。社会的就业、房贷、教育等压力促使他们把更多精力投入到工作与学习上，对老人的照顾或顾此失彼，或出现空巢老人家庭，这些老人的精神文化生活大多贫乏。文化馆针对老年、少儿等特殊人群，开展一系列的文化活动，开办培训班。在长期的艺术培训中，文化馆形成了独特的办学模式和教学方法，满足受教育者，特别是老人、少儿，不同层面的需求，充分发挥文化馆的教育职能。厦门市文化馆馆内常年开展的少儿艺术培训班有少儿舞蹈、少儿爵士鼓、青年古筝；中老年艺术培训有民间舞、健身舞等共29项、48个班，报名学员与受益家庭不计其数。同时，厦门市文化馆常年开展下区、镇（街）、村（居）辅导活动，每周均安排业务人员到基层活动点进行艺术辅导工作，形成较具影响力的"三子文化"（汉子拍胸舞、孩子竖笛演奏队、新圩嫂子合唱团），使其具有一定的示范性和影响力。以新圩嫂子合唱团为例，成员们大多来自乡村的田间地头，平均年龄35岁，之前大多未接触过音乐，基本不识乐谱，经过文化馆老师在台步形体、嗓音声训、视唱练耳和舞台表演等方面的辅导培训，登台便获得众多掌声与荣誉。黄苏是其

中的一员，未加入合唱团之前，虽然勤劳，但脾气火爆，牙尖嘴利，令人胆寒，参加合唱团后，他整个人精神面貌焕然一新，上台是一名优秀的合唱成员，下台后是一名对生活充满热情的家庭成员。受其影响，家庭和睦，家里的其他成员也爱唱歌，为家庭文化建设注入了一股清澈的活力。

四、保护与传承民族民间文化，建设家庭成员的精神家园

非物质文化遗产被誉为历史文化的"活化石""民族记忆的背影"，它来自民间，繁荣于民间，贴近生活，贴近群众，无论其价值观念还是呈现形态，都与人民大众有密切的联系。通过传统节日习俗，强化人们之间的联系，营造和谐温馨的家庭、社区、社会。

作为文化馆的重要职责，文化馆成立专门的机构从事非物质文化遗产保护与传承工作，举办各类活动，在展示厅陈列"非遗"保护项目的实物、图片、文字、音像等资料，建立项目传承展示基地，向家庭成员宣传和推广非物质文化遗产保护知识，这不仅丰富了家庭成员的生活，增进了家庭成员的文化认同感和自豪感，更从情感上建设并维系家庭成员的精神家园。同时，厦门市文化馆充分发挥科技在保护与传承中的作用，开发福建拍胸舞、厦门博饼和馆藏美术精品拼图等多个数字互动游戏项目陈列展厅，让前来参观的家庭成员在游玩中掌握"非遗"项目和美术等相关知识，寓教于乐，用现代数字化手段使民俗活动得到保护与传承。

五、打造数字文化馆，创新服务家庭文化新机制

建设家庭文化需要广大家庭成员的积极参与，只有创新载体，使活动贴近时代，贴近生活，贴近实际，才能调动家庭成员的积极性。在数字化信息时代，随着信息传播的全球性、及时性和广泛性，世界的文化沟通日趋紧密，造成了空间上的共存性，使家庭与社会、家庭与世界的联系日益紧密。厦门市文化馆主动应对数字化信息时代，积极打造全方位的数字文化馆，创新数字化文化服务机制，借助现代化技术手段拓展公共文化服务形式，渗透到家庭文化生活的方方面面，使家庭成员无论是在家里看电视，还是在外用手机，可以在第一时间了解举办的活动，享受文化惠民政策的便利。

开放厦门市文化馆官方网站，建立远程辅导、免费培训网上报名、网上展厅等多个专栏，开发和建设手机、平板等多个客户端，充分利用微博、微信等新媒体，开通官方微博"厦门文化馆_厦门美术馆"和微信公众平台、微

网页等数字平台，提供全天候的服务，在推进厦门公共文化服务体系建设和美丽厦门建设、实现公共文化服务标准化、均等化方面发挥积极作用。仅远程辅导系统这一块，就推出互动高清电视"厦门市文化馆远程辅导"专栏，已纳入互动高清电视"i 厦门"一站式服务平台，内容丰富多彩。专栏包括馆藏美术精品、教学视频、非遗展示、群文风采和免费课堂报名五个栏目，以满足家庭成员在家学习的需求，家庭成员可通过有线电视互动机顶盒完成免费培训的报名，更具备评论、分享推荐、视频上传等双向互动功能，访问量至 2014 年年底已达 621 290 人次。

家庭文化建设，是家庭成员文化素养、文明程度、艺术造诣提高的体现，也是家庭成员精神面貌、道德风尚、社会风气的真实写照。良好的家庭文化，可以起到振奋精神、凝聚人心、陶冶情操、增进交流、丰富群众文化生活的作用，对社会主义精神文明建设具有深刻的现实意义。因此，建设好家庭文化，促进每个家庭的健康发展，不仅需要家庭每个成员的努力，更需要文化馆人爱业敬业的服务意识，充分发挥好文化馆的工作职能，为构建和谐社会贡献力量。

（作者单位：厦门市文化馆）

推广数字文化馆服务　建设新时期家庭文化

陈资敏

每一个时代的文化都有自己的特征，并对同时期的家庭文化产生深刻的影响。家庭文化是社会的基础，众多丰富的社会文化形态都始发于家庭。伴随着互联网时代的到来和迅速发展，社会文化出现新的形式。现代化的生活方式为家庭文化建设提供了更完善的硬件建设、物质支持，现代化的生活意识使得人们产生更广泛的家庭文化需要。具有现代文明意识的家庭，希望建设家庭文化，不断为生活注入生机。

文化馆是我国公共文化服务体系建设的重要载体，承担着丰富群众文化生活，实现群众文化权益，让群众广泛享有免费或优惠的基本公共文化服务的任务。根据《文化部关于加强公益性数字文化服务体系的指导意见》对当前和今后一个时期公益性数字文化服务体系建设作出的重要部署，我个人认为，数字文化馆这种新型的服务方式，最能结合公共文化服务与家庭文化建设，突破时空、场馆的局限，为家庭生活注入新的生机，提高生活品质。

为推广数字文化馆服务，建设新时期的家庭文化，现以厦门市文化馆为例，谈谈个人的思考。

一、整合数字文化馆资源，为新时期家庭文化建设提供快捷服务

家庭文化是以家庭生活为基础开展的。一个家庭在饭后切盘水果一起分享是生活，若将这盘水果摆成漂亮的果盘再享用便有了美，有了饮食文化。那么，在数字文化馆的现有资源中，哪些是可以提供给一个家庭衣、食、住、行的最零距离、最接地气的文化支持呢？

厦门非物质文化遗产项目中的南普陀素菜、同安薄饼、海沧土笋冻制作技艺、岗头大笼甜粿手工制作技艺、厦门贡鱿鱼手工技艺、新店番薯粉粿传统小吃技艺、厦门澳头蠔干粥传统手工技艺等，都是厦门本土的传统小吃。

文化馆可将这些小吃做法的文字说明、烹饪过程的教学视频通过本馆网站推广，通过微博、微信线上推送，方便喜欢传统美食的家庭主妇们一边做饭一边查阅；将本馆免费培训项目中与家庭文化相关的课程（插花、茶道等）拍成教学视频线上推送，提高家庭生活品位，使其更具文化氛围。这些是通过物质材料所体现出来的家庭审美情趣、生活风格。

厦门市文化馆已实现通过数字电视让群众参与网上免费培训报名，若将文化馆符合家庭文化的课程全部数字化输出，搬上厦门数字电视的大平台，让人们利用闲暇时间自由点播，能加快家庭娱乐保健性的文化建设。小孩可以通过数字电视数字文化馆平台学习绘画、书法、跆拳道；爸爸、妈妈学习烹饪、珠绣手工、插花、茶道、摄影；爷爷、奶奶可以学习广场舞、民间舞、国标舞、太极拳，等等。

二、创建特色文体活动，让家庭成员与数字文化馆充分互动

数字文化馆的家庭文化平台构建完成以后，互动优先原则就成为文化馆人需要充分考虑的问题，如何将这些家庭文化数字资源充分利用起来，让家庭成员与数字文化馆的互动形成习惯？

1. 可组织生活化的"家庭生活秀"系列网络参评活动

参与者从数字文化馆学做出来的闽南特色小吃、插花、茶艺、摄影作品等可拍照上传微信参加评选，通过微信投票或点赞来评选获奖作品。奖品可以是音乐会的免费门票、文化馆免费培训的优先名额，或是文化馆发行的与闽南本土文化相关的丛书、碟片。这种全民参与的形式拉近了老百姓和文化馆的距离。

2. 通过数字文化服务，让家庭成员参与展示优秀群文作品

厦门市文化馆每三年举办一次厦门市群众文化艺术节，每年举办海峡两岸闽南语原创歌曲歌手大赛，馆办季刊《厦门文艺》以及每年参加上级组织的各种群文比赛等，均出现许多较优秀的贴近闽南文化生活的原创作品。例如，群众文化艺术节里的小戏、小品，海峡两岸闽南语原创歌曲歌手大赛中的优秀闽南语歌曲，《厦门文艺》上刊登的答嘴鼓、荷叶说唱、话剧小品、歌词等，先将这些群文作品数字化进行处理，推送到网站或微信菜单上，让参赛者选择适合自己的作品，通过以家庭为单位的合作排演，将视频发布到网络平台上让大家投票海选；经过初评，文化馆的业务干部再进行专业性指导；最后将成品的优秀家庭作品在舞台上展示，以此体现家庭中每个成员的价值。

三、完善数字文化馆的基地建设，服务新时期家庭文化建设

数字文化馆的每一项数字文化服务，都可以为家庭中的每一个成员服务。它必须先完善自身数字文化馆的基地建设，有自己的特色，才能在公共文化服务领域中占据一席重要之位，才能更好地为新时期家庭文化建设服务。

1. 借鉴优秀数字文化馆示范点案例，加快数字文化馆基地建设

在 2014 年首届中国文化馆年会厦门市文化馆展位上，闽南拍胸舞、馆藏精品拼图、博饼游戏等数字文化馆互动体验区，观众络绎不绝，欢声迭起，成为文化艺术博览会上的一大亮点。这说明老百姓对数字文化馆的需求十分迫切。

厦门市文化馆可借鉴其他优秀数字文化馆的成功案例，结合自身特色，加快数字文化馆的基地建设。例如，作为 2015 年全国首批试点单位，安徽省马鞍山市文化馆数字文化体验馆已于 11 月正式开馆运行。市民可使用激光琴"演奏"乐曲、"参演"经典电影、"骑游"历史文化名胜古迹等。通过虚拟场景、裸眼 3D、全息投影、影像捕捉、虚拟骑行和微信分享等现代技术手段，大幅拓展了文化馆数字化实体互动体验空间，提高了文化艺术普及的趣味性、参与感和体验感。还可借鉴他们较为成熟的技术手段，结合厦门本土文化，建设适合厦门自己的数字文化馆基地，让每个家庭成员，除了在线上与数字文化馆互动，在线下也能感受到信息化时代文化活动和互动体验的无穷魅力。

2. 数字化业务干部培养，为数字文化馆后台技术支持服务提供保障

无论是线上还是线下数字文化馆，都离不开数字化管理和技术支持。一种是后台的硬件、软件技术支持，另一种是远程技术支持。例如，在组织网络家庭文化活动中，用户照片上传不成功、门户登录不了、视频压缩不成功等问题，都需要在线技术支持。文化馆应针对线上可能出现的种种问题，开通在线服务远程指导窗口。这就需要培养专业的数字化业务干部，为数字文化馆建设服务提供保障。

孟子曰"天下之本在国，国之本在家，家之本在身"，这说明家庭是社会的根本。数字文化馆在网络时代以其全新的模式和丰富多彩、喜闻乐见的文化产品，家庭文化建设提供更先进、更广泛、更便捷、更健康的公共文化服务。通过数字文化馆的服务，"每家拥有一个文化馆"再也不是梦想，市民充分享受公共文化服务的权益将得到真正兑现。

数字文化馆服务增进了家庭成员之间的沟通，家庭人际关系融洽，家庭成员身心愉悦，兴趣爱好相近，性格气质相容，无疑会具有极强的向心力和凝聚力，促进家庭和谐发展。

家庭文化作为社会文化的重要组成部分，是构建社会主义和谐文化的社会基础。"没有和谐的文化，就没有和谐的社会"，推广数字文化馆服务，建设新时期家庭文化，对推进和谐社会发展将发挥重要的作用。

（作者单位：厦门市文化馆）

当代家庭文化建设中的儿童美术教育

杨文强

作为孩子生活、学习的最初学校——家庭，家庭文化以潜移默化的心理暗示和熏陶的方式给孩子成长以巨大影响，留下难以磨灭的印记。童年是人生至关重要的阶段，绘画是儿童与生俱来的、不教自为的行动。儿童有绘画天赋，若加以适当引导，使之得以挖掘与发展，将有利于儿童身心的发育，儿童美术教育孕育而生。为了适应儿童美术教育的发展，笔者以关系童年时期的智性发展特点为基础，分析家庭文化与儿童美术教育的幼儿方向及相关的教学建议。

一、儿童美术教育的必要性与重要性

绘画是儿童与生俱来的、不教自为的行动。各种研究显示，儿童画画的动机大致有三个：人类本能的驱动、表情达意的需要和环境的影响诱惑。缺少正确教育引导，儿童的画画就会停留在简单、重复的低级阶段，或者转移兴趣。只有端正儿童绘画的教育态度，引导儿童绘画的思维方式，才能使孩子们的画画健康地向前发展。当下社会，儿童的知识面在大众传媒的影响下飞速扩张，伴随家长们对子女发展前途期望值的增高，他们迫切要求儿童的知识性和创造性思维的发展。由此，儿童美术教育发展突飞猛进，大批公办或私立的特色美术培训班随之兴起，儿童的美术教育也成为全社会包括家长和教育工作者在内的重点关注并殷切期待的重任。

接受美术教育有助于儿童创造力和想象力的发展及自信心的形成，也有利于他们的自我肯定和认同。新一代的儿童比以往的更加聪明，具有积极探索的精神，对美术教育的要求更高。有无数的老师和研究者为此付出心血和努力，在这种关爱之下，儿童一代会逐渐形成与先辈不同的观念意识，从而获得自由、完整、全面的发展。

二、发掘儿童的潜能，发展儿童的天性

家庭文化对儿童的影响，不像学校教育那样有明确的目标及严密的教学计划，是一个潜移默化的过程。优秀的家庭文化对儿童教育（特别是儿童美术教育）起着举足轻重的作用。在一般情况下，人的智性及个性的形成受两方面的影响，一方面固然是后天环境、教育，另一方面是特殊情况下人的固有潜能天性。对后者，我们过去的估计显然不足。实际上，潜能、天性的力量是无限的，这是生命亿万年来的进化馈赠于人类的宝贵财富。人的潜能和天性的存在不容低估，儿童拙朴的绘画造型之所以令人心动，恰恰因为表现了蓬勃的生命力，洋溢着天真活泼的情感，展示了他们对生活艺术积极的创造本能。美术教育不应剥夺这些潜能和天性，应该为他们创造最适宜的条件。

三、正确引导儿童掌握美术知识和技能

在正确的教育导向之下，课程教学成为儿童美术教育的重要方法，一方面，儿童美术创作课程在美术教学中占有重要的位置。儿童的潜能、天性仅仅反映了该阶段儿童发展的方向和可能性，从另一方面讲，也以知识、技能的进步和成就为体现。因此，美术知识和技能水平是衡量儿童人格质量的重要尺度的表现。

1. 加强造型能力的训练

儿童教育要不断提高儿童对人物、动物、植物等客观形象外观和内在关系准确度的表现能力，还要不断练习创作构思构图，由简到繁，要求是轮廓正确、比例协调，色彩合理大方。

2. 注重刻画人物写实形象

在儿童画创作中，艺术形象与生活原型有很大的不同，如身材的增高、五官位置的组合、人物动作的夸张，表现儿童的稚拙。儿童画中的艺术形象源于生活又高于生活，体现人们对真善美的追求，也反映作者的想法和情感。让孩子正确看待艺术与生活的相同与不同，不仅可以培养孩子观察艺术的能力，也可以培养其观察社会的能力，促进孩子对艺术和社会的理解与认知。

3. 将创作教学与美术馆教育巧妙结合

儿童美术教育要适应儿童的心智特点，以感官体验为引导，经常带领儿童参观美术馆，不仅能迎合儿童的视觉感受，还能促使儿童介入美术欣赏和表现，形成良性循环，培养儿童亲近美术的态度；美术馆可以进行现场教育，

通过观摩原作，发展对艺术形式及其内涵的表现能力，如对构图、色彩、线条、肌理等形式因素的敏感和对不同艺术风格的辨别能力；如对作品产生的地域、时代、政治和文化背景的把握，对不同时期的艺术家生存的自然社会环境等的理解，对艺术作品相关背景的了解；通过对各种艺术品的观赏，理解各种艺术形态的存在，通过认真的辨别获得多样审美，提高审美品味，提高对艺术品的理解能力，增强审美修养；在诸多原作欣赏的氛围刺激下，产生自我动手的欲望，亲自体验，进而加深对艺术品的理解，引发创造冲动，巩固并提高对美术的兴趣；经常参与社会活动，不断提高创作水平。

四、培养儿童健康的品格，发掘儿童的创造性与个性

美术知识、技能固然重要，将其看成美术教育的终极目标就大错特错。美术教育同时担负着发展儿童品行德行的重要任务，造型能力的教育也是心性灵魂的培养。儿童品格的教育不仅包含与美术学习活动密切相关的品格（如坚强的毅力、耐挫力、自信心）的培养，更要引导儿童通过美术活动所反映的世界、人生来表达对自然，对生命的热爱，对人们劳动价值的珍惜；对祖国文化的认同，对未来美好生活的憧憬和向往。这种情操的培养在当代社会是不可或缺的。

创造性并不是神秘的高不可攀的品质，它存在于儿童的本性之中。研究证明，儿童的想象力在某些方面体现出的创造性、奇异性并不亚于成人。当然，创造性的实现有一个过程，机械性的指导固然不利于创造性的发展，放任自流同样也使儿童的创造天赋不断流失。因此，为了发展更为合理的创造品质，模仿或临摹十分必要。创造以一定的经验积累为基础，才能得到优秀的作品。儿童美术教育要以临摹为起点，培养儿童的观察能力和模仿能力，继而积累知识，启发创造。美术教育应该成为富有个性化的美术教育活动，它要尊重儿童个性的不同，因材施教，鼓励儿童立足于自身实际想法，将自己丰富的内心世界以独特的方式表现在画面中，从而在自己创造的作品中实现自我的想法。只有这样，儿童人格才能得到真正的健康和自由发展。

美术知识技能不同于一般意义上的知识技能，它不只是事实材料的罗列，还包含大量人文美学信息。当代教育比传统教育更尊重儿童心理发展的特征和规律，甚至把它视为教育成功的决定性因素，美术教育也不例外，它必须符合儿童美术活动中表现出来的人格整体性、创造性，将儿童天性中固有而又是美术活动所必需的这些潜能特征最大限度地激发出来，留存下来，实现

儿童人格的自我价值。因此，这种美术课以外的知识适宜于在具有人文和情感的教学氛围里传授，也应该在课堂教学之外的家庭文化氛围中继续，这不仅可以帮助儿童顺利地掌握美术课以外的知识和技能，也为儿童的人格和谐、运动和发展创造有利的条件。

（作者单位：厦门市文化馆）

新时期家庭文化建设刍议

阙全安

有一首歌这样唱道："一玉口中国，一瓦顶成家；都说国很大，其实一个家；一心装满国，一手撑起家；家是最小国，国是千万家；在世界的国，在天地的家；有了强的国，才有富的家；国的家住在心里，家的国以和矗立；国是荣誉的毅力，家是幸福的洋溢；国的每一寸土地，家的每一个足迹；国与家连在一起创造地球的奇迹。"这首《国家》唱出国和家的关系，唱到每个老百姓的心里。可见，构筑温馨和谐的家庭环境，提高家庭成员文化素养，加强新时期家庭文化建设是现代公共文化服务体系不可或缺的重要内容，也是提高中华民族整体素质，实现中华民族伟大复兴的中国梦内在的、本质的要求。

从广义上说，家庭文化的涉及面很宽，至少包含家庭教育、家庭卫生、家庭伦理以及住房、医疗、婚育、就业、保障等各个方面；从狭义上说，家庭文化体现在家庭成员的文化素养、共同的兴趣爱好、共同的人生观和价值观以及家庭成员相处时展现出来的融洽度和向心力等各个方面。党的十八届三中全会提出构建现代公共文化服务体系的时代任务。笔者以为，构建现代公共文化服务体系就要构建起一整套保障公民参与文化生活的权利、享受文化发展成果的权利、开展文化活动及文化创造的权利和文化创造成果得到法律保障的权利的体系。家庭成员作为公民理所当然享有这些文化权利，在参与文化生活，开展文化活动及文化创造中提高自身修养，构建良好的家庭关系，共同向前发展。

这些年来，湖里区作为厦门经济特区的发祥地，是典型的移民城区，存在家庭人员结构复杂、居民文化素质参差不齐等显著问题。为此，区委区政府在提高全民素养，推进全民阅读，建设文化强区方面做了大量的工作，取得了良好的成效，为构建现代公共文化服务体系，打造文化活动品牌和加强新时期家庭文化建设做了有益的探索。

一、让家庭融入社区，构建新型的邻里关系

为了让广大居民主动走出家门，融入社区，构建起新型的邻里关系，从2009年开始，每年一届的"湖里区社区文化艺术节"面向街道、社区居民群众，除开展音乐、舞蹈、戏剧、曲艺、美术、书法、摄影七大艺术门类的比赛活动外，还适时推出激情广场大家唱、企业歌手赛、广场舞展演、家乡才艺秀、外来员工才艺大赛等独具特色的活动。经过六年的打造，艺术节成为名副其实的居民"草根"大舞台，一大批"群众艺术家"脱颖而出、大放异彩，他们通过艺术节的平台，展示了自信，传递着欢乐，带动邻居、家人参与活动，勾勒出一幅温馨和谐的美丽画面。2014年，全区各街道、社区开展文体活动突破1 000场次，全区在册登记的文化志愿者达到3 000多人，禾山欢乐季、殿前梦工场等街道文艺活动品牌应运而生，禾盛社区馨雅艺术团、祥店社区祥梦艺术团、和通社区阳光艺术团等一支支"草根"艺术团队生根开花，不断壮大，成为群众文化蓬勃发展的亮丽风景线。

2011年，随着城市广场舞蹈的逐步兴起，湖里区因势利导、因地制宜地采购了3批共60多套便携式音响设备赠送给各活动点，还编创《我要住湖里（湖里STYLE）》等歌曲，举办骨干培训班和"幸福湖里广场秀"展演等活动，把广场舞向纵深推广；2013年，区委区政府把推广"幸福广场秀"列入"美丽厦门 共同缔造"示范项目，在每个街道打造两个具有一定规模、设施齐全、环境优美、深受群众喜爱的活动点作为"示范点"；在金山街道金安社区组织召开现场会，制定出台《湖里区"幸福广场秀"活动指导性意见》，推广金安社区典型经验，向全区推广环绕音响设备，妥善地解决了噪声扰民的突出问题，吸引成千上万的居民走出家门，融入社区文体活动。

二、让学习成为习惯，构建新型的亲子关系

亲子关系成为现代家庭最重要的关系是由当前4＋2＋1的特殊家庭成员结构决定的，也是现代社会日益激烈的社会竞争决定的。这几年来，湖里区坚持不懈，每年组织开展"厦门（湖里）城市诵读节"活动，通过打造学习型社会，让学习成为习惯，让阅读助力创新，不断构建起新时期家庭亲子关系，在推动家庭文化建设方面取得突出的成效。

2014年，在连续举办六届的厦门（湖里）城市诵读节带动下，阅读成为

很多湖里居民的习惯，不少家长说，孩子人生的第一个玩具就是图书；父母还会在每天睡前为孩子读书或和他们一起阅读。来自台北的黄女士是金山社区的文化志愿者，半年前主动在社区推广国学教育，教孩子们学习《弟子规》《论语》《百孝篇》等国学经典。如今，每周一次的国学班已成为社区的固定活动，吸引了 20 多个孩子参与。"让孩子们更懂得孝，懂得爱，让亲子关系更加亲密"是黄女士在社区推广国家教育的初衷，而让她没想到的是，国学诵读具有强大的力量，改变了孩子们的行为习惯与性格。江奶奶的小孙女从之前任性又娇气到每次回家主动问候家人，还会给父母倒水、洗碗，完全像变了一个人，让一家人都又意外又感动。而今，对湖里居民而言，在家门口就能进图书馆已不是什么新鲜事儿了，很多街道与社区都有自己的图书馆，二十四小时自助图书馆更是随处可见，图书可随借随还。忠仑公园已被湖里区打造成没有围墙的读书公园，每周都有读书活动。自 2009 年开始，每年从 4 月 23 日世界读书日前后启动一直延续到年底共计 7 个多月的"悦读季"让市民充分感受到阅读的巨大魅力。其中，仅 2014 年度，"湖里星期六名家讲堂"定时定点举办已达 35 场，受众达 5 000 多人；"读书公园"于每周六举办各类活动共 25 场；此外，湖里区文化馆和诵读协会承办的诵读沙龙每周一期，街道、学校、社区常态化举办的"家庭读书会""全民读书点"以及"书香校园""书香家庭""书香企业""书记荐好书"等一系列活动超过 200 场。可以说，诵读节已经融入市民的家庭日常生活，融入精神文化生活，有力地促进着美丽厦门的建设。

此外，家庭文化建设随着智能手机的普及和互联网的迅猛发展，瞬息万变的信息时代正深刻地影响每个家庭，也深深地改变每一个人的生存方式。在构建现代公共文化服务体系方面，我们应该充分利用现代数字网络技术，推进数字化公共文化服务网络建设，如数字公共文化服务平台、数字网络化文化信息管理系统、特色资源数据库等，以有效整合各类文化资源，提高公共文化服务的效能。

（作者单位：厦门市湖里区文化馆）

精神文明建设的细胞工程：家庭文化建设

陈　冰

习近平总书记在 2015 年春节团拜会上深刻指出，不论时代发生多大变化，不论生活格局发生多大变化，我们都要重视家庭建设，注重家庭，注重家教，注重家风，紧密结合培育和弘扬社会主义核心价值观，发扬光大中华民族传统家庭美德，促进家庭和睦，促进亲人相亲相爱，促进下一代健康成长，促进老年人老有所养，使千千万万个家庭成为国家发展、民族进步、社会和谐的重要基点。

家庭文明是社会文明的缩影，反映整个社会文明的程度。中华民族素有重视家庭，重视家教，重视家风的优秀文化传统。以修身、齐家、治国、平天下为特征的中华民族家教家风伦理和实践，积淀形成为人重在诚信相待，为官重在清廉为民，子女教育重在德行培养等丰富的家风家教原则，为中华民族世世代代弘扬良好家风提供了丰厚滋养。

一、家庭文化建设的涵义

家庭文化是社会文化在家庭中的反映，家庭文化建设是在家庭领域继承和发展人类精神财富的建设，是社会文化建设的细胞工程和重要内容，是提高人们文化生活质量的重要保证。文化生活质量是标志人的文化生活条件、文化现实实践、文化理想追求的优劣程度与价值层次的综合性概念，是检验一定的社会或个人发展水平、文明程度以及需求满足程度的最综合的终极指标之一，也是调动人的创造性与消费热情的主要动力。因此，新时期中国家庭文化建设，必须大力加强具有中国特色的先进家庭文化建设，以此推动全社会家庭文化的建设和发展，推动有中国特色社会主义文化的建设和发展，促进家庭幸福和社会进步。

社会主义现代化建设为家庭文化的发展掘供了丰厚的源泉和广阔的天地，在人民生活改善后，使家庭文化多层次、多渠道、多侧面地朝着更文明、科学、健康的方向发展，这是新课题。具有现代文明意识的家庭，不满足于旧的观念和已有成就，他们寄希望于通过家庭文化建设，不断为家庭生活注入新的生机，使家庭文化建设尽可能适应广大群众心理的、情感的、文化的、教育的、娱乐的、休闲的需要，使家庭文化的内容是健康的、思想是向上的、具有一定文化品位，让消遣成为无害的消遣、让娱乐成为健康的娱乐。

二、加强家庭文化建设的必要性

面对科学技术迅猛发展和综合国力激烈竞争、世界范围内的各种思想文化相互激荡，面对小康社会人民群众日益增长的文化需求，我们必须从社会主义事业兴旺发达和民族振兴的高度，充分认识家庭文化建设的必要性。

先进的家庭文化建设，是广大群众文化素养、文明程度、艺术造诣提高的体现，也是人们精神面貌、道德风尚、社会风气的真实写照。先进的家庭文化建设，可以起到振奋精神、凝聚人心、陶冶情操、增进交流、活跃和丰富群众文化生活的作用。社会主义现代化建设为家庭文化的发展提供了丰厚的源泉和广阔的天地，在人民生活改善后，使家庭文化多层次、多渠道、多侧面地朝着更文明、科学、健康的方向发展，这是新课题。

三、家庭文化建设的特点及存在问题

家庭文化重在建设，这是有中国特色社会主义文化的突出特征。随着人们的生活水平的提高，人们对精神文化的需求比以往任何时候都强烈，文化消费在社会总消费中的比重越来越大。引导人们在家庭生活中实现自身素质提高与完善，进而形成共同理想和精神支柱，这是一个重大课题。党的十五大报告指出："有中国特色社会主义的文化，是凝聚和激励全国各族人民的重要力量，是综合国力的重要标志。"

随着社会主义市场经济的发展，家庭文化生活日益呈现出多样并存、多元并存、多头并存、相互交叉的状态，家庭文化日见丰富多彩而又复杂多变，呈现多样性、发展性和自主选择性，党的十八大以来，国家各项事业深入推进，社会转型不断加速，家庭的凝心聚力、基础基石作用也更加凸显。但也要清醒地看到，传统的家庭观念、家庭结构、家庭生活方式出现新变化，隔代家庭、单亲家庭等大量出现，夫妻关系、亲子关系、代际关系呈现新的表现形式，家庭生产、养育、消费、养老等备受关注。特别是家庭领域出现一些不容忽视的问题。

（1）家庭环境日趋复杂，价值观的多元及对个性自由的盲目追逐使一些家庭家风失范、家规失效，家庭成员流动导致数量庞大的留守妇女、儿童和留守老人。

（2）家庭教育存在较大的片面性，不少家长不注意科学的家庭教育方法；重智轻德使一些家庭对子女教育进入误区，个别领导干部及家庭成员对权力和亲情的认知扭曲，使得家族式腐败滋生。

（3）随着信息技术的迅猛发展，信息网络化已经成为社会主义精神文明的新环境。文化事业受到消极因素的冲击，危害青少年身心健康的东西屡禁不止，这些都对家庭文化建设产生消极影响。

（4）家庭文化建设公共政策存在缺失，家庭文化建设的思想认识还不到位，活动内容和形式的实效性有待提高。

家庭文化建设面临新问题、新挑战。这些都充分表明加强家庭建设，注重家庭、注重家教、注重家风的重要性、必要性和紧迫性。

四、努力搞好新时期中国家庭文化建设

家庭是社会生活的最基本单元，也是最基本的文化层次系统。家庭文化本身是社会主义文化建设的组成部分，家庭对儿童的养育和教育起特殊作用，因而是学校和社会不能取代的，所以，家庭的文化建设对祖国的未来更具有不可低估的重要作用。当代的家庭文化建设应该是健康积极的、科学现代的具有中国特色的家庭文化建设。搞好新时期中国家庭文化建设，应努力做好以下五点。

（一）建立完善支持家庭文化发展的政策体系，营造幸福的家庭环境

家庭文化建设是一项社会系统工程，应加强重视和领导，为活动提供人力、物力、财力保障。建议将家庭文化建设纳入全市群众性精神文明建设的总体范畴，大力支持社会团体深入开展家庭文化建设工作，给予政策指导、资金投入和阵地建设等方面的支持；完善婚姻家庭领域的公共服务，逐步探索建立婚姻家庭基本公共服务体系，将婚姻家庭领域的突出问题纳入社会公共服务范畴，积极稳妥地推进大龄青年婚恋交友平台建设、婚姻家庭知识宣传等服务项目；加强对家庭教育的政策与服务支持，推进家庭教育地方立法，开展家庭教育立法调研，为家庭教育事业发展提供保障，扩大家庭教育公共服务覆盖率。

（二）抓住关键点，强化队伍建设，增强家庭文化建设的支撑力

建设一支朝气蓬勃、热心家庭文化事业的人才队伍是家庭文化建设的关键。通过一手抓专兼职队伍的培养，一手抓志愿者队伍的发展，建立一支门类齐全、结构合理、服务热情的家庭文化队伍；多渠道培养锻造专职干部，通过选送培训、外出考察、实地观摩、现场感悟，使干部开阔视野，活跃思维，激发灵感，提高开展群众性家庭文化活动的水平；重视发挥退休人员、文化专业人员的优势，聘请有文艺特长的退休人员和专业文艺工作者担任家庭文化工作顾问，对家庭文化工作给予指导，有效提高家庭文化建设的层次和品位；充分依托社区资源优势，建立家庭文化志愿者队伍，发展壮大社区文化队伍，成为家庭文化活动的重要依靠力量。

大力支持社会团体深入开展家庭文化建设工作，并给予政策指导、资金投入和阵地建设等方面的支持；将科学的生活方式、育儿知识，心理咨询知识等普及到群众的日常生活中，有意识地引导广大家庭树立正确的生活观、育儿观、教育观，使更多家庭受益的同时推进文明城市创建。

（三）打造家庭文化品牌推陈出新，不断丰富家庭文化的内涵

形式新颖、主题鲜明、寓教于乐和富于时代特征的创建活动是家庭文化建设的有效手段和重要载体，利于营造健康向上的家庭文化环境。针对不同层次家庭文化需求，精心打造家庭文化系列活动，让更多的家庭投身家庭文化、道德实践和公益活动，如湖里区一年一度的"湖里区社区文化艺术节"，以社区为单位，积极组织开展健康向上、丰富多彩、家庭居民广泛参与的社区文化艺术活动，引领家庭成员创造幸福、感受幸福；结合现有区域特色和优势，注重发挥文化工作者、民间艺人在活跃基层文化生活中的作用，以社会主义核心价值体系建设为统领，大力弘扬"慈孝"文化，弘扬"忠诚守信、平等互敬、宽容礼让、齐家兼爱"的婚姻道德观念，使家庭美德成为社会普遍遵循的道德规范，成为推动精神文明建设的基础力量。

（四）突出提升点，广泛帮贫助困，增强家庭文化建设的凝聚力

社会的变革进入 20 世纪 90 年代，中国社会的转型进一步深化，一方面经济高速发展，取得举世瞩目的成就，一方面是社会分化日益加大，产生新的社会阶层，在其基础上形成新的社会结构，社会的阶层分化呈现出进一步的复杂化和多元化。在家庭文化建设中也就必须考虑这种多元性，对于解决新时期特殊阶层的家庭文化建设问题如农民工子女的教育问题等，使他们的家庭文化建设能汇入社会的大文化建设，而不是被抛弃或遗忘。湖里区文化馆针对辖区外

来员工人口众多的特点，迄今已举办四届"湖里区外来员工子女艺术夏令营"，为千名外来员工子女送去特别的关爱，让孩子们度过快乐、幸福、有意义的暑期。弱势群体、困难家庭是最需要社会关心的阶层，也是家庭文化建设应当重点关注的领域，有利于凝聚方方面面的力量。

（五）为先进家庭文化营造良好的环境，助推和谐"大家庭"创建

家庭、家教、家风三者有机统一，紧密关联。家庭和睦，社会才能和谐；家教良好，未来才有希望；家风纯正，社风才会充满正能量。"老吾老以及人之老，幼吾幼以及人之幼"，朴实的话语道出家庭和谐与社会和谐的相辅相成、相互影响。

搞好先进家庭文化建设，是全社会共同的事业。因此，必须为先进家庭文化建设营造良好的政策、舆论、文化等方面的有利环境：一方面，使所制定的家庭文化政策能引导家庭文化的先进性；另一方面，搞好先进家庭文化的宣传和舆论导向，使典型发挥示范作用；再一方面，提高广大公民的文化素质和社会的文化含量，使先进家庭文化的发展具有更好的社会基础。

我们要把家庭作为工作的"切入点"，秉承"寓教于乐、润物无声"理念，从引领家庭成员履行好家庭角色入手，以先进文化为基础，汲取传统文化的营养，在注重引入社会先进文化的理念的同时发挥传统家庭的积极作用开展活动；使家庭美德理念深入广大家庭，倡导理解和包容的社会共识；巩固社区工作平台，通过开设家长课堂、道德讲堂及推进"广场文化"建设等活动延伸家庭文化建设领域，有意识地引导群众走出自家门，参加社区活动，以实际行动融洽邻里关系、活跃社区氛围，使家庭文化建设成为构建和谐社区的"润滑剂"。

总之，家庭文化建设是一项没有终点、需要"常抓常新"的系统工程，是对组织群众工作能力的持续锻炼和考验。实现"中国梦"，需要一个个幸福美满的家庭"细胞"，家庭文化建设任重道远。

新型家庭文化建设应符合社会主义精神文明建设的要求，将社会主义先进文化作为前进方向、精神动力、思想保障和智力支持，努力引领千家万户践行大爱精神，讲家德，树家风，重家教，建设富有人情味、充满文化味的和谐家庭，为构建和谐社会创造条件。让中华民族几千年的悠久历史文化能够在每个家庭细胞中滋生成长，在每个家庭成员的思想行为中得以发扬光大，成为推动民族进步的强大动力，使家庭文化在社会主义精神文明建设进程中发挥应有的作用。

（作者单位：厦门市湖里区文化馆）

创新载体　强化服务

——积极推进家庭文化建设

林雯旸

家庭是人们栖息的港湾。对于每个家庭成员来说，这个港湾又是加油站。从原生家庭中分化出来后，每个人或多或少都会受原生家庭的影响，将其延续到新家庭中。所以，积极营造健康幸福的家庭风气文化至关重要。

一、推进家庭文化建设的作用

（一）有利于营造良好的家庭文化环境

中华民族历来重视家庭文化的建设和传承，无数贤达围绕家庭文化中的"为人、孝道、劝学、向善、励志、修养、习惯"等方面的内容提出行为规范，世代沿袭的过程中内化成家庭的核心价值观、理想信念、道德风尚，《朱子家训》《温公家范》等家庭文化典范都彰显着古人在完善个人品德和家庭文化建设上的智慧。时至今日，家庭文化建设虽然融入现代元素，但淳朴的家风、高尚的家德和有序的家范等依然是人们内心的追求。推进家庭文化建设，有利于营造良好的家庭文化环境，促进家庭成员的共同成长，凝聚家庭力量，是维系家庭存在与发展的精神纽带和精神支柱。

（二）有利于家庭成员素质的提高和下一代的健康成长

长期受良好家庭文化氛围的熏陶，家庭成员会将家庭理念潜移默化地融入自身，形成特有的家庭形象和家庭风貌。内涵深刻、内容丰富、底蕴丰厚的家庭文化，对家庭成员的世界观、价值观和人生观的确立作用显著，特别是对未成年人而言，利用家庭这个文化阵地，以良好的家庭文化培养未成年人的道德情操和行为习惯。父母首先应有正知、正念，将家庭文化建设融入日常生活中，让谆谆教诲和以身作则如同涓涓细流，润物细无声地去影响孩子。通过家庭文化活动的开展，让孩子接触舞蹈、声乐、戏曲等不同的艺术形式，在亲子参与和相互分享中进行情感交流，给孩子可持续的内在的发展力量。

（三）有利于提高社区和全社会的文明程度

古人云"笃学修行，不坠门风"，"天下之本在国，国之本在家，家之本在身"，每一个人的道德修养，每一户家庭的门风，直接影响社会风气的好坏。社区和全社会由无数个家庭组成，推进家庭文化建设，开展丰富多彩的家庭文化活动，会带动、引领社区文化和社会风气健康向上发展。将社会主义核心价值观的培育和践行融入家庭文化建设中，通过对家庭美德、道德准则等家庭文化进行宣传，把"最美家庭""最美家庭成员"的故事作为标杆和典型，促使全社会形成学先进，促建设的氛围，促使家庭文化建设成为每个家庭有意识和能自觉的行动，有利于提高社区和全社会的文明程度。

二、运用公共文化服务，推进家庭文化建设的对策

（一）利用现有文化活动品牌平台，融入"家庭文化"主题

发挥现有文化活动品牌的活动效应，为群众搭建求美求乐，陶冶情操，施展才华的舞台，促进家庭文化建设。如湖里区的社区文化艺术节以及各街道"一街一品"（湖里百姓乐、殿前梦工厂、江头同乐会、禾山欢乐季、喜乐金山）的文化活动品牌深入发展，已经实现基层文体活动的全面覆盖。可以利用这些平台，植入"家庭文化"主题，与"写家史，说家事，树家风，诵家训"等相关内容相结合，培育社会主义核心价值观，宣传文明向上的家庭道德风尚，通过家庭才艺展演、家训书法比赛与展览、"家文化"讲座论坛、家庭读书活动、"家庭故事"演讲比赛的举办，将家庭文化建设有机地融入群众文化活动。同时，进一步深化"我们的节日"主题文化活动，围绕春节、元宵、清明、端午、中秋、重阳等传统节日，挖掘传统节日的文化内涵，在家庭团聚的过程中推动其形成文化过节、敬老过节、节俭过节等良好风气。以搭建舞台、群众参与、展示成果的方式，使家庭文化建设以群众喜闻乐见的形式开展起来，将家庭文化建设有机融入公共文化服务体系。

（二）通过"购买公共文化服务"，满足不同的家庭文化需求

在一个家庭当中，家庭成员因为年龄和兴趣差异，会有不同的文化兴趣。不同的家庭也会因为物质基础和精神层面的追求不同，会有不同的家庭文化需求。鼓励和引导社会力量参与，推广运用政府和社会资本合作等模式，促进公共文化服务提供主体和提供方式的多元化；可以积极探索创新"政府买

单，居民享受公共文化服务"的服务模式，以购买服务的形式，委托专业的社会机构，用专业化的运作方式、完善的制度保障、规范管理的社区服务模式，在社区的文化活动室开展不同的文化活动，为不同人群和不同家庭设置各取所需的文化服务项目。应做好外来务工家庭、单亲家庭、经济困难家庭等特殊群体的文化服务工作，通过完善基层文体活动设施，开展公益性文化艺术培训、展演，电影进社区等文化活动，调动这些家庭的成员参与家庭文化建设的积极性、主动性和创造性，让他们近距离地感受艺术的魅力，享受精神文化带来的乐趣，进而促进家庭文化的建设。

（三）引导共同参与，着力未成年人公共文化服务

在家庭文化建设中，未成年人是重要的着力点。在群众文化活动开展过程中，一是可以开设"亲子国学班"等诵读活动，通过亲子一起诵读国学经典，让传统文化的"根"在公共文化服务的"新鲜土壤"的培育下，在新一代少年儿童的心间生根发芽。亲子国学活动的开展，在家庭文化建设中植入国学元素，让孩子和家长都能循序渐进地领会先人关于孝悌忠信、礼义廉耻、仁爱和平等思想智慧，在生活中内化成为人处世的行为方式，相互巩固、不断提高。家庭文化建设的促进，应致力于传承国学经典、培育阅读新风，让亲子国学教育在传承中华文明，践行社会主义核心价值观中发挥引领作用，让优秀的文化不断传承、弘扬。二是学习和借鉴厦门市少年儿童图书馆"故事妈妈"文化志愿者队伍的活动模式，通过故事妈妈组织读书会、亲子荐书会、图画书表演、绘本阅读与手工制作等多种类型的亲子阅读活动，在亲子共同参与的过程中，奠定重德善教、温馨和睦的家庭教育基础，营造亲子阅读的浓厚氛围，提高家长指导孩子早期阅读的技能，也改善了亲子阅读实效，丰富了家庭亲子阅读活动。

（四）增强公共文化服务的现代传播能力，吸引年轻群体参与

随着社会经济的不断发展，网络信息技术的不断进步，以信息、网络和数字技术为基础的新媒体迅速盛行，拓展了公共文化服务的内涵和影响范围。在家庭文化建设中，应结合现代社会的发展要求，增强公共文化服务的现代传播能力。通过充分发挥互联网平台作用，整合大数据，推进微服务，将全区、全市的公共文化资源融合在一起，打破时空限制，居民足不出户即可分享全区、全市的公共文化资源，依托数字化资源就能在家里开展家庭文化活动，如可以在线观看演出、讲座、培训等公共文化资源视频，丰富自己的精神文化生活。"80后"青年正面临或已步入婚姻组建家庭的阶段，应引导

"80后"组成的"年轻家庭"运用数字化手段和技术，发挥文化育人、网络育人的功能，丰富家庭文化活动的内容和形式，在承袭传统家庭的优秀精神文化的过程中，不断增强家庭文化建设的意识，通过共同参与、共同建设来建设良好的家庭文化。

家庭文化建设应在吸取传统家庭文化精华的基础上，结合时代的变革赋予其新的内涵，显示出明显的时代特征。应不断创新公共文化服务内容和形式，促进家庭文化建设与公共文化服务深度融合，通过搭建平台、购买服务、引导参与、提升数字化能力等手段，以文化人，以德育人，为广大群众的家庭文化建设提供不竭的力量源泉。

（作者单位：厦门市湖里区文化馆）

家训与新时期家庭文化建设

刘丽萍

　　家训是中国传统文化的重要组成部分，它随着家庭、家族的产生、发展而出现。中国传统社会建立在氏族的基础上，而且作为大陆国家，自古以来以农业立国，安土重迁的思想根深蒂固。在此基础上形成的传统家庭多是三代人组成的主干家庭，若干家庭又组成家族。家族成员之间的血亲关系牢不可破，这种血亲关系把家庭与家族紧密连成一体，构成社会和国家的基石。为了维系家族成员的日常生活，延续宗族，解决家庭管理、成员关系调节、子女教育等问题，出现宗规族训，形成家族的家训家风。

　　我国古代家训萌芽于五帝时代，产生于西周，成型于西汉，成熟于隋唐，繁荣于宋元，完善于明清。家训的内容十分丰富，涉及修身、齐家、治国、平天下、立德、立言、立功、读书、婚姻家庭、待人接物等社会人生的许多方面。家训在中国历史上对个人的修身、齐家发挥着重要的作用。例如，宋代大清官包拯立下家训："后世子孙仕宦，有犯赃滥者，不得放归本家；亡殁之后，不得葬于大茔之中。不从吾志，非吾子孙。"他命儿子将家训刻在堂屋墙壁，以昭后人。据《人民日报》报道，包氏家族后代的300多户、1 500多人中，未出现贪赃枉法或者因犯罪而被关押的。浙江浦江郑氏家族以《郑氏规范》孝义治家，自南宋至明代中叶，十五世同居共食、和睦相处，长达360多年，屡受朝廷旌表，明太祖朱元璋赐封其为"江南第一家"。《郑氏规范》要求族人不慕富贵，简朴勤耕，修桥铺路，拒受不义之财等。其他著名的家训还有《颜氏家训》《朱子家训》《曾国藩家训》《傅雷家书》等等，至今仍被人们奉为经典。

　　源远流长的家训文化是中华民族优秀的文化遗产中的瑰宝。虽然经过几千年的发展，中国现代家庭已经核心化、小型化了。但家庭依然是社会的细胞，还承担抚养、教化、赡养的功能。我们今天的国家、社会共同体的稳定、繁荣仍然要以家庭这个小共同体的建设为基础，只有家庭建设搞好了，社会才能和谐。习近平总书记在春节团拜会上特别强调，不论时代发生多大变化，不论生活格局发生多大变化，我们都要重视家庭建设，注重家庭，注重家教，注重家风。传统家训文化是中国传统文化的重要组成部分。我们应当认识到家训文化的存在的必要性，本着"古为今用""去芜取精"的原则，科学地评价家训文化的历史地位，取其精华，弃其糟粕，充分发挥家训文化在新时期家庭文化建设中的重要作用。

一、保留传统家训文化的精华，创立新型家训文化

中国传统家训思想有其精华的部分，例如，在为人处世上提倡与人为善，在自处上提倡慎独，在持家上提倡勤俭，在为官上提倡清廉，传统家训是在长期的封建社会中孕育、形成和发展的，不可避免地带有封建糟粕，主要表现在处理家庭关系时有严重的上下尊卑等级观念，对妇女有严重的歧视，在择业上重仕农轻工商，教子有严重的迷信思想。新时期的家庭状况和古代的家庭已不可同日而语，传统的家训文化需要整理和创新，使之更加适应新时期家庭文化建设的需要。建议有关部门组织社会学、伦理学和家庭教育的专家学者对传统的家训文化进行整理，汇编出具有时代特点的家训范本，以供广大群众借鉴参考。让人欣慰的是，一些地方的民间或官方的组织已经开始行动起来了。例如，江苏无锡惠山古镇的上百个姓氏祠堂中，已有50个姓氏初步完成家训家规搜集，部分家训家规制作成精美的小册子，为家训文化传播寻找到载体。据了解，2017年8月，海沧区也启动征集优秀家风、家训、家教活动。

二、从未成年人入手，塑造孩子的健康人格

青少年时代是人的世界观、人生观、价值观、性格特征、道德修养、为人处事及生活习惯、生活方式形成的重要时期。孔子说，"少成若天性，习惯如自然"，小时候养成的行为习惯，会像天性一样伴随终身。因此，好的家训家风应从未成年人抓起，通过日常生活影响孩子的心灵，塑造孩子的人格，是通过无言的教育、无字的典籍、无声的力量，进行最基本、最直接、最经常的教育。现代社会，家庭结构以三口之家为主，父母对孩子过于溺爱，放松了对孩子家训家风方面的教育，很多优秀的家训家风逐渐被遗忘淡化。所以，我们要紧紧抓住未成年人这个关键群体，积极培育和树立良好的家训家

风，使孩子养成良好的习惯，形成良好的情感，塑造良好的人格。

诗词、格言、歌诀类的家训对仗工整、押韵整齐、通俗易懂、便于记诵，具有很强的感染力，比板着面孔说教更易接受。例如，陆游的《示儿诗》、庞尚鹏的《训蒙歌》等，都属此类。此外，还可组织孩子参加观家训，诵家训，说家训，讲家训等活动，观看《岳飞刺字》《满江红》等岳飞家训故事的相关片段，通过诵读、快板、讲故事等方式了解《朱熹家训》《范文正公家训》《林则徐家训》《弟子规》等名言警训，在抑扬顿挫的读书声中，让孩子们与家训为友，与大师对话，感受民族文化的源远流长。

三、家长率先垂范，注重家训文化与实践相结合

古人言"言贵行，行方是道，不行，虽讲无益"，传统家训特别重视家长的模范带头作用，认为"立家之规，正须以身作范"。中国自古以来，成功家教的例子不胜枚举，陆游、曾国藩、梁启超、钱玄同……他们素重家风教育，留下家训无数，在良好家风的熏陶下，他们的后人皆成长为有用之才。我们每个人的一生，所受的最早的熏陶来自家训家风。"随风潜入夜，润物细无声"，家训家风就像多彩鲜活的教科书，它通过家庭成员（特别是家长）的言谈举止对孩子产生耳濡目染、潜移默化的影响，在孩子的心灵深处打下深深的烙印，作用于他们性格、品德、价值观的形成。它不仅影响孩子的现在，还影响他们的未来。因此，新时期的家庭文化建设更应强调从家长自身做起，家长以身作则、表里如一，就能对子女起到极大的感染作用，家庭教育就能收到事半功倍之效。

四、用家训培育家庭美德，构建良好的家庭文化氛围

近年来，公民"失德"现象屡屡见诸报端，社会问题和道德危机日趋严重，青少年犯罪现象不断增长。社会不稳定因素日益上升乃至发生危机，其中一个重要的原因就是忽视家庭教育。我国是人口众多的社会主义国家，道德建设上应提倡社会公德、职业道德，更应重视尊老爱幼、男女平等、夫妻和睦、勤俭持家、邻里团结的家庭美德。众所周知，家庭在文化传承与道德教育、人格培养方面担负着重要的责任，如果一个人在家庭里受到良好的家训家风的影响，具有较高的文明素质，不论在家庭里还是在社会上都会表现出良好的道德修养。浙江省湖州市菱湖镇的老人家童巧生通过自己的行动继承"孝悌传家"的家训美德，在他的影响下，三个儿子和三个媳妇不仅对父

母极尽孝道，妯娌间更是融洽和睦。童巧生年轻时候编纂的《孝道歌》在村里广为流传，带动了一大批村民孝老爱亲、建设和睦文明的小家庭。因此，在新时期家庭文化建设的过程中，我们要借鉴和继承"家训"中的"精华"，引导人们传承优秀的中华传统家训，弘扬社会正能量。

家训是古代人民在处理家庭关系、社会关系的经验总结，涉及社会、家庭的诸多方面，在古代的教育中起着极其重要的作用。只要我们本着科学的态度，取其精华，去其糟粕，就能对新时期的家庭文化建设提供有益的启发和借鉴作用。

（作者单位：厦门市海沧区文化馆）

妇女在新时期家庭文化建设中的作用

刘幼润

古人云"修身、齐家、治国、平天下",家庭是社会的最小单元,推动中华文化要从家庭文化建设入手。新时期文化是国家和社会发展的源泉,在大力提倡"文化兴业、文化兴国"的今天,家庭文化建设的成败直接关系整个社会发展的质量与水平。现代家庭文化已经熔铸于整个社会文化体系之中,是我国文化建设的重要组成部分,其所具有的独特性质和功能,既有利于先进文化的传承和发展,也有利于和谐社会的构建。家庭文化建设必将担负起构建和谐社会的重要使命。

党的十八大报告指出:文化是民族的血脉,是人民的精神家园。全面建成小康社会,实现中华民族伟大复兴,必须推动中华文化大发展大繁荣,兴起中华文化建设新高潮,提高国家文化软实力,发挥文化引领风尚、教育人民、服务社会、推动发展的作用。促进文化大繁荣、大发展离不开妇女的广泛参与,妇女将在新时期家庭文化建设中发挥不可替代的作用。

一、妇女与家庭文化建设紧密联系

"桃之夭夭,灼灼其华,之子于归,宜其室家",在旧社会,"宜室宜家"是对女子的最高评价,但随着时代的变化,妇女得到解放。今天的妇女,已经不再拘泥禁锢于家里的旧式传统。妇女受教育的机会相对早期农业社会更为进步,女性意识逐渐抬头,由传统家庭角色向多元化角色发展,女性智慧的开启也为社会注入了整体创新与发展的动能。新时期的妇女参与社会、政治、经济发展逐渐普遍,妇女与家庭文化建设也越来越紧密。

中国传统社会属于"家国同构"的社会历史模式,社会治理与社会和谐是建立在家庭修齐与和谐基础之上的。在文化层面,家庭文化历来是中华文化重要的组成部分,而在中华家庭文化中,女性的意义重大,如明清之际江南一带的才女文化、闺秀文化的繁荣就是女性在家庭文化中重要地位的鲜明体现。现代的核心家庭是一个开放空间，妇女不再被禁锢在家里而成为熟谙全套现代家政的新式贤妻良母，并以此为代价来建设家庭文化。妇女走出家门，进入公共空间，成为沟通家庭内外空间的桥梁。妇女把在公共空间获取文化信息带入家庭，促进家庭文化与时俱进，同时把家庭的人际模式、情感模式带入公共空间，实现家庭文化与社会文化的互动。因此，在新时期家庭文化建设中，女性更有着举足轻重的作用。

二、妇女在新时期家庭文化建设中具有重要的凝聚作用

传统的家庭是大家庭，家庭关系的核心是亲子关系，父亲处于家庭的"统治"地位，妇女在家庭中的地位一度被底层化。新时期中国的家庭已经大规模地转型为小家庭，家庭关系的核心不再是亲子关系，而是夫妻关系。同时，由于新时期妇女的经济独立及现代伦常的平等性，妇女在家庭中的地位越来越高。新时期家庭的核心关系是夫妻关系和亲子关系，家庭文化的基础是和谐家庭，和谐家庭首先是充满"情爱"的家庭，具有强大凝聚力。夫妻关系默契，必然会为子女心理、生理及智力发展营造融洽的和谐家庭氛围。反之，子女的方方面面就会遭受不良影响。由于妇女天生具有比男性更多的情感优势，以其"妻子"与"母亲"的角色，在家庭文化的建设中，更能发挥其重要的凝聚作用。

三、妇女在新时期家庭文化建设中具有重要的调谐作用

家庭永远是人情感的栖息地和避风港。家庭中温馨和谐的氛围是家庭成员身体、心理健康发展必不可少的环境。妇女天生具有的似水柔情和亲合力使其成为家庭成员在疲惫和难过的时候永远值得信赖的安全港湾。家庭人际关系的调谐，是建设家庭文化的重要保证。新时期家庭以夫妻关系为轴心，妇女以"妻子"与"母亲"的身份，一头连着"丈夫"，一头连着"子女"。新时期妇女平等的社会与家庭地位，使她们在处理家庭人际关系以及建设家庭文化中，能更好地发挥其情感优势，因此在新时期家庭文化的建设中具有重要的调谐作用。

四、妇女在新时期家庭文化建设中具有重要的导向作用

只有以正确的价值导向为根基，家庭才具有真正的文化精神基础，家庭

文化建设才能真正得以持久。现代家庭是以爱情婚姻为基础的，处于平等地位的"妻子"对"丈夫"具有十分重要的影响力和感染力。在一定意义上可以说，一个具有正确价值导向的妻子，是家庭幸福、丈夫事业有成的好帮手。这一点，自古就有"妻贤夫祸少"之说。在新时期家庭里，妇女还是子女教育的第一个和最主要的教师，英国诗人艾克略在《贴近妈妈的心灵》的序言中写道："妈妈和儿子的关系是月亮和星星、树苗和土壤之间的亲和力。"母亲的意义不是仅仅具有"妈妈"这个称谓，而是天天与孩子相濡以沫的关爱者。家庭文化是子女接触社会的开始，子女的许多社会行为都是在家庭中习得的，母亲的言传身教对子女的影响尤为重要，因此，妇女在新时期家庭文化建设中具有重要的导向作用。

孟子曰"天下之本在国，国之本在家，家之本在身"，家庭是社会最基本的细胞单位，无论在传统社会还是新时期社会，家庭在社会发展中占有极其重要的地位。家庭通常以男女两性婚姻为基础，是存在于夫妻及其子女后代等人之间的一种社会生活共同体。家作为社会文化的一部分，家庭文化是社会文化发展和变化的重要组成部分，同样，社会文化的发展和变化也深深影响家庭文化。妇女由于其生理原因，较男性感情细腻，语言表达能力强，家庭责任感强，在家庭生活中自然地成为"中心"，妇女的中心地位决定了妇女必然在新时期家庭文化建设中起极其重要的作用。

（作者单位：厦门市海沧区文化馆）

浅谈新时期家庭文化建设

曾玮苇

家庭是社会的细胞，家是人生的港湾。人的一生，有大半时间是在家里度过的。可见，家在人的一生里该是多么重要，家对每一个人的人生影响又该是多么重要。家庭文化则是家庭的"精神世界"，是传播文明、传播文化的"第一课堂"，家庭文化是一种文化现象，是人类文化的重要组成部分，有十分丰富的内容。

一、家庭文化的内容

家庭文化指家庭的物质文化和精神文化的总和，家庭文化属于社会科学范畴，指家庭世代承续过程中形成和发展起来的，较为稳定的生活方式、生活作风、传统习惯、家庭道德规范以及为人处世之道。家庭文化是建立在家庭物质生活基础上的家庭精神生活和伦理生活的文化体现，既包括家庭的衣、食、住、行等物质生活所体现的文化色彩，也包括文化生活、爱情生活、伦理道德等所体现的精神情操和文化色彩。

从古至今，家庭文化都有鲜明的时代特征。家庭在不同时期都带有当时社会强烈的时代烙印。就如中国封建社会的家庭，带有浓厚的封建主义色彩，在封建的宗法制度下的家庭，女子遵从三从四德，在家从父，出嫁从夫，作为家长的，只能是男人。同时，家庭文化还具有明显的社会性。东方社会和西方社会的家庭就有明显的民族、区域差别，从思想方式、行为方式、服饰、饮食起居到家居布置等，都明显地存在差异。比如西方社会比较注重对孩子个性和独立能力的培养，尊重孩子自己的意愿和选择。而东方社会更注重对孩子的关心，有些时候甚至是包办代替。家庭文化还具有自发性和凝聚性的特点。家庭成员之间有着密切的联系，他们根据各自的爱好和不同的特点，自发地开展活动，如摄影、观赏戏剧、音乐、郊游等，自得其乐，有利于家庭成员之间融洽感情，增强家庭的凝聚力。家庭文化的形式多样、灵活，家庭成员的年龄、文化、职业、兴趣等，决定了家庭文化的形式，这种形式可以随着家庭成员年龄、兴趣的改变而改变。

二、建设家庭文化的意义

家庭文化之间存在着差异，且处于动态过程，不同的导向得出完全不同的结果，在新时期的新形势下，建设有中国特色的社会主义家庭文化，是我们进行社会主义精神文明建设的重要内容。因此，我们必须充分认识家庭文化建设的重要意义。

1. 有利于思想政治教育的深化

家庭文化建设一般包括提高家庭成员的理想情操和文化修养，调适家庭人际关系，搞好家庭子女教育，开展各种健康的活动，提高家庭管理水平，完善家庭文化环境。它不同于家庭的思想政治教育工作，通过加强家庭文化建设，宣传文明、健康、科学的生活方式，克服家庭中消极落后的负文化现象，树立正确的理想、道德、信念、人生观、价值观，倡导健康科学的生活方式，将进步文明渗透到每个家庭，就可以使思想政治教育工作深入到社会的最基层。

2. 有利于人才的成长

家庭教育是青少年人生的第一堂课，它只有与学校教育、社会教育相结合，才有可能造就出建设社会主义的四有新人。时下以一代青少年带动两代人共同学习、提高，已成为现今家庭文化的焦点。因此，开展各种有益于家庭成员身心健康的活动，不仅适应群众自我参与、自我表现的心理，满足群众对精神文化生活的需要，而且可以促进各类人才的成长，促进整个社会的发展。

3. 有利于社会主义精神文明建设

家庭文化所具有的凝聚人心、振奋精神、和睦人际邻里关系、教育后代诸功能，是其他文化形式所不能替代的。因此，在实践中，我们要积极引导家庭文化建设从注意物质需要向精神需要转化，从自由发展向有明确方向的思想教育进家庭、道德建设进家庭、科学知识进家庭、文化艺术进家庭和家庭教育系列化发展，从而提高家庭成员素质，促进社会安定团结，促进良好风气的形成。

三、新时期如何开展家庭文化建设

家庭是社会的有机组成部分，家庭的稳定和健康发展，对社会的稳定和发展有着重要的影响，家庭文化中最大的受益者或受害者是家庭的每一个成员，可以说，有什么样的家庭文化就会有什么样的未来，有什么样的结果。一个良好的家庭文化，对保持家庭发展的生命力与稳定的持续力起着积极的推动作用。夫妻恩爱，相敬如宾，孩子茁壮成长，家庭学习氛围浓烈，创造力强，且邻里、学校、社会关系和谐，这样的家庭不但具有持久的生命力，而且还在整个家族的发展中起到不可估量的作用。反之，消极、不健康的家庭文化则会对家庭的发展起到阻碍作用。家庭文化的建设对家庭的稳定和发展又产生极其重要的作用。家庭文化建设已得到社会各界的广泛重视。然而，构建一个支撑每个家庭成员健康发展，家庭和谐幸福的家庭文化，需要爱心、恒心、智慧，需要家庭每一个成员的努力，更需要专业的辅导和帮助。家庭文化建设的好坏直接影响整个社会的文明建设程度。我们必须重视加强对家庭文化建设的指导、引导。

1. 着力于营造适合本家庭条件的文化氛围

中国传统家庭文化是中国传统文化的重要组成部分，具有优良的传统精华，又有愚昧残忍的封建糟粕。因此，在新时期的家庭文化建设中，必须用正确的态度和方法来对待中国传统家庭文化，一方面，剔除其糟粕，继承其精华，作为家庭文化建设的基础；另一方面，正确处理继承与建设、传统性与时代性的关系，使传统家庭文化的精华能符合社会主义的时代精神，又能转化为有中国特色的先进家庭文化。

营造家庭文化，创造好的生活环境，对每一个家庭成员自身素质的提高都有好处。但是，必须根据每个家庭的经济条件、生活方式、文化层次等不同的情况去创造良好的氛围。

家庭文化建设应促使物质和精神的均衡发展，使家庭文化具有文明、科学、进取的特点。家庭内由于文化趣味造成的差异是客观存在的，无法单靠家长的权威来消除。应该增强家庭成员间的沟通，增强家庭文化的凝聚力。

2. 加强家庭文化与社会文化的沟通交流，吸引各种优秀的家庭文化成果

为了使家庭文化建设不断走向更高层次，应把家庭文化建设同整个社会文化建设沟通、衔接起来。社区以及企事业、机关单位都要下功夫组织好家庭文化建设成果的展示活动。同时，新时期文化是人类文明进步的结晶，因

而，我国的先进家庭文化建设不能离开人类文明的共同成果，必须尽可能地吸引各种优秀的家庭文化成果来建设和形成具有中国特色的家庭文化。其一，吸收各种优秀的家庭文化成果必须坚持以我为主、为我所用的原则，以是否有助于建设和形成家庭文化为尺度；其二，必须通过开展多种形式的家庭文化交流活动来吸收各种优秀家庭文化成果，博来各家庭文化之长为我所用；其三，使所吸收的优秀家庭文化成果能在家庭文化建设中得到消化和转化。

3. 在家庭文化建设中坚持中国文化的前进方向

新时期文化代表时代的主流和发展方向，体现广大人民的意愿和要求。因而，家庭文化建设必须能够代表家庭文化发展的时代主流和发展方向，必须能够体现广大人民群众对家庭文化的意愿和要求。因此，必须坚持中国先进文化的前进方向，自觉地将正在建设有中国特色的社会主义文化引入家庭，融入先进家庭文化之中，引导先进家庭文化的建设；同时，自觉地将先进家庭文化建设作为有中国特色社会主义文化建设的重要组成部分，使家庭文化的建设既能以家庭文化来丰富有中国特色社会主义文化的内容，又能够推动和促进有中国特色社会主义文化的建设和发展。

家庭文化建设实际上是家庭行为准则的规范和总结，搞好家庭文化建设不仅仅是家庭所需，它还是和谐社会建设的总体任务之一。我们相信，只要大多数家庭重视家庭文化建设，不仅会有效提高家庭成员及其家庭文明水平，也会提高国人现代文明素质与国民素质，促进社会主义精神文明建设与社会和谐。如何加强家庭文化建设，促进和谐社会发展，是值得我们不断探讨的一个主题。

（作者单位：厦门市集美区文化馆）

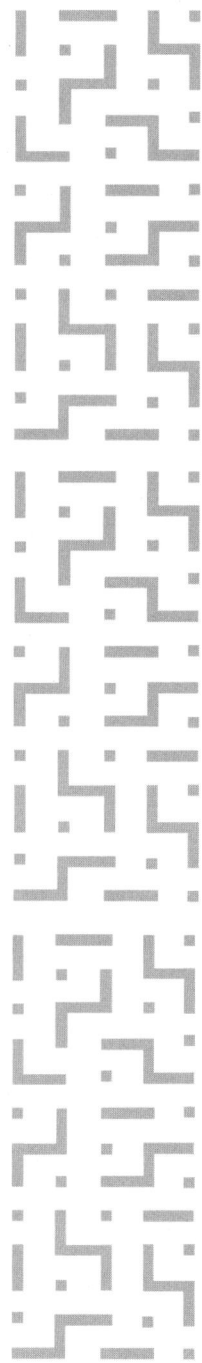

第七辑　城镇化进程中的文化建设

文化建设在城镇化进程中的重要作用

——厦门翔安新圩镇成功经验的启示

黄念旭

推动城镇化进程建设，是深入贯彻落实党的十八大精神，全面建设小康社会的重要举措，是我国经济社会发展和文明进步的大趋势。在城镇化进程建设中，发挥特有的文化优势，充分发挥其作用，能给城镇化建设带来良好的社会和经济效果，为城镇化建设插上腾飞的翅膀。这方面，厦门市翔安新圩镇取得显著的成效，他们利用得天独厚的文化自然优势，找准定位，精谋发展，上下一心，苦干实干，经过三年的努力，开辟了一条以文化优势引领，文化项目为带动支撑，文化品牌为特色的路子，在城镇化建设中取得丰硕的成绩和宝贵的经验。

新圩镇位于福建厦门市翔安区北部大帽山下，全镇面积 77 平方公里。下辖 14 个行政村，2 个社区居委会，67 个自然村，总人口 4 万多。新圩镇历史悠久，为翔安区古镇。古老的历史曾赋予它久远厚重的文化积淀。唐宋的香樟古道，明清的台坝民居群在此留下深深的印迹。非物质文化遗产项目南音、拍胸舞、车鼓弄、宋江阵、闽南童谣、高甲戏、歌仔戏等在这里世代相传。但是，由于地处相对边远，经济落后，以往拥有文化自然历史传统优势的新圩镇渐渐淡出人们的视野。从 20 世纪 90 年代起，改革大潮和厦门经济特区建设发展对那里的传统观念农耕文化产生强大的冲击，人们封闭的心理与改革开放的形态发生激烈碰撞。伴随着城镇工业化经济和厦门市岛内外一体化建设发展，为加快和改变农村旧貌，翔安区启动了新城镇化建设。2010 年 2 月，新圩镇入选福建省 21 个小城镇改革建设试点之一，再次引起人们的关注。

一、领导重视，文化建设纳入城镇化建设总体规划

在新圩镇小城镇建设的过程中，翔安区委区政府高度重视总体规划，立

足区位特点，挖掘文化资源，提出文化引领，打造闽南文化生态宜居新城的建设目标。该区把闽南文化主题公园和闽南文化博物馆列为新圩镇小城镇综合改革建设核心建设项目，将小城镇核心区的溪滨公园及周边 5 万多平方米作为建设用地，首期投入 1.6 个亿。这个具有浓郁地域文化特色的公共建筑和公共活动空间的项目，集闽南文化历史长廊、非遗展示厅、非遗表演舞台、传统民俗园等为一体，可充分展示当地及闽南传统优秀文化。在自然景观方面，流经新圩镇的一条小河蜿蜒穿园而过，河边石栏石椅，绿树掩映。项目建成后，将为人民群众提供一个良好的文化娱乐、文化教育、文化休闲的场所，在城镇化建设凸显文化的地位和重要性。新圩镇认真落实区领导的意图，扎实苦干，从 2012 年年初开工，到 2013 年 2 月，该项目的主体区域基础建设已基本建成。2012 年 2 月，新圩镇小城镇建设在福建省小城镇综合改革建设试点考评中荣膺一等奖；2012 年 3 月，新圩镇入选全国第三批改革发展试点城镇；2012 年 5 月，福建省、厦门市领导在检查小城镇综合改革建设工作中，高度肯定新圩镇城镇建设文化项目，要求该项目要继续拓展规模，做深内涵，将其建为福建省的文化新亮点。

二、落实项目，推动和促进城镇化建设发展

新圩镇在城镇建设中突出文化元素，把闽南文化作为新圩文化建设的灵魂。小城镇有如此大手笔的文化建设，是要有高度文化自信和文化自觉的。新圩人凭着自己悠久的历史文化特色，蓬勃发展的农村经济和建设发展战略眼光，掀开了闽南文化传承发展的一页。这一工程也和厦门市岛内外一体化建设，和厦、漳、泉大都市同城化建设，和国家对加强海峡西岸经济区建设战略规划要求相吻合。为进一步落实上级视察新圩文化项目的指示精神，翔安区设立了由领导和专家组成的规划设计小组，就闽南文化博物馆的定位、目标、宗旨等进行专门研究，制定工作规划。他们认为未来的博物馆要打破传统博物馆的理念，要按照文化生态保护区的建设理念，把闽南的物质文化展示和非物质文化展示相结合，把博物馆的建设和新圩镇的小城镇建设相结合，把博物馆建设和新圩自然生态保护、文化生态保护相结合。博物馆的定位应当登高望远，循序渐进，分步实施。首先，应当建成既展示非物质文化又展示物质文化的博物馆；其次，应该把博物馆的建设和贯彻落实国务院批准的《厦门市深化两岸交流合作综合配套改革试验总体方案》相结合，把博物馆建成海峡两岸闽南文化交流合作中心、研究传习中心；再随着厦、漳、

泉大都市同城化建设的发展，把它建设成与之相适应的闽南文化博物馆、世界闽南文化交流合作中心。围绕这样的思路，新圩镇拿出具体可行的工作方案。依据现有的条件和自然环境，新圩镇将整个博物馆园区划分为历史文化长廊、展示厅、舞台和3D剧场、非遗表演广场、传统农耕体验园、海峡两岸闽南文化交流中心等12个区块。除了园区的规划，他们还将展示延伸到新圩镇的16个行政村，提出16个村（居）"一村一项、一村一品"，即每一个行政村重点保护传承一项非物质文化遗产，每一个村、居依据自己的资源搞一个文化创意产品。新圩镇首期规划在御宅、古宅、金柄、乌山、浦尾村分别开展青草药、民间绘画、拍胸舞、讲古、古埙演奏五个非遗项目的保护，在新圩镇原有的古宅蒜头、东寮豆干、乌山龙眼干和炸枣、马蹄酥等特色产品的基础上，整合资源，深入加工，创造出富有文化特色的农产品，创出厦门市翔安区新圩镇的品牌，让农民在文化建设中获得利益。

三、抓住特点，改善文化品牌形象

文化和自然是新圩镇最大的特色和招牌，新圩人努力把它做大做强，做出影响，让它在城镇化进程中发挥更大的作用，这是新圩镇领导和干部群众一直在思考，努力实践的课题。几百年的文化积淀，淳朴的民俗民风，浓郁的乡土乡情赋予新圩人更多的文化自觉。城镇文化建设的一个重要目标，就是为老百姓构建和谐快乐的新生活，让人们在城镇化建设中感受到生活的幸福。在新圩镇，"嫂子、汉子、孩子"这三子文化品牌早已闻名遐迩。嫂子合唱团、汉子拍胸舞队、孩子竖笛演奏表演队是在新圩镇政府极力推进下成立的。嫂子合唱团是由60多名乡村妇女组成的以闽南语演唱的原生态乡村女子合唱团，她们当中有的是搓麻绳的，有的是开店做面包的，有的是种菜的，还有的是加工饲料的，对闽南音乐的热爱使她们走到一起。文化改变了她们的生活，也改变了她们的精神面貌。从不识谱，不懂发声到会唱歌，从胆小怯场到上台表演自然，文化艺术赋予了她们生活的快乐，舞台演出给她们带来新的精气神。经过刻苦的训练，合唱团在短短的几年，就先后多次在省、市、区等各类比赛中获奖。2010年，第六届世界合唱比赛在我国浙江省绍兴举办，新圩女合唱团积极奋战，专门创作排练闽南语合唱曲目，第一次站在世界合唱舞台就夺得民谣组银奖。2011年12月，新圩女合唱团登上中央电视台"激情广场"，展示了新农村文化建设的面貌。拍胸舞也是新圩镇的文化亮点。在新圩镇金柄村，粗狂、豪放的拍胸舞流传了几百年，是福建省省级非物质文化遗产代表性名录项目。作为镇特色文化项目，村里组建了一支 50 多人的汉子拍胸舞队。组建以来，他们先后获得福建省第三届音乐舞蹈节铜奖，厦门市第四届群众文化艺术节银奖，代表福建省参加在四川成都举办的第三届国际非物质文化遗产节展演。他们还应邀到台湾、金门等地交流演出，扩大了新圩镇民俗文化的影响。"三子文化"中的另一支孩子竖笛表演队，由几十名新圩镇古宅小学的学生组成，表演、演奏闽南童谣，还会吹葫芦丝、陶笛等，孩子们在课余时间刻苦训练，演奏水平不断提高。通过演出，他们走出山区，来到城市，进厦门岛，上北京城，先后获得第十二届全国魅力校园春节联欢会金奖、第十届福建省音乐舞蹈节银奖、厦门市第十八届鹭岛花朵文艺会演金奖。2008 年，他们参加厦门迎新春团拜会演出，受到原国务院副总理吴仪的亲切接见和夸奖。中央电视台七套《乡约》栏目对新圩镇的"嫂子、汉子、孩子"三子文化品牌进行了深度报道，节目播出后受到社会广泛关注。新圩镇在城镇化进程中，牢牢抓住"三子文化"品牌，不断发挥作用，充实内涵，树立形象，积极投入城镇化建设，成为城镇化建设的主力军，影响和带动其他方面的工作，三子文化为新圩镇的文化建设增光添彩。

经过三年多城镇化建设的新圩镇，如今充满闽南风情的街道人流如梭，绿影婆娑的文化公园韵味盎然，淳朴可爱的村民们脸上洋溢着生活幸福的微笑。文化项目的带动支撑和文化品牌的形象塑造，给新圩镇城镇化建设带来良好的效应，给人民群众的文化生活带来了深刻的变化。党的十七大、十八大，为推动城镇化进程中的文化建设，尤其是基层公共文化建设带来了难得的历史机遇，新圩人牢牢抓住和把握这个难得的好机遇，突出文化特点优势，开拓奋进，开创出文化建设的新天地，也为发挥文化建设在城镇化建设中的作用积累了宝贵的经验。它启示我们，在城镇化建设进程中，文化建设十分重要，大有作为，必须加强，厦门市翔安区新圩镇就是一个有力的佐证。

（作者系厦门市文化馆原副馆长）

以文化引领城镇化发展

——厦门市新型城镇化建设的理念创新

蔡亚约

新型城镇化以集约高效、公平共享、可持续为主要特征，是我国下个十年发展的最大机遇，成为推动未来前进的重要引擎。当前，我国城镇化发展进入关键阶段，找不准发展的着力点，迷失城镇化的主线，就只能得到片面、短期、局部的效应。新型城镇化应树立何种目标，采用何种模式，沿着何种方向发展？近年来，厦门市结合福建省新型小城镇综合改革试点（同安区汀溪镇、翔安区新圩镇、集美区灌口镇、海沧区东孚镇）建设，深入分析文化在城镇化发展中的地位和作用，创新以文化引领城镇化发展的理念，努力探索新型城镇化发展的新的形态。

一、文化引领城镇化发展观点的提出

厦门是我国五个经济特区之一，五个计划单列市之一，十五个副省级城市之一，海峡两岸交流合作综合配套改革试验区。在推进现代化建设的进程中，厦门的城镇化率快速提升，按户籍人口计算，城镇化率从 1978 年的 33.9%提高到 2011 年的 80.7%。若按常住人口计算，城镇化率则高达 88.3%。同时，城镇化质量也得到提高。最近，易居研究院通过对人口转化、经济发展、基础设施建设、社会发展、环境改善和城乡协调六个方面二十四项指标的测评，得出新型城镇化综合发展水平的全国城市五十强排名，厦门位列第六。

厦门城镇化发展虽取得显著的成果，但也出现诸多不利因素，特别是因人的精神层面所延伸出来的问题十分突出。城镇文脉的消失、居住环境的同质化、机械而单调的城市生活成为人们对城镇化发展产生怀疑甚至不满的根本原因，成为阻碍城镇化发展的内在根源。调研表明，人们对文化在城镇化发展的地位和作用的认识，随着文化大发展大繁荣的形势变化而不断深入，主要分为三个阶段：

一是文化服务城镇化发展。经济是基础，文化是经济的反映，文化在城镇化发展中处于服从地位，即"经济唱戏，文化搭台"。城镇化发展以经济为主要内容，要先从经济方面入手，发展到一定时期再考虑发展文化。

二是文化融合城镇化发展。文化已经不是单纯的文化，它已渗透进社会生产领域，反过来说，经济活动也进入文化领域。文化是生产力，是社会生产力的重要组成部分，但文化有自身的传承性和相对的独立性，在城镇化发展中与其他领域相互作用。

三是文化引领城镇化发展。文化解决要不要发展，为什么要发展，为谁而发展的问题，文化在促进社会进步、经济发展和增强城镇整体竞争力中具有引领力。随着城镇化发展走入新的阶段，人们逐步认识到文化具有影响、凝聚、规范人们行为习惯的功能和振奋人们精神的作用，是其他要素无法替代的。没有文化的积极引领，即便一时经济上去了，最终也不会实现全面建设城镇小康社会的奋斗目标。这种观念的形成，从根本上改变了人们对城镇化发展形态的认识，实现了经济型城镇化到文化型城镇化的飞跃。

二、从文化的角度阐释城镇化发展

为什么要以文化引导城镇化发展？在大力推动文化大发展大繁荣的背景下，对城镇化进程中的一些基本问题，我们有必要从文化的角度加以认识和阐释。

（一）城镇化发展的根本基础：文化认同的问题

城镇化不是"造城"运动，民众彼此之间需要有强烈的认同感和融合发展的愿望。每个城镇，从硬件上看，都由城镇历史空间、传统建筑形态形成文脉；从软件上看，城镇集中体现在以生活方式、居民精神性格、语言文化风俗、审美趣味和气质等文化形态，两方面合起来，即构成城镇差异性的物质形式，也内在地构建特有的内部认同体系，即一个城镇的文脉与精神，它是凝聚人们的意志力量的根本，是城镇未来良性发展的关键点。

（二）城镇化发展的重要任务：城镇特色塑造的问题

城镇化的目标是打造新型城镇体系结构，建成现代化的新型城镇。这个城镇应是千城一面的复制城镇，还是有特殊内涵和风貌的特色城镇？文化既是城镇独一无二的印记，更是其精髓。它承载着城镇的历史，展示着城镇的风貌，体现着城镇的品格，是城镇魅力的集中展示。城镇化的主要任务就是建设个性鲜明、别具一格的文化城镇，是以城镇文化生态为土壤，推动特色文化向现代文化进步的过程，是用现代化的文化打造理想城镇形态的过程。

（三）城镇化发展的主要方式：发展模式转变的问题

文化创造是人类进步的源泉。随着世界经济进入新的发展阶段，产业转型升级，城市转型发展至关重要，这一过程中，文化扮演着极为重要的角色。文化既直接贡献于经济增长，又在改善经济发展质量中发挥重要作用。文化资源日益成为经济发展的基础资源，创意、设计、构思等文化创新日益成为价值创造的重要支点，品牌、形象、信誉等文化的无形资产日益成为市场竞争的关键所在。以文化来引领城镇化发展的理念，符合我国转变经济发展方式的总体要求。

（四）城镇化发展的最高目标：文化繁荣的问题

城镇不仅是经济的发展体，更是文化的共同体。城镇化不仅要使人生活得安全、富裕、健康，还要使人感到生活得愉快、自由与有意义。可以说，发展是城镇文化的组成部分，对发展的各种问题的认识，说到底都集中在文化价值方面，脱离人或文化背景的发展是没有灵魂和意义的发展。联合国教科文组织提出："发展最终应以文化概念来定义，文化的繁荣是发展的最高目标。"以城镇化带动经济的快速发展应为初级目标，其最高目标则是实现文化的繁荣。

三、文化引领城镇化发展的形式和路径

文化引领城镇化发展就是通过挖掘和提炼独具特质的先进文化，以此凝聚人民的意志力量，不断以思想的新觉醒、理论创造的新成果和文化建设的新成就引领城镇化的前进方向，加快城镇化建设的步伐。文化引领城镇化发展在政治、经济、社会、生态等领域表现在：

（一）文化引领风尚，提供正确的价值导向和精神动力

将文化精神塑造作为城镇奋发向上的精神力量和团结和睦的精神纽带，是城镇化发展的基本前提。要通过培育核心价值观，形成城镇的行为准则和精神路标；通过弘扬新时代新美德，形成城乡团结互助、扶贫济困、平等友爱、融洽和谐的良好风气；通过倡导文明新风，引导居民适应新环境，改变旧习惯，树立新观念，争做文明人。翔安区新圩镇积极开展文化传承，繁荣民间文艺，以此来振奋广大干部群众的精神，引导城镇精神的走向。该镇打

造的"三子"文化品牌——"汉子拍胸舞""嫂子合唱团"和"孩子竖笛演奏队"联袂走进央视七套《乡约》，扩大了新圩镇的影响力和知名度。

（二）文化引领人的发展，为城镇化发展提供智力支持

城镇化的本质核心是"人"的城镇化，人创造了文化，文化培育了人。要通过实现人的自由和全面发展，进一步激活人的潜能，推动城镇生产力向前发展。厦门市注重把城镇人口转换增长和文化素质提升相结合，加快集聚各类人才，着力传播现代观念、知识和技能，使之与产业相适应，与环境相协调，与发展相同步，人口素质指标得到大幅度提高：教育上，高校录取率保持全省第一，每十万人口就有在校大学生 4 732 人，从业人员继续教育年限达 11.1 年；创新上，申请专利数年增长 19.1%，专利授权数年增长 33.9%，在全国处于领先水平。

（三）文化引领社会进步方向，成为城镇化发展的创造力源泉

一方面，以文化价值理念促进服务型社会管理体系构建。文化价值理念是城镇居民的精神家园，在心灵稳定、社会和谐方面发挥积极的作用。要通过加强人文关怀，培育自尊自信、理性平和、积极向上的社会心态；通过净化文化环境，促进身心健康，营造健康向上的社会空间；通过加强人文教育，建立健全覆盖全社会的诚信系统，形成公平和谐的社会机制，以此促进新型城镇形成政府负责、社会协同、公众参与、法治保障的社会管理体系。

另一方面，以文化均等服务促进民生改善。民生改善是城镇化的重要标志，文化权利是公民生存权与发展权的最基本部分。2011 年，厦门市成为第一批国家公共文化服务体系示范区创建城市，市政府大力推进城乡文化服务一体化，通过公共文化设施配套建设，完善城镇文化事业机构，建立脉络贯通的文化立体服务网络，促进信息、艺术的传播，让人民群众共享文化成果，并以此为契机引导各行业谋民生之利，解民生之忧，解决好学有所教、劳有所得、病有所医、老有所养、住有所居等民众利益问题。

（四）文化引领经济发展方式，成为城镇化发展的主导性力量

首先，以文化创意带动产业转型升级。文化创意具有高产值、低能耗、绿色无污染的优势，可以提高经济发展有机化的程度，促生战略性新兴产业，为经济注入新的发展因素，培育新的经济增长点，加快转变经济发展方式。2012 年，厦门市文化产业主营收入达 500 多亿元，增速比同期 GDP 高出近 6 个百分点，对全市 GDP 增长的贡献率达 10.6%，对第三产业的贡献率为 21.6%，在促进城镇经济平稳增长方面发挥较大作用。

其次，以文化资源促生新兴产业形成。文化资源具有重复利用特性，是城镇化发展的基础性资源，只要加以现代化转化和开发，就能产生巨大的经济效益，甚至成为城镇国民经济的支柱性产业。海沧区东孚镇努力打造文化产业型的发展形态，建成以天竺山、日月谷温泉、玛瑙产业"三位一体"的产业链，还通过文化创意打造马銮湾"休闲基地""一村一品""玛瑙一条街""购物美食街"等项目，使文化成为城镇发展重要的动力源。

最后，以文化消费拉动市场需求增长。建立并扩大文化消费需求的长效机制，是促进经济进入内生增长轨迹的重要途径。2012 年，厦门市的文化消费内容不断丰富，能级不断提高，方式不断创新，城镇居民人均教育文化娱乐服务支出达到 2 652.92 元，同比增长 20.7%，有力地带动了城镇经济发展。

（五）文化引领生态文明建设，成为城镇化永续发展的重要因素

一是以历史特色文化优化空间开发格局。只有强化文化形象构建，彰显文化特色，才能使城镇在激烈的竞争中独树一帜，独占鳌头。集美区灌口镇积极探索历史文化古镇风貌的发展形态，按照人口资源环境相均衡，经济社会生态效益相统一的原则，结合风景湖公园、凤山祖庙等人文景观进行城乡规划设计，使灌口镇成为生产空间集约高效、生活空间宜居适度、生态空间山清水秀的生态新城。

二是以文化生态保护促进自然生态保护。当前，人类社会生存依托的是与文化磨合形成的次生生态环境，亦即文化与生态环境构成的文化生态耦合体。厦门结合我国第一个文化生态保护实验区——闽南文化生态保护实验区建设，设立文化生态保护试点，加强历史建筑和文化遗产保护，形成文化与自然生态整体性保护的机制，为建设美丽城镇打下良好的环境基础。

三是以文化生态旅游提高综合发展品质。文化生态旅游是城镇文化生态资源保护和利用的有机统一，拥有广阔的开发空间和发展潜力。同安区汀溪镇把良好的生态环境和优越的自然资源与当前小城镇综合改革建设试点结合起来，发挥汀溪温泉、水源保护地的优势，突出生态和文化内涵，打造厦门纯休闲度假小镇，被评为"国家级生态示范镇"，成为被选入上海世博会中国小城镇展区的四个乡镇之一。

（作者单位：厦门市文化馆）

城镇化进程中加强基层
公共文化服务体系建设之浅见

黄达绥

城镇化的程度是衡量国家和地区经济、社会、文化、科技水平的重要标志，也是衡量国家和地区组织程度和管理水平的重要标志。城市化既是人类进步的必要过程，也是人类社会结构变革中的重要节点，只有经历城镇化，才能真正实现现代化的目标。

改革开放以来，我国各地都在加快城市化进程，沿海发达地方的城市现代化水平确实已经接近国外先进水平。但由于我国的社会主义价值体系还未完整建构起来，受自由主义思潮的冲击，许多人的价值观出现混乱，对金钱、地位、权力的追逐远远超过对"真、善、美"的追求。这种迷失现象在得到大量土地拆迁款的群体上表现得尤为突出。没有精神层面上的追求，物质再丰富也不能给人带来满足，对整个社会而言，也是非常危险的，又会对社会的稳定构成威胁，对和谐社会的构建非常不利。再者，没有核心的价值体系，缺乏凝聚力和核心竞争力，我们又拿什么去加强城镇化建设呢？

加强公共文化服务体系建设，是繁荣发展社会主义先进文化、构建社会主义和谐社会的必然要求，是实现好，维护好，发展好人民群众基本文化权益的主要途径，这对社会主义核心价值体系的建设，正确意识形态的引导，促进人的全面发展、提高全民族的思想道德和科学文化素质、建设富强民主文明和谐的社会主义现代化国家具有重大意义。笔者以福建厦门海沧区在城市化进程中的公共文化服务体系建设为例，提出粗浅的建议和看法。

一、实施"三个一"行动

文化是一个民族的根、一个民族的魂。就农村而言，文化具有其他社会要素无法取代的作用，如厦门海沧的许多村落每年都举行的蜈蚣阁、送王船龙舟、祭祖等民俗活动，成为凝聚、整合村民的力量。

城市化进程必然伴随着这些村落的搬迁和消失，许多村民离开滋养他们成长的土壤，离开原来的生活群体和生活环境，变成社区居民。他们居住在统一规划、环境优美的社区，和城里人一样，享受着优质的卫生和教育等公共服务资源，手里还揣着政府发放的拆迁补偿款。从表面看，生活水平确实提高了。

事实却是，居民受知识程度和阅历的限制，无法马上接受城市文化，融入城市生活。一个村庄的搬迁和消逝带走的不仅是古老的村落，还有身后的文化与沉重的记忆。大量村落消失，其上寄托的"根"文化也随之消失殆尽，村民们变得茫然、无所适从，这种社区居民徘徊在城市社区边缘地带，造成村不村、城不城的"伪城区"现象，"六合彩""赌博"等不良的黑色文化趁机而入。对传统"根"文化的保护和传承是加强公共文化服务体系建设的基础，实施"三个一"行动有助于"根"文化的保护和传承。

1. 一本"书"

开展拆迁村落民俗文化调查、搜集，为每个拆迁村落编辑一本书。

目前，我国大部分地区的民俗志资料都不够详尽，有些地区缺乏一般性的民俗调查，对拆迁村落进行民俗文化普查是保护工程不可缺少的基础。只有开展普查，才能对村落的民俗民间文化遗产给予全局和整体的把握，才能通过比较、鉴别来认清保护的重点，制定出因地制宜、切实可行的保护措施。

普查的重点放在有代表性的民俗文化事象上，主要是在基层民众生产生活中现时传承、演变、遗留或尚为老人们清楚记忆的各种传统文化、风俗习惯。具体可以参照非遗普查的线索，如民族语言、民间文学、民间舞蹈、戏曲、曲艺、民间杂技、民间美术、民间手工技艺、生产商贸习俗、消费习俗、人生礼仪、岁时节令、民间信仰、民间知识、游艺、传统体育与竞技、传统医药几类，调查中应避免对民俗做机械的分类，要从实际出发重点选择代表地方特点的事象。要注意发现民俗事象之间的实际关联，注意了解当地历史和典型传人的生活经历，构成内容比较完整的调查个案。

调查结束后，编撰拆迁村落民俗志丛书，这不仅为即将消失的村落留下可供追忆的材料，也将为今后民俗文化的研究提供雄厚的资料宝库，其巨大的科学研究价值难以估价。厦门海沧区选派文化馆非遗工作者为拆迁村落编辑"风土海沧"系列丛书，拆一个村，出一本书，得到村民的大力支持和高度的赞赏。

2. 一座"民俗博物馆"

因地制宜，设立村落博物馆，每个自然形成的村落都会有自己的故事和文化，有不少值得保留下来的文化遗产。在拆迁重建过程中，可以通过制定针对性鼓励方案，动员村民把自己家里具有历史意义的东西捐献出来，把非物质文化遗产利用现代储存记录手段等方法保留下来，实现"一村一馆"，至少是在文化遗产丰富的村庄建设一个博物馆或纪念馆，让子孙后代可以通过这些浓缩的精品穿越时光，了解祖先的发展足迹。厦门海沧设立"海沧区非遗展厅""海沧区生态展览馆"等，其中，海沧非遗展厅就按照海沧原居民居住的红砖古厝形状来设计，展示海沧人家农耕渔猎的生活状态，展物大多是居民自愿捐出的珍藏多年的传统的生产工具以及生活用具。村民到了非遗展厅，就能找寻祖先的足迹。

3. 一座宗祠

宗祠和家庙是村民缅怀祖先的场所，也是他们举办民俗活动不可缺少的平台。政府部门要尊重民情及地方民俗文化，在拆迁旧的村落和建设新社区之前，要深入基层，加强调研，征求被安置居民对新小区的建设要求，充分考虑和尊重村民们的生活习惯、乡土乡情及传统的民俗活动。对于传统姓氏比较集中的村落，要科学规划和合理安置村民祭祖的宗祠、家庙，为村民寻根谒祖和开展民俗文化活动提供必要的场所。

这种做法一举多得，既是对传统文化的传承和保护，也体现了政府对村民的人性的关怀，让村民有强烈的文化归属感。

二、加强完善的公共文化服务体系建设

1. 制度建设健全完善

政府各部门要从建设和谐社会的高度来认识公共文化服务体系建设问题，高度重视经济建设与文化建设协调发展，把加强公共文化服务体系建设作为维护居民利益、保障居民文化权利来抓。相关部门要明确体系建设责任，分解工作任务，形成各级政府共同参与、共同推进工作格局；制定发放《公共文化服务体系示范区工作方案》《公共文化服务公众评价办法》《重大文化项目工作目标考核办法》等工作文件，保障公共文化服务体系建设工作扎实、有效开展。

2. 经费投入长效保障

建立公共文化投入长效保障机制，将公共文化建设经费列入年度财政预

算和基本建设投资计划，设立公共文化建设专项经费，逐步加大公共财政对文化建设的投入力度，确保每年对文化建设投入不低于财政的增长幅度，有力地保障公共文化服务体系建设工作的扎实推进。

3. 设施建设便民利民

坚持以人为本、文化惠民政策，统筹城乡发展，着力构建功能完善、层次分明的公共文化设施服务网络。各级部门要布局合理，在居民居住的集中区建设服务网络，让居民在十分钟的生活圈里能有合适的场所。如厦门海沧，在区行政中心建有全省最大的文化中心，区文化馆、区图书馆均为国家一级馆，镇（街）综合文化站均达到建设面积 500 平方米以上，正在建设的东孚镇和新阳街道文化中心面积均在 6 000 平方米以上。全区村（居、场）文化室均达到 200 平方米以上，其中，海发社区、洪塘村等文化活动室近 2 000 平方米。

4. 服务供给不断改善

围绕实现公共文化服务均等化目标实现重心向下，资源下移，服务下移，让城镇新居民能共享文化发展成果。如厦门海沧，"美在海沧"系列群众文化品牌活动在新社区持续深入开展，全年下乡的文艺演出近百场，送各种流动展览几十场。区图书馆在基层建立图书分馆和流动服务点，每到周末，海沧区居民都可以在离家门口不远的文化中心欣赏到丰富多彩的文化精品，为他们演出的都是来自厦门歌舞剧院、专业歌仔戏剧团等的"大腕"。区、镇（街）、村（居）三级公共文化服务场所全面落实免费开放，常年面向社会组织开展各类文艺辅导培训。通过实行"五步曲"形式，各部门送服务到基层，为市民提供更优质、便捷的服务，组建更多的特色文化队伍。

五步曲：第一步，深入了解基层文化站的工作现状及计划，了解基层文化站对师资的培训需求；第二步，针对需求开展文艺骨干培训；第三步，文艺骨干推广；第四步，文化馆专业教师下乡指导；第五步，举办赛事，以奖代补。

5. 人才队伍持续加强

相关部门应加大公共文化专业人才的引进和培养力度，提高公共文化专业人才队伍的整体素质；组建文化志愿服务队，设立"文化志愿者之家"，举办文化志愿者专题培训。每个社区文化活动室配备一名以上专职文化协管员，结合社区管理和服务创新，在全省首推并实施专职文化协管员网格化管理，同时培植民间文艺队伍，挖掘新社区民间艺人，加强对民间艺人的关心、引导和管理，充分发挥他们在传承和发展民间传统文化方面的作用。创新新社区文化活动内容和形式，大力弘扬优秀传统文化形式，鼓励居民挖掘和传承原有的乡村民俗文化，扶持民俗文化的开展，做好原社区与社区之间的文化交流，把保护非物质文化遗产和构建公共文化事业、文化服务体系结合起来，创新文化活动内容，改进和提高文化活动形式。促进新居民从农村到社区文化活动的过渡，逐步培养新社区自身文化的造血功能。

三、创新公共文化服务方式

在公共文化服务体系建设中，坚持创新发展理念，积极研究探索社会力量参与公共文化建设的政策法规和方式方法，引导社会文化资源向公共文化服务领域合理流动，拓宽公共文化服务的内容和形式，形成可持续、有实效的社会参与机制。如厦门海沧，一是与厦门歌舞剧院合作打造"美在海沧"系列群众文化活动，与厦门海投集团合作打造广场文化演出活动，与海沧旅游投资集团合作打造青礁慈济宫民俗阵头表演；二是联手厦门书香阳光文化传播有限公司合作推行图书统一配送流动服务模式，推进公共文化服务供给常态化，有效提高公共文化服务的层次和水平。

总之，经济、环境等要素是新社区建设的"硬实力"，文化则是社区建设的"软实力"。文化活动具有娱乐身心、移风易俗、沟通人际关系、提高人的文明素养的特殊功能，这些功能是经济类项目不可代替的，尤其在各种思想意识、价值取向、发展观念互相冲击、碰撞之际，文化的特质更显示出"硬实力"不可替代的特殊作用，实施文化战略是新社区建设的强本固基之举。在城镇化进程中，实施公共文化服务体系建设，重要的是需要基层政权组织和广大居民在加快经济发展、改善自然和社会环境的同时，建立起适合于新社区建设的文化观念。一旦这种文化观念能够形成并深入人心，就能够在思维方式和行为习惯的层面上发挥其广泛、稳定而持久的影响。

（作者单位：厦门市海沧区文化馆）

"文化集美"的"国家示范"

——聚焦城镇化进程中基层公共文化建设的集美模式

赵秀英

入夜，厦门集美北区广场歌声飘扬，每天的这个时候，这里总是溢满欢乐。闪烁的霓虹灯下，附近的社区和农村居民们，还有抱着梦想来建设这个城市的外来农民工们，洗去一身劳作的疲惫，来到这里跳舞或看表演，放松休闲。

集美区，是福建省厦门市六个行政区之一，进出厦门经济特区的重要门户，著名的侨乡和风景旅游区，也是厦门市的文教区、福建省文化先进区、全国双拥模范城（五连冠）。近两年来，厦门正在创建国家公共文化服务体系示范区。位于厦门出岛门户的集美区，在基层文化建设方面立足实际，多方探索，颇有建树。集美区对城镇化进程中的基层文化建设实践，站在整个中国的城镇化进程来看，具有"城镇文化化""文化城镇化"的示范意义。

一、城镇文化化：一流文化"硬件"助力"软件"升级

城镇化在中国当下已成为不可逆转的社会趋势，城镇化是什么？仅仅是建起高楼，搞好商业吗？当然不是，纵观世界任何一个国家的城镇化过程，文化是同步相随的，"面貌城镇化""硬件城镇化"的同时必然伴随着"城镇文化化"。城镇的建设包括而且必然要配套搞好文化设施，文化设施为城镇带来文化；传播文化，才可能实现"城镇文化化"。

我们聚焦集美区，不但看到各个社区、村镇一流的公共文化设施，而且看到集美人对发展公共文化的战略眼光、前瞻思维、经济底气和对文化的珍视。因为在这里，你会看到中国一流的村镇级文化中心。

拿灌口镇来说，文化服务中心就建在灌口风景湖畔，总建筑面积4 000平方米、投资近650万元，2005年6月开放。该中心内设电影厅、健身中心、图书室、绿色网吧、培训中心、乒乓球馆（灌荣乒乓球俱乐部）等设施，居

民可以像逛公园一样来这里搞文化活动，或体育休闲。

该镇的上头亭社区正在兴建新的文化活动中心，建筑面积9 000多平方米，预算投入1 400多万元，12层内设健身房、图书室、青少年活动室、卡拉OK歌舞厅、老人活动中心等。这样的规模与服务，可与北上广的社区媲美。这仅是集美区的一个社区文化中心。全国各地搞社区文化至今的十多年内，一些地方的社区文化中心还停留在几间活动室的老旧层面时，集美区对基层公共文化的重视，对城镇化过程中大力发挥文化功能的思路与做法，对所有已经富起来、向生活要质量的全国基层政府的执政思路而言，都是启示和借鉴。

集美区下辖灌口镇、后溪镇、杏林街道、集美街道、侨英街道和杏滨街道六个镇（街），目前均建有独立设置的300平方米以上的综合文化站，村（居）文化活动室基本实现全覆盖。全区58个村（社区），全部建有200平方米以上的村（社区）文化活动室，功能完备、设施齐全，村（社区）公共电子阅览室和共享工程设置率与达标率均为100%。6个综合文化站、58个村（社区）文化活动室，是集美区政府大力投入的见证。有了场地，群众的文化参与热情才可能被调动起来。这些文化场所大都设有棋牌室、教育培训室、乒乓球室、台球室、书画室、声乐培训室、体育健身室、电子图书阅览室、书报阅览室，设有多功能活动厅（舞厅、歌厅、放映厅、排练厅、会议厅）等。在集美，区文化馆、图书馆、镇（街）综合文化站和文化活动室等公益性文化设施全部免费向群众开放。一家老小在社区文化活动室都能找到满足自己需求的文化活动，越来越多的辖区百姓实实在在享受到公共文化建设带来的更多实惠，公共文化服务的公益性、便利性和普惠性得到充分体现。

二、文化城镇化：海峡两岸与闽台的特色文化品牌

如果说"文化城镇化"更多地来自集美的经济底蕴，成为集美城镇的一大亮点，那么，"城镇文化化"则是集美区真正落实基层公共文化的绝美风景，多种多样的文化活动，是实践"城镇文化化"的最好表达。尤其是文化产业被列入国家支柱产业之后，文化正在被赋予全新的意义。集美的文化活动特色独具，海峡两岸的文化交流、闽台特色文化十分发达。在集美，基层公共文化活动更专业，档次更高，影响更广。

集美位于福建省厦门岛西北面，居闽南金三角中心地段，地理位置特殊，历史上与台湾有很深的渊源。闽南文化在闽台两岸根基深厚，两岸文化交流助推闽南文化的传承与发展。

2013 年年初，集美举办了集美城隍文化节，来自台湾的 25 家城隍庙、700 多名台湾信众参加了此次城隍文化节，这是交流人数最多的一次。此外，来自海澄、云霄、长汀、永宁、古田、平和等地的 30 多家城隍庙也派出代表参加这一盛会，共同表演"城隍阵头大踩街"，展示两岸的特色民俗文化，吸引了远近几十万民众观赏。

每到端午，集美区政府打造的一年一度的海峡两岸龙舟赛品牌就会启动，文化节以"嘉庚杯""敬贤杯"海峡两岸龙舟赛为核心，充分挖掘中华文化、闽台文化、嘉庚文化的内涵和特征，举办"端午情·集美梦"经典诵读晚会和以"风雅端午""古礼端午""民俗端午""游乐端午""童趣端午"为主题的一系列浓厚的传统民俗文化活动，成为弘扬嘉庚精神，传承中华文化，增进两岸交流的重要平台。

在闽南民间特色文化的发展和传承上，集美区灌口镇文化中心设立区闽南民间特色文艺基地，基地设有三个传习中心和一个活动据点，传承以口传文学为主的童谣和答嘴鼓，传承戏剧曲艺为主的歌仔说唱、布袋戏（提线木偶）和游艺竞技为主的童玩等一批非物质文化遗产项目。这些民俗表演项目深受欢迎，成为老百姓重要的"精神食粮"。

三、集美，集文化之美、民俗之美

浙江卫视的"中国好声音"太远，"集美好声音"就在身边。集美区借鉴中国最火的选秀节目，力求贴近百姓、贴近生活，他们进农村，进社区，进企业，进校园，如火如荼地开展活动。如近期举办的"集美好声音音乐梦想秀"集美歌手大赛，让居民在家门口看"好声音秀"。主角是自己，在台下欢呼的是家人、朋友或社区居民。另外，还举办"创新社会管理 构建和谐社区"集美区社区系列文艺晚会、"魅力非遗"集美区非物质文化遗产展演与摄影展、广场舞展演、戏剧曲艺、声乐舞蹈、摄影书画等免费公益性活动轮番上演，为辖区居民送上精彩的文化大餐，进一步提高社区居民的综合素质。

四、"文化集美"与"国家示范"

文化，是一池荡漾的春水；服务，是一抹明媚的阳光。作为首批国家公共文化服务体系示范区创建城市之一，今年 8 月，文化部创建国家公共文化服务体系示范区评估验收组给厦门打出 89.4 的验收高分。验收组认为，厦门在创建示范区的过程中，探索出一些具有区域性乃至全国范围示范借鉴意义的经验和做法；在集美走访，验收组强烈地感受到这里有完备的文化设施，有完善的公共文化体系，有悉心提供的公共文化服务；"文化集美"已成远近品牌，也为厦门市创建国家公共文化服务体系示范区提供了诸多亮点和经验；"文化集美"升级为"国家示范"。

在集美，群众文化活动层出不穷。近年来，人们热衷洋节，集美就让传统节日释放魅力，让人们走到室外，享受文化。比如，音像曲艺类的活动有3D电影下社区、农村曲艺专场、社区迎新春文艺演出、歌仔戏、木偶戏等，群众参与的活动有门球赛、腰鼓表演、写对联等。遇上节庆日，就搞各类民俗文艺晚会；文化层次高的社区就创建"凤山书院"；宋代古城、薛刚卧虎山扎寨等历史遗存丰富的地方，就搞民俗文化园；偏远农村就搞送戏下乡，送电影下乡；为老年人提供的文化活动当数"乡村老人文化节"；另外，还设立"农家书屋"，添置了书籍报刊，村民们文体娱乐和阅读有了好去处。

除了反复提到的诸多亮点和经验，集美还创建农村公共文化体系，为外来务工人员提供文化服务。

外来务工人员为建设集美奉献汗水和力量，集美变美了，必然要关注他们，为他们提供更多更好的文化服务，让他们"身在集美，如在家里"。集美区的措施有四个。一是以广场文化为载体丰富农民工文化生活，在农民工聚集的北区文化广场、杏滨文化广场、杏林文化广场、敬贤公园等各大广场每周定期举办歌友会、舞会等小型多样的活动，做到天天有活动、周周有歌声、月月有演出，吸引周边众多农民工参加。二是培育农民工文化队伍，吸收具有文艺特长的农民工，成立农民工艺术团，定期组织集中辅导和排练。三是在节假日和图书馆服务宣传周期间，到外来员工聚集地举办文化图书下乡活动。四是针对农村文化生活相对匮乏的问题，政府采取购买戏剧曲艺下乡服务的形式，为农村居民（特别是老年农民）送去文化服务。

文化集美，魅力集美，正在一步步的实践与探索中得到全面的繁荣与发展，在这个充满梦想的伟大时代，只有开拓创新，锐意进取，秉持着强大的文化自觉性和文化自信心，才能迈进文化强区的行列。美丽集美正在前所未有地崛起，需要的是经济与文化的交相辉映，相信在不久的将来，这座滨海城市将会折射出更加耀眼的光芒。

（作者单位：厦门市集美区文化馆）

浅议城镇化进程中文化品牌的发展建设

赵 倩

作为新一轮经济增长的强劲动力，城镇化引起广泛的关注和讨论。新型城镇化应是以人为本的城镇化，关注城镇化，不仅要关注产业增长、土地制度变迁、户籍制度改革，更要关注城镇文化在城市社会变迁中的重要作用，直面文化命题。文化不仅是社会的文明指针，也是族群生活的幸福指数。因此，城镇化进程中的文化建设成为重要课题，其中，城镇文化因其地域性与特殊性引起更多的关注。

随着社会经济的发展和国力的增强，建成社会公共文化服务体系成为国家发展的必然责任。我国提出"基本建成公共文化服务体系"的要求以来，全国各个文化单位通过各种形式，从文化资源、文化管理、服务质量等各个方面推进全国公共文化服务体系的建设。在公共文化服务体系中，城市的文化发展建设具有重要地位，它拥有集中的经济力量和多元状态等优势，所以呈现高质量、广覆盖的状态。人口相对集中、经济发展稍强的城市区域，城市的文化发展还扮演文化教育、传播、消费等多重角色，肩负国家和民族文化的传承和发展重任。城市文化的发展可利用资源的特殊性来发展出独特理念和模式。

一、强化城镇文化品牌意识

国家公共文化服务体系的建立与发展给社会文化的发展带来新的机遇与挑战。各种文化机构、文化品牌以及由文化衍生而来的产品都在借助文化理念进行传播，这显示了社会的文化发展水平及人们对精神产品的需求。在新型的社会文化形态中，从民众到政府，从文化机构到文化产品，都显示出蓬勃的生机。新时代新文化的发展，城镇化进程中的文化发展都要面对文化品牌的崭新课题。

作为拥有悠久文化传统的国家，每一块土地上不仅生长着不同的经济作物，也出现各具特色的文化资源。在历史的长河中，每逢社会飞跃、民族兴旺之时，文化随着社会的发展而繁荣昌盛。城镇的发展始终被城市的发展所引领，这不仅体现在经济发展模式上，也体现在文化的发展上，城镇文化的发展同样要汲取城市文化的养分。城镇的发展更具特殊性和独立性，呈现独立的姿态。推动城镇化文化发展需要意识到自身的文化资源优势，于独立中树立城镇文化的品牌特征，养成文化品牌意识。这不仅推进了文化的繁荣，也为地方文化的保护和传承做出贡献。

在多民族的中国，不同地域在历史上已经形成了不同的语言、文字、音乐、戏曲、绘画等众多的文化艺术特征。从大地域到小城镇，都存在各自独特的文化资源，这需要文化工作者们深入基层，广泛挖掘，在城镇化的文化建设中将地方资源提取并升华。

二、挖掘城镇文化资源的区域优势

在城镇化进程中的文化发展首先要挖掘城镇发展历史和地域文化资源，尤其是传统文化的资源，提高文化品牌意识，树立城镇独特的文化优势。中国是一个疆域辽阔、物产丰富的国家，多民族和多地区的人们在宗教、生活习俗等不同因素的长期影响之下形成多元的文化状态。在当代社会，这些多元的文化得到保护和继承，其中，草根文化长期不被关注，但却根深蒂固于百姓的生活中，在城镇化进程中得以发展和继承。因此，在城镇化进程中，地域的文化资源需要被充分挖掘。以翔安农民画为例，就全中国的绘画艺术而言，农民画只是农民闲时自娱自乐的民间绘画形式，但对于地方文化而言，这不仅延续着地方的文脉，也体现当地人的生活方式和追求。农民通过绘画来反应自身的生活和诉求，绘画成为一种表达方式。我们可以从翔安农民画中得到源自地方农民的生活场景、审美意识和生活表现，等等。

历史上，同安县（含翔安）民间寺庙、民居的墙、栋梁以及结婚床铺的壁柜都有人物、山水、花鸟等各种绘画，大批民间画师和传统悠久的民间绘画技艺因此得以传承。传统民间美术壁画是历代民间艺人一代一代传承下来的民间艺术画。20世纪50年代，同安县（含翔安）农民在传统民间美术壁画基础上，以浓墨重彩和鲜明欢快的艺术语言绘出独具特色的"农民画"。当时，乡村里一些爱画画的农民，利用墙壁、黑板创作壁画、年画、漫画等，这些画作主要表现生产生活和乡风民俗，现实生活中，田间农作、圩日赶集、踩车戽水、挖井修堤、采茶摘果、养蚝捕鱼以及弄车鼓、唱南音、神话掌故、人文景观皆可入画。翔安农民画是历史和文化的结晶，是在当地长期的文化背景之下所产生的一种艺术形式。翔安农民画经过不断的发扬和推动，目前，其风格特征已经在全国的农民画中独树一帜。

三、逐渐塑造和建立城镇文化品牌

城镇的区域文化资源优势成为城镇文化品牌建立的土壤和基石。在城镇化的文化发展中，要挖掘文化资源，提取文化精髓，树立文化品牌。人们经过千年的社会生活，必然会沉淀下诸多的文化特征，这些文化特征需要文化工作者们从地方居民生活中去挖掘和提取，保存一种文化就是在保存一种生活方式，这对于地方的发展具有积极的意义。翔安农民画在历经社会和政治的辗转中也几尽流失，但作为生活方式仍被少数的当地居民所坚持保存着。城镇化的文化发展重任就是挖掘地方特色文化资源，经过保护、继承和推广来逐渐树立文化品牌。翔安农民画经过多年的恢复，当地居民的不断参与，并经过专业绘画人员的长期指导，现在不仅在逐渐壮大，在全国的农民画中也享有盛誉。城市文化精神的最终形成，必然有自上而下与自下而上结合及互动的过程，靠简单的行政命令无法形成城市精神，靠市场的无形之手也无法建构健康的城市文化，社会力量的生长将对城市文化产生日益明显的塑造作用。

翔安区曾经因其独特的农民画艺术而声名远扬，获称全国首批"现代民间绘画之乡"。翔安区（农民画）是我市非物质文化遗产名录项目，农民画在翔安有着悠久的历史，曾涌现出多位著名的农民画家，是中国现代民间绘画的艺术瑰宝。在文化大发展的进程中，地方对于文化保护和传承的意识在不断提高，为加强翔安农民画的保护，目前翔安区人民文化活动中心已成立梁金城农民画展室。2009年11月份，在区委宣传部、区教文体局的牵头组织下，在蔡厝小学、舫阳小学设立翔安区农民画培训基地，聘请农民画家梁金城、陈珠庭开班传授民间绘画技艺，除了对学员免除全额学费，更提供一切培训所需的笔墨纸砚，首期培训开设两班，共有学员60余人。以上种种措施使得农民画在翔安被更多的居民所认识，带动许多当地人参与，使翔安农民画逐渐复苏。

翔安农民画可谓是城镇化进程中典型的文化品牌代表，它的传承和发展不仅具有历史因素，也携有当代文化品牌发展策略。这个成功的范例有赖于政府的文化发展扶持，更得益于地方农民对于文化保护的意识和参与。在当下多元的文化发展环境中，翔安农民画作为地方的文化品牌将有着更大的发展空间。地方文化资源和文化品牌需要塑造和建立的过程，有政府的参与和群众的配合，城镇文化发展一定会独具地方特色，探索出独特的文化发展模式。

21世纪，随着中国经济与社会的发展，文化领域迎来了一个发展的新纪元。国家公共文化服务体系的创建不仅给城市的公共文化服务带来动力，也给城镇的文化发展注入活力。用文化来塑造和激活一座城市，是文化革新中的重要措施，文化带给人们的身份认同感是其他方式所无法比拟的。城镇文化发展也在现代化的社会进程中赋予了城乡崭新的文化意义，给当地老百姓的文化生活带来了新的天地。

（作者单位：厦门市文化馆）

试论文化建设对城镇化进程中
犯罪问题的防控

叶亚莹

城镇化与工业化、农业现代化是我国新时期现代化建设并行的三大方略。改革开放三十多年来，我国城镇化水平大幅提高，城市综合竞争力显著增强。城镇化给城市带来了许多正面的社会效应，对整个国民经济发展和社会进步也发挥了极其重要的作用。与此同时，快速城镇化不可避免地带来诸多负面影响，助长了区域中的犯罪。对此，我们该如何有效防控？笔者认为，在现代城镇化进程中，大力开展文化建设对防控城镇犯罪有显著作用。

一、城镇化与城镇化进程中的犯罪问题

和谐社会指社会的政治、经济、文化、自然等协调发展，是人与人之间关系融洽的稳定的社会状态，只有社会稳定，社会的政治才能清明，经济才能发展，文化才能繁荣。城镇化是我国农村全面建设小康社会的必经过程，也是我国现代文明的重要标志。就业转移、居住地转移和地域转移远远无法涵盖城镇化的实质，城镇与乡村聚落的内涵发展被忽略。城镇化的实质应该是"能够适应和推动社会进步的城市生产、生活方式，以及城市性质、状态不断扩展与深化的发展进程"。城镇化过程是农民物质生活和精神生活得到极大提高，逐步实现城乡协调发展，最终实现消除城乡差别和工农差别的过程。

毋庸置疑，我国城镇化的成就有目共睹，但城镇化进程中也存在一些问题。快速城镇化对城市的发展产生负面影响：居民就业压力增大、农村户籍居民并未真正"城镇化"、城市居民群体被"撕裂"、流动人口集中……这些都直接或间接催生犯罪。"土地的城镇化"大大快于"人口城镇化""经济城镇化"，"三无人群"（种田无地、就业无岗、社保无份）的社会矛盾逐渐凸显，形成新的社会安定隐患。虽然城镇化不是犯罪的直接原因，二者并无直接的因果关系，但不能不承认，犯罪率的攀升与城镇化的快速推进有着相当大的关联性。

城镇化进程中，流动人口集中，农民工与城镇居民经济社会地位长期不平等，必然导致价值观念、道德观念和法制观念多元共存，导致一系列社会问题，影响社会的和谐稳定。农民工居民的社会认同感逐渐产生矛盾和碰撞，久而久之形成城市特殊的非主流社会群体。主流社会群体与非主流社会群体之间猜忌、矛盾和冲撞，尤其是后者，在城市不尽如人意的境况，是城市社会乱象丛生的根源。各种违法犯罪情况，严重阻碍了当地经济社会的发展，也阻碍了进入小城镇的农村精神文明建设，很大程度上影响当地社会的和谐稳定。

二、文化建设能有效防控城镇犯罪的原因

现代城市应该是物质基础丰富与文化底蕴深厚的文明城市，城镇化进程应该是物质文明和精神文明同步发展的过程。健康城镇化更崇尚精神文明，关注文明的建构和重塑。只强调物质文明与经济发展，不重视精神文明的建造，谈不上真正意义上的城镇化。流动人口、农民工与城市原始住民之间存在语言、习俗、认知的不同，价值观念差异、道德标准差异、交往禁忌差异等普遍存在。差异越大，矛盾越多，城市文明就会遭受破坏。当矛盾到了临界点，矛盾双方的冲突就有可能引发犯罪。

文化是人类智慧的结晶，包括物质文化、制度文化与精神文化。在快速城镇化的社会转型期，社会在变、人心思变，往往出现文化的繁荣景象。文化繁荣推动国民经济的快速发展，文化事业繁荣昌盛，精神生活丰富多彩，综合国力和国际地位显著提高，同时，也产生和引入大量的文化糟粕，对人们尤其是年轻人的毒害甚深。当代青年多为独生子女，受西方文化、不良文化的影响较深，一些人性情放纵、自私自利、群体意识不强、人际关系淡薄，个人至上思想严重。文化的堕落必然导致生活的堕落，色情、赌博、吸毒等恶习在年轻人身上表现得尤为明显，其中的严重者走向违法犯罪是早晚的事。一些别有用心的人，为了蛊惑人心、骗取钱财，将风水学等神秘化、妖魔化、巫术化，以达到犯罪的目的。

因此，我们应该关注村民日益增长的文化生活要求，积极推进农村文化建设，拓宽农村文化建设方式，加大对农村文化活动的组织力度。要引导农民向有利于自身发展的高雅、健康的文化生活转变，如定期举办技术培训班、技能竞赛、比赛活动、掌握网络知识；积极组织公共活动，创造条件，让民众多参与集体生活，感受其中的充实和乐趣；开设文化活动室、图书室、青

少年活动中心等；还可以结合非物质文化遗产项目，增设新的文化建设项目，如此既能吸引更多的农民参与文化活动，使其达到强身健体的效果，又能传播优秀的传统文化，使农村不同群体间的文化生活更为丰富和协调发展。如此作为，农民的业余时间安排就能丰富多彩，自然就能有效抵制文化糟粕对进入城镇化进程的人们的侵蚀，降低犯罪机会的滋生。

城镇化是农村政治、经济、文化的高度统一，其中，文化是不可或缺的重要内容。在农村城镇化的进程中，文化的影响、凝聚、规范人们行为习惯的功能和振奋人们精神的作用是其他要素无法替代的。没有文化的积极引领，稳定的和谐社会目标就较难以实现。

三、文化建设有效防控城镇犯罪的方式

城镇化进程中的文化建设是系统工程，包括文化程度、教育状况、心理素质、公德意识、平等观念、民主思想与自由精神等内容。城镇化体系建设是以满足人民群众日益增长的文化需求为根本出发点，以大力推进公共文化设施建设为基础，以进一步加强文化队伍、群众文化活动等为主要内容，积极发展健康向上、丰富多彩、具有地方特色的先进文化。加强城镇体系公共文化配套设施建设有利于巩固和扩大农村文化阵地、丰富群众的文化生活和提高人们积极健康的精神情操，让人民群众共享社会文化成果，共用社会文化设施，防控城镇化进程中的犯罪问题，增强人民群众的幸福指数，进一步完善城市功能，精心打造宜居城市、生态城市、园林城市、文明城市。笔者认为，要做到如此和谐局面，可通过如下途径，加强文化建设。

1. 稳步推进农民工市民化

积极创造条件吸纳新生代转化为城镇居民，加强文化宣传，增强农民工的市民意识，提高城镇化的发展质量，特别要加大对农民工子女的教育投入，提高其文化素质，使之成为有发展潜力的新市民。

2. 在推进城镇化进程中要营造良好的村镇、社区环境

以村镇、社区为依托，加强精神文明建设，对辖区群众进行普法宣传和培训，提高群众的整体法制观念和法律素质，克服邻里匿名现象，加强彼此的了解与合作，充分发挥初级社会群体在治安预防、禁毒禁赌等问题上的功能。除应注重社会主义婚姻道德观的宣传外，还应加强法律知识的普及。家长应当主动学习科学文化知识，了解孩子的心理、生理特点，掌握正确的教育途径和方法，用健康的思想和行动引导孩子，成为孩子的良师益友。

3. 举办多种文化活动，控制犯罪机会

要"防患于未然"，把犯罪防控放在优先位置，取得"打防结合，以防为主"的主动权。控制犯罪机会，是城市犯罪空间防控的先导主线。犯罪机会是催化犯罪的重要影响因素，对犯罪行为起着引发、促进、加强、保障、便利等作用，没有适宜的犯罪机会，犯罪行为便难以实施。因此，要多举办各种基层文化活动，丰富城镇化居民的业余生活，着力阻断犯罪机会的形成和强化。

4. 推进新型城镇化进程，传承文化精髓

新型城镇化是以科学发展观为统领，以工业化和信息化为主要动力，资源节约、环境友好、经济高效、文化繁荣、城乡统筹、社会和谐，大中小城市和小城镇协调发展、个性鲜明的健康城镇化道路，健康城镇化应为防控城市犯罪打下坚实的基础。其注重城镇化水平的提高，旨在优化城镇功能，传承文化精髓，塑造个性特色，实施人文关怀，有利于推动城市犯罪的空间防控。不健康的外来文化导致涉黄案件的上升，出租屋为这类犯罪提供了栖息地。经济迅猛发展，随之进入的外来文化也主要由邻近的港澳和传播媒介传入。网络的普及使外来文化给人们带来更大的影响。其中，渲染暴力、色情的文化传播对社会产生消极的影响，宣扬性放纵的淫秽录相及光盘影音制品、黄色书刊通过各种途径大量涌入，这对青少年的伦理道德观念造成了巨大冲击，罪与非罪的观念逐渐淡漠。因此，我们既要不断完善城镇的基本功能，又要进一步强化城镇特色，突出城镇的主导功能：保持较高的城镇基础设施综合配套水平；重视历史文化名城（镇）保护，延续城镇历史文脉，挖掘城镇文化内涵，提炼城镇现代精神，彰显城镇鲜明个性。

5. 完善公共文化配套设施，改变分离局面，提高人文关怀

实行城乡统筹，推行城乡一体化，逐步减少城乡差距与分治，缓解快速城镇化中的负面影响；发展职教中心和试点研究中心，加强流出前和流出后农民工的技能培训和法律知识培训，加强农民的素质和能力；完善农村交通网络、基础设施，建立农村寄宿学校和农村安全网络；加强舆论引导，丰富城乡化互动；多开设一些收费低廉的娱乐场所，组织电影放映车、图书流动站进社区，进企业，进工地，进广场，提高对农民的人文关怀。

6. 加快城乡文化一体化发展

城镇化是"乡村"到"城镇"的社会变迁过程，在文化建设中，要充分发挥各级城镇的中心带头作用，促进城乡文化建设统筹发展：促进城镇传统产业、基础设施、公共服务、现代文明向乡村扩展；村镇体系规划与城镇体

系规划密切结合，构建城乡一体化网络；加强乡村水利、交通、环保等基础设施建设，推动乡村文化、教育、科技推广等事业的蓬勃发展；培育县城、建制镇的农产品深加工与其他非农产业，适当扩大其人口规模，增强新型城镇化的本土转化能力；继续强力推进社会主义新农村建设，鼓励农业剩余劳动力在有条件的新型农村社区就地转化。

7. 各方面加强力度，切实推进农村文化建设

加强组织领导，狠抓文化建设，确保文化和经济同步发展、协调发展；发展文化产业是农村城镇化的内在要求，是农村经济发展的必然趋势，要从实际出发，根据农民文化消费的需求，整合和依托当地的文化资源优势发展文化产业，因地制宜地扶持和打造有优势的文化产业项目，减少发展文化产业的自发性和盲目性，走符合当地文化特色的文化产业发展之路；要增加文化投入，支持城乡文化一体化发展，重点向农村倾斜，立专项资金，充分发挥公益性文化设施的作用，支持惠民工程和乡村文化活动，促进农村文化大发展大繁荣；要培养复合型的文化人才，提高农村文化建设水平，一方面加强对现有"乡土"文化人才的教育和培训，另一方面要积极引进城市优秀文化人才，造就一支懂文化、善经营的复合型文化人才队伍，发挥其文化建设生力军的作用；要加强文化监管的执法力度，让积极、健康、向上的文化占领农村文化阵地。毋庸讳言，近年来，由于文化监管的执法力度不强，致使在网吧、音像制品店、庄户剧团、卡拉OK厅等丰富农村文化生活的背后，也存在一些凶杀暴力、封建迷信等文化垃圾，严重影响和危害着人们的身心健康。为此，要把"扫黄打非"工作纳入法制化的轨道，公安、工商、文化等部门要加强协调，联合作战，重点打击利用游戏机、互联网、六合彩等进行赌博的违法犯罪分子和利用桑拿、歌舞厅、沐足、美容美发等娱乐服务场所涉黄的违法犯罪活动。

相信通过以上多种途径加强城镇化进程中的文化建设，多面出击，加大文化投入，增强村民健康文化活动意识，加大文化市场法律法规的宣传力度，抓好网络文化的建设和管理，引导群众自觉抵制封建迷信文化的侵蚀，让积极、健康、向上的文化占领农村文化阵地。只有如此才能从根源上有效预防和防控植根于城镇化进程中出现的犯罪问题。

（作者单位：厦门市文化馆）

论城镇化进程中基层公共文化建设
的意义和作用

王　婷

2012年12月15—16日，中央召开经济工作会议。会议指出，城镇化是
我国现代化建设的历史任务，也是扩大内需的最大潜力所在，各地要围绕提
高城镇化质量，因势利导，趋利避害，积极引导城镇化的健康发展。文化建
设是党的十八大确立的中国特色社会主义"五位一体"总布局的重要组成部
分，对满足居民的精神文化需求，推动城镇化的顺利进行具有重要的意义。
在城镇化进程中，文化可以起到影响、规范人们行为习惯的作用，更能振奋
人们的精神面貌。因此，必须高度重视基层文化建设，加大基层公共文化的
投入力度，加强基层公共文化队伍建设，丰富基层公共文化活动形式，以优
质的基层公共文化来增强城镇化的动力。

一、城镇化进程中基层公共文化建设的意义

（一）加强基层公共文化建设，满足居民的内在文化需要

所谓"城镇化"，指农村人口不断向城镇转移，第二、三产业不断向城镇
聚集，从而使城镇数量增加、规模扩大的历史过程。这一过程不只是简单的
人口比例增加和城市面积扩张，更重要的是城镇化建设主体——农民的人格、
精神、灵魂向城镇居民这一新的身份的转换。因此，要始终坚持"以人为本"
的原则，推动"人"的城镇化，如何落实这一原则呢？这就必然要求从居民
的实际需求出发，加强城镇化进程中的基层文化建设。厦门市同安区一方面
投入大量资金建设文化硬件设施，兴建文化艺术中心广场、梵天寺广场、大
苍山公园，以及集文化馆、图书馆、科技馆、体育馆、电影院"四馆一院"
为一体的同安区文体中心等多个文化场所，每天晚上吸引了很多老中青广场
健身舞蹈爱好者聚集在一起健身娱乐。另一方面，通过推行广播电视村村通、

乡镇和社区综合文化站、文化信息资源共享、农村电影放映、农家书屋等多项文化惠民工程，满足基层群众看报看书、看戏、看电影、闲余娱乐活动的需求。通过发展基层公共文化建设，人民群众多样化、多层次、多方面、多选择的文化需求得到前所未有的满足。

（二）加强基层公共文化建设，促使社会和谐发展

城镇化是集规划、建设、管理、经营以及与农村协调发展于一身的复杂过程，这过程中面临土地利用、社会平衡、环境资源、城市发展四大问题，这些问题给社会的和谐发展带来不稳定因素。消除这些不稳定因素是摆在当政者面前的一大考题。"一个社会是否和谐，在很大程度上取决于全体社会成员有没有共同的理想信念"，这样一个心理基础的搭建，必须靠文化建设来完成。通过加强基层公共文化建设，在居民心中建立爱国守法、明理诚信、团结友善、勤俭自强、敬业奉献的基本道德规范，引导其用正确的眼光认识事物，用宽容的态度对待冲突，用和谐的方式处理矛盾，从而实现整个社会的和谐。与此同时，城镇化进程中居民的生活方式、价值取向和思想观念日益多样化、多元化和自主化，纷繁复杂的利益关系、利益冲突和社会矛盾开始呈现。通过加强基层公共文化建设，贴近居民的需求，针对城镇化进程中居民们面临的困惑，找到满足其需求的途径，让居民在娱乐心身的同时，负面情绪得到宣泄，进而化解矛盾，增进融合，促进社会和谐稳定发展。自2004年以来，厦门市海沧区通过开展以群众参与为主体的"温馨海沧"系列活动，将海沧居民拧成一股共建"温馨海沧"的合力。不仅丰富了居民的文化生活，还培育了良好的文明风尚，促进社会和谐发展。

（三）加强基层公共文化建设，促进经济稳健发展

十八大报告显示，城镇化将成为中国新经济改革的重要组成部分，是中国经济增长的重要驱动力。要保持这一驱动力的正面、持续作用，必然对生产力三要素中最活跃的因素"人"的文化水平提出较高要求。首先，只有领导者具备高素质的文化水平，才能站在经济和社会发展的时代潮流前列，科学预测、理性决策；才能保持头脑清醒，克服过去粗放无序的倾向，努力朝着经营集约、质量优先、可持续发展的方向迈进，不断提高城镇的经营质量与效果。其次，通过加强基础公共文化建设，对劳动者进行"冶炼"——去粗取精，赋予其智慧和能力，提高劳动者的思想道德素质和科学文化素质，为经济发展塑造合格的主体，从而把文化力转化为社会主体的精神力量，推动经济的发展。最后，基础公共文化的发展，为城镇化提供了良好的经济发

展软环境。"文化所表现出来的强大的渗透力、影响力及扩张力，使文化的作用远远超出文化发展本身，形成综合性的力量，使一个国家、一个地区的人民以高昂的精神状态投入建设，加速了国家或地区鲜明形象的树立。"通过文化建设营造出良好的社会文化环境，能够极大地吸引和招揽外地的人才、资金、技术和经验，有力地促进经济的发展。厦门市同安区竹坝华侨经济开发区通过结合开发区文化特色，紧抓"南洋文化"这一主题，推动"南洋"文化特色的乡村游、农家游模式，使得开发区经济得以快速发展。在以建设竹坝南洋休闲旅游度假为发展目标，致力于打造"竹坝南洋风情"品牌的同时，让文化发展为开发区居民带来实实在在的好处，反过来促进文化发展，促进地方经济发展。

二、城镇化进程中基层公共文化建设的措施

（一）加大基层公共文化建设的投入力度

基层公共文化事业的发展离不开政府政策、资金的支持，党的十七大报告指出："坚持把发展公益性文化事业作为保障人民基本文化权益的主要途径，加大投入力度，加强社区和乡村文化设施建设。"所以，各级政府要切实加大对基层文化建设的投入力度，推进重点文化惠民工程。各级财政应随着经济的发展逐年增加对基层文化建设的投入，推动公共文化基础设施建设，促进基本公共文化服务均等化。各级公共文化单位要充分利用现有文化设施和场所，广泛开展居民喜爱的文化娱乐活动，通过固定设施和流动设施，采取阵地服务和流动服务相结合的方式，最大限度地让人民群众享受文化服务。另外，在加大政府投入的同时，进一步完善支持公共文化服务的相关经济政策，鼓励和引导社会力量投资兴办公共文化服务实体，建设公共文化设施，提供公共文化服务，形成政府投入为主、社会力量积极参与的公共文化服务投入机制。

（二）加强基层公共文化队伍建设

基层公共文化事业的发展关键在人。在队伍建设上，加强后备力量的培养和各层次在职人员的培训已成为非常迫切的问题。为此，可以从以下几方面入手：其一，以文艺团队的组建带动文艺人才的聚集，通过组织开展各类活动并举办各类比赛，不断挖掘文艺人才，积极发动他们加入文艺社团；其二，向社会公开招聘专业素质较高的文艺人才到文化站工作，负责搞好社区文化建设等；其三，做好义化志愿者征集工作，吸纳志愿者到基层文化建设

队伍中来，壮大文化工作队伍；其四，培养乡土文化人才。通过演出、展览、交流、大赛等形式，加强对民间文艺团体、文化大户和文艺爱好者的培训，在经费、场地等方面予以支持，打造一支有足够规模的"草根"文化队伍；与此同时，加强人事制度改革，对从业人员认真实行以岗定责、竞聘上岗。通过培养基层文化工作业务骨干，变"送"文化为"种"文化，从根本上解决城镇文化可持续发展的文化动力。

（三）丰富基层公共文化活动形式

开展内容丰富、形式多样的文化娱乐活动是基层文化建设的"催化剂"。各级文化单位可以通过免费开展公益性艺术培训，举办丰富多彩的专场文艺演出和文艺赛事，推动基层文化建设，丰富居民文化生活；通过开展文化志愿服务进农村，进军营，进学校，进社区，主动将文化送到基层，为广大农民、官兵、市民提供内容丰富的精神食粮，组织"非遗"专家和文化志愿者，积极开展"非遗"宣传及推广活动，让广大群众了解非物质文化遗产，积极参与"非遗"的保护与传承中来。

三、结　语

城镇化是我国农村全面建设小康社会的必经过程，这一过程中最根本的是"人的城镇化"，是城镇化主体"人"的观念、思想方面的变化，因此，大力发展基层公共文化对推进我国的城镇化具有重要的意义。在充分认识基层公共文化建设重要性的基础上，根据当前基础公共文化发展的现状，从加大基层公共文化设施建设的投入力度，加大基层公共文化队伍建设，丰富基层公共文化活动形式和内容等角度入手，全方位地推进我国基层公共文化建设活动的开展，满足居民的精神文化需求，推动城镇化的顺利进行。

（作者单位：厦门市文化馆）

以人为本，做好"文化拆迁"

郑芬芳

党的十八大召开之后，中国以"农村人口转化为城镇人口"为主要特征的城镇化发展正在由速度扩张向质量提高转型。如何推进"新型城镇化"建设？《中国文化报》记者郭人旗今年初撰写的报道文章《新型城镇化建设需要文化血液》给了我很大的启发。文章提出，改革开放三十多年来，中国快速的城市化进程在推动经济增长的同时，但也带来缺乏特色、千城一面的弊端，出现各种各样的"城市病"。在新型城镇化建设过程中，人们越来越认识到，一座城市留给人印象最深的不仅有城市的容貌，更重要的是城市的文化，正如中央财经大学文化创意研究院执行院长魏鹏举所说，"城市不仅是经济的发展体，更是文化的共同体"。作为厦门市的中心城区，思明区从人口户籍建设及行政区划建设上已经完成"村改居"工程，实现城镇化。乍一看，它与城镇化没有多大关系。但文化建设是城市化发展的灵魂，实际上，思明区的"村改居"工程在文化上还未彻底完成。这从思明区每年春节禁止燃放烟花爆竹重点巡查区域就可看出，从居民的婚丧嫁娶习俗上也可看出，"村改居"社区与城区社区的文化差异还比较大。"村改居"社区的文化建设还有待进一步的"拆迁安置"。

一、"城中村"文化建设的利弊分析

（一）现有公共文化设施少，可建设空间大

自然村在改为社区之前，由于财税管理模式、收入水平、居民文化需求形式及文化自觉程度不同于社区，导致公共文化设施较少，很多村的公益文化设施只有宫庙和戏台。但是，相对于旧城区，"村改居"社区自留地较多，可建设为公共文化设施的空间比较大。改制为社区之后，许多社区都需经历片区拆迁的阵痛。这就要求政府在征地拆迁时需把公益性文化场所建设纳入改造规划，统筹义化建设用地的预留。

（二）传统文化根基较深，居民文明程度相对较低

此处列举思明区两个街道 2011 年春节元宵活动安排来对比一下。

表 1　思明区莲前街道 2011 年春节元宵期间社区的活动安排表

日期	具体时间	名称	内容	地点	主办单位
2 月 05 日	09:00	迎"新春"文艺演出	文艺演出	福满山庄潘宅庙台	洪文社区
2 月 05 日	09:00	社区篮球赛	篮球赛	西林社区东坪山社	西林社区
2 月 08 日	19:30	歌仔戏	歌仔戏	顶何祖师爷庙	何厝社区
2 月 13 日	13:30	民俗活动"进香"	进香	"福济殿"前大埕	塔埔社区
2 月 15 日	15:00	新春游园猜灯谜活动	游园活动	新景海韵园外广场	明发海景社区
2 月 16 日	09:00	元宵节趣味活动	趣味活动	东芳花园	莲顺社区
2 月 17 日	15:00	庆元宵游园活动	元宵游园活动	前埔北中心公园	前埔北社区
2 月 17 日	整天	庙会	民俗活动	洪文潘宅社	洪文社区
2 月 18 日	12:00	庆元宵民俗活动（池府王爷出巡）	民俗活动	岭兜宏济殿门口	岭兜社区
2 月 18 日	13:30	民俗活动舞龙、舞狮、腰鼓、关帝公出游	民俗活动	何厝下何关帝庙	何厝社区

表 2　思明区开元街道 2011 年春节元宵期间社区的活动安排表

日期	具体时间	名称	内容	地点	主办单位
2 月 14 日	15:00	我们的节日·热热闹闹庆元宵	猜灯谜、套圈、吹气球、政策咨询等游园活动	阳台山路	阳台山社区
2 月 15 日	9:00	欢度新春元宵，共建和谐虎溪	茶艺表演、插花、投羽毛球、猜谜语、夹珠子等趣味活动	玉滨城三期广场	虎溪社区
2 月 16 日	15:00	民俗文化进社区	吹气球比赛、踩气球比赛、挟珠子比赛、元宵猜谜语	禾祥西路 316 号	后江社区
2 月 16 日	15:00	欢乐闹元宵大家 E 起来	吃"五彩汤圆"，品"民俗文化"	美仁新村板上	美湖社区
2 月 16 日	15:00	民俗文化进社区	文艺趣味游园活动	梅园小公园	希望社区
2 月 16 日	15:30	民俗文化进社区	游园活动	湖滨南路假日 E 时代门前	天湖社区
2 月 17 日	9:00	民俗文化进社区	腰鼓队、健身操、秧歌舞、柔力球等表演；猜谜、运球、投篮、夹珠子等游园活动；社区文明、计生、保障宣传服务等。	禾祥西路国贸广场大门	湖滨社区

莲前街道地处厦门本岛东部的新城区，下辖 21 个社区居委会，表 1 所列的社区中，洪文、岭兜、何厝、塔埔为"村改居"社区；开元街道位于思明区行政区域中部，辖内设置 12 个社区居委会，均为较成熟的中心街区。从表中可以看出，"村改居"社区的活动多为单一的民俗庙会活动，城区社区的活动多为综合性的趣味游园活动。文化文而化之，文化没有优劣之分，但文明程度有高低之别。两年前，思明区某社区居民每逢嫁娶都会放鞭炮，附近的居民在三更半夜时常被鞭炮声吵醒；村民每有丧事都会请一帮人在社区里面吹吹打打一整天，几乎变成扰民。近两年来，此类事件正逐渐减少。

（三）文化需求年龄分层明显，青少年的文化需求是文化融合的纽带

在"村改居"社区中，居民互相认识，群落意识、抱团心理强，居民的文化需求呈现明显的年龄分层。以传统文化为根基，以宫庙为据点的老年人文化需求目前表现比较明显。中年人由于其年轻时较多从事体力劳动，偏爱体育类的文化活动。值得关注的群体是"房三代"。由于拆迁房屋置换，城中村的大部分青年一代成为"房少""房姐"，这是一个特殊群体。基于上一辈及周围环境的影响，他们学历相对较低，稳定的房租收入让他们具备较强的消费能力，身处都市，面对形形色色的诱惑，他们有追求潮流的强烈欲望，对下一代的教育相当重视。青少年的文化需求为文化融合提供了可能。

（四）外来流动人口多，外来娃的文化需求较难保障

城中村因为房租低廉、管理宽松，吸引了大部分农村来厦务工人员。据统计，2012 年，莲前街道常住人口 10.2 万人，外来流动人口 13.7 万人；开元街道常住人口 6.7 万人，外来人口 3 万多人。在外来人口中，外来娃是较为弱势的群体，由于经济和户籍原因，他们的文化需求往往被忽视。这种忽视在很大程度上为"黑网吧"等非法文化经营场所提供了市场。

二、"城中村"文化建设的可行模式

（一）高起点建设文化设施

如借助创建公共文化服务体系示范区的契机，思明区把"村改居"社区文化建设纳入创建体系，实施与城区社区一致的指标，加大公共财政投入力度，改建和扩建未达标的馆站，加快"村改居"社区公共文化服务设施建设，拓展居民文化活动空间，增强文化服务活力。

（二）文化建设与旅游开发结合

该区曾于 2010 年组织非遗项目普查，普查出相关条目 2 173 个，编制非

遗名录 2 册共 1 000 多页。目前已申报成功的非物质文化遗产保护项目 6 个
（国家级 1 个、省级 2 个、市级 3 个）。丰富的传统文化习俗和历史遗迹有利
于"村改居"社区开展非遗项目保护。各街道、社区可发挥资源优势，把文
化建设与非物质文化遗产保护工作、旅游开发结合起来，发展具有特色的文
化旅游项目，让居民参与其中并从中获利。如厦港街道可开发疍民、送王船
习俗表演，莲前街道可组织蜈蚣阁、宋江阵表演，建设何厝观音山老榕树讲
古场，滨海街道曾厝垵的戏台可组织传统戏曲表演等。

（三）多开展集体性体育类活动

由于聚居和体力劳动习惯，"村改居"社区居民更青睐舞龙、舞狮、拔河、
秧歌等集体活动。这就要求文化工作者在组织文化活动时，多从大文化去考虑，
不局限于小文化。如思明区连续十四年每年举办的元宵军警民拔河比赛，吸引
社区居民积极参与。广场舞、露天电影也是受欢迎的活动形式，可多组织。

（四）为青年一代提供优质的育儿文化环境

引导非公益性的文化消费，设立合法的文化经营场所；抓好"房三代"的
思想、素质教育，开展高端的文化类培训；利用网络的渗透作用，开辟数字文
化建设的阵地，开设地域性的文化博客、文化网站，吸引年轻人参与建设。

（五）净化"村改居"社区的文化市场

文化建设是一项系统工程，发展繁荣与整治打击两手不可偏废。"城中
村"是容易滋生文化垃圾的土壤，因此，净化"村改居"社区的文化市场是
加强文化建设的重要内容。该区每年在组织"扫黄打非"专项整治中，都会
重点打击"黑网吧"，为青少年健康成长营造相对洁净的文化环境。

三、利用文化创意促进城市转型

文化产业如何助推城镇化？全国政协副主席厉无畏认为，"文化创意产业
与城市旧区改造的有机结合，可避免城市文脉的中断，不仅能保留具有历史
文化价值的建筑，而且为城市增添了历史与现代交融的文化景观，更可以有
效地促进城市经济的发展"。近年来，思明区通过发展文化创意产业，因地制
宜地对辖区内独特的文化资源进行开发和再利用，有效地恢复城市的最本色，
实现文化的多样化、独特性。下面以曾厝垵和沙坡尾两个"渔村"的改造实
例来介绍思明区在这一方面进行的探索。

（一）引导曾厝垵文创休闲渔村

曾厝垵文创休闲渔村位于厦门风景如画、交通便捷的环岛路旁的曾厝垵

社，与厦门大学、国际马拉松赛道、胡里山炮台等景点紧密相邻，附近的书画广场、音乐广场、小白鹭艺术中心和各种艺术工作室蕴含着浓厚的文艺气息。近年来，已自发形成各种文化创意工作室（如画室、摄影基地、手工作坊、音乐餐厅等）70多家以及各类主题客栈150余家，每年吸引近百万以背包客为主的高素质游客流连于此，但也因此产生治安、卫生、恶性竞争纠纷等问题。为了发挥曾厝垵背山面海的自然优势及民俗文化深厚、宗教信仰悠远且毗邻厦大的人文优势，将其打造成为雕塑家、画家、电影创作实践者、音乐人、手工艺人等文艺青年及外籍人士的创意天堂，思明区决定因势利导，实施"曾厝垵文创休闲渔村项目"改造提升工程，先后成立项目建设领导小组，聘请专业队伍为文创村进行改造规划，为曾厝垵休闲渔村改造投入前期建设经费，还多次组织现场协调解决管理难题。曾厝垵休闲渔村正逐步成为人们休闲度假、旅游观光、陶情怡志的理想所在。提升工程将本土文化与外来文化巧妙融合，解决了当地居民的就业问题，带动了该区文化产业的发展。

（二）规划打造沙坡尾海洋文化创意港

沙坡尾承载着几代厦门人的生息，书写厦门港变迁、兴衰的厚重历史，是最能体现"厦门记忆、厦门元素、厦门特色"的全景式社区。自去年以来，该区本着"城市肌理基本不动，原有建筑基本不拆，本地居民基本不走，自然与人文生态基本不变"的原则，推动沙坡尾的改造提升，意在将其打造成为海洋文化的创意港。与曾厝垵自发形成的文创村不同，沙坡尾的改造更注重规划和亮点打造。亮点之一：打造开放式的海事博物馆，重建郑成功远洋古船，作为开放式的博物馆，使散落在避风坞的所有与海洋、海事相关领域的元素在这个开放式的博物馆中得到体现。亮点之二：打造创意港酒店群，涵盖时尚特色酒店、设计师咖啡馆、文化酒吧、海湾餐厅、时尚秀场、会展场所、会议场所等；打破常规酒店概念，因地制宜地将酒店房间散落在沙坡尾的各幢居民小屋中，与本地居民融为一体。亮点之三：打造设计师天地，吸引艺术人才栖息。在设计师天地里，将把建筑设计、工业产品设计、服装设计、家具设计，以及生活小物设计在内的海内外设计团队置身其内，发挥沙坡尾海港的特点，近看厦门传统文化、远接世界时尚潮流。通过吸引各类艺术人才，使沙坡尾逐步发展成为文化创意产业的孵化器。我们可以期待，规划实施完成之后，沙坡尾将迎来华丽的转身。

（作者单位：厦门市思明区文化体育出版局）

浅谈我市城镇化进程中的文化建设现状

陈美云

截至 2012 年，中国城镇人口达到 7.12 亿，2013 年，城镇化率预计将达到 52.3%。中国已经告别以乡村型社会为主体的时代，进入以城市型社会为主体的新时代。城镇化的快速推进深刻改变着中国的经济社会。城镇化率每提高 1 个百分点，就有 1 300 多万人口从农村转入城镇，由此带动巨大的投资和消费需求。城镇化的迅速推开，意味着越来越多的农民变为市民。

作为在全国 286 个城市中城市化质量排名第八的厦门，在规划、基本建设、公共服务配置等方面都达到较高水平。2012 年，厦门岛外的建设面积已经达到 164 平方公里，全市城镇化率高达 80.7%。"低投入、低能耗、高质量、高效益"的经济发展模式，良好的城市环境质量，城市居民生活水平的不断提高，使得厦门在城镇化量快速提升的同时，城镇化质量也取得巨大进步。大批岛内工业企业的外迁，近期提出的美丽厦门"一岛一带多中心"规划，均是对厦门城镇化战略的具体落实。

新型城镇化应是以人为本的城镇化，避免城镇化浪潮出现"去历史、去文化"现象成为城镇化的重要课题。

"千城一面"是我国城镇化过程中广受诟病的现象。我们在相似的城市面孔中，看不到历史的痕迹以及文化对城市性格的塑造。城市有产业而无生活，有生活而无品质；传统的共同体日益瓦解，邻里生活渐趋消失，社会信任难以建立，青年人缺乏信仰支撑，社会缺乏共同伦理。这些现象与工业化和市场化相伴而生，成为城镇化推进过程中的副产品。

我们关注城镇化，不仅要关注产业增长、土地制度变迁、户籍制度改革，更要关注城市文化在城市社会变迁中的重要作用。城镇化不是简单的人口比例增加和城市面积扩张，更重要的是实现产业结构、就业方式、人居环境、社会保障等由"乡"到"城"的重要转变。城市文化，是城市赋予人们幸福生活的重要因素。

目前，厦门在城市文化的建设过程中主要遇到了如下三个问题：

一、城镇化对于物质文化遗产的冲击

长期以来，人们对老城区的文物建筑缺乏足够的重视和经常性的维护保养，在城市的发展进程中，不可移动文物和历史文化街区的保护不容乐观。然而，这类文物恰恰是每一个城市文化的特色所在。新型城镇化使老城区多处古民居面临被拆的窘境。曾有海上明珠美誉的鼓浪屿已从昔日宁静、浪漫的音乐岛变成喧闹的"烧烤岛"。城镇化是世界性的潮流与趋势，未来十年内，中国农村人口将以每年不少于2 000万的速度向城市转移。现在，鼓浪屿上的农村进城务工人员已达6 000人以上，超过常住人口的一半，岛上的巨大商机和较好的生活条件仍在持续吸引农村人口。人口结构与人口素质给鼓浪屿高尚、优雅、精致的文化传承带来严峻的挑战。2013年1月开始施行的《厦门经济特区鼓浪屿文化遗产保护条例》进一步规范在鼓浪屿景区内改扩建建筑物，从事影视摄制等众多生产、经营活动，表明市政府整治鼓浪屿的决心，也使得鼓浪屿文化遗产保护更加有法可依，但法规的施行还需要游客和居民的配合。有效施行保护条例，尽可能地恢复鼓浪屿往日的宁静、优雅与精致，让游客在感受到鼓浪屿经年流转的传奇与风华，百年沉淀的历史与人文的同时，又不影响当地居民的生活，不破坏其神韵，成为市政府需要面临的长期课题。

二、社区文化建设对于城镇化进程的推动作用需要进一步加强

文化，是城市的灵魂；社区文化，又是城市文化的基石。在城镇化过程中，社区文化建设是统筹城乡建设的核心内容，加强安置社区文化建设，对于促进社区经济社会发展，实现社区物质文明、政治文明和精神文明协调进步，具有十分重要的现实意义。随着城镇化进程的不断提高，城镇居民人口不断增加，人们的生活从互相串门话家常变成"猫眼"里面看世界，邻里关系的新问题也不断涌现。城镇化是社会发展的必然，若和谐社会是一棵大树，那么，邻里关系就是枝节。以建设"平安社区""文明社区""和谐社区"为目标，构建融洽、积极、互助互爱的新型邻里关系，丰富社区居民的物质文化生活，将对城镇化建设的推动具有巨大作用。

截至2010年，厦门市下辖6个区，24个街道办事处，13个镇，316个社

区居委会。全市各街道普遍设立社区服务中心，全部城市社区都设立社区工作站。到 2010 年，160 个城市社区中有 155 个社区用房面积达到 500 平方米以上，其中的 18 个社区达到 1 000 平方米以上，100% 的社区拥有自己的活动场所。为了繁荣社区文化，促进社区的文明进步，厦门市深入开展创建"文明安全社区""科普社区"活动以及科教、文体、卫生、法律、涉台教育、交通安全、环境保护等"七进社区"和"和谐邻里节"等活动，在重视培养大批社区教育骨干的同时，创建了多个学习型社区、学习型楼院、学习型家庭，开展环保节能、卫生保健、食品安全、心理咨询等面向社区群众的多层次科普服务。另外，在开展文化体育活动方面，市政府文化等相关部门培育并扶持各类群众文艺社团、体育组织，加强基层文体基本队伍建设，培养了一批文化辅导员和体育指导员，开展适合社区特点的形式多样、丰富多彩、群众广泛参与的文艺表演、知识竞赛、体育健身、科普宣传等文体活动。

但是，在充分肯定成绩的同时，也要清醒地认识到厦门市社区建设还存在许多问题。目前，厦门市的社区工作呈现"三多三少"现象：面向老年人、残疾人等弱势群体的服务多，面向一般居民的服务少；开展文化体育、环境卫生服务多，开展未成年人帮扶、就业指导服务少；社区居委会承担行政性事务多，发动社区单位组织、志愿者队伍和居民群众开展服务较少。这就导致社区服务还不能完全满足群体多元化、多层次的物质文化生活需求，影响了居民对社区的认同感。另外，岛外社区与岛内社区之间、"村改居"社区、农村社区与城市社区之间在基础设施、干部队伍以及管理服务水平等方面都存在较大差距。思明、湖里两个区的每个社区工作经费都达到 10 万元以上，社区基础设施建设比较到位；岛外社区（尤其是"村改居"社区、农村社区）的基础设施建设才刚刚起步，经费投入也相对不足。因此，厘清社区服务职责、弥补城乡社区发展之间的差距将成为厦门市完善社区文化建设、提高居民文化素质、推进城镇化进程的重要课题。

三、新市民的城镇文明素质有待提高

农村城镇化指生活在农村的农民在农村城镇化进程中，由农民的身份逐步过渡到城镇"新市民"身份的过程。农村的基础教育大大落后于城镇，导致城乡之间劳动力的素质也存在巨大的差距。仅以湖里区为例，厦门市统计局的统计研报 2012 年第 13 期显示，湖里区常住人口 93.12 万人，其中，外来人口达 74.6 万人，占全区人口的 80%，为户籍人口的 4 倍。全区外来人口

中，来自福建省内的占全部外来人口的 51.3% 。全区外来人口中，文化程度为小学的占 16.6% ，初中的占 43.5% ，高中的占 20.3% ，大专及以上的占 11.8% 。其中，省内流入的外来人口，对应比例为 13.7% 、38.3% 、23.1% 、16.7% ，省外流入的外来人口，对应比例分别为 19.7% 、49.1% 、17.4% 、6.6% 。总体看，虽然省内流入的外来人口的受教育程度好于省外流入的外来人口，但是高中文化程度以下的人口还是占全区外来人口的 60% 以上，普遍较低的文化素质已经难以适应城市发展的需要，严重阻碍了城镇化的发展，因此，做好基层文化建设，提高新市民的文化素质，成为城镇化进程中的重中之重。

厦门市政府针对提高市民的整体文化素质，针对解决新市民文化程度相对较低的现状采取一系列新政措施。目前，厦门市已基本完成全市各镇（街）综合文化站、村（居）文化活动室的建设任务，各项公共文化服务体系建设均达到或超过示范区验收标准。今年，厦门市财政还对全市 6 个区文化馆、6 个区图书馆、8 个镇（街）文化站、40 个村（居）文化活动室的公共文化服务示范点投入补助经费 160 万元。在财政资金支持下，继 2012 年厦门市图书馆新版"掌上图书馆"上线后，2013 年，厦门市图书馆开通"网上参考咨询"服务平台，在城市街区设置二十四小时自助图书馆。自 2011 年起，符合条件的外来员工子女均可在厦门免费接受义务教育，免除学杂费、课本费、簿籍费。然而，通过基层文化建设真正惠及新市民，丰富和提高外来务工人员的精神层面和文化素质，解决在外来务工人员集中的区域的进公办校难的现状，减小公办校与民办校的教学质量差距，将成为政府今后所面临的课题之一。

大力推动城镇化建设是我市经济社会又好又快、更好更快发展的重要任务。如何正确处理城镇化建设同质化、新居民邻里关系冷漠化以及新居民素质有待提高等问题，将成为推进我市城镇化建设发展方向以及发展速度的关键所在。所谓的城镇化，不应当只是铺摊子的城镇化、地理扩张意义上的城镇化、工业园区开发和房地产开发意义的城镇化，总之，不应只是物质的城镇化，而需要制度和文化上的城镇化。

（作者单位：厦门市湖里区文化馆）

新型城镇化进程中的文化提升

王丽珍

文化是城市的血脉和灵魂，文化建设是党的十八大提出的中国特色社会主义"五位一体"总布局的重要组成部分。文化特色能够彰显新型城镇化的独特魅力，独特的文化承载着城镇的历史、风貌，陶冶着市民的性情，影响人们的思维以及行为方式、生活方式，使人心安定。文化是城市魅力的源泉，古代王侯将相大多默默无闻，更不用说普通百姓，李白、杜甫、白居易等文人墨客却深入人心，被后人封为"诗仙""诗圣""才子"等，他们的作品源远流长，影响着一代又一代中华儿女，这就是文化的影响及流传魅力。城市独特的文化底蕴、历史风貌，城市优美的环境，市民广博的视野、开阔的胸襟，文明程度、海量包容、创新精神等都是城镇化进程中增强城市魅力的重要组成部分。文化是城市的根，一座有文化的城市，它的人文特色是在长期的历史文化积淀及人文精神培育的基础上慢慢形成的。优秀的文化给人以正能量，能鼓舞人、激励人去热爱自己的国家，建设自己的城市和生活的家园，尽力为其发展做出自己的贡献。城市的发展与竞争，已经进入以文化论输赢、以人文素质比高低、以文明程度定成败的新阶段。因此，城镇化首先从文化提升开始。

厦门是个多元化的城市，鼓浪屿是厦门的烫金名片，厦门的民间民俗文化以及非物质文化遗产是厦门的文化之根，源远流长的嘉庚精神是厦门的文化精髓。如何保护鼓浪屿特有的文化气息，让这颗明珠闪出更加绚丽的光环；如何发扬开拓创新民间民俗文化及非物质文化遗产，让这份财富发挥最大的作用；如何弘扬嘉庚精神，让这份珍贵的精神财富发扬光大，是我们共同努力的方向。本人就新型城镇化进程中的文化提升谈谈其中的几个方面：

一、新型城镇化进程中人文素质、人文精神的提升

一个城市城镇化进程中的文明程度，不看 GDP 有多少，城镇有多繁荣，而看这个城镇的人文素质、人文精神。这是城市的根与魂，是城市文明的核心，是城市美丽与否的判断标准。

厦门是一个旅游城市，每年从世界各地来厦旅游的人次就超过 4 000 万，今年上半年，厦门共接待国内外游客 2 158.85 万人次。厦门也是新型城镇化进程中的移民城市，越来越多从农民变身居民的打工者涌入厦门，城镇化进程中的"农"转"居"问题突出，在这样一个多元化的时代，解决这些新"居民"与老居民的人文素质问题，直接影响到厦门作为文明城市在新型城镇化建设中人文素质的平衡问题。比如，游客上鼓浪屿，野导很多怎么办？野导素质低下、强行拉客、强行购物等事件都影响城市的形象，政府要考虑提高市民素质，特别是这些刚来的外来者，他们在厦门还没有真正落下脚跟，但他们来厦门，在厦门谋生，就应该把他们也纳入厦门的市民范畴，政府在考虑如何提高市民素质的同时，也应该考虑提高刚来厦门打工的劳动者的素质。首先，民以食为天，政府应该给他们创造更多就业的机会，他能赚到钱，他就能安心做个好市民，就能接受政府的教化，就能爱这个城市。例如：鼓浪屿岛上的野导，政府严禁无证导游扰乱旅游市场，今天强行赶走，明天又来，跟猫捉老鼠一样，野导还是很多，这说明这个市场有需求，有需求才会禁而不止。政府既然没有那么多正规导游来充实市场，何不把野导培训起来，给他们建立规矩，给他们培训专业知识，更重要的让他们守规则，正正当当地赚取该赚的钱。这样就不会出现野导殴打游客的现象。他们能赚到钱，就能生存，就能爱上这个城市，就能接受政府的教化，从而提高个人素质，以至提高整个城市的人文素质。

当然，一个城市的人文素质的提高，要靠长期的积累，各部门的积极配合，政府的实际作为。通过新闻媒体、文化部门的大力宣传，树立好人好事，突出典型事例，弘扬传统的优良文化，广泛宣传正能量，把道德教育深入到生活的角角落落。学校应该把道德教育、人文素质放在首位。单位晋升应该把道德品质、个人素养放在首位。

二、新型城镇化建设中地域文化特色和文化遗产的保护和提升

城镇化建设中，要对有地域文化特色的城镇景观风貌及建筑特色进行保

留和提升。比如，集美嘉庚建筑文化，本身嘉庚建筑就非常漂亮，有特色，不仅有中西结合的独特风格，还渗透着嘉庚精神的文化气息；不仅有嘉庚瓦等一整套独特的制作工艺，还承载着海内外华侨对家乡的眷眷之情。我们不仅要保护嘉庚建筑，在城镇化进程中还要把这个特色深化和提升，让整个集美沐浴在嘉庚文化的氛围中，这样，集美的特色才不会在城镇化建设中弱化，以至失去自己的风格。

城镇化进程中要加强历史文化遗产保护及提升，包括民间民俗文化及非物质文化遗产的保护及提升。众多有价值的历史建筑、遗址，未列为文物、未得到保护的要及时给予明确，降低"破坏性改造"的风险，对于优秀的文化传统、非物质文化遗产的传承和保护，在城镇化进程中要防止流失：一方面要及时录入地方文化遗产档案；一方面要确定传承人及政府扶持政策落实到位，及时抢救、提升。特别是那些口口相传的优秀民间工艺、民间艺人，由于时代的变迁，生存的压力，这些宝贵的文化财富正逐渐消失。政府除了要加大投入的扶持抢救以外，要切实为这些濒临失传的宝贵财富找到出路和提升。相比政府在投入基础建设中的资金动辄几十亿，历史文化遗产的保护资金真是少得可怜！文化财富是人类精神层面上的财富，它的影响和作用应该得到政府更多的投入，以至能够更好地保护、提升。

三、新型城镇化进程，提高公共文化设施使用率

提高公共文化硬件设施使用率，使文化设施真正服务于民。基层群众文化事业的发展，当公共文化设施建设和服务滞后的时候，不能适应人们群众的精神文化需求，但当公共文化设施建设和服务基本到位，群众参与的积极性又不够，文化的投入和产出出现失衡。现在是政府投入热，群众参与冷的现象比较突出。文化设施建设利用率不高的问题较突出，使得设施建设形同虚设。群众日常的文化需求还只是玩扑克、看电视、打电子游戏、泡茶馆、打麻将等传统文化生活方式，对政府投入的更加健康、文明的文化生活方式缺乏参与积极性。其根本原因在于，一方面政府提供的公共文化产品不够充分，一方面群众选择健康文化消费的自觉性还没被激发，文化产品和文化服务缺乏新意、舒适性等吸引力，进而也造成了供需不平衡的尴尬局面。

我们要积极寻求基层公共文化设施投入与产出的和谐统一，探索和创新方式方法，激发群众参与文化活动、享受文化活动带来的快乐，以此提高群众消费文化的积极性。在基层公共文化场所外面醒目的位置公示免费文化服

务内容、时间、场所，场馆等，把定点服务和流动服务结合起来，营造服务场所的温馨舒适性，不断创新服务内容和服务方式。如集美后溪镇的英村社区图书阅览室，在装修上就以简约舒适为主，铺上浅黄色复合木地板，以白色浅绿色粉饰墙面，干净整洁又雅致，除了林立的书架、书桌等必备的设施，还放了两张亮丽的长沙发，放了小圆桌，布置了一些颜色鲜明的色块，门口还有饮水机等，让人一走进去，既有咖啡馆的雅致，又有图书馆的书卷气息，有家庭会客厅的温馨，又有书屋的文化韵味，真是进来就想找本好书，倒杯茶水，静静地在那享受读书的乐趣。阅览室还有精美的宣传单，发到社区的住户手中，试开馆的那天就涌来了不少男女老少，他们在外面叽叽喳喳的，一进来就马上安静，谁也不愿打破这种温馨。群众在参与文化中就提高了幸福指数，在丰富了内心世界的同时，又促进了人际和社会和谐。这样就会有更多的人加入到共享文化的氛围中。当然要真正做到群众广泛参与，除了如何积极诱导和激活群众的本质文化需求外，我们政府在精心规划、投入设施的同时，也要在场地的舒适度、环境的优美度等方面做全面的考虑，加大宣传力度，加大政府投入、加大引导，才能让群众更积极地参与文化、享受文化。只有唤醒社会公众的文化自觉，才能实现供需的和谐统一，更好地完善公共文化服务的本质。

四、提升公共文化服务意识，加快推进新型城镇化进程

城镇化进程中的公共文化服务体系建设，政府已经投入大量的物力、财力以及人力，应该说政府是非常重视这一块的，当然要一步到位也不可能，需要我们从实践中不断完善，不断提升。今年，我们又设立了学雷锋志愿服务站，以学习雷锋、奉献他人、提升自己为服务理念，急群众所急，想群众所想。提高公共文化服务意识，是我们文化工作者，乃至所有政府非政府服务部门的重要思想意识，由于长期的官本位，使得我们的服务意识淡薄，只有群众找上门才服务，只有群众提要求才服务，这种观念应该及时扭转。要改被动服务为主动服务，要把下基层服务作为我们的常规行动，要走进社区，走进村落。否则，我们的公共文化服务体系建设就会成为摆设和形式主义。

城镇化进程中公共文化服务意识的提升，要进一步加强基层文化队伍建设。近年来，公共文化服务设施的建设基本完成，基层公共文化服务阵地不足的问题也得到了有效的缓解，基层公共文化服务的内容、服务项目、服务质量以及与人民群众基本文化需求之间的不平衡成为主要矛盾。要解决这个

矛盾，是要建立一支爱岗敬业、热心服务，长期扎根农村，持续稳定地组织和引导人民群众开展各种文化活动的基层文化服务队伍。近年来，我省在全国率先探索建立以面向基层、扎根基层，以专职为主、兼职为辅，相对稳定的基层文化协管员队伍，以基层文化协管员为稳定的文艺骨干带动并壮大文化志愿者队伍。同时，提高文化协管员、文化志愿者的服务理念以及业务水平，加大对文化协管员及文化志愿者的管理、培训，发挥文化协管员、文化志愿者的作用，不断壮大文化志愿者队伍。文化部门有相应的人事调控能力，使得基层文化队伍在聘任、管理、使用等方面得到保障，从体制上解决基层公共文化服务队伍面向基层、扎根农村的实际问题，更加稳定地开展文化服务。人民群众的文化需求也在不断提高，群众文化活动也转入讲专业化、精品化的阶段，已经不只停留在广场上唱唱跳跳就可以了，更不是到图书馆借一本过时的书籍，到一个偏僻黑暗的角落坐个生锈的翘翘板，而是要创作出文艺精品参加各种文艺演出、展览；要到环境优美舒适的图书馆查看最新的见闻，查阅最古老的资料，上速度最快的绿色网站，过既休闲又有收获的快乐读书的日子；要到环境优美的公园、社区休闲打球，健身、锻炼，还要参加各种文化活动的比赛，获各种文化活动的奖项。越来越多的人们找到自信，找到快乐，找到自我。这就要求我们的文化工作者、文化志愿者，要有一定的专业水平，有一定的组织能力，还要有主动服务于民的热情，有强烈的公共文化服务意识。如果有一天，我们的文化志愿者队伍壮大到不管男女老少都争当文化志愿者，而且不仅仅是挂个空名，而是真的想当好一个文化志愿者，一个优秀的文化志愿者，那么，我们的全民文化觉醒也是必然的。

（作者单位：厦门市集美区文化馆）

浅谈城镇化进程中传统文化的建设

陈淑华

改革开放三十多年来，厦门的城镇化建设走在全国前列，在规划、基础设施、公共文化服务建设等方面都达到较高水平。2011 年 2 月，海沧区东孚镇被列为全省综合改革建设试点小城镇，2012 年，东孚镇获得全省第二批小城镇考核第一名。2013 年 8 月，厦门顺利通过文化部创建国家公共文化服务体系示范区评估验收组的检查验收；海沧在创建国家公共文化服务体系示范区建设中，积极先行先试，也探索出一系列好经验、好做法。按照美丽厦门的战略规划，海沧对城镇化建设规划进行优化提升，坚持以人为本的发展理论，重视传统文化的建设，探讨经典的丰富内涵与新时代下的具体应用，从而服务于城镇化进程中的社会文化生活，共同建设温馨包容的"健康生态新海沧"，实现"美丽海沧"共同缔造。

一、"德耀中华"公益广告引导全民正能量意识

中华美德，蔚为大观；垂范千秋，教化万代。为推进党的十八大精神的学习贯彻，充分运用公益广告这一载体，今年 4 月，中宣部、中央文明办等六部委联合指导，设立全国网络公益广告制作中心，制作公益广告。"德耀中华"系列公益广告以平面、展板、围档、手机、提示牌、电子屏等形式在各地街头和各种媒体上频频出现，它以"中国精神，中国形象，中国文化，中国表达"为核心，从个各方面展现与弘扬中国传统道德。

短短一个月时间，海沧凡有角落，即有文明。通过区广播电视台、报道组以及户外广告牌、围挡、电子屏等渠道，在重要版面、黄金时段、显著位置持续刊播"德耀中华"系列公益广告。海沧区电视台积极制作刊播孝道、文明餐桌、环境保护、助残日、未成年人保护等主题公益广告；《海沧消息报》推出十期公益广告，主题涉及海沧十大感动人物评选、志愿服务等。海

沧宣传的公益广告内容丰富充实、形式灵活多样。"孝道，中国人的血脉""老吾老以及人之老，幼吾幼以及人之幼""兄恭弟谦"等内容，通过艺术的形式，外树于形，内化于心，读起来朗朗上口，记起来句句入心。近朱者赤，近墨者黑。"德耀中华"等系列公益广告的推广用正能量影响着海沧民众，推动海沧文明、和谐发展。

二、"道德讲堂"善润人心灵

苏格拉底说过："人类最大的幸福就在于每天能谈谈道德方面的事情，无灵魂的生活就失去人的生活价值。"从 2012 年起，海沧深入开展"道德讲堂"活动，在活动中进一步吸取传统文化的养分，获得有益启示。诚信、重礼、敬业、守责、孝道等中华民族传统美德，以唱一首歌曲，看一部短片，读一段经典，讲一个故事，做一番评议，给一个承诺，行一个善举的形式，使海沧民众从细微处着手，生动朴实地使道德观念深入人心，身体力行地弘扬优良传统。

生活在海沧的人们，不管从事什么工作、年龄大小，都可以在单位、学校、社区等不同场所参与"道德讲堂"活动。今年以来，海沧 33 个单位陆续分别就助人为乐、见义勇为、诚实守信、敬业奉献、孝老爱亲五大主题举办道德讲堂上百场，通过创新管理、创新内容、创新形式，用最朴实、最有效的方式，让广大干群接受道德的洗礼，饱尝精神大餐，进一步倡导见贤思齐、向善趋美的良好风气。在"道德讲堂"的作用下，"讲道德，做好人"在海沧蔚然成风，像林玉祥这样的爱岗敬业的先进个人不胜枚举。与此同时，不断涌现出助人为乐模范黄美德、见义勇为青年谢文强等优秀居民。他们成为海沧各个道德讲堂上最鲜活的典型，也是最接地气的案例。宣扬美德、引人向善，道德故事在老百姓中"一传十，十传百，百传千千万"。

海沧的未成年人道德讲堂从校内走向社会，服务群众，筑牢精神文明基石，成为绿色生态健康新城的灵魂。今年，海沧区陆续把市民广场、市民公园等七个青少年校外实践基地开辟为户外道德讲堂，将道德教育引入青少年校外实践基地，充分利用户外优美环境，让孩子们走进大自然走进生活，人人争做"文明小使者"。

"积善之家有余庆"不仅是道德讲堂的标语，更是海沧大力弘扬的正能量，"做好人、存善心、行好事"蔚然成风，"接地气、聚人气、扬正气"成为品牌。

三、亲子国学读经促进家庭和睦

在这个独生子女时代，"仁义礼智信""忠孝勤恭俭"，这些优秀的东西，不管是在成人教育还是在儿童教育上，都慢慢被忽视，诸多家长重视孩子的成绩远远大于孩子的为人。"弟子入则孝，出则悌，谨而信，泛爱众，而亲仁。行有余力，则以学文"。十年树木，百年树人。家长陪着孩子一起诵读经典，感受圣贤之道在现实生活中的生动体现，培养孩子熟悉的习惯，自有浸润、自有感发、修身养性，让孩子在轻松快乐、爱与互动中传承传统文化，塑造孩子的健康人格。

细品中华经典，共酝道德之香。2012 年 8 月份至今，海沧区文化馆崇礼学堂亲子国学读经班一直作为文化馆常态化的活动在开展。每周五晚上，共有来自海沧辖区的 100 多名学生、家长及文化志愿者参与亲子国学读经。此项公益活动由台胞何宋儒、康英美夫妇发起，他们热心公益事业，在台湾时曾用两年时间参加专业读经义工培训。2003 年来到厦门后，又一直倡导亲子诵读经典的理念。现如今，他们发展了海沧文化馆、海沧东孚天竺社区等 6个读经点，带动越来越多的台湾同胞、热心市民投身公益文化活动，共建美丽海沧、文化海沧。

亲子国学读经围绕《论语》《弟子规》《三字经》《大学》《中庸》《笠翁对韵》等传统文化亲子诵读，开设半个小时的品格教育。品格教育内容有中华勤学故事、自在神童、绘本，让孩子在耳熟能详的历史人物、寓言故事及日常生活中面临不同情境等，寓教于乐，在自然、趣味的教育中懂得做人、做学问的道理。

在亲子国学读经班中，有一个男孩有点口吃，且自我封闭，刚开始来读经班的时候，进门都是紧紧拉着大人的衣角躲在身后，不敢和其他小孩接触。在读经班里，志愿者老师通过有针对性的教育方式引导这位孩子：一是尝试让他多朗读，当小老师带读；二是鼓励同学之间互相帮忙，有耐心地等待男孩带读，以爱的鼓励感谢男孩当小老师；三是家长在家里每天陪着孩子一起诵读。两年多的时间里，男孩可以自己独立读经，不仅在读经班上当小老师带读，在学校上课也积极发言。年终读经班的汇报会上，男孩的父亲感动、感谢、感恩，热泪盈眶地道出他这两年来见证了孩子的蜕变，他感到由衷的幸福。亲子国学读经，家长以平等姿态，尊重孩子，换位思考，诚心沟通；而孩子从小在爱的氛围中接触中国传统优秀文化，修正自己，净化心灵，让孩子的成长道路上也多一份美好的记忆，也让我们优秀的传统文化代代相传，绵延不绝。

在城镇化建设中，城市文明、城市意识在内的城市生活方式及城市文化也在发生变化。传统文化服务并引导着民众从善如流，积德行善。不管是"德耀中华"系列公益广告、道德讲堂，还是亲子国学读经，都是引导人们做好人，做善事，谈论道德，践行道德。在加快城镇化建设的今天，快节奏的生活有时会让我们忘记去发现感动，去感恩这世界。大到国家，小到家庭，一个真实而完整的世界，需要我们每一个平凡人的德行和善念，去感悟，去温润。敦促善行，实现"人不独亲其亲，不独子其子，使老有所终，壮有所用，幼有所长，矜寡孤独废疾者皆有所养"的中国千百年来大同世界的梦想。

（作者单位：厦门市海沧区文化馆）

城镇化进程中的文化建设

陈良德

在城镇化进程中重视文化建设就是对"三个代表"重要思想的具体实践，文化担负着凝聚共识，强化认同，调控秩序，提高素养，重构价值体系的重要使命。文化建设既是城镇化进程中的重要组成部分，也是城镇化进程中的重要保障和推动力量。关注城镇化，不仅要关注产业增长、土地制度变迁、户籍制度改革，更要关注城市文化在城市社会变迁中的重要作用，直面文化命题。说到底，人们聚集于城市是因为追求幸福生活，而城市文化，则是一个城市能否赋予人们幸福生活的重要因素。

集美区的文化活动虽然进行得红火，但距离我们实现中国梦、创建美丽厦门、共同缔造美丽集美的战略目标及开展的文化惠民工程还是有距离的，靠简单的行政命令无法形成城市精神，靠市场的无形之手也无法建构健康的城市文化，社会力量的介入和民众热情的参与才能使文化发挥重要的作用。因此，社会多元主体的参与及其与政府和市场关系的协调，是城市文化建设塑造过程中的一个新命题。

一、文化建设现状

实际上，在我们的城镇化进程中普遍存在文化建设滞后的现象。虽然我们的物质建设已经达到一定的水平，但我们的文化建设远远不能满足广大群众日益增长的精神文化需求。主要问题有三个。

1. 政府对文化工作的重要性认识不足

缺乏有力的措施导致基层文化组织运作、管理困难，基层文艺团队组织处于奄奄一息、自生自灭的状态。集美区虽有社区文化队伍70多支，但他们大部分没有固定的经费支持，运作、管理也很不规范，长期以来，各级文化部门只是重于专业，对社区文艺团队的支持力度不大，缺乏引导和经费支持，城镇社区文化建设进度缓慢。

2. 文化基础设施落后

集美区是一个乡村结合的城镇，普遍存在文化基础差的现象，再加上文化部门对文化建设中基层的文艺团队敷衍了事，没有默契，给予的支持不到位，未针对文艺团队的管理和辅导制定一套真正有效的措施，群众对文化设施和文化资源的认识不足，对设置的文化设施没有加以保护，反而肆意破坏，当地民众大部分认为活动只是政府在做秀。就杏美文化广场而言，文化广场建成后，一直不启动，文化设施配套不齐全，文化广场管理房变成村庄闲杂人打牌喝酒的场所，文化墙被严重破坏，小摊小贩占用广场摆摊设点，广场路口垃圾随意倾倒成为垃圾场，环境卫生杂乱不堪，文化资源尚未得到有效利用，文化设施被随意挤占、挪用的现象，这就是影响城镇文化的进展致使正常的文化活动难以展开最根本的要害。

3. 文化工作参与人员年龄普遍偏大

集美区社区文化队伍人员的平均年龄在 45 岁以上，新生力量的文艺人才，政府部门没有一套规范化的运作机制和经费保障，得不到培养和发扬，队伍素质偏低，结构不合理。文化活动缺乏创新和活力。

二、加强城镇化进程中的文化建设

1. 政府要提高文化干部对文化建设的重视

要加大文化建设的宣传力度。只有真正地认识到文化建设的重要性，才能积极主动地投身文化建设的大潮中。一味被动地参与实施会让民众觉得是在做秀，不会产生好的效果，甚至会引起反感。若是文化干部与群众都认识到文化建设的重要性并一起努力建设美好的文化家园，我们有理由相信，文化建设一定会像经济建设一样获得飞速发展。如果文化部门认识不到文化建设的重要性，只是一味敷衍了事，那不只达不到建设文化的目标，更造成资源浪费。所以，当前最紧要的是宣传文化建设的重要性，让所有人积极行动起来，真正推动文化建设。那么，认识到文化建设的重要性之后，又应该如何切实地推动文化建设呢？

2. 要提高基层文化干部素质

我们的文化干部只追求专业，对社区居民群众和外来务工人员的文化需求重视不够，提高文化干部的整体素质是首要任务，只有高素质的基层文化干部，才能让城镇文化活动发挥作用。让喜闻乐见的文体活动走进社区，走进群众，走进外来务工人群。

3. 加强对现有乡土文化人才的教育和培训

目前，集美区各镇街的文化广场、社区有很多的优秀文化志愿者，他们有才艺，有热心，有爱心，对文化工作有兴趣，愿意付出，政府应切实给他们一个真正有作为的发展平台，建立固定的培训基地，给予固定的培训时间，学习提高，制定一套行之有效的运作管理机制来管理和引进优秀文化人才，让他们发挥其文化建设的主力军作用。

4. 管理上要建立相应的激励竞争机制

文化干部、文化协管员和文化志愿者要保证他们有实际的运作权利，设置文化干部职务权限、运作经费和奖励机制，使基层文化增加压力、增强动力，增进文化活动的创新性。

5. 大力发展地方特色文化

厦门有优秀传统文艺活动，如：歌仔戏、布袋戏、舞龙、南音、顺口溜、打油诗、答嘴鼓、童谣等，还有北方的京剧、安徽的黄梅戏、山东的二人转等，我们应发扬其优势，形成独特的集美风景。

6. 发展文化志愿者，组建文化志愿者队伍

通过政府建立群众文化活动场所及对文艺人才、文化志愿者的奖励机制，通过整合多种文化资源，为艺术人才发挥专长提供阵地来弥补公共文化服务资源的不足，拓宽公共服务渠道，最大程度地满足群众的文化精神需求；激发文化志愿者积极参与文化惠民工程，带动他们利用工余时间，编排节目在节假日或大型活动中上台表演，为文化建设服务；举办日常的群众性文化活动宣传，民众对政府的方针政策有了充分的了解和配合，通过活动，实现政府主导，通过志愿者自行运作管理、企业赞助民众参与的运作模式来实现文化建设进社区的目的。

7. 坚持文化的创新与提高，文化繁荣和发展的最根本是创新

创新是文化的本质特征。翔安有嫂子合唱团，同安有拍胸舞，集美也要有创新的品牌节目。在当代，无论是应建设创新型国家的战略需要，还是应更好地满足人民群众多层次、多方位、多样性的精神文化需求；无论是为在激烈的国际文化竞争中取得主动，还是为人类文明进步做出贡献，都需要大力推进文化创新。能做到以上七点，集美的文化建设工作一定会更上一层楼。虽然现在我们的城镇化进程仍然存在很多问题，但从如此短的时间就能获得如此大的进步这一方面看，我们一定能克服种种困难，成为现代化的文化

大国。

　　城镇文化建设及发展中，政府及群众应同心协力，以文化为龙头，深入基层，开展文化惠民工程；设立文化阵地，为文化活动提供条件；组织辖区社区居民、外来务工青年共同参与。集美区就运用这样的形式，将辖区几个文化广场运作成功，形成特色的集美文化广场品牌，也成为集美区城镇文化建设的启蒙者和先行者，辖区各镇街都借鉴此模式成功运作，各街道社区文艺团体也在文化干部的辅导下随之组建，形成文化包罗万象、百花争艳的文化氛围。

（作者单位：厦门市集美区文化馆）

城镇化进程中文化建设的几点思考

林志杰

城镇化是我国现代化建设的历史任务，也是扩大内需的最大潜力所在。关注城镇化，不仅要关注产业增长、土地制度变迁、户籍制度改革，更要关注城镇文化在城镇化变迁中的重要作用。文化是社会文明进步的重要标志，文化的繁荣是发展的最高目标。对城市来讲，文化是灵魂，文化是魅力，是可持续发展的精神动力。文化建设是党确立的中国特色社会主义"五位一体"总布局的重要组成部分。它既是新型城镇化的重要组成部分，也是城镇化建设的重要保障和推动力量。缺少文化的城镇化，是失衡的、不完整的；没有文化的积极引领，即便一时经济上去了，最终也不会实现全面建成小康社会的奋斗目标。

一、文化推动社会发展的手段，是文明进步的目标

联合国教科文组织提出，"发展最终应以文化概念来定义，文化的繁荣是发展的最高目标"。因此，城镇化不仅仅是经济目的，更要建设文化特色鲜明、宜居的城镇。城镇化一开始就必须考虑这个其目标、路径、方法，考虑文化建设与经济建设、社会建设的协调统一、相辅相成，考虑以文化的现代化引领大都市城镇化建设的相关问题。

文化既直接贡献于经济增长，又对改善经济发展质量发挥重要作用。现代世界经济发展表明，发达程度越高，文化产业支柱性作用就越明显，对经济增长的贡献就越大。一方面，文化已渗透进经济发展的全过程。历史、传统、民俗等文化资源日益成为经济发展的基础资源，创意、设计、构思等文化创新日益成为价值创造的重要支点，品牌、形象、信誉等文化形态的无形资产日益成为市场竞争的关键所在。经济文化已经成为不可阻挡的新趋势，义化与经济相融合产生的竞争力，成为国家最根本、最持久、最难替代的竞

争优势。

二、鲜明的文化特色能够彰显新型城镇化的独特魅力

城镇文化既是城镇独特的印记，更是其精髓。独具特色的文化，承载着城镇的历史，展示着城镇的风貌，体现着城镇的品格，是城镇魅力的集中展示。一座城市的绿化、亮化、美化如何，只体现该城市的外在美，文化特色、文化魅力和文化氛围才真正体现城市的内在美。

城市建设需要规划，文化建设同样需要规划。只重外部形态设计而忽视文化规划建设，这个城市就缺乏特色，且随着时间的推移将会丧失其个性。在制定实施总体规划时，必须将文化建设纳入其中，要有文化建设的具体规划，使文化建设与新型城镇化建设一同统筹安排，同步推进，用人文理念引领城镇建设，以文化繁荣提升城镇文化品位。只有文化个性、魅力独特的城镇，才能避免千篇一律、千城一面。

三、公共文化服务是新型城镇文化建设的重要标志

新型城镇化的显著特点是城乡统筹，城乡一体，在城乡之间实现包括公共文化服务在内的社会服务均等化。公共文化设施是城乡文化建设和实现城乡文化服务均等化的重要载体。因此，我们要抓住城镇化建设的机遇，按要求，分层面，在高起点上建设好文化馆、图书馆、博物馆、影剧院等公共文化设施；大力推进城乡文化服务一体化，大力丰富基层群众文化生活，广泛开展各类主题文化活动，繁荣广场文化、社区文化，加大财政投入，为群众文化活动提供必要支持，将基层公共文化服务经费纳入财政预算。

四、人创造了文化，文化培育了人

人的正确思想只能从实践中来，有现代文化理念的人，只能在文化的传承、创新、实践中培育出来。坚持以人为本，坚持文化发展为人民，文化发展依靠人民，文化发展成果由人民共享，这是文化建设永恒不变的价值追求，也是城镇化建设的基本出发点和落脚点。

我们要加强社会公德、职业道德、家庭美德、个人品德教育，传承中华民族传统美德；要加强人文关怀，培育自尊自信、理性平和、积极向上的社会心态，净化社会文化环境，促进身心健康；要加强诚信教育，建立健全覆盖全社会的征信系统，建立适应市场经济的道德和行为规范。

良好的人文素质是新型城镇化的必然要求。文化是推动人类社会由低级向高级发展的动力。没有人文素质的提升，人类社会不可能进步。哪个地方的文化工作抓得好，人文素质高，哪个地方就经济繁荣、社会和谐。同时，良好的人文素质也是高素质产业工人的必备条件。新型城镇化是对现有生产生活的一次质的提升，这迫切需要"新居民"在价值观念、行为方式、文明素养等方面与产业相适应，与环境相协调，与发展相同步。

五、繁荣的文化产业为新型城镇化提供强劲的发展动力

一方面，随着城镇化加速推进，全社会对文化商品将表现出强烈需求，这为文化产业崛起带来大好机遇。另一方面，文化产业具有科技含量高、环境污染小、关联带动性强等特点，它能以几十倍、几百倍的增幅升值产品价值，能与旅游、制造、交通、房地产等行业渗透融合，在改造提升第二产业，优化第三产业结构等方面发挥重大作用，对促进产业转型，推动经济发展方式转变具有重大意义。

厦门小城镇建设的各项工作在市委市政府的推动下有序推进，作为小城镇综合改革建设试点工作的"灵魂"，文化建设已经占据至关重要的地位。我市的各个试点小城镇，正在把最能体现地方人文精神的文化元素和文化符号贯穿到整个城镇的基础设施建设中。例如：厦门市翔安区新圩镇这几年经济发展迅猛，作为全省首批小城镇综合改革建设试点镇，获得全省第一批试点镇综合改革发展一等奖。经济上去了，文化GDP也不能落后。新圩小城镇建设的重要目标就是为百姓构建和谐快乐的新生活，为此，该镇提出规划打造厦门乡村文化艺术基地，致力建设"文化亮丽名镇"。新圩镇的三张烫金文化民俗名片——"汉子拍胸舞""嫂子合唱团"以及"孩子竖笛演奏队"，当地人亲切地称它们为"汉子""嫂子"和"孩子"。新圩"三子"带给小镇巨大变化，男女老少的精神气更足了，平日里，吵闹声少了，歌声笑声多了。如今，这三张名片让外界认识新圩，也让新圩人收获对本土文化的自豪感和认同感。

文化建设是复杂的系统工程，更是长期艰巨的任务，在全面推进新型城镇化建设中，一定要把文化建设摆上重要位置，放在战略和全局的高度，坚持不懈、毫不放松地抓紧抓好、抓出成效，为新型城镇化协调健康发展发挥积极作用。

（作者单位：厦门歌仔戏研习中心）

浅析城镇化进程中的"城中村"及
社区文化建设的现状与发展

陈飞湍

"城中村"是当前我国社会转型时期城镇化进程中特有的现象，认清"城中村"现象，有助于把握我国城镇化的特殊背景及其独特的发展道路；探讨"城中村"的社区文化建设，有助于更好地促进"城中村"的改造，进一步推进"城中村"的城镇化进程。本文试以 G 市杏林街道的调研为切入口，对当前"城中村"社区文化建设的现状进行体验观察与阐释，对发展走向提出思考建议。

一、杏林街道及其社区文化的基本情况

杏林街道现有本地人口约 4 万人，外地人约 1.8 万人，本地人与外地人的人口比例是 2:1。根据该社区提供的数据统计显示，本地居民高中以下文凭占 33%，中专或中技文凭的占 25%，大专及本科学历的占 40%，研究生学历占 2%。各种职业在这里广泛的存在，其中，党政机构有关的从业人员占 1%，企事业单位的从业人员占 8%，个体经商占 25%，自由职业者占 32%，其他占 34%。

杏林街道是厦门市集美区文化馆的所在地，集美区文化馆建有培训室、舞蹈室、老人活动室、图书阅览室等场所，现有各种业余文艺活动团队 4 个，共建单位有某某小学、小区某某花园。文化站一直致力于整理当地民间文化，搜集、整理的民间文化遗产有答嘴鼓、龙舟等，且都在厦门市有关比赛中取得了优异成绩。文化馆于 2003 年被评为省特级文化站。

杏林街道是某大学人文科学学院的教学实践基地，该高校公共事业管理系的部分学生被街道居委会聘为"社区助理"。该地域内的其他几所高校常与杏林街道联合开展"大学生进社区"社会实践活动，包括"三个代表"重要

思想和科学发展观宣讲、文化表演、志愿者活动等。

二、调研分析

在杏林街道党政领导和团委的大力支持下，笔者于 2013 年 6 月至 9 月，通过采用访问、座谈、实地察看、抽样问卷、参加活动等方式方法，对街道社区文化建设情况进行调研。其中，发出当面访谈抽样调查问卷 220 份，调研对象为包括本地和外来人口的居民，回收有效问卷 198 份，有效率是 90%；回收答卷中，本地人口所做的问卷共有 72 份，占 36.4%，外地人口所做的问卷共有 126 份，占 63.6%。

1. 居民的文化基础教育

由于历史和现实的原因，"城中村"的本地居民文化素质普遍较低，因通过房屋出租、集体分红等获利又比较容易，所以，他们普遍缺乏进一步提高文化和专业知识技能的愿望。杏林街道近年来一直开设村民素质教育课程，提高本地居民的素质。在参与调查的 72 位本地居民中，共有 36 位（50%）上过村民素质教育课，其中有 49% 的人认为上村民素质教育课对他的帮助非常大或比较大，31% 的人认为帮助一般，20% 的人认为帮助不大或没有什么帮助。调查显示，大部分被访者保留着一定程度上的"村民保守心理"，对于"杏林街道的文化活动都只是杏林街道本地人的活动"这一提问，42% 的人赞同这一说法，31% 的人不太赞同这一说法，有 27% 的人不赞同这一说法。这一定程度上反映村民素质教育课程所起的作用有限，必须再进一步加强。

2. 居民的社区文化参与认同

调查显示：只有 25% 的居民参与街道办举办的文娱活动有限，40% 的居民是观众，25% 的居民很少或几乎不关注。38% 的居民认为其所在的社区的文化活动不丰富，29% 的居民认为太欠缺。有关文化站的使用，21% 的人表示经常去文化站活动，27% 的人表示很少去文化站活动，12% 的人没去过文化站。有关图书室的使用方面，有 59% 的人未办理图书室的借阅证，有 28% 的人办理图书室借阅证；在办理图书室借阅证的人中，有 45% 的人经常或比较经常去图书室借书，7% 很少去借书，10% 从不曾去借过书。有 84% 的人觉得图书室能够满足或一般能够满足其进一步学习的需求，有 10% 的人觉得不能满足，有 6% 的人觉得不满足。在社区文化建设现状的认同方面，只有 18% 的居民认为杏林街现阶段的社区文化建设非常符合或很符合省特级文化站的称号，34% 的居民认为一般符合，17% 的居民认为不符合，25% 的居民根本就没听说过其获得省特级文化站这件事，这有两方面原因，一是外来人口的流动性强，二是省特级文化站建设过程中忽略调动广大居民的积极性。

3. 居民的文化需求取向

调查显示，杏林街道居民的空闲时间比较多，33%的居民表示基本上一整天都有空，55%的居民空闲时主要进行户内活动，只有23%的居民表示在空闲的时候参加街道办举办的文娱活动。60%的居民表示愿意参加社区举行的文化娱乐活动，67%的居民表示社区的文化活动不丰富。在选择文化活动方式上，24%的居民表示喜欢参加社区举办的集体活动，37%的居民更喜欢参加自发组织的文化活动，24%的居民喜欢参加一些外来团体组织的文化活动。至于杏林街道目前的文化设施能否满足其文化需求，有59%的人觉得完全或基本能够满足，有40%的人觉得不满足，有10%的人觉得很不满足。一系列数据显示，杏林街道现有的文化活动未能满足居民的需要。

4. 一个特殊群体——外来暂住人员的文化需求关注

杏林街道是外来人口众多的聚居地，其社区文化建设中应兼顾到这一部分特殊群体的文化需求。调研发现，街道没有太多针对外来人员需求的文化内容，外来人员对当地文化建设也不太了解，对社区集体文化活动与建设参与度不高。当然，目前，社区文化建设仍然以行政行为为主，社区居民仍然是处在客体地位，外来人口的地位相对来讲更低。由于经费、场地紧张等原因，一些文化建设的内容与社区百姓的需要仍有较大距离，外来的"新移民""过客"在他们眼里往往为文化建设中"被遗忘的群落"。同时，由于外来暂住人员群体在城市的生存压力大，往往工作时间很长，甚至没有休息日，参与社区文化建设还未能成为他们的重要需求。此外，从"官方"的角度看，他们与原有村民关系密切，心理上的认同感强，在管理上又有一套驾轻就熟的经验，因此，很自然地把文化建设的注意力放在本土村民身上，而对社区中的"新移民"缺乏关注，使为社区文化建设服务的丰富资源得不到充分开发。

5. 社区文化的一股新活力：大学生参与社区文化建设活动得到认可

调查数据显示：有55%的居民认为大学生在社区搞的志愿者服务活动"很受居民欢迎，居民参与热情很高，活动受到了居民的好评"。对于目前大学生进社区开展活动，70%的居民认为"活动的次数不够多，希望再多搞一些类似的活动以满足居民的文化需求"。

三、加强"城中村"社区文化建设的思考与对策

1. 要高度关注"城中村"社区文化建设

"城中村"在乡村—城市转型的过程中,村民的社会特征发生相应的变化,形成特殊的社会群体。他们的行为处处留有乡村文化的烙印,一方面他们渴望享受城市文明,另一方面他们又对城市敬而远之,这种尴尬而困惑的境地使得他们成为亦乡亦城的"边缘人"。"城中村"村民由于土地的丧失,在就业上被迫从农业向非农转移,但是,一方面由于集体经济收益分配与土地、出租屋经济收益,使一些村民成为无业的食利阶层——"二世祖"。另一方面,一些村民由于文化水平与技能水平较低,只能从事修理、搬运等服务或体力工作。另外,由于就业和传统观念的差别,村民无论在交往对象还是交往范围上都极其有限,无法快速融入城市环境,分享城市文明。由此可见,村民的非正常收入、就业状况和社会文化特征决定了他们在被动城镇化过程中很难在文化层面上快速城镇化。所以,村民的文化素质是影响"城中村"可持续发展的主要因素。社区文化建设是人们形成社区意识的重要途径,通过社区文化的建设,可以不断提高人们的思想境界和道德文明素养,培养居民的主体、平等、责任意识、公益观念和互助精神,这也是维护社区社会稳定,促进社区建设的重要保证。另一方面,"城中村"居民在满足对物质生产生活产品需求的同时,对精神文化产品的需求也在不断增长。满足广大社区居民日益增长的精神文化需求,促进全体居民思想道德素质和科学文化素质的不断提高,为社会进步和经济发展提供精神动力和智力支持,是进行社区文化建设中极为重要的问题。

2. 街道、居委在"城中村"社区文化建设中应发挥好指导与服务职能

社区文化是公共生活领域的文化,其文化基础是社会公德,是社会的整体利益,它与平等、权利、义务和正义等理念是联系在一起。"城中村"的社区文化主要植根于当地农村,原住居民在长期的共同生活中,形成一套适应农村社区的文化传统、风俗习惯、道德规范等,社区成员在情感上和心理上对原社区具有很强的认同感和归属感。在城镇化进程中,现代都市文化、外来文化与原住居民文化不断发生碰撞、冲突、交流与融合,冲突中有融合,碰撞中产生交流。街道、居委必须坚持塑造现代文明居民这一城市文化建设的根本目标,营造健康向上的"城中村"社区文化氛围,培育平等、参与、友爱、协作的社区文化价值理念,为人的全面而自由的发展创造良好的条件;

通过组织举办丰富多彩的、适合各种层次需要的文化活动，创造社区成员交往接触的机会，增强其认同感，凝聚社区居民人心。另外，由于外来人口的不断迁入，使得"城中村"居住着许多社会的弱势群体，他们更需要关爱，他们比常人承受着更多的经济和精神压抑，政府也可以通过社区文化建设为他们提供更多的精神支持和心理抚慰。此外，在政府加快其职能转换的进程的同时，政府也应该及时理顺社区自治组织居民委员会与城市基层政府派出机关——街道办事处的关系，明确两者之间在社区文化建设中的权责关系，这一点在城中村的社区文化建设过程中显得尤为急迫。

3. 创新社区文化运作机制，活跃"城中村"社区文化

要改变过去那种完全通过政府自身来承办和推动社区文化活动的做法，充分依靠社区居民的力量来组织开展社区文化活动。可以建立各种社区文化活动组织机构，通过这些机构实现广大市民在社区文化活动中的自行组织、自行操作和自行管理；积极培育和建立社区中介组织和文化社团；在社区文化的建设中要大胆地引入市场机制，把可以市场化的文化行为的相对一部分让给市场，挖掘社区文化建设的新动力。通过市场化、产业化机制的有效运行，一方面可以解决政府财力不足的问题，另一方面，还可以在文化产业发展中，使文化建设成为新的经济增长点，为社区文化的发展创造更多的经济支持，逐步使社区文化的发展走上自主性发展的新路。

4. 关注外来人口的文化需求，在交流与融合中共建和谐社区

"城中村"由于其可提供大量廉价住房、交通便捷，吸引大量外来流动人口在此聚居。"城中村"的发展趋势是：本土居民越来越少，外来人口越来越多。现行的户籍管理制度，事实地将"城中村"内的居住人口分为常住人口与外来流动人口两个不同的群体。一方面，原住居民强烈的乡土认同感和排外意识，给外地人融入当地文化造成障碍，也不利于城市管理和城镇化进程；另一方面，外来人口由于在外漂泊和生活艰辛，大多和自己原属同一地域的人往来，很难完全融入本地社会，这使他们对"城中村"很少有强烈的归属感。这就造成"城中村"社区环境不断恶化、社会问题滋生。因此，对于"城中村"合理城镇化而言，其实质就是实现村民、外来流动人口的城市社会化，使他们融入城市文化、享受城市文明，实现村民、外来流动人口的文化整合和发展。这就要求通过村民、外来流动人口与城市生活相互作用来实现，这是一个逐步演化的过程。

5. 充分发挥社区志愿者作用，创建社区文化建设的新途径

就社区而言，尤其是"城中村"社区，社会弱势群体集结较多，需加大为社区弱势群体服务的力度，其需要的服务都是公益性的。但目前社区基层服务人员和社会义工等公益资源较为紧张，较难以满足居民的需要。大学里有大量的青年志愿者资源，可以补充这一不足。

四、针对目前志愿者资源实际，进行利用

（1）发挥专业知识优势，在社区内开展多种形式的与居民生活密切相关的专业知识咨询服务。通过这样的服务活动，大学生志愿者为社区居民提供便民服务，提高了居民文化素质，也巩固了专业知识，将学习与实践相结合，学以致用，丰富和促进了社区居民的文化生活。

（2）对居民进行义务专业知识、技能培训，为居民的再就业奠定知识基础。

（3）关爱社区青少年问题，重点扶助社区弱势群体。一方面要以模范作用，协助引导教育好失学、失业、失管的青少年；另一方面要将社区贫困家庭、孤寡老人、失业人员等作为重点服务对象，力所能及地为他们办好事、解难事。

（4）关爱外来流动人口，促进文化融合。大学生可以利用自身的优势作为桥梁，促进外来人口和本地人口的文化交流，为社区文化建设向深度发展提供条件。

随着社会的经济、政治、文化发展，社区文化志愿者必将会成为未来社区文化活动的主要载体，所以，在当前的社区文化建设中要注重发挥社区文化志愿者的队伍，培养各种层次、各种类型的社区文化志愿者成员，建立起较为完善的社区文化志愿者服务机制，使社区文化志愿者在规范、有效、科学的环境中进行工作。社区中的各个部门应为他们提供各种有利的条件和方便，以使社区文化志愿者的积极性得以更好的发挥，为社区建设出谋献策。

（作者单位：厦门市集美区文化馆）

城镇化进程中基层群众文化
持续发展的几点建议

郑丽香

一、整合基层文化设施资源，因地制宜发展特色文化

为了提高文化设施的利用率，应在科学论证、合理规划的基础上，将社区内的文化活动室、图书馆、公园等进行合并或改建，整合文化设施资源。以厦门市集美学村为例：距离较近的两个图书馆可以合并成规模较大的图书馆，学校有所属的图书馆或者活动场所，街道、社区可以给予学校一定补偿，让这些校内文化资源为公众服务，有条件的地方可以把相近公园间的建筑拆除、迁移，合并成一个大型公园，完善园内的各种文化、健身、休闲设施，营造出幽雅舒适的人文氛围。笔者所在街道的"海峡两岸龙舟邀请赛"也是当地的特色文化，由于集美学村龙舟池等得天独厚的水资源，该街道经过论证，将其整合成大型休闲公园，定期整修重建具有特色的龙舟文化，并将之作为常设性赛事加以保护，发展，宣传，从而增强基层特色文化的影响力。

二、营造人才成长环境，提高文化人才队伍综合能力

基层普遍存在文化人才短缺现象，在引进人才后，一定要注重人才的培养，要做到既坚持人才使用上的专业化，又包容人才个性上的多样化；既肯定人才工作上的成绩，又宽容其工作中的不足或失误；既充分利用人才的专长抓工作，又采取岗位培训的办法对他们进行继续教育，全面提升其素质。特别是以本人所在的集美学村为例，学村内高校林立，人才层出不穷，作为直接打交道的文化骨干，就要不断学习与与时俱进，单位要为其创造进修条件，这样既满足其职业发展需求，又有利于培养其开展工作的综合能力。文化人才的稳定是文化事业持续发展的前提和重要条件，培养好人才后还要稳

定人才。因此，基层文化部门应努力营造有利于文化工作者安心生活和积极工作的宽松环境。对于艺术人才，要尊重其创造愿望，鼓励其创新精神，支持其创作活动，发挥其创造才能，肯定其创作成果，真正做到人尽其才，才尽其用。

三、推进基层文化人才队伍工作，努力打造文艺精品

街道文化站应充分发挥统筹和指导作用，对街道所属的学校、社区、企事业单位编排和制作的各类文艺节目进行加工、修改和提炼，建立街道节目库。在需要组织节日演出或者专题宣传活动时，便可以根据活动主题，方便快捷地从节目库中挑选节目，制作内容丰富、形式多样的晚会；与此同时，当学校、社区或者企事业单位等需要组织活动时，文化站又可根据活动特点从节目库中向其推介所需节目。由于设立节目库，优秀节目得以多次演出，在演出过程中不断修改和完善，造就了一批本土艺术精品，激发了广大人民群众参与文化艺术创造的积极性，活跃了群众文化生活，促进了业余文艺的普及与提高。

四、运用梯度辐射方式，有效提高群众文化受惠率

提高群众文化普及率，是基层群众文化工作的主要目标。为此，我们探索形成点带面梯度辐射的工作方式，取得较好效果，许多街道的人口以当地人和外来劳务工为主，人口密集度高、整体文化素质偏低。相对于庞大的工作对象群体，街道文化站的专业人才简直是杯水车薪，运用以点带面的辐射方式可以解决这一问题。以集美街道文化站银亭社区居委会为例，该站仅有的文化干部承担全社区几万人的群众文化培训任务，几乎是不可能的。为此，他们通过走访调查发现，街道所辖范围内的学校有一批音乐、舞蹈教师，他们具有相当的艺术水准，此外，其他企事业单位里也有一些艺术人才。于是，该街道从这些艺术人才中挑选出一批骨干，组成合唱团、舞蹈队等，每支队伍30人左右，由各队长负责组织每周的常规训练，训练好专业骨干后，再由其带动全社区群文工作的开展，也就是以点带面。比如，不久前，该街道举办了一次社区舞蹈大赛，文化站派出10多名艺术骨干，分赴各居委会舞蹈队进行辅导培训，最后，比赛取得良好的效果。实践证明，通过坚持点、线、面梯度推进、比赛与辅导结合，可以培养社区居民优雅的市民气质，有效提高社区居民的文化艺术素养。

五、政府出资采购文化精品，以高雅艺术引导群众文化

打造本土艺术精品的同时，要适当引进高雅艺术精品。送电影、送戏、送书进社区等活动很有必要，也不失为传播先进文化的好办法。实际上，社区居民大多有好的感受力、模仿力。榜样的示范作用不可低估的，优秀的作品通过视觉听觉打动观众的心，观众就会向该视觉、听觉形象靠拢。以厦门市为例，改革开放前，由于经济落后、文化封闭，村民缺乏对高雅艺术的直观感受，群众文化水平长期得不到提高。进入 21 世纪以来，厦门市政府加大对公共文化事业的投资力度，根据城市发展目标和市民需要，通过严格招标，购买了一批符合先进文化要求的高水准文化精品，提高了公共文化服务质量，引导和提高了群众文化发展。集美高校每年都有高雅艺术进校园，引导学生和社区内的群众文化。从实施步骤上看，采购影片、节目、书籍这一环节可以由市政府统一掌握，制定标准，通过公开招标的方式，确认一批合格的"产品"，然后与区、街道、居委会协商，由各基层组织自主选择。由此，政府的公共财政资源可以有效地服务于基层文化建设。

综上所述，基层文化工作者要认真贯彻中央、国务院《关于进一步加强农村文化建设的意见》精神，在"文化立市"战略思想的指导下，联系工作实际。基层文化工作者应该千方百计动员社会各界力量，大力发展多渠道、多形式的文化事业，可以民办公助、政策扶持，也可以鼓励居民自筹资金，还可以引导已有的民间社团进行文化公益性服务活动，同时还应充分调动那些民间艺人参与当地文化活动的积极性，全方位实现真正意义上的城市化，促进城市的整体、和谐、可持续发展。

（作者单位：厦门市集美区文化馆）

第八辑　群众文艺创作大家谈

漫话答嘴鼓

王鹭海

答嘴鼓是首批列入国家非物质文化遗产名录的闽南曲艺，主要流行于福建省闽南地区和台湾地区及东南亚闽南籍华裔聚居地，是闽南民间所喜闻乐见的、喜剧性很强的地方曲艺艺术。

答嘴鼓的艺术形式近似北方的相声，但不尽相同，其特点主要表现为语言生动朴实，对白讲究严格的押韵，节奏感很强，其内容大都来自民间百姓生活中的点点滴滴，反映的是与老百姓息息相关的生活话题，在闽南地区，答嘴鼓已家喻户晓。

一、答嘴鼓艺术的形成与历史沿革

答嘴鼓是一种闽南方言艺术，它的形成与发展和源于中原地区，被誉为古汉语"活化石"——闽南方言的发展密不可分。答嘴鼓艺术的起源虽尚无史料记载而无从查起，但老一辈的艺人多数认为，它是在闽南民间广泛流传的"念四句""拍嘴古"等民间语汇基础上吸收和应用闽南地区口传文学如民谣、俗语、谚语、歇后语等及地方戏曲曲艺的一些成分，经过历代艺人的加工、创造而逐渐形成与发展起来的。在闽南地区，人们常常以韵语词汇用斗谑戏弄的手法来表现生活和表达人们的思想感情。闲聊时经常采用"斗句"（押韵）以及"炼仙敲嘴鼓"的语言习惯在闽南已是司空见惯，这便是答嘴鼓最初的雏形。

作为地方曲艺，答嘴鼓的形成和发展深深地烙上闽南民间百姓的生活气息和地域文化特征，这一点从答嘴鼓最初的雏形便可窥见一斑。比如早期闽南民间街巷里弄卖艺、卖药、乞丐行乞、小商小贩招揽生意的吆喝声，等等，极其讲究语言押韵，朗朗上口，类似顺口溜。例如，卖水果的：

杨梅真便宜啦，一斤五分钱啦，

要买紧（快）来试啦，毋（不）买等明年啦。

旧时乞丐行乞讨好施主的言语，如：

阿娘阿官淡薄（少）分，互任（让你）全出好囝孙（后代），

头家好心一镭（一点）来，互任兴旺大发财。

民间婚丧嫁娶司仪说话讲究流畅、押韵，且即兴发挥，类似顺口溜，和逐渐形成并广泛流传的一种"念四句"的韵语形式，如进入新娘房就念道：

双脚踏入来（lai），交椅两边排（bai），

新娘是天使（sai），囝婿状元才（zai）。

日常生活中人们谈天说地所喜爱的戏谑论争即闽南民间称之为"练仙（闲聊）拍嘴鼓"的语汇形式，如：

无某（没老婆）真艰苦，破衫破裤自己补。

少年不打拼，吃老无名声。

大家在戏曲舞台上的插科打诨，如：

你这个狗奴才，

本公子差你去探听看英，

看这小娘子生成啥体态，

姿色好抑坏？

阿你全无讲我知，

直透（一直）咧拖物代（什么）！

总而言之，生活中大量的民间语汇和口头文学都是答嘴鼓语言艺术形成与发展中不可或缺的重要元素。

经过民间艺人不断地创作和总结，答嘴鼓艺术逐渐成熟并日臻完善。20世纪30年代，台湾民间艺人蓝波里（真名宋集仁）吸取闽台民间文学的养料，创作出大量"四句联"、方言故事诗和"拍嘴鼓"作品，其表演形式有单口，也有对口、多口，留下一批带有人物、情节和浓郁乡土气息的佳作。蓝波里后来到福建继续从事闽南方言文艺节目的创作与演播，对答嘴鼓的形成起到很大的促进和推动作用。随后，自幼酷爱地方艺术，年轻时代就开始闽南曲艺、戏曲的研究和创作的厦门民间艺人林鹏翔先生从20世纪50年代起拜蓝波里为师，在继承闽南地方戏曲插科打诨和"挣笑科"（爆笑料）的基础上，又吸收相声艺术和数来宝"抖包袱"及"说、学、逗、唱"等艺术手法，大胆尝试，反复实践，为答嘴鼓（时称拍嘴鼓）加入新的营养成分，

使其更富有喜剧色彩。1971 年，在蓝波里的建议下，这种艺术形式正式定名为"答嘴鼓"。答嘴鼓艺术也在台湾地区老百姓当中同样流传，林鹏翔先生的答嘴鼓作品，通过各种媒体流播到海外引起极大的反响。在他的启发下，台湾宜兰在 1991 年 6 月举行"台湾首届答嘴鼓比赛"。答嘴鼓在发展过程中就此演绎出一段大陆与台湾艺人携手合作的动人佳话，答嘴鼓艺术也成为闽台乡亲最为喜爱的曲艺形式，这也再一次印证了海峡两岸同根同源、语言相通、习俗相同、不可分离的文化一体性。

答嘴鼓深受民间百姓及专家的喜爱和认可，特别是林鹏翔先生的答嘴鼓创作艺术水平相当高，出现许多健康高雅、立意深刻且脍炙人口的作品。例如，有弘扬中华优秀传统习俗的《庆新春》；反映闽台血脉、文化和习俗同根同源的《唐山过台湾》《中秋月圆》《台北飞来的新娘》；讥讽社会陋习和丑恶现象的《活广告》《夫人属马》《有扶有前途》……由于答嘴鼓的发展成就，20 世纪八九十年代，答嘴鼓作品先后被收录进入《中国戏曲曲艺大词典》《普通话闽南方言词典》《中国大百科全书·戏曲曲艺卷》，答嘴鼓作为闽南地区独特的曲种在中国曲坛有了一席之地。对答嘴鼓艺术的发展贡献卓著的林鹏翔也成为中国曲艺家协会会员，于 90 年代起先后就任福建省文联委员、福建省曲艺家协会主席，他的答嘴鼓作品，也成为海内外专家学者研究闽台民俗和闽南语汇的宝贵资料。

二、答嘴鼓的表现形式和艺术特征

答嘴鼓是以二人舞台表演对口争斗辩说为主要表现形式，有单口和群口两种，近似我国北方的相声和数来宝。在闽南方言中，"嘴鼓"即为"腮""嘴巴"，这就不难理解，答嘴鼓是专靠嘴巴表达的语言艺术，以风趣诙谐、喜剧性很强的言语相互斗嘴、对答而取胜。在漫长的艺术实践中，特别是经过林鹏翔不断的创作、总结和革新，答嘴鼓有自己独特的、富有魅力的艺术特征，主要表现在以下几点：

其一，富有韵律美的韵语表达方式。在汉语言学中，讲究平仄押韵是汉语词句得以呈现韵律美的一大特征，源自于中原古汉语文化的闽南方言同样继承了这一文化特点。讲话押韵在闽南地区称为"斗句"，闽南话押韵比其他语言更具有优势，因为有文读、白读、训读之分，和其他语言相比，闽南语的韵辙更加丰富多彩。闽南语的一级双字韵（如天气韵、歌声韵、逍遥韵、新春韵……）就多达二十多个，这是其他大多数语言所不具备的。长期以来，闽南民间老百姓的会话用语常常会应用顺畅、押韵的语言词汇，使人听起来朗朗上口、悦耳动听，如上所述的"拍嘴古""市声""念四句"等便是如此。正是这种老百姓所喜闻乐见的语言形式，使答嘴鼓最终具有严格的押韵和富有节奏感的语汇特点。在厦门答嘴鼓的作品中，语句的押韵是最基本的要求，句句押韵、一韵到底是创作者苦思冥想和孜孜追求的目标（后面的例子会提到）。不过，艺人们也认识到语句的押韵只是一种形式，它只呈现语言的节奏与韵律，一味追求押韵而缺乏生动形象的语言和曲折动人的故事，这种作品也只显生搬硬套和苍白无力。

其二，形象生动、色彩活泼的民间语汇。答嘴鼓是地地道道的草根艺术，其故事内容来自民间，大多反映社会基层平民百姓的日常生活，是真正贴近实际、贴近群众、贴近生活的大众文化。好的答嘴鼓作品不仅用语讲究押韵，而且其语言表达酣畅流利，形象生动活泼。例如，形容青春貌美的姑娘——

　　这小娘子是二八正青春，

　　面似挑花免抹粉，

　　眉如新月初出云，

　　脚穿弓鞋缚三寸，

　　双手白白真幼润，

　　特别是见人的时阵，

　　目尾一拖嘴一吻，

　　嗳哟，员句（罗锅）看着勿会（不能）伸轮，

　　缺嘴看着勿会含唇，代公看着勿会驶船，

　　西公（道士）看着勿会引魂，

　　箍桶的看着煞勿会箍尿盆，

　　公子你若看着呀，

　　规股人（整个人）会煞晓晓颤哦！

相反，形容好吃懒做的丑女子：

　　这个查某（女人）是愁食兼臭惮（好吃又懒惰），

　　衫裤规（整）年呣八换（没换过），

　　弓鞋横比三寸半，

　　头壳（脑袋）一粒米斗大，

　　目周（眼睛）若酒盏，喙若八角碗，

　　鼻篦广若清源山。

嗳哟！正实是蟳（螃蟹）看哮澜（吐沫），

虾看倒弹，

鬼仔看着流清（冷）汗，

田蛤仔（癫蛤蟆）看着跳过田岸，

你若看着呀，

准定规股人咧互（被）人拖。

以上两段为典型的既有押韵，一韵到底，语言又极其生动活泼，听完后令人捧腹开怀的例子。

此外，丰富的俗语、俚语、谚语和歇后语等民间语汇如"想富穷到，想吃屎漏""龟笑鳖没尾，鳖笑龟粗皮""细汉偷割匏，大汉偷牵牛""飞机顶砍大树——空赣（自以为很厉害）""少年不晓想，吃老不成样""做田要有好田边，住厝要有好厝边"等，这些带有浓郁的乡土气息和丰富的地方文化色彩的语言素材是答嘴鼓不竭的创作源泉，创作者常常会将丰富多彩的民间语汇巧妙地应用于作品之中。

其三，诙谐风趣的喜剧手法。以笑为艺术手段，在诙谐风趣的语言中表达一定的主题，以笑娱人，让人在笑中得到美的享受，这也是答嘴鼓创作的基本特征。

答嘴鼓是喜剧性很强的说唱艺术，主要选择嬉闹的、讽刺的，或者轻松的、活泼的生活题材，组织所谓的"笑料"，使用富有特色的"挣笑科"（爆笑料）的创作手法。在这方面，答嘴鼓吸收借用戏曲插科打诨和相声艺术"抖包袱"的艺术技巧，常常根据人物塑造的需要，巧妙构思情节，对所掌握的素材进行取舍和剪接、提炼，并以演员反应灵敏、口舌流利、戏谑争斗、妙趣横生的表现来博得观众的爆笑和掌声。

三、答嘴鼓的传承与保护

（一）当前存在的困境

厦门答嘴鼓在以林鹏翔为代表的老一辈曲艺工作者的努力耕耘下取得辉煌的成就，成为闽南地区最受老百姓喜爱的曲种。然而，随着我国现代化进程和全球经济一体化步伐的加快，随着人们生活方式的改变和外来文化的影响，答嘴鼓艺术和许多传统文化一样受到前所未有的冲击。特别是蓝波里、林鹏翔相继过世后，自20世纪末起，答嘴鼓艺术逐渐衰落和滑坡，一度出现后继乏人的濒危状态，其主要原因有三。

1. 语言环境的恶化

改革开放后，厦门外来人口剧增，现在不会听或不懂讲闽南话的外来人口超过厦门总人口的50%。由于多年来实行推广普通话，本地的儿童、青少年能完整地讲闽南话的也越来越少。答嘴鼓是方言曲艺，语言环境的恶化使答嘴鼓的发展首当其冲。

2. 政府重视不够，媒体宣传匮缺

无论是政府还是社会其他方面，人们一度热衷于经济发展而忽略文化建设，特别是忽略优秀传统文化的弘扬，像答嘴鼓这样的非物质文化遗产逐渐被淡化和边沿化，许多人或从未听说，或只闻其名却不知其所然。

3. 人员老化，青黄不接

答嘴鼓从艺人员和受众群体年龄普遍老龄化和逐渐萎缩，创作和表演呈现出青黄不接的现象。

（二）传承与保护的举措

20世纪初，随着人们对文化建设与经济发展之间的关系有更深刻的理解和认识，各级政府对文化建设的投入逐渐加大，传统文化得到前所未有的保护和重视。厦门在保护答嘴鼓方面采取诸多有效举措。

1. 加强保护力度，完善保护机制

首先是政府重视，加大文化建设投入，设立闽南文化生态保护区，制定多项保护机制。2006年5月20日，经国务院批准，答嘴鼓被列入首批国家级非物质文化遗产名录，陈清平、杨敏谋两位艺人被评为首届国家级答嘴鼓项目传承人，多位艺人被评为省、市级传承人，答嘴鼓传承与发展逐渐得到了政府和社会各界的重视和青睐。

2. 提高专业人员的素质和水平

培养创作、表演人才，开展一系列答嘴鼓培训、表演、比赛、交流等活动，以活动促发展是提高答嘴鼓整体艺术水平的重要手段。厦门市文化馆和厦门市曲协多年来为答嘴鼓爱好者多次举办闽南语培训班、答嘴鼓创作及表演培训班，设立答嘴鼓传习中心和活动基地。自1999年起，厦门市文化馆还专门为答嘴鼓设立专项比赛，至今已举办六届全市答嘴鼓征文评比暨调演活动，为答嘴鼓的发展提供了良好的活动平台。此外，利用答嘴鼓这种曲艺轻骑兵的作用，适时结合政府的各项中心任务，如"和谐邻里节""公民道德故事汇"等专题活动，组织答嘴鼓等曲艺专场进社区、下农村等基层进行公益性演出，这种以活动促发展的举措使答嘴鼓艺术得到较好的传承与提高。

3. 宣传、普及和推广并举

几年来，有关部门加强对优秀传统文化的宣传与推广，特别是抓好青少年的传承和教育工作。如开展答嘴鼓等闽南文化进校园、进社区活动，组织相关专家、演员多次深入幼儿园、小学、中学和社区基层，举办公益性讲座、培训班、夏令营及展演，并采用电视、广播、报纸、出版物等多种形式，全方位多层次地进行宣传，扩大影响，培养受众群体，使答嘴鼓艺术得到进一步的普及和推广。2010 年 5 月，有关部门组织答嘴鼓艺术交流团赴金门进行海峡两岸答嘴鼓艺术交流，厦门答嘴鼓的表演获得极大反响，观众掌声不断，金门县长亲笔题字："答嘴鼓，真正赞!"为答嘴鼓艺术所折服。

答嘴鼓是闽南群众喜闻乐见的曲艺形式，抢救、保护和发展答嘴鼓艺术具有十分重要的价值，可以使历史悠久，富有古音古韵特色、丰富多彩、生动活泼的闽南方言乃至闽南文化得以保存、继承与弘扬。另一方面，透过答嘴鼓艺术所展现的闽南文化中的乡音乡情，正是维系闽南人民和台湾同胞思想、文化与感情的重要纽带，对促进海峡两岸文化艺术交流，推动祖国和平统一具有十分重要的现实意义。

（作者单位：厦门市文化馆）

浅析业余童声合唱训练

林玉坤

童声合唱具有丰富独特的音乐表现力，它给人以天籁般的音色美、旋律美、和声美和情感美等美感的熏陶。通过多年的工作与实践，笔者对业余童声合唱有了自己的心得和见解，现就如何训练的问题与大家共同探讨研究。

一、合唱队员的选拔

1. 选好合唱队员是关键

业余童声合唱队员一般来自小学的中高年级，由于课业等种种原因，大部分学生较少接受正规、系统的声乐训练，这些的孩子的合唱基础比较薄弱，更不用说合唱的演唱技巧，音色上也参差不齐，有的识谱能力较弱，不懂控制自己的声音，不会互相倾听，一味凭着模仿等。所以，在选择合唱队员时，首先，在音色、音准、节奏上要严格把关；其次，要有较好的声音能力及一定的音域；最后，尽量选择音色比较"亮""干净"的学生来参加，当然对合唱有着浓烈的兴趣，也是好的合唱队员必不可少的因素。

2. 根据不同的音域分声部

未经训练的嗓音差不多都是"大白嗓子"，声线不稳定，不平均；在分声部之前，可以通过简单的发生练习，悉心聆听、了解每个人的声音，在唱高音时，嗓音较明亮而放松的队员适宜在高声部；中低音音色饱满者可归于低声部；剩余音色区别不太明显的队员可相对接近地分别安排在高、低声部，以满足男女高、低声部的人数基本相等。

3. 注意合唱队的队形

在合唱队正式训练之前，应将整体队形排好，除了注意高、矮个的协调外，为了合唱表演的效果，可在声部交接处安排音乐素质相对较好的队员，以避免训练中造成的声部音准影响。

二、合唱声音的训练

良好的声音训练是合唱的必备条件。只有进行良好的声音训练，才能更好地运用于合唱歌曲中，才能更好地正确掌握合唱的演唱技巧、情感表达、歌曲表现等，所以，合唱团的声音训练至关重要。

1. 呼吸的训练

"善歌者必先调其气"，呼吸是歌唱的灵魂，意大利歌唱家贝基认为"唱歌的艺术就是呼吸的艺术"。唱歌吸气时腹部应当收缩，这和一般的吸气以及说话时吸气上腹部略为鼓起的现象正好相反。有了合理的气息支撑才有美的音色，所以，我启发合唱队员学着用"打哈欠""闻花香""抽泣""吓一跳"等比较形象的生理动作来体会深呼吸和急吸气给两肋及腰腹部带来的随之扩张的感觉，"吸气勿过满，呼气勿过尽"，气不在于吸得多，而在于用得巧，通过一阶段的训练，合唱队员逐步掌握了正确的呼吸，所以，科学合理的呼吸训练才能让合唱队员学会合理科学的运用气息。

2. 发声的训练

发声练习是合唱前的必要准备，通过发声练习来提高队员的声音能力，为后面的合唱做好铺垫，使合唱队各声部有了比较统一的音色。

唱姿：发声练习以站姿为主。这样有利于调节呼吸，调动全身肌肉。在练习中要随时纠正队员的错误姿势，通过长时间严格要求，逐步培养队员形成良好的歌唱姿势。

发声步骤：业余童声合唱队的发声训练有别于声乐课上的个别辅导，是以群体的形式齐练。在发声器官自然打开的状态下用假声、轻生、哼唱的感觉找到声音的位置及声音的统一度，一般采用闭口哼唱"m""哼鸣"唱法的练习，这是每个人都能体会到的生理动作，要求身体放松，"哼"的感觉叹在呼吸上。下颚放松，唇微闭。口腔中仿佛含有一小口水、稍空。舌平放，并放松地略带凹形，牙微启用"扬眉""闻花香似的"来感觉声音的位置往上，高过鼻梁，同时要注意不要失去下方气息的支持和控制，接着用开口母音来练习。这个练习要求在笑肌提起的自然微笑状态下打开牙关、舌面平放、用"a 或 ei"母音来训练完成，由于开口母音声音位置容易散、不集中，这就要求在打开的状态下用哼唱的音色半声唱。指导队员跟琴逐步由低音唱至高音又由高唱至低，用下方气息来支持和控制，以免猴头肌肉用力，发出喊叫的声音。

3. 声音的合理应用

科学的发声练习是为了更好地表达作品内容。开始时期，在表达作品内容和情绪方面会有所限制，体现出声音"粗糙"和"重"这一现象。但随着声音、技巧的能力提高，要逐步摆脱这一现象，使发声的正确要求变为表达作品内容的工具和手段，从单声部到多声部，由易到难，循序渐进。当然，除了练声之外，还可利用作品的片断有目的、有要求地进行声音训练，使得声音更语气化、更具有情感，这样练声的良好效果，才能更好地应用在歌曲演唱上，更好地表达和把握合唱作品的音乐情绪。

4. 学会声音的倾听

一个好的合唱队员不仅要会唱自己的声部，也要懂得倾听其他声部，清楚地听辨声部与声部之间的异同，才能更好地、有机地、主动地去配合别的声部，让自己的声音融合在集体的声音里，所以，学会倾听也是一个合唱队员不可缺少的基本条件之一。

三、合唱作品的挑选

发声训练使声音能力进一步得到提升巩固以后，接下来的任务就是合唱作品了。挑选合唱作品应视自己的合唱团的能力情况而定，量力而行，不要盲目追求大作品。作品大了，对声音、技巧等方面的把握不到位，难于表现作品的内涵；作品太小，体现不出自己的实力。选择有层次感、对比度大的作品更能出彩，唱出自己的水平与自己的风格。总之，要挑选有特色、有创意、与众不同的、适合自己合唱队的合唱作品，中外作品结合。

四、合唱作品的处理

一首合唱作品的演唱成功与否，除声音能力及演唱技巧外，还有很大一部分是对歌曲艺术形象及情感的理解方面的把握程度。这些问题需要在排练中逐步加以解决。首先歌曲的风格要定位，接着是合唱作品的处理：声音的连与断、力度的强与弱、速度的快与慢的层次对比，对比度可以做适当的夸张处理，合理正确地把握各种声音、力度、速度的变化，反复的地方与次数，各乐段的衔接，声音的位置、声音的协调与靠拢，声部的均衡与突出、呼应与配合，唱开与唱通等许许多多的问题。诸多的歌曲处理要求是不可能在少数几次练唱中就能够得到解决的。这要求我们在作品的排练中要细化到段、句，甚至每个字，要做到不厌其烦，反复尝试，使之成为队员最终的习惯，演唱表达自如。

五、合唱作品的指挥

合唱效果的好坏不单单取决于某个人的个人演唱水平，而需要集体的相互配合协作来共同完成，是极其复杂而又艰辛的过程。所以，合唱作品的好与坏是与合唱指挥分不开的，指挥具有特别重要的地位，在平时的歌曲作品排练中，合唱指挥必须给合唱队员更为直观、更为形象的预示与指挥，如：一个合适的眼神、一个准确的手势、一个比较夸张的表情，这些动作都会对合唱队员在声音的节奏、位置、气息、力度、咬字吐字及声部的和谐等方面起着提示作用，在作品的演唱中将产生非常大的影响，所以，一个指挥的好坏将直接影响整个合唱的效果。当然，这些是需要经过长时间的磨合的，是经过合唱指挥和合唱队员的团结协作、共同努力后逐步培养和形成的默契。

六、合唱的团队精神

合唱的字面通俗理解是大家合到一起唱，也就是很多人朝着一个共同目标前进。必须让合唱队员明白合唱队是一个集体，这个集体需要相互配合、互相合作，有着集体荣誉感，才能出色地完成任何作品，不能有"个人英雄主义"的思想，明白合唱队里只有"我们"而不是"我"也要让合唱队员明白合唱不是个人独唱，一定要有一个团队的协作意识，这样就从思想意识上得到了首要的统一。

总之，业余童声合唱的训练是一项细致而又复杂的工作，它需要有足够的耐心和决心，要有计划、有目标地常抓不懈。教学有法，教无定法，贵在得法。只要我们有信心，勇于大胆尝试探索，一定会让那天籁般的童声合唱艺术绽放光彩。

（作者单位：厦门市文化馆）

从田间走来的民间艺术又将走向何方

——翔安农民画传承保护和发展的若干思考

潘志坚

　　农民画是发源于农村，根植于农村，在中国土生土长的富有生活气息的画种，几十年来，迸发着勃勃生机。它以其率真、纯朴的表现手法，在全国各地生根发展。由于它的表现手法和创作群体的特殊性，与其他平面艺术门类形成了鲜明的对比。从 20 世纪五六十年代起，农民画就像一股热潮，席卷全国各地，涌现出不少农民画乡，在那个特殊的年代，农民画具有较强的时代气息，除了作品本身的艺术价值，还承载着宣传的作用。历经数十年的发展，农民画在创作题材、造型表现、色彩应用、表现形式等方面均发生明显变化，逐渐形成自己的风格。然而，近几年，各地的农民画出现人才断层、产业滞后、发展受限等问题，一些亟待解决或完善的问题，需要正确审视及处理。翔安农民画与全国其他画乡有着许多相通之处，但又存在一定的地域差异。笔者以翔安农民画为例，以点带面，就农民画的保护、传承和发展进行粗浅的分析，旨在互通有无，共谋发展。

一、翔安农民画的起源与艺术特色

　　翔安农民画起源于 20 世纪 50 年代末（因厦门市翔安区原属同安县辖区，故早期将同安、翔安一带农民画统称为同安农民画，后因 2003 年区划调整，原马巷厅的翔风里、民安里从同安析出，设立翔安区，重新命名为翔安农民画），当时的一批农民，凭着对艺术的热爱与执着，开展美术创作，但由于缺乏组织和系统训练，尚不成规模，自 60 年代起，由原中国水彩画会副主席、原省水彩画会主席张厚进，厦门知名画家吴伟程、陈武星等一批老一代艺术家，组织当地农民利用农闲举办农民画创作培训班，翔安农民画进入全新的创作阶段。20 世纪 70 年代，梁金城等一批农民画家在全国小有名气，作品多次在全国展览中获奖。此后的十几年间，农民画创作达到鼎盛时期，也因其艺术风格独特、创作题材丰富、表现形式多样，在 1988 年，翔安区被文化部命名为全国首批"现代民间绘画之乡"。2011—2013 年、2014—2016 年，翔安入选"中国民间文化艺术之乡"，现为福建省非物质文化遗产代表性项目。翔安农民画与时俱进，经过数十年的发展，已从 20 世纪五六十年代的宣传工具演变为具有生活气息的艺术门类，内容及表现形式均发生变化，在发展中不断形成特色。

1. 创作题材广泛性

翔安农民画家们以其独到的艺术眼光，以捕鱼织网、种田采果、修桥造路等闽南农村劳动生活为背景，以红砖古厝、古榕古树、海湾山川、渔船等翔安自然景观为素材，以拍胸舞、南音、车鼓弄、宋江阵等非遗项目为原型，创作题材涉猎甚广，有机融合，构成了一幅幅具有明显地域特色的农民画佳作。

2. 绘画材料兼容性

翔安农民画在创作材料的使用上可谓百花齐放，较为常见的有水粉和国画颜料。但画家们不拘泥于某一种单一的材料，他们根据不同题材和表现手法，综合运用水粉、水彩、国画、丙烯、宣纸、素描纸、油画布、水彩纸等画材，形成独特的绘画风格。

3. 表现形式多样性

不少地方的农民画在表现形式上趋于雷同，不同作者画出的作品风格大同小异，看似风格统一，但缺乏个性。翔安农民画则百家争鸣，在表现形式上各有不同，或写实，或抽象，或兼工带写，或偏中国画风，或带装饰色彩，个性突出，风格鲜明，每位画家都有其特有的艺术表现语言。

二、翔安农民画的现状与发展瓶颈

翔安农民画，作为东南沿海民间文化艺术的一枝奇葩，具有鲜明的地域特色及绘画风格。自 20 世纪五六十年代起，翔安农民画从初见雏形，七八十年代历经辉煌，在 90 年代经济大潮的影响下，虽经经历过一段低谷，但如今，翔安农民画梅开二度，再次焕发生机，蓬勃发展，创作队伍正在恢复和不断壮大。不少退休干部和教师也纷纷加入创作大军中，古稀老者与黄口孺子，出现了一批风格鲜明、热衷于农民画创作的作者。

近三年来，翔安农民画培训、讲座、点评会、展览、比赛等系列活动开展如火如荼，各种传承与保护工作有序开展。2013 年 12 月，翔安区农民画传习基地在区文化馆挂牌成立，系列推广活动全面展开：设立 10 个名家工作室并成为全区农民画的示范点，中小学农民画校本课程开发完成，全面启动农民画进校园活动，5 所农民画特色校活动有声有色，文创企业积极参与，衍生产品初见成效，良好的氛围已然形成，新作和新人迭出不穷。创作新作近 300 幅，举办专题展览 6 场，先后有 50 余幅作品参加全国农民画展，其中 17 幅精品获得全国奖项，3 幅作品参加中奥（奥地利）农民画展，100 幅"翔安农民画图说价值观"公益广告作品在全市、全省推广。

目前，全国农民画正处于前所未有的良好发展环境，但也有不少问题困扰着文化主管部门和农民画创作群体。翔安农民画也不例外，同样遇见发展瓶颈，主要表现在以下五个方面。

1. 创作群体相对弱小

尽管目前全国有农民画乡数十个，各地也均采取相应的措施，做好人才队伍建设和后备人才培养，但相对于书法、国画和西画等艺术门类，在创作队伍的人数总量上，处于较低水平。另外，在人才结构上，存在人才梯次断层的现象，不少地方的作者年龄偏大，中老年人居多，青少年偏少，甚至后继无人。

2. 经济支撑严重不足

当前从事农民画创作的作者，大部分为农民或无固定收入的人群，因无稳定的收入，且农民画的产品附加值较低，无法保证画家们的经济来源，创作积极性受挫，甚至部分作者为谋生计弃笔从商，导致组织难度大，作者难以长期坚持创作，无法确保农民画的生命力和延续性。

3. 身份定位不够明晰

据调查，随着城市化进程的推进，如今，不少农民画乡已实行村改居（社区）或已变为城市、城镇，许多从事农民画创作的作者身份也发生改变，加上农民画经过数十年的发展，已成为相对独立、具有较强艺术性的画种。但农民画在中国美术家协会甚至找不到对应的艺术归类，被划为年画。因此，不少地方对农民画的名称也产生异议，有的提出改为其他名称的建议。

4. 管理机制不够灵活

农民画具有双重身份，它既是民间艺术的分支，还是民间绘画的组成部分。近几年，中国民间文艺家协会做大量的工作，举办了不少展览和研讨活动，成效显著。而中国美术家协会每年举办的各种美术展览和比赛不计其数，但举办农民画的展览却是凤毛麟角，这不免会让农民画作者产生被边缘化的心理阴影。既然是双重身份，是否也可以采取双层管理，由两个协会常规性举办展览或比赛，这其实也是对农民画作者的一种肯定，同时可吸引更多美术爱好者加入农民画创作大军中来。

5. 缺乏激励产业弱小

虽然产业属于市场化运作的产物，但对于农民画创意产品而言，是确保农民画生命力的关键，尤其需要国家的扶持和倾斜。虽然目前上海金山、吉林东丰、浙江秀洲等地在农民画衍生产品的开发上取得了一定成效，但大部分画乡目前还处于空白或起步阶段，全国农民画产业尚处于一个初级阶段，产值与其他行业相比显得捉襟见肘。知识产权的保护、创作成果的转让和扶持政策的制定等问题，制约着农民画产业的发展壮大。

三、翔安农民画发展对策和措施

为解决农民画发展过程中所遇到的问题，近年来，翔安区采取了一系列积极措施，有效地推动了农民画发展。

1. 加强创作队伍的培育，创作农民画精品

2015 年起，翔安区将农民画列入非遗项目的重点进行扶持，把作者纳入"海纳百川"人才培养计划，组织参与申报一批优秀文化人才、拔尖人才，树立典型，营造良好的人才培育氛围，目前有省级传承人 1 名，市级传承人 1 名，区级传承人 1 名；鼓励中小学教师积极参与农民画创作，在中小学建设农民画特色学校，培养农民画特长生；开发一套适用于本区中小学生的校本课程，让翔安农民画进校园活动有规范的地方教材，设立农民画兴趣小组，区文化馆每年举行青少年农民画夏令营，对部分特长生进行拔尖指导，提高创作水平，目前已形成老、中、青、少较为完整的人才梯次。

随着时代的变迁，农民画融入更多的时代精神，并且具有更高的艺术价值和欣赏性。翔安区鼓励农民画作者与时俱进，结合时代精神，根据不同类别的题材，组织创作一批具有闽南风格、翔安特色的农民画精品，形成独特的地域特色及个人作品的独特魅力。

2. 营造良好艺术氛围，搭建交流平台

近几年，翔安区通过举办各类专题展览，开设农民画培训，创建微信交流平台，在全区公益广告、LED 宣传屏、工地围挡、美术大篷车进社区、官方网站、杂志报纸等媒体开展农民画普及、推广和宣传，在社会上营造良好

的农民画氛围和交流平台。区文化馆每年组织农民画精品评选工作，印制画册和明信片，优秀作品由组织收藏，采取以奖代补的形式，给作者一定的补贴，既丰富馆藏精品，又为文化创意企业提供农民画产业化的二次创作素材。

3. 研发农民画文创产品，提高旅游品位

充分利用翔安农民画"中国民间文化艺术之乡"的品牌效应，组织、引导文化企业参与农民画衍生产品的设计、开发和推广，或以农民画为背景的日用品包装、以农民画为创作原型的艺术品或工艺品，形成翔安农民画产业链；举办翔安农民画文创产品征集活动，评选农民画"十佳旅游产品"；鼓励文化企业的农民画文创产品参与各类展览或文博会，在研发设计和参展费用上给予一定的扶持和补助。

推动文化带动旅游的发展，筹备建设农民画村，形成集创作、展示、体验、销售于一体的旅游景点，增加本区旅游文化内涵，形成以农民画为主题的生态游、乡村游。

4. 加大扶持力度，扩大农民画影响力

采取政府补助的形式，免费为农民画家提供创作必需的用品。根据作者在传承和发展农民画过程中的作用和创作作品的影响力，分期分批评选农民画"非遗"传承人，为农民画作者提供良好的氛围和发展空间，带动更多书画爱好者加入农民画的创作大军。目前已对农民画省级、市级传承人分别发放每月 1 500 和 1 000 元的工作补贴。

农民画在众多的艺术形式中，目前处于劣势阶段，在创作群体、精品推出、政府投入、社会认可、传承保护等方面均需要加大力度，形成良好的社会氛围，以促进农民画这一民间艺术健康发展，立足于世界艺术之林。

（作者单位：厦门市翔安区文化馆）

用音符表达情感　用歌声反映心声

——浅谈群众文艺作品的创作体会

王志鲲

习总书记在纪念延安文艺座谈会上讲到社会主义文艺，从本质上讲，就是人民的文艺。毛泽东同志在延安文艺座谈会上指出："为什么人的问题，是一个根本的问题，原则的问题。"胡锦涛同志强调："只有把人民放在心中最高位置，永远同人民在一起，坚持以人民为中心的创作导向，艺术之树才能常青。"

人民既是历史的创造者，也是历史的见证者；既是历史的"剧中人"，也是历史的"剧作者"。文艺要反映好人民的心声，就要坚持为人民服务、为社会主义服务这个根本方向。这是党对文艺战线提出的一项基本要求，也是决定我国文艺事业前途命运的关键。只有牢固树立马克思主义文艺观，真正做到了以人民为中心，文艺才能发挥最大的正能量。

以人民为中心，就是要把满足人民精神文化需求作为文艺和文艺工作的出发点和落脚点，把人民作为文艺表现的主体，把人民作为文艺审美的鉴赏家和评判者，把为人民服务作为文艺工作者的天职。学习了习总书记在文艺座谈会上的讲话，让我充分认识到，作为一名文艺工作者，责任重大。文艺工作者是"灵魂工程师"，好的文艺作品能启迪思想，温润心灵，提高人们的精神境界和道德情怀。以下我结合近年来创作的歌曲谈谈几点体会：

一、以歌曲增强区域影响力

文艺只有植根现实生活、紧跟时代潮流，才能发展繁荣；只有顺应人民意愿、反映人民关切，才能充满活力。2003 年 4 月 26 日，经国务院批准，厦门设立翔安新区，同年 10 月 19 日正式挂牌运作。2009 年 4 月，六载日月轮回，六载春华秋实。翔安上下团结一心，开拓创新，艰苦奋斗，新区建设取得了令人瞩目的成就。在这新的历史起点上，为进一步激发全区人民爱乡爱土爱翔安的热情，积极投身到新区的经济社会和谐跨越发展的浪潮中，也为了更好地推介翔安，宣传翔安，吸引海内外更多的社会各界人士前来参观考察、投资创业，当时我想："厦门有首《鼓浪屿之波》让全国知道厦门，翔安作为新区像上海的浦东能否也有自己的歌曲呢？"在时任翔安区委书记吴南翔的关心和亲自指导下，由翔安区文化中心主任彭鹭花了一周左右的时间，创作完成了歌曲《美丽的厦门翔安湾》的歌词部分，我负责创作歌曲的谱曲部分。为了让歌曲的旋律与歌词很好地贴切表达翔安的富饶、美丽、翱翔，我参考了很多闽南翔安本土音调，走街访巷，采集音乐元素，终于完成谱曲工作，让词曲融为一体。该曲全长 4 分钟，分为"富饶篇""美丽篇"和"梦想篇"三个简短的部分，柔情舒缓的旋律，精练流畅的歌词，展示翔安的风光之美和变化之新。该歌曲在 2010 年 8 月获"二十一世纪华人音乐奖"全国大型音乐展评活动群英盛典作曲类最高奖项一等奖。此歌曲还作为翔安区委区政府在翔安隧道通车典礼时的主题歌，在厦门电视台、音乐广播、公交车 T 频道上反复播出。歌曲也得到广大翔安人民群众的喜欢。除此以外，我还陆续创作了一批主题鲜明的翔安歌曲，从不同的角度展现翔安的美，如：童谣专场主题歌《闽南童谣代代传》，国际纵走赛主题歌《走在一起，乐在一起》《心的绿洲》《翔安的月光》《阮是翔安内厝汉》《阳光下的马巷》《美丽的大嶝岛》《谐声路之歌》，传唱南音宣传歌曲《曲牌》等，在全国赛事上获得了 4 个金奖。

以上几首歌，聚焦了翔安这一充满活力和希望的滨海新区的新面貌、新气象、新跨越。这些歌传唱开来后，让新区人民深受鼓舞，倍感振奋，极大地提升了翔安的形象，扩大了翔安的影响力，激励了广大干部群众的昂扬斗志，对翔安上下齐心协力，抢抓厦门岛内外一体化建设的历史机遇，努力实现"五大基地、一座新城"的发展目标产生巨大的推动作用。

二、以歌曲传承闽南文化

习总书记说文艺需要人民。人民是文艺创作的源头活水，一旦离开人民，文艺就会变成无根的浮萍、无病的呻吟、无魂的躯壳。人民生活中本来就存在着文学艺术原料的矿藏，人民生活是一切文学艺术取之不尽、用之不竭的创作源泉。

翔安区素来民俗保留得较为完整，为了保护闽南传统文化，弘扬时代的主题旋律，平时我利用工作时间及节假日带领文艺骨干深入田间地头，不断收集、收录相关资料，对马巷闽南童谣、翔安南音、新圩三子文化、内厝宋江阵、内厝汉合唱团等的抢救保护与传承起到了一定的作用，为构建和谐社会、弘扬优秀传统民间艺术添砖加瓦。

如南音、宋江阵等，随着城市化进程的不断推进，这些民俗技艺也受到很大的冲击。为了让越来越多的年轻人认识传唱南音，我特意创作出闽南语歌曲《曲牌》和普通话歌曲《南音中国》，以南音特有的音调为引子，结合现代的流行音乐元素，好似古今对话的形式，以歌曲的形式及浅显易懂的歌词让更多人了解南音的由来、形式、发展等，吸引了越来越多人参与学习传唱南音。其中歌曲《曲牌》还受邀在台湾举办的同安人联谊大会上演出。现在翔安区有 20 个南音社，南音爱好者 100 多人。

闽南地区古老独特的文化瑰宝——宋江阵，以梁山 108 位好汉为原型，原是用来抵抗倭寇的武术阵头，历经数百年的艺术锤炼，融入"蝴蝶阵""田螺阵"等阵头和脸谱、锣钹鼓点等民间艺术元素，逐渐成为闽台地区节日庆典必不可少的表演形式和非物质文化遗产以及对台文化交流项目。为了传承和弘扬这一民俗非遗项目，我先后创作出《少年宋江阵之歌》《闽台宋江阵》。其中，《少年宋江阵之歌》先后多次随少年宋江队访台交流。2015 年闽台（翔安）宋江阵民俗文化节在内厝镇莲塘宋江阵民俗文化广场开幕，歌曲《闽台宋江阵》成为此次活动的主题歌，歌曲以中国的大鼓开场，配上宋江阵武术队形、动作，展现了这一民俗非遗项目的悠久历史，体现了两岸闽台宋江阵同宗同源、渊远流淌的血脉，反映了闽台两岸广大群众的心声。正如列宁所说："艺术是属于人民的。它必须在广大劳动群众的底层有其最深厚的根基。它必须为这些群众所了解和爱好。它必须结合这些群众的感情、思想和意志，并提高他们。它必须在群众中间唤起艺术家，并使他们得到发展。"

三、以歌曲鼓舞和增强心灵正能量

习总书记指出，文艺是铸造灵魂的工程，文艺工作者是灵魂的工程师。好的文艺作品就应该像蓝天上的阳光、春季里的清风一样，能够启迪思想、温润心灵、陶冶人生，能够扫除颓废萎靡之风。"凡作传世之文者，必先有可以传世之心。"广大文艺工作者要高扬社会主义核心价值观的旗帜，充分认识肩上的责任，把社会主义核心价值观生动活泼、活灵活现地体现在文艺创作之中，用栩栩如生的作品形象告诉人们什么是应该肯定和赞扬的，什么是必须反对和否定的，做到春风化雨、润物无声。同时，文艺界的知名人士很多，社会影响力不小，大家不仅要在文艺创作上追求卓越，也要在思想道德修养上追求卓越，更应身体力行地践行社会主义核心价值观，努力做到言为士则、行为世范。我认为作为一个基层工作者更应该做到这一点，发挥自己的才能，更好地为人民服务。

回想 2009 年 5 月 12 日汶川地震那触目惊心的一幕，我至今还记忆犹新。虽然不能亲临现场抗震救灾，除了参加献爱心的活动，作为一名文化工作者，我心潮翻滚，第一时间创作了《真爱无敌》这首歌曲，歌曲宣扬了全国上下众志成城，一起救灾，人民子弟兵、志愿救援队争分夺秒救人的感人情怀。该歌曲在福建省海峡卫视《金曲强强滚》栏目播出后反响极大；同年 10 月创作的《海西创业厦门先行》一曲也收入在由中共厦门市委宣传部、厦门市文联、厦门音像出版社主办的"鹭岛飞歌六十年"的歌曲集中。

2016 年 9 月 15 日凌晨，百年一遇的超强台风莫兰蒂正面袭击厦门，灾后厦门满目苍夷。作为首当其冲的翔安更是严重，文化馆剧场的顶棚也被无情撕裂。看着第一时间从四面八方赶来救灾的人民子弟兵、电力抢修队、电信人员、武警消防，厦门第一时间发起自救工作。作为受灾的翔安文化人的我一边积极投入救灾工作第一线，一边策划着如何将自己的所见所闻所感用音符表达出来。我想通过手中的笔写出受灾后四面八方万众齐心重建家园的歌曲，宣传正能量。于是，我马不停蹄、不顾疲劳，从作词、谱曲再到录音仅用了三天时间，创作了两首歌曲《邻里情》《我最敬爱的人》。其中，歌曲《我最敬爱的人》中所描写的"你"是指在此次抗台中所有坚守岗位、第一时间参与救灾的人们。因为有"你"，才有厦门救灾的速度；因为有你，厦门才能在这么快恢复供电供水。歌曲在闽南之声"翔安好所在"、音乐厦门、厦门卫视播出后引起了很大反响。

总之，追求真善美是文艺的永恒价值。艺术的最高境界就是让人动心，让人们的灵魂经受洗礼，让人们发现自然的美、生活的美、心灵的美。作为一名文化工作者，要不断进行美的发现和美的创造，将自己的理想信念化作跳跃的音符，讴歌奋斗人生，刻画最美人物。

（作者单位：厦门市翔安区文化馆）

试论《鼓神》的舞台艺术

黄秀珍

自 2010 年起，厦门市思明区艺术团与台湾九天民俗技艺团率先以合作创作、展演、比赛的模式开创两岸文化交流之先例，在 2013 年 10 月，一举夺得文化部政府最高奖"群星奖"。这部海峡两岸首部合作的典范作品，是以打造海峡两岸民间文化交流之经典典范为己任，进一步弘扬两岸文化，彰显两岸民间文化交流和发展之用心。

《鼓神》的编导是黄秀珍、郑子墉（台湾）；鼓曲由曾德伟演奏；演出由福建省厦门市思明区艺术团、台湾九天民俗技艺团负责，是以台湾阵头鼓为主体，通过强与弱、快与慢和跌宕起伏的鼓曲来渲染情感，在阳刚和阴柔之间达到起承转合与和谐共鸣。舞蹈以人神精神交汇的方式，把人们在凡尘俗世中的寻觅和追求演绎出来，以鼓作乐，以情释舞，在天地之间，人性之中，传递着真、善、美。这个历时两年创作的舞蹈作品《鼓神》吸引国内外 30 多家的媒体报道以及转载。《鼓神》是在怎样的机缘下产生创作动机的呢？隔着海峡，双方又是如何做到融合的？下面，我将通过创作过程分两大方面进行全面的整理和阐述，将感受和学习到的台湾神将、家将等美学，及创作作品过程中的直觉和激情与大家分享，并希望大家能从中得到些许的启示和文化认同。

一、《鼓神》中的家将美学的视觉传达

（1）什么是台湾的神将文化？在台湾最具有民俗、民间宗教特质和人文精神的就是阵头文化，俗称神将文化。例如，官将首、家将、跳将、尬阵等。这种起源于在民俗宗教活动必不缺的阵头文化，是融合各种民间艺术于一体的表演艺术，兼具神圣与世俗的特性。《鼓神》中的阵头鼓的表演，在迎神赛会的活动中占据首要的位置，是整个民俗活动的重中之重。家将和官将首是

台湾庙会中经常可见的宗教艺阵，他们面谱鲜艳的色彩，韵律别致的舞步，夸张造型的动作，十分引人瞩目，而且总是威风凛凛地走在神轿前，负责鸣锣、开道、驱煞的任务。

（2）在这种阵头的表演形式中，特别引人注目的就是跳将表演。它类似于古代的巫舞，巫舞源自古代的"大傩"，是人们运用思想创造出来的巫文化。巫术活动，是腊月驱逐疫鬼的仪式，《吕氏春秋·冬季》云："命有司大傩。注：大傩，逐尽阴气为阳导也，令人腊岁前一日击鼓驱疫，谓之逐除是也。"它包含了酬神、驱鬼、祭神、祈谷等形式。在这种巫文化里，它有着自己独立的观念和文化核心，还有和这种观念相适应的行为方式，即傩舞、巫术。这种文化核心与文化外形结合起来，充满神秘的宗教色彩，也构成独立的文化体系。台湾神将、家将团在出阵的过程中，包含从请神、开面、净身、喊班、领令、出将到缴令，过程严谨而繁复。在保存古代大傩神秘性的同时，家将、将爷跳将时的造型，肢体动作，礼仪显得非常庄严、神圣、肃穆。我们因此可以从中窥探出：家将、将爷的面谱属于彩绘艺术，表演的台步身段是民族舞蹈，武打功夫又是武术的延伸和发展，服饰装扮则属民俗工艺。台湾阵头除了神圣又神秘的特质之外，在其实践过程中，因带有创造性以及外在的形式魅力，便产生了家将文化的审美美学，与古代的跳傩有着异曲同工之处。

将团也是台湾特有的宗教艺阵，一般认为，家将形成于台南白龙庵，官将首则是创自于新庄大众爷庙，南部地区以家将居多，北部地区以官将首为主。因此，出将是神圣的宗教礼仪，跳将是精彩的表演艺术，将团是台湾特有的民俗表演，将文化则是台湾地区独步全球的非物质文化遗产中的瑰宝。

（3）在舞蹈作品《鼓神》中，九天民俗技艺团所塑造和勾勒出的春、夏、秋、冬四季神，分别以春—莲花、夏—葫芦、秋—大鹏鸟、冬—虎尾作为形象符号，融合甘、谢、范、柳中，阴阳脸、黑白面、黑条柳叶、双蝙蝠等家将脸谱抽象化的设计，让人们可以从中领略线条与图案的美感；既借鉴了家将神圣又神秘的特质，又使民俗民间的宗教信仰和信仰崇拜以艺术的方式出现在了舞台上。在经过了传统的传承与创新之后，呈现家将文化在时代演进下的多元面貌，及其发展成为台湾新美学的可能性，让民众认识不一样的家将文化，同时赋予观众对神将美学拥有一种新的视野和全新体验。

正是因为要模拟扮演虚拟的鬼神，才能通过人的表演性行为来实现人与虚拟鬼神的交往。虽然这仪式是一种表演，但功能上确能体现为天地人、人鬼神秩序的重建，是建立在人与自然万物融为一体的宇宙整体秩序。《池州府志》讲："妆神象，扮杂戏，震于锣鼓，和以喧号。"正是用这种做法唤醒人们的注意力，以提高宣导目的。舞蹈《鼓神》中表现为：当人神共同为一体时，以达到与神灵的感应和沟通。它通过融合"人扮神""人和神""人与神"的一种表演艺术；以大鼓、通天鼓与扮神等神形兼备的表演载体为共同点；通过综合了台湾庙会阵头文化中神将的化身；通过种种有效的技艺手段将"神"的魔力再现，打造实现人与神和谐相处的场景，实现了创作初始所自身预期的目的。

例如《九歌》，作者根据楚国民间祭祀神灵的歌舞加以改写而成的，这组歌曲共有 11 首，前 10 首分别祭祀 10 位神灵，最后一曲是送神曲。其内容不仅绘声绘色，表现场面的热烈，还渲染曲中情。从迎神至送神，给人神舞一体的力量。

再如 2013 年在台中圆满户外剧场演出的《鼓神》专集，是以"万物共鸣"展开序幕，围绕"天、地、人、神"四个章节，如：春大神、夏大神、秋大神、冬大神四季神和三太子爷，范、谢、柳、甘神将等，通过"祈福太平"将神明与自然的和谐呈现了出来。整个《鼓神》专集的展演，充分体现了以海为生的生活常态和民俗宗教信仰，表现海峡两岸共通的闽南民俗、民间的特质和人文精神，给观众带来的是像阳光普照般的温暖，像春风化雨般的滋润，气宇轩昂般的精神震撼，让民众感受扑面而来的视觉冲击和祈福慰藉。

二、《鼓神》直觉与激情的世界

"隆隆的鼓声，在一群满脸彩绘的舞者激荡的舞蹈节拍中恣意飘散……"台北记者会上媒体是这样描述的。观众看到舞蹈作品《鼓神》的瞬间，第一直觉就是"震撼"，用更通俗的叫法就是看到起"鸡皮疙瘩"。观众的直觉和观感，起源于编导的创作思想情感和创新理念，当所有的理念转化成表演语言时，加上表演者的形象塑造能力和功力等，这些不可缺的结合与融合通过艺术的技术技巧为作品服务时，便可以从以下三个方面来解读《鼓神》：

（1）一是"神"在行头。《鼓神》中所描绘的神将的人物脸谱，根据台湾民俗专研家将文化的学者吕江铭的说法，"家将的信仰远祖可追溯到殷商时期"，其论点为：《周礼·夏宫》书篇中对（傩）文化的描述："方相士掌熊蒙皮，黄金四目，玄衣朱裳，执戈提盾，帅白隶而时傩，以索室驱疫，大丧先枢及，人场以戈击四方殴方良。"这里讲的就是方相士行傩驱疫的仪式。这种安定民心的礼仪，至今仍在各地出现。就台湾家将表演的神职和信仰及驱瘟除疫功能看，它确与古代傩舞有一脉相承的血缘关系。这种全世界都有的（傩）文化，是以面具收纳人类原始对自然、神灵崇拜的表征图腾，台湾神将等将则是直接将繁复的神职系谱、性格、部族属性等资讯极其张扬地直接画在脸上。《鼓神》中的脸谱则是在神将与家将的融合与创新之后，更加符合现当代的审美意识，符合该作品的表达意图。

（2）二是"神"在技艺。《鼓神》通过娴熟的表演技艺，在双槌挥舞中传递和收到这样一种信息：神将身怀绝技，出巡惊天动地；在鼓声的变化多端中达到出神入化的地步，表演过程中张力十足，极具艺术感染力。

（3）三是"神"在精神。舞蹈《鼓神》作品中，鼓与击鼓的舞者是随鼓声而迸发，也蕴含和象征民间宗教信仰中的"神明"，当二者融为一体时，成为具有生命象征性的共同体。《鼓神》是有生命的，有色彩的，"以无形替代有形，以有形传情达意"这样一种境界令人敬畏和震人魂魄。作品中的"鼓"不仅仅是象征着一个图腾，"神"更是一种精神信仰，激发人类进取，是正面的力量和立地顶天的精神，使人们受到极大的鼓舞。

这些在作品中代表春大神、夏大神、秋大神、冬大神等神将，呈现出时间和空间上的变迁与轮回，达到"人神合一"的直觉效果。因此，舞蹈作品《鼓神》在表演中的龙头大鼓和通天鼓，是在保留和传承中华传统鼓艺的形式中，增添了闽南民俗庙会文化中不可缺的精神特质。通过不同音质、不同音色的鼓声来传递各种色彩和信息，将它作为载体，把人们引入想象的世界，在想象的精神世界中进入激情的迷狂状态。这与进入艺术审美境界的精神状态相似，为艺术创造提供了意象准备，给人们带来了另一种精神超越。

这里引用媒体的描述："苍劲有力的鼓声，随着台湾九天民俗技艺团七位男演员的激情敲打直击人们的心坎；优美曼妙的舞姿，厦门市思明区艺术团的七位女演员用肢体语言将这种震撼展现出来……2013年10月14日第十届中国艺术节'群星奖'决赛现场上，十四名来自两岸的演员，用精湛的表演赢得了雷鸣般的掌声。"每种语言都是一种特殊化了的身体姿态形式，所以，《鼓神》以舞蹈的方式呈现是意义非凡的。

一切的艺术都会身居于某个时期的历史脉络中，去顺应时代的审美需求。而《鼓神》正是以这样全身心的投入，做到在这样充满直觉与激情的世界里去达意，激起所有人的情感反应。《鼓神》之所以定性是当代舞，是因为它并不仅仅是对过往岁月的总结，更是要做面对当卜观众、面对未来的表演。创作上首先要明确一点，我们所使用的元素，比如声音、色彩等，都来源于民众生活。台湾九天民俗技艺团团长许振荣如是说："《鼓神》是生活艺术化，艺术生活化，与大陆倡导的方式一样，深入生活也是对岸文化业者的义务，需要时刻思考民众喜欢的方式，像当代舞的前卫感和艺术范，能吸引年轻群体，而民俗活动中的各种参与互动，让台湾庙会文化持续被民众认同。"

也正如大众网刊登出的充满内涵的标题那样，当代舞《鼓神》体现了精神图腾。

（作者单位：厦门市思明区文化馆）

群文创作，任重道远

刘瑞菡

　　《中共中央关于深化文化体制改革　推动社会主义文化大发展大繁荣若干重大问题的决定》提出"适应人民需要的文化产品更加丰富，精品力作不断涌现"的新目标，给文艺创作提出了更高的要求。在不久前的全国文艺座谈会上，习近平总书记指出，"推动文艺繁荣发展，最根本的是要创作生产出无愧于我们这个伟大民族、伟大时代的优秀作品。文艺工作者应该牢记，创作是自己的中心任务，作品是自己的立身之本，要静下心来、精益求精地搞创作，把最好的精神食粮奉献给人民；必须把创作生产优秀作品作为文艺工作的中心环节，努力创作、生产更多传播当代中国价值观念、体现中华文化精神、反映中国人审美追求，思想性、艺术性、观赏性有机统一的优秀作品。"

　　习总书记的讲话是对全国文化艺术工作者的要求和期待，这里当然包括我们群众文化。长期以来，关于群众文化要不要致力打造文艺精品，一直有两种相悖的争论：一种说，群众文化的主要任务是普及，只能搞大众性的活动，只能自娱自乐，创作文艺精品是专业文艺团体、文化产业的事；另一种说法是，社会在进步、时代在前进，群众文化不能固守以往观念、不能只搞轰轰烈烈的活动，必须要创作文艺精品、打造活动品牌。笔者认为两种说法都没有问题，它们之间是相辅相成的关系。群众文化既要搞活动，也要出精品，这才能体现时代特征和社会需求。

　　在全国人民践行社会主义核心价值观的今天，在社会政治、经济和文化结构发生根本性变化的今天，作为社会主义先进文化的重要组成部分之一的群众文化不是传统意义的文化形态，或者说已经改变了传统意义的活动方式，已经成为推动经济发展、促进社会和谐、实现中国梦的一种精神动力，文艺精品就是这种精神动力的代表。

　　不可否认，群众文化是以公益性，社会化为主的文化，在公共文化服务系统中占有重要位置。因此，群众文化创作文艺精品的目的是不同于专业文化团体的，也不同于文化产业。但是，文艺精品的创作绝不单是专业文艺团体、文化产业部门的专利，群众文化也必须有文艺精品意识，也要出精品、出品牌。文化部设立"群星奖"并且不断完善评奖机制就说明，国家和政府越来越重视群众文化的精品创作，鼓励群众文化的精品创作。那么，文艺精品的基本特征或者说它的主要标志是什么呢？这一点，习近平总书记在全国文艺座谈会上已经讲得非常明确了，习总书记指出："好的文艺作品就应该像蓝天上的阳光、春季里的清风一样，能够启迪思想、温润心灵、陶冶人生，能够扫除颓废萎靡之风。广大文艺工作者要高扬社会主义核心价值观的旗帜，把社会主义核心价值观生动活泼、活灵活现地体现在文艺创作之中，用栩栩如生的作品形象告诉人们什么是应该肯定和赞扬的，什么是必须反对和否定的，做到春风化雨、润物无声；要把爱国主义作为文艺创作的主旋律，引导人民树立和坚持正确的历史观、民族观、国家观、文化观，增强做中国人的骨气和底气。"习总书记还谈到："精品之所以'精'，就在于其思想精深、艺术精湛、制作精良。"

群众文艺创作在整个文艺创作中的地位很重要，是人民群众心声的反映，是人民群众实现自我认识、自我教育、自我娱乐的重要手段，是整个文化艺术事业的基础和重要组成部分，对社会文明进步起着不可低估的重要作用。

当前，我国的群众文艺创作正处于作品产量少、创作水平较低这一阶段，而群众文艺创作的特征和规律是这种现象形成的一个不可忽视的因素。为了保证群众业余文艺创作辅导工作的开展具有很强的针对性，必须充分地认识和了解这些特征及规律。

业余性是群众创作活动的主要特征。所谓群众创作，指的是非专家人员所开展的业余创作，也就是说，群众创作活动与专业创作活动是相对立的。生产和工作是广大业余创作者灵感的主要来源。广大业余创作者通过各种文艺形式进行形象思维的脑力劳动。业务文艺作者在进行本职工作的前提下，从事业余创作，而这业余性也充分体现了业余创作精神劳动的艰苦性。

分散性也是群众创作队伍的一个主要特征。业务文艺工作者来自于不同的行业，而且各行业之间的差距也比较大，这样就使得不同行业的创作者的人数出现不均衡态势。

多样性又是群众创作的一个表现形式。群众创作者的爱好都不同且都很广，也就使得他们自己的写作形式形成了。他们的创作倾向受群众文化的多样化活动影响，并且业余创作的多样性也受到群众创作形式的多样性的影响，继而业余文艺创作的"杂"也就形成了。

差异性也是群众创作水平的一大特性。对于业余创作者而言，他们的文化素养、生活阅历、生活条件、思想观念都有差别，从而使创作水平出现参差不齐。

"创新是一个民族的灵魂，是一个国家兴旺发达的不竭动力。"一切工作都必须与时俱进、不断创新、不断发展，才能永远繁荣兴盛。作为文化工作的重要组成部分，群文创作也必须以创新为生命和灵魂、以创新谋发展、以创新促繁荣。群文的创新，直接关系到群文工作的优劣兴衰。

文化事业的繁荣发展是全面建设小康社会的重要内容，群众文艺创作的繁荣又是文化事业发展的重要标志。作为基层文化工作者，在组织开展群众文艺创作工作的过程中，发现和遇到多方面的难题，在此，笔者就如何有效地组织群众文艺作品创作问题作了几点思考，并谈谈有关的建议。

当前组织群文创作的主要问题：创作门类的局限。根据上级文化部门对群众文艺作品创作的要求，创作的作品题材多是戏剧、小品、曲艺、舞蹈、音乐几大门类，有它的局限性，从而引发不了广大文学作者的兴趣。现在的文艺作者（包括在校的师生）喜欢创作的是小说、散文、诗歌、评论等，虽说文艺作品种类之间有它的共通性，可大多数作者还是只攻其中一项，在某一种体裁上寻求突破，成为诗人、作家，并且有很多都推出了属于自己的个人专著，出版了各种诗集、散文集、小说和论文集等，成绩斐然。但是，我们极少看见有戏剧、音乐、舞蹈、曲艺这几类文艺作品的个人专著或专辑。

创作人才凋零。在组织文艺作者进行创作的时候，笔者发现创作人才凋零是目前的主要问题。除了各文艺部门那寥寥可数的从事艺术创作的工作人员，就只有一些在校的艺术老师。就以组织小戏小品创作为例子，一些作家协会的作者，虽然他们都有较强的创作能力、艺术思维能力以及深厚的文字功底，平时在各大报刊也经常发表文学作品，有的还获得了省级以上文学类奖项，但群众文艺作品与纯文学作品有所区别，它不容易发表，创作的过程也比较艰辛，许多作者都会避而远之，这方面的创作人才就显得凋零了。

人才流失及培养渠道不顺畅。组织群众文艺创作的工作是长期开展的，创作人员的素质培养一直以来也是值得深思的。文艺爱好者在各行各业都存在，作为业余文艺工作者，他们跻身于各种工作岗位，有的会主动与文艺部门保持联系，有的需要组织者去发掘、培养。但是，目前人才流失的问题比较严重，就算是专职的有创作能力的文艺工作者，也出现了转行的现象。毕竟，在社会主义市场经济体制的新形势下，人才流动是正常的、必需的。经济欠发达地区要想留住创作人才是不现实的。另外，每一所中学、大学内部都有许多艺术优才生，校园的学生也一直都是我们的培养对象，但现在的校园本身也长期举办各种艺术培训，校园里有艺术指导老师，有表演舞台，也办有文艺刊物，致使文化艺术部门很难在校园"招生"，培养渠道也遇到了不顺畅。

文艺创作经费不到位。在组织创作的过程中，所做的工作无一不是花钱的项目，无论是搞文艺作品研讨会还是业余作者创作笔会，或者请有关专家举办讲座，甚至文艺采风活动等，都需要经费。经费不到位，组织工作也就无法顺利开展，许多部门往往因为经费不足，没法开展组织工作，只好自己亲自扛起这项重大任务，最后得不到好的效果，这种情况更让社会各界的业余作者心酸。

文化是民族的血脉，是人民的精神家园。党的十七届六中全会把文化建设提高到了一个崭新的高度，制定了文化事业大发展大繁荣的宏伟蓝图。文化事业在发展，群众文艺创作水平也必须随着时代的进步而不断迈进。文艺精品本来就是"百花齐放，百家争鸣"。我们一定要按照习近平总书记所说的："我们社会主义文艺要繁荣发展起来，必须认真学习借鉴世界各国人民创造的优秀文艺。只有坚持洋为中用、开拓创新，做到中西合璧、融会贯通，我国文艺才能更好发展繁荣起来。"

总之，创作和打造文艺精品不但是专业团体的事情，也是群众文化的职责。文艺精品有着无穷的魅力，"通过文艺作品传递真善美，传递向上向善的价值观，引导人们增强道德判断力和道德荣誉感，向往和追求讲道德、遵道德、守道德的生活。只要中华民族一代接着一代追求真善美的道德境界，我们的民族就永远健康向上、永远充满希望"。创作文艺精品，群文工作者责无旁贷，使命在身。路漫漫其修远兮，吾将上下而求索。

（作者单位：厦门市翔安区文化馆）

浅谈繁荣群众文艺创作

郑何平

在文艺创作中，建立和完善宣传奖励制度，对繁荣群众文化创作起着积极的推动作用。群众文艺创作是群众文化活动的基础，它对提高广大人民群众的思想觉悟、道德水平、知识水平、文化修养，促进社会文明进步有着重要的现实意义，群众文艺创作是各级文化部门的重要工作任务之一，组织开展群众文化创作活动、繁荣文艺创作是各级文化部门及群众文化工作者的职责，如何繁荣基层文艺创作是群文工作者值得思考的问题。笔者根据在基层群文工作中的实践，简论文艺创作的见解。

一、繁荣文艺创作和文化人才队伍建设的指导思想和原则

1. 指导思想

（1）坚持马克思列宁主义、毛泽东思想和邓小平理论的指导地位，坚持"为人民服务、为社会主义服务"的方向和"百花齐放、百家争鸣"的方针，贴近实际、贴近生活、贴近群众，弘扬主旋律，提倡多样化；坚持以科学的理论武装人，以正确的舆论引导人，以高尚的精神塑造人，以优秀的作品鼓舞人；全面繁荣文艺创作，不断推出精品力作，最大限度地满足广大人民群众日益增长的精神文化需求。

（2）以增加区域竞争软实力为核心，努力建设一支政治强、业务精、纪律严、作风正的文化人才队伍，为促进文化事业、文化产业发展，推进全面小康社会与和谐社会建设提供强有力的文化人才保证。

2. 基本原则

（1）坚持弘扬主旋律和坚持多样化的统一。既要坚持正确的导向，努力弘扬民族精神和时代精神，又要注重作品题材和表现手法的多样化，努力创作出更多思想性、艺术性、观赏性俱佳的具有鲜明特色的作品。

（2）坚持突出重点和全面推进的统一。既要突出重点，以精神文明建设为龙头，切实抓好文艺作品创作生产的重点项目，又要全面推进，促进文艺创作的全面繁荣。

（3）坚持社会效益和经济效益的统一。既要注重文艺作品的社会效益，以优秀的作品鼓舞人，又要适应社会主义市场经济发展的需要，通过体制改革和机制创新，努力创造良好的经济效益，促进文化事业和文化产业的协调发展。

（4）坚持出作品和出人才的统一。既要以多出优秀作品为目标，全力抓好文艺作品的生产，又要注意在创作和生产的过程中努力做好凝聚文艺队伍和培养、使用、引进人才的工作，促进优秀人才脱颖而出。

（5）坚持立足路桥实际与面向现代化、面向未来的统一。要牢固树立人才资源是第一资源的观念，注重德才兼备，注重实绩，积极引进、培养、使用文化人才。

二、弘扬时代主旋律是繁荣群众文艺创作的基本要求

党的"十八大"指出，建设社会主义文化强国，必须走中国特色社会主义文化发展道路，推动社会主义精神文明和物质文明全面发展，建设面向现代化、面向世界、面向未来的、民族的、科学的、大众的社会主义文化。"贴近实际、贴近生活、贴近群众"是文艺创作的基本点，弘扬时代主旋律，一部文艺作品只有融入时代主旋律方能拥有恒久的生命力和强烈的艺术感染力。社会实践活动为广大文艺工作者提供了艺术创作的素材和原型，也提供了创作的灵感和契机。文艺工作者只有深入到丰富的生活和工作中去汲取营养，才能从中挖掘出有鲜明时代的文艺作品。

三、群众文艺创作的意义

群众文化创作是广大文艺爱好者利用工作之余开展的文艺活动，群众文艺创作是群众文化活动的基础，一切提供人们欣赏的、阅读的、观看的、讲述的、表演的文艺活动都是以文艺创作为前提的，群众文艺创作是提供广大人民群众精神食粮的重要阵地。习近平总书记在文艺工作座谈会上指出："好的文艺作品就应该像天上的阳光、春季里的清风一样，能够启迪思想、温润心灵、陶冶人生，能够扫除颓废萎靡之风。"繁荣群众文艺创作对提高人民群众的思想觉悟、道德水平、知识水平、文化修养，促进社会文明发展有着重

要的现实意义。所以各级文化部门、群众文化工作者要重视群众文化创作，积极组织开展群众文艺创作活动。

四、壮大人才队伍是繁荣群众文艺创作的有力保证

繁荣群众文艺创作要注重加强文艺创作队伍的建设，没有一支文艺创作队伍，就谈不上繁荣群众文艺创作，所以，壮大文艺创作队伍，对繁荣创作有着重要性。健全创作机构，是促进文艺作品的组织保证。通过成立文艺创作基地，吸引业余创作人才，适时地、有针对性地把创作任务落实到具体作者身上，才能较好地确保文艺作品的创作。如笔者在职文化站时，注重抓文艺创作，把后井、东屿村（当时叫大队）的业余芗剧团的业余作者召集起来，成立海沧镇文化站业余文艺创作组。积极组织作者深入生活、深入实际、深入群众进行采风活动，提高他们感受生活、认识生活的能力，为创作积累素材。通过征文来征集作品，发现有潜力的作者，把他们列入文艺创作骨干；加强骨干培训，提升创作水平，针对不同层次的作者，特别是有创作计划出成果的作者，有组织、有计划、有步骤地开展培训学习和交流指导，采取集中培训、专家授课和自学等形式，通过举办文艺研修班、名家讲座、文艺采风等，创造交流学习平台，创新思维，让他们的思想政治水平和艺术品位都得到显著提升。要对业余作者进行辅导，以提高他们的创作技能。我们邀请了答嘴鼓名师前来讲答嘴鼓的创作艺术，还针对作者的作品进行了点评，并做出建设性的指导意见，通过答嘴鼓名师的辅导，充分调动业余文艺创作人员的积极性，努力创作群众喜闻乐见、寓教于乐的文艺作品，创作出较有水平的答嘴鼓作品。几年来，业余作者创作出答嘴鼓《历史的丰碑》《公倡婆买灯》《莫走邪路》《辛苏义》等，参加厦门市答嘴鼓征文评比，并参加厦门市举办的答嘴鼓表演比赛，取得了较好的成绩。为做好答嘴鼓《变》的前期表演排练，我们还邀请了尤国栋老师前来指导，收到了很好的效果。优化人才队伍是繁荣本地创作的智力保证，建立了文艺人才培训发展规划，注重培养新生力量，让更多有文艺潜质的年轻人加入创作队伍，形成一支艺术全面发展的文艺创作群体，从而为本土创作的繁荣发展提供强大的智力支持，用优秀的文艺作品来反映海沧区改革开放以来的深刻变化，鼓舞和凝聚人心。如后井村自1995年成立一支老年文艺队以来，他们自编小品、答嘴鼓、小芗剧等，风雨无阻地进行排练节目，他们充分利用重大节日，活跃在本村的舞台，深受群众的好评，还受到龙海市的桥头、西边、充龙等村的邀请，到这些村

进行友好演出。虽然笔者已经退休四年多了，但对文艺创作这方面则是退而不休，几乎每年都能积极创作，几年来创作了小品《打假》、答嘴鼓《贪字贫字壳》，结合本地区的拆迁工作创作了答嘴鼓《拆迁与发展》《厝边》等作品，经常到后井老人娱乐队与作者们交流作品。

文艺同精神文明建设有着十分密切的关系。精神文明建设的过程，也是文艺发展和发挥社会作用的过程，要促进社会主义精神文明建设，就要发展社会主义文艺事业和科学文化事业。群众文艺创作作为群众文化活动的基础和形式，伴随着整个人类社会的发展变化，同时又推动着社会的文明进步。在文化强国的时代背景下，各级文化部门以及广大的群众文艺工作者应大力组织开展文艺创作活动，积极推动文艺创作繁荣发展，为社会主义精神文明建设发挥职能作用，为人类社会的文明进步提供丰富优质的精神文化产品，为繁荣当地的文艺创作而努力，为实现中华民族伟大复兴的中国梦提供大力的精神文化支撑，以满足人民群众的精神文化需求。

（作者单位：厦门市海沧区海沧街道囷瑶村）